ITALIANO 10 E LODE

Guida pratica
al parlare e scrivere correttamente

a cura di
Aldo Gabrielli

SELEZIONE DAL READER'S DIGEST - MILANO

ITALIANO 10 E LODE
Guida pratica al parlare e scrivere correttamente

L'essenziale tratto dal best seller
COME PARLARE E SCRIVERE MEGLIO
Guida pratica all'uso della lingua italiana
© 1986 Selezione dal Reader's Digest S.p.A. - Milano

Proprietà letteraria riservata. Riproduzione in qualsiasi forma, intera o parziale, vietata in italiano e in ogni altra lingua. I diritti sono riservati in tutto il mondo.

1ª EDIZIONE - SETTEMBRE 1986

Edito da Selezione dal Reader's Digest S.p.A. - Milano

Composizione: A.P.V. s.r.l. - Milano
Stampa e legatura: O.G.A.M. - Verona

ISBN 88-7045-079-1

PRINTED IN ITALY

Quest'opera è stata curata da
ALDO GABRIELLI †

Revisione e aggiornamento a cura di
CESARE SALMAGGI

EDIZIONI DI SELEZIONE DAL READER'S DIGEST
GRANDI OPERE

DIRETTORE EDITORIALE: Carlo Rossi Fantonetti
DIRETTORE ESECUTIVO: Emma Pizzoni

REDAZIONE: Roberto Agostini, Luigi Allori, Livia Cagnoli Baroni, Sebastiano Italo Cortese, Luciana Gamba, Elena Nascimbene, Maria Grazia Valentini

DIRETTORE ARTISTICO: Piero Prandoni

UFFICIO GRAFICO: Umberto Brandi, Bruno Dossi, Vincenzo Galli, Enrico Garavaglia, Gabriella Radice

RICERCA ICONOGRAFICA: Melania Puma

SEGRETARIA DI REDAZIONE: Ave Menasce

INDICE

Pag.

11		Incominciamo dall'abbiccí
12	*I.*	**IL NOSTRO ALFABETO**
12		Tutte in fila
13		Le cinque consonanti venute di fuori
16		Come disporre i nomi in ordine alfabetico
17		QUIZ SULL'ALFABETO
18		Lettere maiuscole e minuscole
20		A volte suggerisce l'intenzione
21		I nomi degli astri
22		Le personificazioni
22		Appuntamento in "piazza Navona" o in "Piazza Navona"?
24		Una moda di cattivo gusto
25		QUIZ SULLE MAIUSCOLE
26	*II.*	**TUTTO SULLE CINQUE VOCALI**
26		Cinque che valgono per sette
27		Quando le vocali fanno "dittongo"
28		Quando due vocali formano "iato"
29		Ma attenti all'accento
30		QUIZ SUI DITTONGHI E SUGLI IATI
30		Il dittongo mobile
31		Pochi lo rispettano
32		Esempi sconcertanti
33		Alcuni consigli pratici
36		QUIZ SUL DITTONGO MOBILE
37	*III.*	**LE CONSONANTI E LE LORO INSIDIE**
37		"Suonano insieme" con le vocali
38		La lettera "h": un'avventizia tuttofare
39		Una discussione che dura da cinquecent'anni
40		Le insidie della "q"
41		Quando "n" diventa "m" e viceversa
41		QUIZ SULLE CONSONANTI
42	*IV.*	**PARLIAMO UN PO' DELLE SILLABE**
42		Dal monosillabo al polisillabo
43		Come "andare a capo"
45		I famosi prefissi
46		QUIZ SULLE SILLABE
47	*V.*	**ATTENZIONE AI SEGNALI!**
47		La segnaletica del discorso
47		Per un punto Martin…
48		Importanza della punteggiatura
48		La virgola
50		Quando dovremo usare la virgola e quando no

Pag.

52	Il punto
53	Il punto e virgola
55	I due punti
56	Il punto interrogativo e il punto esclamativo
57	I punti sospensivi
59	QUIZ SULLA PUNTEGGIATURA
60	Altri segni convenzionali
61	L'inciso

62	VI.	**L'IMPORTANZA DEGLI ACCENTI**
62		Quando si segnano e quando no
65		QUIZ SULLE PAROLE ACCENTATE
66		Acuto, grave e circonflesso
67		QUIZ SUGLI ACCENTI

68	VII.	**UN SEGNETTO VOLUBILE: L'APOSTROFO**
68		Quando si segna e quando no
71		Non confondere il troncamento con l'elisione
72		I piccoli ribelli del troncamento
73		QUIZ SULL'ELISIONE E SUL TRONCAMENTO
74		"Un'" con l'apostrofo e "un" senza apostrofo
75		"Tal" e "qual" sempre senza apostrofo
75		"Pover uomo" o "pover'uomo"?
76		San Carlo, sant'Antonio e santo Stefano
77		Il "gran capo" e il "grand'uomo"
78		La "buon'anima" del "buon uomo"
78		QUIZ SULL'APOSTROFO (I)
78		Il "bell'aspetto" del "bel paese"
79		Per colpa di un apostrofo…
80		QUIZ SULL'APOSTROFO (II)
81		Troncamenti con l'apostrofo
83		QUIZ SULL'APOSTROFO (III)
83		L'apostrofo in fin di riga

86	VIII.	**LA CARTA D'IDENTITÀ DEL DISCORSO**
86		Le parti del discorso
87		Declinazione e coniugazione

89	IX.	**A OGNI COSA IL SUO NOME**
89		Piú nomi per un significato e piú significati per un nome
91		Nomi comuni e nomi propri
91		Nome e cognome
91		Sempre il nome prima del cognome
93		Origine dei nomi e dei cognomi
94		Nomi propri diventati comuni
96		Nomi comuni derivati da cognomi
98		Nomi alterati
99		Come un "cancello" diventò un "cancellino"
101		QUIZ SUI NOMI ALTERATI

102	X.	**DONNE AL MASCHILE E UOMINI AL FEMMINILE**
102		L'"abito scollato" dell'ambasciatore
103		Pittrice, notaia, deputata…
104		Soldati e vigili in gonnella

Pag.

106	Il soprano o la soprano?
106	La sentinella Pasquale
107	Altre discussioni sul femminile
108	Il pedone
109	Maschile e femminile nelle scienze naturali…
110	…e nella geografia
113	QUIZ BOTANICO-GRAMMATICALE
113	QUIZ ZOOLOGICO-GRAMMATICALE
113	QUIZ GEOGRAFICO-GRAMMATICALE
114	Non confondere il serpente con un galleggiante
114	QUIZ SUL GENERE

XI. COME FARE IL PLURALE

115	Il turista straniero che non conosceva certi plurali
116	Femminili in -ie che fanno ammattire
117	Quando i plurali sono troppi è facile sbagliare
123	QUIZ SUI PLURALI (I)
124	Province o provincie?
126	QUIZ SUI PLURALI (II)
126	Stòmaci o stòmachi?
128	I diàloghi dei teòlogi e i sarcòfaghi degli antropòfaghi
130	QUIZ SUI PLURALI IN -CI, -CHI; -GI, -GHI
130	Gli assassinii degli assassini e i principii dei principi
133	QUIZ SUL PLURALE DEI NOMI IN -IO
133	I capogiri del capostazione
135	Il pomo d'oro della dea e i pomodori della fruttivendola
137	Avventure di pellirosse
138	La logica del doposcuola
140	Un poco d'ordine tra i nomi composti
144	Identità dei cani-poliziotto
147	QUIZ SUL PLURALE DEI NOMI COMPOSTI
147	Una cronaca "linguistico-sportiva"
149	Le due Monaco, e le tre Rome
150	I nomi propri di persona
151	Il plurale dei nomi stranieri
153	La maggior parte finí (o finirono?) all'ospedale
155	QUIZ SULLA COSTRUZIONE A SENSO DEI NOMI COLLETTIVI

XII. LE ARTICOLAZIONI DEL DISCORSO

156	Quando l'articolo non esisteva
157	Un brano "disarticolato"
158	Analizziamo l'articolo
159	QUIZ SUGLI ARTICOLI (I)
159	Quando si usa "lo" invece di "il"
160	Non tutti d'accordo "sugli" pneumatici
163	"Il" Ionio o "lo" Ionio?
165	QUIZ SUGLI ARTICOLI (II)
165	"Gl'impeti d'amore" di Edmondo De Amicis
168	QUIZ SUGLI ARTICOLI (III)
168	Un "surrogato" importato dalla Francia
170	"La" Maria sí, "il" Mario no
171	C'è un motivo storico
173	L'articolo davanti ai cognomi
175	QUIZ SUGLI ARTICOLI (IV)

Pag.

176	L'articolo e i nomi propri geografici
177	Dalla Spezia al Cairo
178	L'articolo e le parole straniere
181	QUIZ SUGLI ARTICOLI (V)
182	"Mio padre, mia madre"; "il mio babbo, la mia mamma"
184	**XIII. NON BASTA IL NOME, CI VUOLE ANCHE L'AGGETTIVO**
184	Una carta d'identità che vuol essere completa
186	Gli aggettivi qualificativi in -o (-a) e in -e (e quei pochi in -i)
189	Benèvolo e malèvolo
189	Come concordare un aggettivo quando i nomi sono di genere diverso
192	QUIZ SULLE CONCORDANZE
193	L'aggettivo, prima o dopo il nome?
195	Quando gli aggettivi danno fastidio
197	QUIZ SULL'AGGETTIVO
198	Cappello viola, guanti cenere, scarpe marrone…
199	QUIZ SUI COLORI
199	Aggettivi alterati
200	Aggettivi che "indicano" o "dimostrano"
202	La cenerentola dei dimostrativi
203	Il libro del capufficio e il castello del romanziere
204	QUIZ SUGLI AGGETTIVI DIMOSTRATIVI
205	Dimostrativi ambigui e dimostrativi antiquati
207	"Il mio a me, il tuo a te…"
208	"Suo": di lui o di quell'altro?
210	"Qualche milione… va bene"
213	I numeri
215	Dall'una sino alle ventitré…
216	La guerra del '48, gli anni '70…
217	Ottantun anni o ottantun anno?
218	Centuno o centouno? centotto o centoonto?
219	Quando i numeri sono troppo lunghi
220	QUIZ SUI NUMERALI (I)
220	Numeri romani e cifre arabe
221	Numeri in lettere o in cifre?
223	QUIZ SUI NUMERALI (II)
224	Il Seicento e la "seicento"
224	Nomi derivati da numeri
226	I numerali ordinali
227	Ventitreesimo, trentaseiesimo…
228	Otto e mezzo
230	Ambo le mani, ambedue gli occhi, entrambi i piedi…
231	Aggettivi per paragonare
233	I "super" aggettivi
234	Maggiore e minore, minore e minimo
237	L'insidioso "deteriore"
237	Come applicare il suffisso -íssimo agli aggettivi qualificativi
239	Il "campionissimo" e "Canzonissima"
240	-èrrimo invece di -íssimo
241	È sempre stata la piú bella
242	La "meglio" ragazza del paese
243	QUIZ SUI GRADI DELL'AGGETTIVO (I)
244	QUIZ SUI GRADI DELL'AGGETTIVO (II)
245	"Ossequente" e altri aggettivi ex participi

Pag.	
246	Gli aggettivi sostantivati
247	Chi sono i Tifernati? e gli Eporediesi?
253	QUIZ SUGLI ABITANTI DELLE CITTÀ

XIV. IL PRONOME: LICENZA DI SOSTITUIRE IL NOME

254	Se non ci fossero i pronomi
255	Il padrone sono "me"!
257	Egli ed esso; ella ed essa
259	Si può dire "gli" invece di "a loro"?
261	Quelle diaboliche "particelle"
263	Attenti all'errore!
263	Un "lo" che può dar fastidio
264	"L'amo… non l'amo…" "l'odio… non l'odio…"
266	La faccenda del "lei"
268	Lei è buono (non "buona"), signor colonnello…
270	La "di lei" lettera
271	QUIZ SUL "LEI" MASCHILE
272	Il "plurale di maestà"
273	Questo e quello
274	Questi e quegli
276	Norme pratiche sull'uso di alcuni pronomi indefiniti
278	QUIZ SUI PRONOMI
279	Un pronome invadente e faccendone: "che"
282	Un pronome che non ama la briglia: "cui"
284	QUIZ SUI PRONOMI "CHE" E "CUI"
285	I tre mestieri del pronome "chi"

XV. IN PRINCIPIO FU IL "VERBO"…

288	Facciamo conoscenza con chi già conosciamo
289	I modi
292	I tempi
296	Il presente storico
296	"Qui nasceva"…
297	Passato prossimo e passato remoto
298	QUIZ SUL PASSATO PROSSIMO E REMOTO
299	I verbi ausiliari
301	Coniugazione del verbo ESSERE
304	Coniugazione del verbo AVERE
307	"È piovuto" o "ha piovuto"?
308	"È potuto" o "ha potuto"?
309	Avete comperato i libri, ma li avete letti?
311	QUIZ SULLE CONCORDANZE NEI VERBI COMPOSTI
312	Le tre coniugazioni
314	I coniugazione: verbo AMARE
317	II coniugazione: verbo TEMERE
320	III coniugazione: verbo VESTIRE
323	Verbi i -iare
324	"Guadagniamo" con la "i"
325	Fare, disfare, rifare e soddisfare
327	Perché "dessi"? perché "stessi"?
327	Le strane anomalie del verbo "andare"
329	Imperativi molto corti
330	"Èbbimo" e "sèppimo"
331	"Giaccio", "piaccio" e "taccio"

Pag.

333		I participi in -uto
334		"Esigere", "redigere" e "transigere" con i loro participi
335		"Benedire" e "maledire"
336		"Venente" o "veniente"?
336		La forma passiva
338		Verbo passivo: ESSERE LODATO
339		La forma riflessiva
340		Le particelle pronominali nei verbi
341		Attenti alla concordanza!
341		Affittasi, affittansi - véndesi, véndonsi
343		L'assurdo "suicidarsi"
343		La partita inizia…
344		QUIZ SULLE FORME VERBALI
345		Quando il verbo diventa sostantivo
345		Il comandante il (o del) reparto?
346		I verbi in -izzare e il linguaggio "vàndalo-burocratico"
347		Atterrare, allunare e via dicendo
348		Elenco dei verbi irregolari piú frequentemente usati
371	*XVI.*	**LE ALTRE RUOTE DELL'INGRANAGGIO**
371		L'avverbio
373		Qui, costí e lí; qua, costà, là e colà
374		Ovunque
374		Bene, piú bene o meglio
375		Avverbi al rimorchio
377		"A gratis", bruttissimo errore!
377		Mai e giammai
378		Mica, punto e affatto
379		Solo, soltanto e solamente
381		QUIZ SUGLI AVVERBI
382		Le preposizioni
384		Preposizioni articolate
385		Di e da
386		Attenti all'apostrofo
387		In nome della buona lingua
388		Piatti "a" farsi
388		Insieme con, insieme a
389		Vestirsi "in" rosa
390		"Con" piú studi…
390		Il superstite "ad" e il defunto "sur"
392		Tra e fra
393		QUIZ SULLE PREPOSIZIONI
394		"Davanti San Guido"
395		Ne "I Promessi sposi" o nei "Promessi sposi"?
396		Preposizioni che raddoppiano
397		Il condirettore, il coautore e il "cosegretario"
399		QUIZ SUI RADDOPPIAMENTI
400		Le congiunzioni
400		E, ed; o, od
401		La virgola prima della congiunzione
402		Sia… sia; tanto… quanto
403		I fratelli "però" e "perciò"
404		Il famoso "onde"
404		Malgrado, sebbene…

Pag.

405		Le interiezioni
406		Interiezioni con l'acca
407		Le interiezioni sono internazionali
408		"Ciao": uno schiavo che si prende confidenza
409		Il tedesco "alt!" e l'inglese "stop!"
409		Storia di "okay"
410	XVII.	**IMPARIAMO A COSTRUIRE IL DISCORSO**
410		Periodi sgangherati, armoniosi, lunghi, corti…
412		La concordanza dei tempi nel periodo
413		Il congiuntivo in disgrazia
414		Il "se sarei" giusto e il "se sarei" sbagliato
417		Licenze e divieti della sintassi
417		Il famoso gerundio in testa al periodo
419		QUIZ SUL PERIODO
420	XVIII.	**IMPARIAMO A PRONUNCIARE LE PAROLE**
420		Polemica con uno straniero
421		L'anarchia nella pronuncia
421		I due suoni delle vocali "e" e "o"
423		I due suoni della vocale *e*
427		I due suoni della vocale *o*
430		Secondo il suono cambia il significato
432		I due suoni delle consonanti "s" e "z"
433		I due suoni della consonante *s*
434		I due suoni della consonante *z*
435		I gruppi "gl" e "sc"
436		Il problema più difficile: non sbagliare l'accento
439		Come si pronunciano
442		QUIZ SUGLI ACCENTI TONICI
443		SOLUZIONI DEI QUIZ
453		INDICE ANALITICO

INCOMINCIAMO DALL'ABBICCÍ

La grammatica, è risaputo, è una cosa noiosa, ma ci pare ovvio il fatto che se abbiamo l'intenzione di imparare a parlare meglio e a scrivere meglio, proprio da questa grammatica dobbiamo incominciare. Però intendiamoci anche su questo aggettivo "noioso". La grammatica appare generalmente noiosa solo per quel rimasuglio di scolastico che resta sempre appiccicato a noi, anche se i banchi scolastici li abbiamo abbandonati da un pezzo. Certe impressioni rimangono. Ma sono soltanto impressioni, senza nessuna seria consistenza.

Del resto, siamo sinceri, tutto quel che si "deve" imparare a scuola appare noioso: noiosa la storia, figuratevi, che è invece soltanto un gigantesco romanzo gremito di fatti, di situazioni da fiato corto, di sorprese; noiosa la geografia, ch'è solo un immenso viaggio per terre in gran parte sconosciute, che per andarci, da grandi, si fanno non pochi sacrifici; noiosa perfino la scienza, cosí fantastica oggi da rasentare spesso la fantascienza.

Grammatica senza noia

Certo, la grammatica è quella scienza che meno di tutte ci offre possibilità di *suspense*, come oggi inglesemente si ama dire, o di sospensione, trepidazione, ansia, come in passato italianamente si diceva. Però, però... dipende anche molto dal modo di raccontarla, questa grammatica, di presentarla; ché perfino le storielle piú buffe, mal raccontate, piú che farci ridere ci rattristano.

Specialmente in passato, il libro di grammatica altro non era che un elenco denso e arido di definizioni, di norme astratte, raramente collegate alle esigenze pratiche dello scrivere e del parlare quotidiano. Su questa verità siamo ormai tutti d'accordo, anche i professori. Ma questo atteggiamento negativo non deve condurci a rifiutare la cosiddetta "terminologia" grammaticale, che è invece, come presto vi accorgerete, tutt'altro che inutile, per nulla astratta, e neppure, come oggi si dice, nozionistica.

Il codice del linguaggio

Per usare con sicurezza una lingua occorre conoscere non soltanto per intuizione (o magari addirittura per istinto) ma con informazione precisa innanzi tutto i termini che quotidianamente usiamo nello scrivere e nel parlare; occorre sapere, per esempio, che cosa è un "nome", occorre saper non confondere le "congiunzioni" con gli "avverbi", identificare nel contesto della frase il "verbo", e cosí via. Del resto, in qualsiasi attività professionale è necessario saper nettamente distinguere gli oggetti di cui si fa abitualmente uso. Ve l'immaginate anche il piú schiappino guidatore d'automobile che non sappia distinguere il volante dal pedale della frizione, l'albero di trasmissione dalla leva del cambio? Anche il piú mediocre automobilista è tenuto inoltre a conoscere almeno le principali prescrizioni del Codice stradale; non può, nel piú bello della marcia, fermarsi a consultare il prontuario per vedere se è lecito o non è lecito passare con la luce gialla al semaforo, se può accostare a dritta o sorpassare a manca. Allo stesso modo, quando scriviamo o, a maggior ragione, parliamo, non possiamo correre ogni volta a scartabellare il dizionario o il libro con le regole grammaticali. Bisogna proprio, tanto per imparare a guidare una macchina quanto per scrivere e parlare decentemente, avere prima studiato certe norme essenziali codificate. E il codice della nostra lingua quotidiana è appunto la grammatica. Armiamoci perciò di un po' di pazienza, e incominciamo.

Capitolo I

IL NOSTRO ALFABETO

Tutte in fila

Quando un individuo non sa né leggere né scrivere, si dice che è un "analfabeta": cioè che non conosce nemmeno l'alfabeto. E infatti, senza alfabeto, nessuna scrittura è possibile e nessuna lettura. E, per favore, non diciamo subito che l'alfabeto lo conosciamo benissimo fin dalle primissime classi elementari ed è quindi inutile tornarvi su. Innanzi tutto, per molti dei nostri lettori non proprio giovanissimi una rinfrescatina alle vecchie nozioni non sarà certo nociva; e poi, anche in questo campo strettamente formale, non sempre le grammatiche correnti dicono tutto quel che c'è da sapere per la pratica quotidiana. Vediamo perciò adesso di fare il punto, naturalmente in breve, su questo che rappresenta, in fin dei conti, le fondamenta di tutto il resto che verrà.

Rivediamole tutte in fila queste lettere, in quell'ordine tradizionale di secoli, che è quanto mai necessario per disporre le voci di qualsiasi elencazione che si debba prontamente consultare, dal dizionario o dall'enciclopedia all'elenco telefonico, dagli schedari anagrafici alla rubrica tascabile degli indirizzi.

Maiuscolo:
A B C D E F G H I L M N O P Q R S T U V Z

Minuscolo:
a b c d e f g h i l m n o p q r s t u v z

Sono dunque in tutto 21 lettere, alle quali si aggiungono altre 5 lettere che, pur non appartenendo propriamente all'alfabeto italiano, ricorrono sempre piú in parole usate anche in Italia. Queste lettere sono:

L'alfabeto

Maiuscolo:
J K X Y W

Minuscolo:
j k x y w

Le cinque consonanti venute di fuori

Non tutte son venute propriamente dall'estero: la *j* e la *x* ci vengono dal latino, che è la nostra lingua madre; la *k* e l'*y* dal greco, che è, diciamo cosí, la nostra lingua cugina.

La **j** (**i lunga**) era molto usata da noi nei secoli passati; come curiosità diremo che fu introdotta nel nostro alfabeto dal letterato e poeta vicentino Gian Giorgio Tríssino (1478-1550), un vero benemerito della nostra ortografia se non altro per essere stato colui che riuscí a imporre l'utilissima distinzione tra la *u* e la *v*, che prima di lui erano rappresentate da un sol segno, quello della *v*. Questa *j*, oggi quasi del tutto scomparsa nella nostra ortografia, si usava normalmente quando era iniziale di parola seguita da vocale (*jeri, jattura, Jacopo*) o nell'interno di una parola tra due vocali (*aja, fornajo, cesoje*). Si usava anche in fine di parola, come terminazione plurale dei nomi in *-io* àtono, cioè con la *i* non accentata: *beccajo, beccaj; vario, varj; studio, studj*. Oggi, come si è detto, è un segno che va scomparendo ogni giorno di piú, perché perfino certe scritture tradizionali, come *Jonio*,

La j
(i lunga)

Jugoslavia, Ajaccio, juta e alcune altre si preferisce scriverle, ed è bene, *Ionio, Iugoslavia, Aiaccio, iuta.* Analogamente raccomandiamo di scrivere *Iesi* e non *Jesi*; *Iolanda* e non *Jolanda*; *iole* (imbarcazione) e non *jole*; *iugoslavo* e non *jugoslavo*. In quanto a *jungla* diremo che è addirittura una grafia sbagliata, in quanto è stata coniata ricalcando l'inglese *jungle*, che usa la *j* per sue precise ragioni fonetiche; il termine deriva infatti dall'indiano *giàngal*, e perciò l'esatta grafia italiana di questa voce non può essere che *giungla*. Per concludere sulla *j* lunga, aggiungeremo che essa resiste solo in certi cognomi, per ragioni anagrafiche e anche storiche, come *Maraja, Ràjna, Jaja, Ojetti, Pistoj, Flajani, Ojoli*, eccetera.

La k (cappa)

La **k** (**cappa**) ha sempre il suono gutturale che ha la nostra *c* davanti alle vocali *a, o, u* (*cane, cono, cuna*), e il gruppo *ch* davanti alle vocali *e* e *i* (*chela, chilo*). Esclusi i nomi stranieri, dei quali fa parte di diritto e dei quali, abolendola, falseremmo la forma, useremo questa *k* solo in alcuni simboli della scienza e della tecnica: *km*, chilometro; *kg*, chilogrammo; *K* maiuscola, come simbolo chimico del potassio, eccetera. La useremo ancora in certe parole straniere di uso comune ma non ancora assimilate nel nostro lessico, come *kàiser, kirsch, kúrsaal* e qualche altra; e la manterremo nelle forme aggettivali derivate da nomi propri stranieri che l'hanno come iniziale: da *Keplero*, da *Kant*, da *Kircher* faremo *kepleriano, kantiano, kircheriano*; ma consiglieremo di abolirla nel mezzo di parola, sí che da *Kafka* faremo *kafchiano*, da *Kierkegaard* faremo *kierchegardiano*, italianizzando ogni cosa e non soltanto a metà (ma della italianizzazione di questi nomi propri parleremo meglio piú avanti). Ci pare invece inutile il rispetto della *k* in quelle parole di origine straniera ma ormai entrate nel nostro lessico e in esso saldamente assimilate; tali, per esempio: *cherosene* invece di *kerosene*; *cachi* invece di *kaki*; *capòc* invece di *kapòc*; *caracúl* invece di *karakúl*; *carcadè* invece di *karkadè*; *chedivè* invece di *kedivè*. E analogamente scriveremo *chepí* o *cheppí, chèrmes, chimono, chirghiso, clàcson* invece di *kepí, kèrmes, kimono, kirghiso, klàxon*.

La x (ics)

La **x** (**ics**, in Toscana anche **ícchese**), frequente nel latino per esprimere il suono *cs*, in italiano si è trasformata in *s* (latino *exercitus*, italiano *esercito*; latino *Xerxes*, italiano *Serse*); ma sopravvive in alcuni nomi propri, come iniziale in *Xanto, Ximenes, Xotti*, per esempio, o nel mezzo di parola, come *Bixio* e *Oxilia*; sopravvive in alcuni vocaboli scientifici, come *bauxite*, che però qualcuno preferisce scrivere *baussite*, nelle parole latineggianti *uxoricida* e *uxoricidio*, anche queste preferite da alcuni nelle forme, meno frequenti, *ussoricida* e *ussoricidio*. Una parolina d'uso comune è *taxi*, propriamente francese (è abbreviazione di *taximètre*, tassàmetro) che però meglio si trasforma in *tassí* (e meglio ancora si direbbe piú italianamente *tàssi*).

Ma dove, soprattutto, si incontra la *x* nel nostro italiano è all'inizio di parole solitamente di origine greca, come *xilògrafo, xilòfono, xenòfobo* e simili. In questi casi, trattandosi di una lettera dal suono un po' aspro, contrario alla morbidezza del nostro idioma, meglio si sostituirà, come nelle parole sopra viste, con la semplice *s*. Diamo qui un elenco pressoché completo dei vocaboli in cui, al posto della *x*, metteremo la *s*:

xenofobía →	*senofobía*
xenòfobo →	*senòfobo*
xeròbio →	*seròbio*
xerofòrmio →	*serofòrmio*
xerografía →	*serografía*
xilèma →	*silèma*
xilofagía →	*silofagía*
xilòfago →	*silòfago*
xilòfono →	*silòfono*
xilografía →	*silografía*
xilògrafo →	*silògrafo*
xilòide →	*silòide*
xilotèca →	*silotèca*

Comunissime sono poi le preposizioni *ex* ed *extra* usate nella loro forma latina: *ex ministro, merce extra*. Però anche qui si tende ad addolcire in *s* quella *x* quando la preposizione *extra* forma col termine che segue una parola sola; cosí vi consigliamo di scrivere *estraconiugale* invece di *extraconiugale*, *estradotale* invece di *extradotale*; analogamente scriveremo sempre *estralegale, estragiudiziale, estraparlamentare, estraterritoriale*, e cosí via.

La **y** (**ipsilon**), di origine greca come si è detto (e perciò chiamata da alcuni anche **i greca** alla francese), è ormai rarissima nel nostro alfabeto. La troviamo, ed è un perdonabile snobismo, in certi nomi propri soprattutto femminili, come *Lydia, Lycia, Myriam*... Niente di male finché sono le ragazzine a usarla; da adulte — si spera — scriveranno piú ragionevolmente *Lidia, Licia* e *Miriam*. La troviamo ancora in pochi vocaboli di origine straniera, ma anche questi talmente assimilati nel nostro lessico che potremo benissimo sostituirla con la nostra semplice *i*: *iamatòlogo, iarda, iatagàn, ioga, iògurt, iòle* (abbiamo visto che alcuni scrivono anche *jòle*), *iprite, iúcca*, invece di *yamatòlogo, yarda, yatagàn, yoga, yòghurt, yòle, yprite, yúcca*.

La y
(*ipsilon*)

La w (doppia vu)

Del tutto straniera è la **w** (**doppia vu** o **vu doppia**) che nelle parole inglesi dovrebbe pronunciarsi come *u* (*William*, *water*, *west*, *whisky*) e nelle tedesche come *v* (*Walter*, *Wagner*, *würstel*). Anche qui in parole da tempo assimilate è consigliabile sostituire la *w* con la semplice *v*: *valchiria* invece di *walchiria*, *Vanda* invece di *Wanda*, *Vilma* invece di *Wilma*, *volframio* invece di *wolframio*, *Volfango* invece di *Wolfango*... Ma vorranno le Vande, le Vilme e gli stessi Volfanghi rinunciare a quella *w* che "fa" tanto straniero?

Una *W* maiuscola, lo sappiamo tutti, simboleggia l'esclamazione *viva!* o *evviva!* (quasi una sigla delle due iniziali di sillabe: *vi-va*), e rovesciata significa appunto il suo rovescio, cioè *abbasso!* La stessa maiuscola infine è il simbolo del punto cardinale Ovest (in inglese *West*); ma noi abbiamo anche l'abbreviazione italiana *O* (venutaci dalla trascrizione francese di *West*, che è *Ouest*), la quale significa la stessa cosa.

Dove si collocano j, k, w, x, y?

Nell'ordine alfabetico le cinque lettere venute da fuori sono collocate, per consuetudine, così:

a b c d e f g h i **j k** *l m n o p q r s t u v* **w x y** *z*

cioè la *j* viene subito dopo la *i*; la *k* dopo la *j* e prima della *l*; la *w* subito dopo la *v*; la *x* e la *y* dopo la *w*, ma prima della *z*.

Se doveste collocare in disposizione alfabetica, per esempio, *John* lo mettereste dopo *Ivano* ma prima di *Luigi*. Se vi chiedessimo di collocare il cognome *Kennedy*, andrebbe assai prima di *Nixon* ma dopo *Eisenhower*.

Ugualmente, se voleste sapere quando è vissuto il grande scrittore boemo Kafka, dovreste sapere, sfogliando l'enciclopedia, che l'iniziale del suo cognome si trova dopo la *j* e prima della *l*.

Invece *Washington* e *Wilson*, in un elenco dei presidenti degli Stati Uniti d'America, troverebbero posto quasi in fondo, perché la *w* è la terzultima lettera dell'alfabeto (la penultima è la *y* e l'ultima è sempre la *z*).

Come disporre i nomi in ordine alfabetico

La prima esperienza l'abbiamo fatta a scuola, quando il maestro ci diede l'incarico di disporre i fogli dei compiti "in ordine alfabetico" o i cognomi dei nostri compagni di classe nel registro o in un semplice elenco. Nessun dubbio che *Morandi* andava dopo *Leonardi* e *Maragnani*; ma tra *Morandi*, *Morandotti* e *Morandin* chi doveva essere primo, chi secondo e chi terzo? Le prime sei lettere, in questi tre cognomi, sono le medesime: *morand-*; decide dunque la settima lettera: *Morandin* va prima di *Morandotti* perché nell'alfabeto *i* è prima di *o*. Però *Morandi* va prima ancora di *Morandin* perché dopo l'*i* finale non c'è più nessuna lettera, mentre in *Morandin* c'è ancora una *n*. Se ci fosse stato anche un *Morandetti*, questo sarebbe stato collocato prima di *Morandi*, perché la settima lettera, cioè la *e*, sta prima della *i* nell'alfabeto. Riassumendo, ecco l'elenco dei cognomi sopra citati, secondo l'ordine alfabetico:

Prima Morandi o Morandotti?

Morand-**etti**

Morand-**i**

Morand-**in**

Morand-**otti**

Un cognome doppio (p. es.: *Perelli Mazzola*) va dopo il cognome semplice *Perelli*, ma se ci fosse un *Peretti*, questo andrebbe dopo *Perelli Mazzola*. Se due cognomi sono uguali, decide il nome di battesimo: *Rossi Luciano* in un elenco va prima di *Rossi Mario* (e *Rossi Maria* prima di *Rossi Mario*, non per cavalleria, ma per merito di quell'*a* finale che bagna il naso alla *o* del povero Mario).

1.

QUIZ SULL'ALFABETO

Disponete in stretto ordine alfabetico le parole qui sotto segnate:

millenario	*millanteria*	*istruttore*
gratitudine	*alluvione*	*Kurdistan*
caracollare	*aggiornare*	*bricconcello*
eseguire	*cereale*	*whisky*
luogo	*grattacielo*	*vulcanizzare*
senso	*esegèta*	*briccone*
innalzare	*rusticità*	*vulcanologo*
cengia	*sensorio*	*yacht*
agghiacciare	*lungo*	*sensibile*
cèreo	*iniziare*	*zoticone*
milionesimo	*carenza*	*zoticaggine*
grassatore	*Jack*	*bravo*
grappa	*strumento*	*drupa*

Soluzione a pag. 443

Lettere maiuscole e minuscole

Uso della maiuscola

In un biglietto al mio capufficio devo scrivere:

Signor Dottore o *Signor dottore*?

Si offenderà il direttore se scriverò il suo titolo con l'iniziale minuscola? Devo proprio scrivere *Direttore*? E anche *Vice-direttore*? (o *vice-Direttore*?) L'*ingegnere* diventerà, per ossequio alla sua laurea, l'*Ingegnere*? E allora anche il *Ragioniere*? E perché non il *Geometra*? il *Perito industriale*? Be', allora anche il *Contabile* e il *Cassiere*, che mi danno a fine mese lo stipendio... La casistica è tanto sciocca che finirebbe col riuscire buffa. Lasciamo stare la differenziazione tra chi merita, chissà perché, l'iniziale maiuscola e chi no. Noi qui dobbiamo ragionare in termini di grammatica, non di opportunità. Incominciamo intanto a chiarire le idee elencando i casi nei quali la lingua italiana "esige" l'iniziale maiuscola:

Maiuscola obbligatoria

• 1. all'inizio di un discorso o di un periodo, cioè dopo il punto fermo. Ecco un esempio tratto dal Manzoni:

> **L**e donne sfilarono, e si sparsero a raccontar l'accaduto. **D**ue o tre andaron fin sull'uscio del curato, per verificare se era ammalato davvero.

Dopo il punto interrogativo ed esclamativo talvolta non si mette la maiuscola, quando non esiste un netto distacco dal discorso precedente. Altro esempio manzoniano:

> **I** contadini balzano a sedere sul letto; i giovinetti sdraiati sul fienile tendono l'orecchio, si rizzano. « **C**os'è? **C**os'è? Campana a martello! **f**uoco? **l**adri? **b**anditi? »

• 2. dopo il segno dei due punti (:), quando si riportano le parole dette nel discorso diretto, racchiuso tra virgolette. Un esempio di Moravia:

> *La voce petulante della bambina mi ha fatto trasalire:* « **M**a lei le macchie d'umidità le cerca nella strada? »
> *Ho risposto:* « **G**uardavo se dipendesse da un tubo esterno ».
> « *Sarà, ma lei non è l'idraulico.* »

• 3. nei nomi di persona (cognomi, soprannomi, eccetera), di animali, di località (geografici, topografici), di associazioni, istituzioni, ditte, eccetera:

> *Alessandro Manzoni, il Griso, Renzo, Lucia, Italia, Napoli, Fido, Touring Club Italiano, la Montedison, la Rinascente;*

- 4. nei nomi che indicano dignità o cariche di particolare rispetto:

    *il **P**apa, il **R**e, il **P**residente della **R**epubblica, il **S**indaco, **S**ua **E**ccellenza,* eccetera.

Quando però tali nomi sono accompagnati dal nome proprio di persona, rimangono con l'iniziale minuscola:

  *il **p**apa Giovanni, il **r**e Luigi XIV, il **s**indaco Casati.*

Anche quando sono usati, particolarmente nel plurale, come nomi comuni, mantengono l'iniziale minuscola:

  *i **r**e, gli **i**mperatori, i **m**inistri; la nomina del **v**escovo;*

- 5. nei nomi dei popoli in forma di sostantivo (in lieve disuso):

    *i **F**rancesi, gli **S**pagnoli, i **G**oti, i **L**ongobardi.*

Invece:

  *le navi **s**pagnole, le città **i**taliane, i cavalli **n**ormanni.*

Anche nella frase:

  *Gli **i**nglesi vinsero l'incontro di calcio,*

non si usa l'iniziale maiuscola perché non indica il nome del popolo, ma significa: "i calciatori inglesi";

- 6. nei titoli dei libri, dei giornali, delle opere teatrali e d'arte, eccetera:

    *l'**I**liade, il **M**essaggero, il **B**arbiere di Siviglia, la **P**ietà.*

Quando il titolo è formato di due o più parole, c'è chi preferisce mettere con l'iniziale maiuscola solo il primo nome:

*I **P**romessi sposi*	oppure	*I **P**romessi **S**posi*
***P**iccolo mondo antico*	oppure	***P**iccolo **M**ondo **A**ntico*
*La **G**erusalemme liberata*	oppure	*La **G**erusalemme **L**iberata*
***O**rlando furioso*	oppure	***O**rlando **F**urioso*
*Le **n**ovelle della Pescara*	oppure	*Le **N**ovelle della **P**escara*

Se poi il titolo è un'intera frase, sarà maiuscola solo l'iniziale della prima parola:

Nulla *di nuovo sul fronte occidentale*

A *ciascuno il suo*

Nessuno *torna indietro*

Per *chi suona la campana*

- 7. nei nomi indicanti solennità religiose o civili ed epoche storiche:

  il **N**atale, *la* **P**asqua, *l'***O**ttocento, *il* **N**ovecento, *il* **R**inascimento, *il* **Q**uattro **N**ovembre, *il* **R**isorgimento, *eccetera.*

A volte suggerisce l'intenzione

Maiuscola facoltativa

Ma non sempre si può stabilire una regola sull'uso di queste maiuscole: dipende anche dall'intenzione, dalle consuetudini, dall'indole stessa di chi scrive, o dalle particolari circostanze della cosa che si scrive. Ci sono certi vocaboli che assumono significato di maggiore importanza quando, invece che con la normale iniziale minuscola, sono scritti con l'iniziale maiuscola. Per esempio:

a) *chiesa*, l'edificio per il culto religioso:

   La **c**hiesa *sorge nel mezzo della cittadina.*

   Chiesa, la suprema organizzazione religiosa:

   Molte norme liturgiche sono state rinnovate dalla **C**hiesa *con il Concilio Vaticano secondo;*

b) *dio*, divinità pagana:

   Il **d**io *Apollo proteggeva le belle arti;*

   Bello come un **d**io *greco.*

   Dio, l'essere supremo, creatore dell'universo:

   Tutti credono nell'onnipotenza di **D**io*;*

c) *stato*, condizione, posizione:

> *La casa era in un deplorevole stato di abbandono.*

Stato, organizzazione politica:

> *Il monopolio dei tabacchi è esercitato dallo Stato;*

d) *paese*, centro di provincia:

> *In un piccolo paese tutti si conoscono;*
>
> *Sono chiacchiere di paese.*

Paese, tutta la Nazione:

> *Il servizio militare è necessario per la difesa del Paese;*

e) *costituzione*, condizioni e qualità di un oggetto, stato fisiologico di salute:

> *Mio padre è di sana costituzione fisica.*

Costituzione, la legge fondamentale di uno Stato:

> *La Costituzione della Repubblica Italiana fu promulgata nel 1947.*

I nomi degli astri

I nomi degli astri richiedono tutti la maiuscola, si tratta infatti di nomi propri:

> *Marte, Venere, Giove, Sirio, Aldebaran, Rigel,* eccetera.

Analogamente per *Terra, Sole* e *Luna*. Ma qui è bene fare una distinzione: avremo l'iniziale maiuscola quando usiamo questi tre nomi come nomi propri del linguaggio astronomico:

> *La Terra gira intorno al Sole e ha come satellite la Luna.*

Ma fuori di quel linguaggio, quando cioè li usiamo come nomi comuni, tanto fanno parte quei tre astri della nostra vita di ogni giorno, avremo nor-

Maiuscola e minuscola: significati diversi

malmente l'iniziale minuscola. Ecco alcuni esempi:

Il grano è maturato al sole dell'estate;

La terra imbruniva e sorgeva la luna.

Qualche scrittore anche in questo caso segue l'uso degli antichi, e scrive sempre Sole, Terra e Luna con la maiuscola: gli scrittori possono fare quel che vogliono, ma la regola grammaticale è questa che vi abbiamo detto.

Ci sono anche scrittori che mettono la maiuscola nei nomi dei mesi, delle stagioni, dei giorni; ma voi rispetterete anche qui la regola grammaticale, che vuole che si usi l'iniziale minuscola in ogni caso:

gennaio, febbraio, eccetera; estate, autunno, eccetera; lunedí, martedí, eccetera.

Le personificazioni

Nomi comuni personificati: iniziale maiuscola

Un'ultima avvertenza prima di chiudere questo argomento. Certe volte noi usiamo dei nomi comuni in funzione di nomi propri, cioè "personifichiamo" questi nomi, diamo a essi il valore di nome di persona. Facciamo qualche esempio per capirci meglio. Prendiamo i nomi *lupo, volpe, marzo, lunedí* e *martedí*. Sono nomi comuni, comunissimi, tutti da iniziale minuscola. Ma certe volte, e di solito nelle fiabe, noi diamo questi nomi a personaggi dei nostri racconti, li facciamo cioè diventare nomi propri. In questi casi, anche questi nomi li scriveremo naturalmente con la maiuscola:

Un giorno il Lupo incontrò la Volpe;

Lunedí disse a Martedí che era stanco e voleva andare a letto; venisse lui a far sorgere il nuovo sole;

Marzo era un ragazzo pazzerello, e ne faceva di cotte e di crude.

Sono cose semplici; però non tutti sanno rispettarle.

Appuntamento in "piazza Navona" o in "Piazza Navona"?

Finché l'appuntamento è dato a voce (o per telefono, che è pur sempre a voce) non c'è imbarazzo; ma per iscritto salta fuori un piccolo dubbio:

p minuscola per quella bella piazza romana, o *P* maiuscola? Il dubbio sarebbe uguale anche se l'appuntamento fosse in *via Margutta* (o *Via Margutta*) o all'*anfiteatro Flavio* (minuscola o maiuscola, quella *a* iniziale?) Se si trattasse del *Foro Italico*, nessun dubbio: anche se "fòro" è il nome classico di "piazza", ormai non appartiene al discorso comune: non si tratta di un "fòro" che si chiama *Italico*, ma di una determinata località definita *Foro Italico*: dunque sempre maiuscola l'iniziale. Invece per *piazza Navona* si può ragionare diversamente: c'è una piazza, a Roma, che si chiama *Navona*, quindi il nome comune *piazza* può restare con l'iniziale minuscola, lasciando la maiuscola soltanto al nome proprio *Navona*; lo stesso ragionamento vale per *via Margutta*. A Milano si scriverà: *piazza della Scala*, meglio che *Piazza della Scala*; *corso di Porta Romana* meglio che *Corso di Porta Romana* (e *Porta Romana* meglio che *porta Romana*, considerandosi i due vocaboli insieme per la definizione di quel monumento).

Come si scrivono i nomi topografici

Seguendo il nostro ragionamento, si scriverà *palazzo Barberini*, ma invece *Palazzo Reale* perché in quest'ultima denominazione nome e aggettivo sono indispensabili (non è il palazzo che si chiama *Reale*, ma l'edificio che si definisce *Palazzo Reale*). Ritornando ai "dubbi romani", tra *anfiteatro Flavio* e *Anfiteatro Flavio* noi siamo del parere che sia meglio *Anfiteatro Flavio*, mentre, sebbene si tratti del medesimo monumento, si scriverà senza esitazione *Colosseo* con l'iniziale maiuscola, perché il nome *Colosseo* può stare da sé (il *Colosseo*, cioè l'anfiteatro detto "Colosseo"), ma l'aggettivo *Flavio*, senza il sostantivo *Anfiteatro*, no.

Non solamente nella topografia (descrizione dei luoghi nell'interno di una città o in una zona ristretta), ma anche nella geografia vale il medesimo ragionamento. Scriveremo *fiume Po*, cioè quel fiume che si chiama *Po* — si può anche dire semplicemente: *il Po* — diversamente da *Fiume Azzurro*, perché quel fiume della Cina non si chiama *Azzurro*, bensí *Fiume Azzurro*: non potremmo dire: *Navigammo sull'Azzurro*. E similmente: il *monte San Gottardo*, il *monte Sempione*, il *vulcano Etna*, il *colle di Superga*; ma invece: *Monte Bianco*, *Monte Nero*, *Col Moschin*, eccetera.

Come si scrivono i nomi geografici

Vediamo i laghi. Mentre va bene scrivere: *lago di Como*, *lago di Garda*, *lago Trasimeno*, scriveremo invece: *Lago Maggiore* (non è un lago che si chiama semplicemente *Maggiore*; si può dire: *Andare in barca sul Trasimeno*, ma non già: *Andare in barca sul Maggiore*). Lo stesso Lago Maggiore è anche detto *Verbano*; in tale caso scriveremo: il *lago Verbano*.

Insomma: l'aggettivo non basta a creare, da solo, la definizione di un luogo, tranne quando, per molto uso, diventa sostantivo, e allora è come se fosse un nome.

Per esempio:

l'Atlantico, il Pacifico, il Mediterraneo,

perché possono semplicemente sostituire:

l'oceano Atlantico, l'oceano Pacifico, il mare Mediterraneo.

Una moda di cattivo gusto

Nomi e cognomi: sempre iniziali maiuscole

Ma, prima ancora di passare ad altro, permetteteci un'altra avvertenza. Sta dilagando la moda di scrivere nomi e cognomi di persona con le iniziali minuscole. È una pessima moda che sta tutta a carico della televisione, non perché l'abbia inventata lei, ma perché l'ha diffusa e continua a diffonderla con la potenza della sua suggestione. Spessissimo infatti il piccolo schermo ci ammannisce quei suoi eterni elenchi di nomi propri, dall'autore all'ultimo servitore di scena, tutti scritti con l'iniziale minuscola: *gino zannini, teresa vittorini, gustavo salomoni*, eccetera. Ora, noi che abbiamo visto qual è la regola prescritta dalla grammatica, non facciamo fatica a capire che chi scrive per esempio *eugenio* con l'iniziale minuscola fa un errore di ortografia identico a quello di chi scrive "euggenio" con due *g*.

Questa dell'iniziale minuscola nei nomi di persona, lo sappiamo benissimo, è soltanto una moda, venuta un giorno in mente a un tale, probabilmente un tecnico pubblicitario — queste minuscole si incontrano infatti frequentissime negli annunci pubblicitari — e come tutte le mode, specialmente se sciocche, si trascinò dietro un nugolo di imitatori. La televisione, come s'è detto, ha fatto il resto; sí che oggi vediamo l'errore un po' dappertutto, sulle carte intestate, sui biglietti di visita, sulle targhette del portone di casa e in tanti altri luoghi. Strana mania questa di minimizzarsi, di diventar non piú personaggio, non piú tal dei tali, ma una cosa comune!

QUIZ SULLE MAIUSCOLE

Abbiamo qui elencato alcune frasi dove sono contenute parole che andrebbero correttamente scritte con iniziale maiuscola e che invece noi abbiamo scritto con lettera minuscola. Provate a rintracciarle. Vi diciamo subito che sono 16.

1. *I milanesi godono meritata fama di essere un popolo laborioso.*

2. *Alla televisione, dopo il gran successo ottenuto con la trasmissione dell'odissea, presentarono anche l'eneide.*

3. *Tutte le domeniche il papa benedice la folla dalla sua abitazione nel vaticano.*

4. *Le strade milanesi sono sommerse dalle automobili.*

5. *Dopo la morte di papa Giovanni XXIII fu eletto papa il cardinale Montini che assunse il nome di Paolo VI.*

6. *Nella religione dei romani il dio della guerra era marte.*

7. *Nei tribunali la giustizia è raffigurata come una donna in trono con una bilancia.*

8. *La parola di dio presso gli ebrei era rivelata nella bibbia, cioè nell'antico testamento.*

9. *Domenica prossima sarà la festa della madonna.*

10. *Era una splendida giornata di sole, e andammo a fare una gita in campagna.*

11. *Il 23 settembre il sole entra nel segno zodiacale della bilancia.*

12. *Il Petrarca cantò in versi famosi il suo amore per madonna Laura.*

Soluzione a pag. 443

Capitolo II

TUTTO SULLE CINQUE VOCALI

Cinque che valgono per sette

Le vocali

Ci sono cinque lettere, nelle ventuno del nostro alfabeto, che si possono pronunciare facilmente da sole: ciascuna di esse ha un suono proprio, corrispondente a una particolare emissione della voce. Queste cinque lettere si chiamano **vocali**. Ecco le cinque vocali, nell'ordine tradizionale:

---
a   e   i   o   u

Tutti pronunciamo queste vocali, quando parliamo, migliaia di volte il giorno; ma forse non ci siamo mai interessati di sapere che movimenti fa la nostra bocca quando le pronunciamo. Vogliamo interessarcene adesso, magari con l'aiuto di uno specchio?

Mentre pronunciamo (facciamo la prova a voce alta) la vocale **a**, noi apriamo bene la bocca. Invece quando diciamo **i** tiriamo le labbra indietro e teniamo la bocca socchiusa. Per emettere il suono **u** protendiamo le labbra avanti e la bocca si schiude appena appena.

Vocali aperte e vocali chiuse

La **e** e la **o** hanno, ciascuna, due suoni differenti. C'è un suono *aperto* o *largo*, cioè derivato da un movimento della bocca non molto dissimile da quello per la pronuncia di *a* (p. es., nelle parole: èrba, òca); e un suono *chiuso* o *stretto* che somiglia piuttosto a quelli della *i* e della *u* (p. es., nelle parole: néve, amóre). Quindi i segni delle vocali sono cinque ma valgono in pratica per sette.

Da questi diversi modi di pronunciare, le vocali si distinguono in:

Vocali dure e vocali molli

---
a, e, o :   *dure*

i, u   :   *molli*

Piú utile praticamente distinguere il suono *aperto* o *largo*, proprio della *a*, della *e* e della *o* in molti vocaboli, e il suono *chiuso* o *stretto*, proprio della *i*, della *u*, nonché della *e* e della *o* in molti altri vocaboli.

Qui sorge naturalmente una questione di notevole importanza pratica: quando la *e* e la *o* hanno suono chiuso e quando aperto? Noi ci fidiamo della pratica, cioè della consuetudine, ma purtroppo c'è una grande differenza di pronuncia nelle varie regioni d'Italia, e nemmeno nella stessa

Toscana (dove, com'è noto, la pronuncia è migliore) esiste una consuetudine conforme. Quante volte noi ci stupiamo, per esempio quando ascoltiamo un annunciatore di professione o una persona intervistata alla televisione, nel sentire pronunciare una *o* oppure una *e* in modo differente da come noi l'abbiamo sempre pronunciata e crediamo giusto che debba essere pronunciata (e siamo magari noi che sbagliamo). C'è un annunciatore (certamente è dell'Italia settentrionale) che continua a ripetere *tre, ventitré, biglietto, giovinetto* e *bicicletta* con la *e* aperta come se facesse squillare il *pè pè* d'una trombetta; ce n'è un altro (che invece è meridionale) per il quale il *fuoco,* la *scuola*, il *suono* e il *tuono,* la *notte* e le *marmotte* rimbombano sinistramente con tutte le *o* chiuse come se parlasse di *ciclóni*, di *tumóri*, di *fórche* o di *trombóni*.

Intanto possiamo concludere che le cinque vocali italiane hanno complessivamente sette pronunce diverse:

---

a, i, u : una pronuncia

e, o : due pronunce
(*aperta* o *larga* e *chiusa* o *stretta*)

Esistono, vogliamo dire, altri suoni, in aggiunta ai nostri, per le vocali: la *u* ha anche un suono acuto, che è molto diffuso nel francese, oltre che nel tedesco, e anche nei dialetti dell'Italia settentrionale; nel tedesco la vocale *ö* (scritta con quel segno dei due puntini soprastanti, che si chiama "dieresi") ha un suono intermedio tra *o* ed *e*; nell'inglese, poi, le stesse vocali si esprimono con pronunce svariate che nemmeno si possono rendere graficamente con il nostro alfabeto italiano. In taluni dizionari si ricorre a uno speciale "alfabeto fonetico" per esprimere tali suoni: per esempio, dopo avere scritto il nome inglese *church*, "chiesa", con caratteri normali, si aggiungono tra parentesi alcuni segni convenzionali, che spesso variano da dizionario a dizionario o da grammatica a grammatica, e indicano quale deve essere la retta pronuncia. Ogni testo, dizionario o grammatica che sia, reca all'inizio una tabella con i vari segni fonetici. Ciò che si è detto per l'inglese, vale ovviamente per qualsiasi altra lingua.

La u francese e la ö tedesca

Quando le vocali fanno "dittongo"

Non è una diabolica invenzione dei compilatori delle grammatiche il cosiddetto "dittongo". Voi stessi vi accorgete allorché pronunciate una parola come *Laura, uomo, Europa, fiore, niente, mai,* che quelle due vocali messe insieme (**au** in *Laura*, **uo** in *uomo*, **eu** in *Europa*, eccetera) si pronunciano con una sola emissione di voce. A nessuno verrebbe in mente, se capitasse

Il dittongo

in fine di riga il nome *Laura*, di scrivere *La-* e poi andare a capo con *-ura*: il nome *Laura* è formato di due sillabe, non di tre.

Ebbene, quella coppia di vocali pronunciata con una sola emissione di voce si chiama appunto **dittongo** (parola che deriva dal greco e che significa "di due suoni").

Se ancora vi ricordate (ne abbiamo fatto cenno nel paragrafo precedente) della differenza che passa tra vocali dure, dette anche "forti" (*a, e, o*), e vocali molli, dette anche "deboli" (*i, u*), non vi sembrerà troppo astrusa la spiegazione contenuta in tutte le grammatiche, quando questi poveri libri tanto raramente consultati insegnano che il dittongo nasce:

- 1. dall'incontro di una vocale "forte" con una "debole" e viceversa:

a + i	(es.: *amai*)	**a + u**	(es.: *lauro*)
e + i	(es.: *temei*)	**e + u**	(es.: *pleurite*)
o + i	(es.: *poi*)	**o + u**	(es.: *Douro*)
i + a	(es.: *fianco*)	**u + a**	(es.: *guado*)
i + e	(es.: *miele*)	**u + e**	(es.: *questo*)
i + o	(es.: *chioma*)	**u + o**	(es.: *uovo*)

- 2. dall'incontro di due vocali "deboli" (cioè *i* con *u*):

i + u	(es.: *giú, chiuso, grembiule*)
u + i	(es.: *cui, lui, altrui*)

Quando due vocali formano "iato"

Lo iato

Se invece si incontrano due vocali "forti", esse si pronunciano ben separate, come in *oasi* (**o-a**), *aeroplano* (**a-e**), *poeta* (**o-e**), *beato* (**e-a**), *Aosta* (**a-o**), *zoo* (**o-o**), *aureola* (**e-o**), *azalee* (**e-e**). Quando avviene questo fatto, cioè che le due vocali consecutive si pronunciano separate, invece del dittongo si ha lo **iato** (parola di origine latina che significa "separazione").

Piccolo quiz: che differenza c'è (s'intende, a proposito di dittongo e di iato) tra un *eroe* solo e piú *eroi*?

Diamo noi la soluzione: un *eroe* solo porta in sé lo iato (**o-e**), invece piú *eroi* il dittongo (**o-i**). Perché? Perché nel singolare *eroe* le due vocali forti *o* ed *e* non fanno dittongo ma si pronunciano separate, mentre nel plurale *eroi* l'incontro avviene tra la vocale forte *o* e la vocale debole *i* (e allora c'è dittongo). *Eroe* è perciò di tre sillabe (*e-ro-e*), *eroi* è di due (*e-roi*).

Talvolta (ma molto raramente) s'incontrano non due, ma tre vocali (p. es.: *figliuolo*). Naturalmente i grammatici hanno trovato un nome anche per questo incontro a tre: **trittongo** (cioè "di tre suoni"). Nel vocabolo *aiuola* le vocali in fila sono addirittura quattro, ma la prima *a* si pronuncia distinta, è parte di un'altra sillaba: si tratta dunque ancora di un trittongo: *iuo*. Sillabiamo: *a-**iuo**-la*.

Il trittongo

Ma attenti all'accento

Stavamo per concludere questo argomento quando sono intervenuti alcuni vocaboli a guastare la festa. *Paura, baule, faina, moina, suino, inveire,* e molti altri insieme, si presentano ostentando chiaramente, quasi sfacciatamente, i due suoni delle vocali attigue che, pur essendo l'una forte e l'altra debole, non formano dittongo ma iato. Il fatto si spiega subito. Prendiamo il primo dei vocaboli "ribelli": *paura* e confrontiamolo con un altro che si scrive quasi uguale: *pausa*. Nel vocabolo *pausa* c'è il dittongo e le sillabe sono due (*pau-sa*); invece in *paura* c'è iato e le sillabe sono tre (*pa-u-ra*). Ma si avverte subito la differenza: in *pàusa* la voce cade sulla vocale forte *a*, invece in *paúra* cade sulla vocale debole *u*. Altro esempio: due parole uguali, ma con diverso accento e diversissimo significato: *bàlia* e *balía*. Nella prima c'è dittongo, nella seconda iato.

Vocaboli "ribelli"

● Di qui la regola: se l'accento cade sulla vocale forte (*a, e, o*) c'è dittongo:

pàu-*sa,* àu-*ra,* suò-*no.*

Se invece l'accento cade sulla vocale debole (*i, u*) c'è iato:

pí-**o**, *ub*-bí-**a**, *ba*-ú-*le.*

Tanto per completare la regola con un'ultima eccezione (tutte le lingue, ma la nostra in particolare, forse perché è tra le piú antiche, hanno i loro "capricci", che sono le eccezioni), vi ricordiamo che non avviene dittongo, ma iato, anche quando due vocali attigue, pur trattandosi di un incontro tra forte e debole, appartenevano in origine a parole staccate, come *ri-avere*, nata dal prefisso *ri-* seguito dal verbo *avere*, e cosí *ri-aprire, ri-evocare, ri-ottenere,* eccetera, nonché *sotto-indicare, fra-intendere, bi-ennio, su-esposto.*

3. QUIZ SUI DITTONGHI E SUGLI IATI

Diamo qui un breve elenco di vocaboli: sottolineate a matita, con una sola linea, quelli che giudicate dittonghi, e con due linee, quelli che invece classifichereste come iati. Per aiutarvi nell'esercizio, vi consigliamo di pronunciare le parole a voce alta: vi accorgerete subito quando le due vocali consecutive vengono fuori dalla vostra bocca con una sola emissione di voce (dittongo) e quando con due suoni distinti (iato).

leone	*règia*	*petrolio*
studio	*cieco*	*inchiostro*
piano	*Menelao*	*poeta*
veemente	*Mauro*	*flauto*
mormorio	*fiume*	*applauso*
mortorio	*aiuto*	*piroetta*
aurora	*aita*	*magìa*
fuoco	*olio*	*piuma*
regìa	*sfrigolio*	*sauro*

Soluzione a pag. 443

Il dittongo mobile

Un *uomo*, quando è piccolo, diventa *omino, ometto, omiciattolo* (nessuno direbbe: "uomino", "uometto", "uomiciattolo"). Il dittongo *uo*, presente nel nome *uomo*, non è piú dittongo nei derivati: ha perduto la sua prima vocale (la vocale "debole"), cioè la *u*. Si possono portare tanti altri esempi: *uovo* diventa *ovetto* e non "uovetto", cosí come si dice *ovale* e *ovaia* e non "uovale" e "uovaia"; da *miele* deriva *melato* e non "mielato"; da *cieco* derivano *cecità* e il verbo *accecare*; *buono* si scrive con la *u*, ma *bontà, bonificare, abbonare*, eccetera, non hanno piú il dittongo.

Il dittongo mobile — Questo dittongo che ora c'è e ora non c'è si chiama perciò **mobile**. Esso interessa soltanto alcuni vocaboli a noi venuti dal latino (*uovo* è trasformazione del latino *ovum; miele* di *mel; uomo* di *homo; buono* di *bonus; fiera* di *fera*). Ma quando e perché scompaiono quella *u* (abbinata con la *o*) e quella *i* (abbinata con la *e*)? È un piccolo mistero, che forse avete già risolto da soli. Vi sarete infatti accorti che dicendo *uòmo* la voce posa sulla lettera *o* (cioè la lettera *o* ha l'*accento tonico*), ma dicendo *omino, ométto, omiciàttolo* l'accento si è spostato piú avanti, sulla *i* in *omíno*, sulla *e* in *ométto*, sulla *a* in *omiciàttolo*.

Soprattutto nella coniugazione dei verbi questa "mobilità" appare evidente: *sièdo, sièdi, sième*, ma poi: *sediàmo, sedéte* (senza il dittongo) e di nuovo: *sièdono*, perché l'accento è ritornato sulla *e*. Altro verbo con dittongo mobile: *moríre. Muòio, muòri, muòre*, ma poi muore anche la *u* e le voci diventano: *moriàmo, moríte*; infine ritorna la *u*, insieme con l'accento, nell'ultima voce del presente indicativo, che è *muòiono*. Naturalmente anche in altri tempi: nell'imperfetto: *morívo* e non "muorivo"; nel congiuntivo presente: *muòia* (col dittongo), ma nel congiuntivo imperfetto: *moríssi* (senza dittongo).

Lo stesso accade per i sostantivi e gli aggettivi: *piède*, ma *pedèstre* e *pedàle*; *lièto*, ma *letízia*; *giuòco* (nell'uso comune si dice però anche *giòco*), ma *giocàre, giocolière, giocàttolo*; *nuòvo*, ma *novità, novèlla, rinnovàre*, eccetera.

Adesso attendiamo l'immancabile obiezione: però non si dice "alletare", ma *allietare*; sono pochi quelli che dicono *bonissimo, novissimo*, invece di "buonissimo" e "nuovissimo"; d'accordo per il citato verbo *sedere* (io *siedo* e non "sedo", tu *siedi* e non "sedi", eccetera), però si dice *presiedeva* e non "presedeva"; e anche *risiediamo, risiedeva*, eccetera, sono piú frequenti che *risediamo, risedeva*, eccetera.

D'accordo: l'uso non sempre segue la regola. Ma c'è una ragione pratica e di buon senso che suggerisce di trasgredirla, e non il capriccio o, peggio, l'ignoranza di chi parla o scrive. Nel caso infatti di *risièdere* e *presièdere* si mantiene il dittongo per facilitare la distinzione dei due verbi dal verbo *sedére* di cui pur sono i legittimi derivati: dicendo cioè *presedevo*, sembra che si dica "sedevo prima, sedevo davanti"; dicendo *risedevo* sembra che si dica "sedevo di nuovo"; cioè i due prefissi verbali *ri-* e *pre-* hanno perduto il significato che avevano all'origine, acquistando quello piú comune all'uso moderno. In *allietàre* domina il sostantivo *lièto*, che scomparirebbe e si trasformerebbe in "leto", che in italiano non avrebbe senso. Vogliamo insomma ripetere che se la grammatica in certi casi ammette l'inosservanza della regola, c'è una buona ragione per farlo. Ed è quindi del tutto condannabile l'inosservanza di essa quando nessuna ragione esiste per trasgredirla. Perché dire, per esempio, *suonare, suonatore, suonatina*, quando la regola stabilisce che bisogna dire *sonare, sonatore, sonatina*? Perché dire *buonissimo* e *nuovissimo* mentre piú correttamente diremo *bonissimo* e *novissimo*? C'è qualcuno forse che dica "buontà", che dica "nuovità"? Eppure...

L'accento che si sposta

Verbi che mantengono il dittongo

Pochi lo rispettano

Eppure, anche quando la grammatica non ammette eccezioni, non dico persone qualsiasi, di nessuna responsabilità letteraria o scientifica, ma perfino scrittori anche celebri, insegnanti anche universitari, parlanti di ottima cultura si ostinano a volte a ignorare la regola. Nella stessa Firenze, che in

Una regola poco conosciuta

fatto di lingua ha certo piú d'altre città le sue brave carte in regola, si preferisce dire *diecina* invece del corretto *decina*. Due grandi linguisti, Giorgio Pasquali e Bruno Migliorini, hanno confessato di essere stati "corrotti" da questo uso errato da quando si trasferirono da Roma (dove prevale il corretto *decina*) al capoluogo toscano.

Oggi non sono certo pochi quelli che questa semplice regola del dittongo mobile neppure la conoscono. « Dittongo mobile? E che cos'è? Conosco solo "la donna è mobile" », rispose una volta un bravo signore agli autori di queste righe. Per queste lacune, si capisce, non ci son manette. Ma chi conosce la regola perché non si prende poi la briga di applicarla? È anche probabile che succeda questo: conservare il dittongo sembra meno pedantesco che farlo sparire; scrivere *novissimo* invece di *nuovissimo*, *bonissimo* invece di *buonissimo*, *sonare* invece di *suonare*, potrà sembrare a qualcuno una futilità, una leccatura... Ma il rispetto di una regola potrà mai essere scambiato per una pedanteria, per una futilità, per una leccatura?

Esempi sconcertanti

Prendiamoci un po' il gusto di dare un'occhiatina alle pagine di alcuni autori di ottima fama, di quelli che vanno per la maggiore. Ne trarremo esempi piuttosto sorprendenti, non tanto perché un autore illustre ignora la regola, quanto perché ora la ignora e ora la rispetta. E la coerenza, anche soltanto nella materiale scrittura, non guasta di certo. Abbiamo messo in evidenza le parole giuste, quelle cioè dove la regola del dittongo mobile è stata rispettata:

Scrittori alla sbarra

Giovanni Arpino :	*muoveva, scuotendo, suonavano, infuocato, acciecante,* **giocare**;
Riccardo Bacchelli :	*muoveva, ruotelle, acciecandolo,* **sonanti**;
Dino Buzzati :	*suonò,* **giocavano**, *scuoteva, nuovamente, risuonò, rimuovevo*;
Carlo Cassola :	*diecina, cuoceva, risuonarono, infuocato*;
Tommaso Landolfi :	*scuotesse,* **scoteva**, **riscotendosi**, *ruotanti, smuovesse,* **movevano**, *giuocoforza, fuocherello,* **infocato**;
Virgilio Lilli :	**scotevano**, *risuonavano, muovemmo,* **moveva**, *accecante*;
Alberto Moravia :	*buonissimo, commuoverebbe, suonerebbero,* **giocava**;

Marino Moretti	:	*muovendo, nuovissima, buonissimo,* **commoveva**, **arrolarsi**;
Ercole Patti	:	*muoveva, nuovissimo, riscuotevano, diecina,* **accecante**;
Vasco Pratolini	:	*suonavano,* **sonata**, *scuoteva,* **scotendo**, *diecina, decina*;
Luigi Santucci	:	*rincuorante, riscuotevano, promuoverebbero,* **sonavano**, **sonassero**, **movendosi**;
Bonaventura Tecchi:		*nuovissima, risuonava,* **risonarono**, *infuocato,* **infocato**;
Mario Tobino	:	*nuovissimo, muoveva,* **focherello**.

Fermiamoci qui, ché come esempi ce n'è d'avanzo. Insomma, quando scrittori di questo calibro scrivono ora *scotésse* e ora *scuotésse*, ora *muovémmo* e ora *movéva*, magari nella stessa pagina, e un Bacchelli, cosí preciso e raffinato sempre, anche nelle minuzie formali, preferisce *ruotèlle* laddove *rotèlle* è la forma predominante (e fors'anche quella ch'egli stesso usa parlando), non si sa piú davvero a quale conclusione arrivare.

Tuttavia noi, dopo aver fatto tanto di cappello a questi "grandi", la nostra dobbiamo pur dirla, e non può essere che questa: la grammatica va rispettata, perché non è un'opinione ma una legge; e la legge va seguita; e tanto piú dai grandi, perché, come sappiamo tutti, *noblesse oblige.*

Qualcuno obietterà che anche l'uso ha le sue leggi, anzi, spesso, tra le leggi è la piú ferrea, la piú severa. Sí, ma solo quando mostra di avere un minimo di coerenza. Oggi anche il piú sciatto e piú oscuro degli scrittori, anche il campionissimo dei malparlanti, il piú sfegatato contestatore della grammatica non penserebbe di scrivere "siedendo", "muorire", "commuozione" e "nuovità": rispetterebbe cioè scrupolosamente la semplice regoletta. E allora perché fare eccezione per "scuotendo", per "commuoverebbe", per "nuovamente" e per "diecina"? Oltre tutto, non occorre avere gli orecchi di Toscanini per sentire che la parola con quell'inutile dittongo diventa faticosa, e perfino affettata.

Eccezioni non giustificate

Alcuni consigli pratici

Diamo qui un elenco, necessariamente breve ma esemplare, di parole di comunissimo uso, che non tutti sanno usare in modo corretto.

Forme verbali che seguono la regola del dittongo mobile:

Forme verbali da preferire

cuòcere	:	preferite le forme *cocévo, cocerò, cocéssi*, eccetera;
muòvere	:	preferite le forme *movévo, moverò, movéssi*, eccetera (e ciò vale anche per i composti *commuòvere, promuòvere, rimuòvere*, eccetera);
nuòcere	:	preferite *nocévo, nocerò, nocéssi*, eccetera;
percuòtere	:	preferite *percotévo, percoterò, percotéssi*, eccetera; (analogamente per *scuòtere*, e *riscuòtere*: *scotévo, scoterò, scotéssi*, eccetera);
rotàre	:	non dite "ruotare"; e dite anche *rotàvo, roterò, rotàssi*, eccetera;
sonàre	:	non dite "suonàre"; e dite anche *sonàvo, sonerò, sonàssi*, eccetera.
		Lo stesso discorso vale per il già menzionato *arrolàre*, e cosí anche per *intepidíre* (non "intiepidíre"), come per *tonàre* (non "tuonàre").

Parole derivate che seguono la regola del dittongo mobile:

Dittonghi che perdono la vocale debole

cuòre	:	da *cuòre* derivano *coràggio* e il verbo *rincoràre* (non "rincuoràre"); anche il diminutivo è *coricíno* e non "cuoricíno";
fuòco	:	da *fuòco* derivano *focherèllo, focóso* e il verbo *infocàre* (non "infuocàre"), quindi anche l'aggettivo *infocàto*;
fuòri	:	da questo avverbio deriva, oltre che *forése, foràneo, forestièro*, eccetera, anche il verbo *forviàre* (ma nell'uso predomina *fuorviàre*), che tuttavia può essere giustificato perché si tratta di parola composta, come anche *fuoruscíto*. Infatti le parole composte, come *buongiórno, buonuscíta, buongustàio, luogotenènte, fuoribórdo*, eccetera, non provocano di solito la caduta del dittongo perché le due componenti permangono ben distinte all'orecchio, quasi fossero vocaboli separati;
lième	:	da questo aggettivo discendono *levità* e il verbo *alleviàre*;

ruòta	da *ruòta* ormai nessuno deriverebbe "ruotàia", ma c'è chi scrive (l'abbiamo visto sopra) "ruotèlla" invece di *rotèlla* che è la sola forma legittima;	*Il dittongo nelle parole composte*
scuòla	: chi frequenta la *scuòla* è uno *scolàro*, non già uno "scuolàro", come tuttavia abbiamo letto in registri di oltre un secolo fa; le sue fatiche sono *scolàstiche*: sin qui tutti d'accordo, ma sarebbe bene che una piccola scuola la chiamassero *scolétta* e non "scuolétta", e una cattiva scuola una *scolàccia*, non una "scuolàccia";	
Sièna	: l'abitante di *Sièna* sarà sempre un *senése* e mai un "sienése";	
suòla	: le scarpe hanno la *suòla* ma, come il diminutivo è *solétta*, cosí anche il verbo dell'artigiano che *risuòla* le scarpe sarà *risolàre*, e non "risuolàre".	

Parole esenti dal dittongo mobile:

In qualche altro caso si è rinunciato (nella pratica, piú che per una precisa norma) ad applicare la regola del dittongo mobile, quando si è voluto approfittare delle due diverse forme per distinguere i due significati di un vocabolo. Per esempio: un *piedóne* è un piede grosso, un *pedóne* è un uomo che va a piedi; *lievitàre* è proprio delle pagnotte nel laboratorio del fornaio, *levitàre* significa un acquistar leggerezza, anche in senso spirituale.

Il verbo *miètere*, e cosí il derivato *mietitúra*, è pur esso esente dal dittongo mobile, sebbene non vi sia un verbo uguale con cui potrebbe confondersi: nessuno perciò dice "meteva" probabilmente perché è sembrato che somigliasse a *mettéva* dal verbo *méttere*.

Ci sarebbe, invece, non somiglianza ma identità (soltanto apparente, perché l'etimologia è ben diversa), se si applicasse la regola del dittongo mobile tra i verbi *notàre* e *nuotàre*, *votàre* e *vuotàre*. Perciò si preferisce non applicare la regola:

Quando il dittongo evita ambiguità

>*Il segretario* **notava** *(prendeva nota) sul registro;*
>*Il marinaio* **nuotava** *sulle onde in burrasca.*
>
>*Il cittadino* **votò** *il suo deputato;*
>*La donna di servizio* **vuotò** *il secchio della spazzatura.*

Nei nostri esempi, veramente, non potrebbe esserci equivoco, anche se avessimo applicato la regola del dittongo mobile. Ma non sempre il discorso è cosí evidente, e allora anche quelle povere vocali *i* e *u* possono essere tollerate, visto che riescono utili, con buona pace del dittongo mobile.

QUIZ SUL DITTONGO MOBILE

Eccovi un elenco di parole dove il dittongo mobile in alcune è stato rispettato e in altre no. Fate un elenco delle parole giuste, e un altro elenco delle parole errate, segnandovi accanto la forma corretta.

diecina	*fuocherello*	*giuocattolo*
muoiono	*infuocato*	*giocava*
morente	*fuoco*	*giuocò*
scolaretto	*suoletta*	*percuotere*
scuoletta	*risuolare*	*percuoterò*
figliuolo	*solatura*	*percoteva*
figlioletto	*nuovamente*	*arruolamento*
sonante	*novità*	*arruolò*
suonano	*nocete*	*arruolato*
risuonava	*nuocevano*	*sedevano*
muovono	*nocerò*	*siederò*
mossero	*cieco*	*seduto*
movimento	*acciecare*	*sièditi*
rimuoverò	*cuocerò*	*tuono*
rimuovevano	*coceva*	*tuonò*
ruotano	*cuocere*	*tuonava*
ruotella	*giuoco*	*tonasse*

Soluzione a pag. 443

Capitolo III

LE CONSONANTI E LE LORO INSIDIE

"Suonano insieme" con le vocali

Le altre sedici lettere dell'alfabeto italiano che non sono vocali, per essere pronunciate devono appoggiare il loro suono su una delle cinque vocali, e perciò si definiscono **consonanti** (appunto, perché devono "consonare", "sonare insieme" con le vocali).

Le consonanti

Se badate al movimento che avviene nella vostra bocca, vi accorgete che mentre pronunciate le consonanti **d, l, n, r, s, t, z** la vostra lingua tocca i denti: perciò queste sette consonanti costituiscono il gruppo delle **dentali**. Inoltre *l* e *r* sono anche dette **liquide**, perché provocano una vibrazione della voce che le fa apparire particolarmente scorrevoli; *n* (come *m*, che troveremo nel prossimo gruppo) è altresí **nasale** perché l'emissione del suono avviene anche attraverso il naso (provate a serrare le narici mentre pronunciate qualche parola che contenga *n* o *m* e vi accorgerete subito del suono deformato); *s* e *z* sono anche **sibilanti** perché quando le pronunciamo si avverte un leggero sibilo.

Dentali
Liquide
Nasali
Sibilanti

Quando pronunciamo **b, p**, e anche, sia pure con diverso movimento, **f, m, v**, ci serviamo delle labbra: queste consonanti sono perciò dette **labiali** (in latino *labia* = labbra).

Labiali

Nella pronuncia della lettera **q** oppure di **c** e **g** seguite dalle vocali *a, o, u* (o da *h*, se dopo vengono *e* oppure *i*) il suono si forma in gola (latino: *guttur*): perciò queste consonanti sono dette **gutturali**. Le stesse *c* e *g* quando sono seguite da *e* oppure *i* (purché non ci sia in mezzo l'*h*) sono chiamate **palatali** perché la lingua, mentre le pronunciamo, poggia sul palato.

Gutturali
Palatali

Vi diamo, qui di seguito, alcuni esempi di parole in cui le consonanti *c* e *g* hanno il suono gutturale:

> *cane, come, cuoco, chiesa, chiacchiera, gara, gola, gusto, langhe, ghiro, quattro, aquila.*

Ed ecco altri esempi in cui la *c* e la *g* hanno il suono palatale:

> *cena, cera, Cina, giace, luce, pace, sorge, Genova, Gino, gioconda, gioia, giostra.*

Nei trattati di linguistica si fanno altre numerose distinzioni, ma non ci pare opportuno, in questo nostro libro di norme pratiche, confondere le idee con ulteriori classificazioni: limitiamo perciò il nostro discorso a quei pochi argomenti che rivestono appunto un interesse pratico, col fine di non commettere errori quando si parla o si scrive.

La lettera "h": un'avventizia tuttofare

La lettera h e le sue funzioni

La lettera **h** nella nostra lingua ha alcune importantissime funzioni. Tutti sanno che basta inserire una *h* tra una *c* o una *g* e le vocali *e*, *i* perché il suono della *c* e della *g* diventi gutturale.
Esempi:

Giotto : suono palatale

ghiotto : suono gutturale

duci : suono palatale

duchi : suono gutturale

getto : suono palatale

ghetto : suono gutturale

Sin qui è difficile sbagliare: soltanto un ignorante scriverebbe "chane" o "ghatto".

Ma in italiano la *h* è usata, per una convenzione dei grammatici, anche per distinguere nettamente l'uno dall'altro certi vocaboli che altrimenti figurerebbero scritti allo stesso identico modo perché identica è la loro pronuncia.
Esempi:

A, ah, ha

Sono andato **a** *Roma;*

Ah, *che bella notizia!*

Mia moglie **ha** *scritto.*

Avrete notato nelle tre frasi che, mentre una semplice *a* è una preposizione, quando invece è seguita da una *h* diventa esclamazione (*ah!*); se l'*h* è posta prima, è voce del verbo *avere*. Lo stesso accade per la vocale *o*.
Esempi:

O, oh, ho

Domani **o** *dopo verrò a visitarti;*

Oh, *che sorpresa!*

Non **ho** *invitato nessuno.*

O è semplice congiunzione; *oh* con l'*h* posposta è esclamazione; *ho* con l'*h* anteposta è verbo.

La *h* si usa anche in altre interiezioni o esclamazioni che dir si voglia:

uh! ih! eh! mah! ahi! ohi! ahimè! ohibò!

Tuttavia nella nostra lingua questa lettera non ha nessun suono: *ho, hai, ha* si pronunciano tali e quali come se fossero *o, ai, a* (invece in talune lingue straniere, e anche in un certo periodo della bimillenaria vita del latino, serve, o servì, per segnalare un suono aspirato).

Una discussione che dura da cinquecent'anni

Ma su questa *h*, tanto modesta, avete visto che c'è ma neppure si sente, vogliamo aggiungere ancora qualche notizia. Abbiamo appena accennato alla *h* che precede alcune forme del verbo *avere*: io **ho**, *tu* **hai**, *egli* **ha**, *essi* **hanno**. Molti si chiedono, e son quelli che non hanno studiato il latino: che significa questa *h*? Molti altri si chiedono, e son quelli che il latino lo hanno studiato: e che significa questo vecchiume? Quella *h* infatti non è che un'eredità delle forme latine del verbo *habère*, "avere", che nella coniugazione dell'indicativo presente faceva *hàbeo*, "ho"; *hàbes*, "hai"; *hàbet*, "ha"; *hàbent*, "hanno". In passato quella *h* accompagnava, come nel latino, tutte le nostre forme verbali; e anche tutte le parole latine comincianti con *h* e trasferitesi nell'italiano avevano gelosamente conservato la medesima iniziale. Ma fin dal Quattrocento era cominciata una campagna, come oggi si direbbe, per abolire questo inutile segno. Si scriveva *huomo* (latino *homo*), si scriveva *honore* (latino *honor*), si scriveva *hora* (latino *hora*) e così via, ma si leggeva come se fosse scritto *uomo, onore* e *ora*. Si accese una dura battaglia tra i fautori e gli avversari della *h* iniziale. Tra i più famosi conservatori del timido segno fu nientemeno l'Ariosto, che scrisse:

La h *nel verbo avere*

> *Chi leva la H all'huomo non si conosce huomo, e chi la leva all'honore non è degno di honore. E s'Hercole la si vedesse levata dal suo nome, ne farebbe vendetta contro chi levata gliela havessè, col pestargli la testa con la mazza.*

A questo terribile reazionario si opposero numerosi celebri scrittori, che cominciarono a scrivere *Ercole* e *onore* senza temere né la mazza del semidio né di perdere l'onore. Tra gli altri, Pietro Bembo, e il principe degli editori Aldo Manuzio. Infine entrò in campo, con scopi conciliativi, l'Accademia della Crusca, che disse: aboliamo la *h* iniziale in ogni caso, ma manteniamola solo in quelle quattro forme del verbo *avere* per ragioni di pratica utilità: per non confonderle cioè con altre parole di identica grafia ma di diverso significato: *o* vocale, *ai* preposizione, *a* vocale, *anno* giro di dodici mesi. La Crusca usò questo sistema per il suo celebre vocabolario, e grammatici e stampatori lo accolsero e lo diffusero rapidamente.

Ma si capisce che anche questa volta non mancarono i dissidenti. Due letterati del Settecento, Lorenzo Magalotti prima, e piú tardi Francesco Algarotti, furono invece fautori ostinati delle forme accentate **ò, ài, à, ànno**: basta questo accento, dissero, a rimediare a ogni cosa; la *h* non serve; e imitarono in questo ciò che era già stato esperimentato alcuni secoli prima. Nell'Ottocento la disputa si riaccese, specialmente tra la coppia Fanfani - Rigutini, autori d'un famoso dizionario, che sostenevano la *h* etimologica, e il Petrocchi, altro lessicografo, fautore delle forme accentate.

Ò, ài, à, ànno

E oggi? Oggi la lotta non può dirsi certo spenta, ma dobbiamo riconoscere che essa pende a favore dei sostenitori (pensate un po', dati i nostri tempi sovvertitori d'ogni anticaglia!) della mite *h* di latina memoria. Solo qualche scrittore usa le forme accentate; tra questi, per esempio, il romanziere fiorentino Bruno Cicognani.

Che dobbiamo concludere? Che entrambe le forme sono accettabili: io *ho*, tu *hai*, egli *ha*, essi *hanno*; ma anche: io *ò*, tu *ài*, e cosí via. Questione di gusti. Noi siamo, lo vedete, per la *h*; non già per una particolare simpatia, ma solo per inveterata abitudine.

Le insidie della "q"

La lettera q

Una consonante assai bisbetica è la **q**. Quante volte persone poco ferrate nell'ortografia, scrivono "acuila" o "acquila" invece di *aquila* (in contrasto con *acqua*, che non si accontenta di restare nella sua antica e piú semplice forma latina *aqua*). Poi c'è l'aggettivo *proficuo* che si scrive con la *c*, mentre per *iniquo* (che pure si pronuncia allo stesso modo) guai a scrivere "inicuo"! Non parliamo dei vari *nacque, piacque* e *tacque*, che si pronunciano "naccue, piaccue, taccue", ma, ohibò, siccome c'è quella *u* guastafeste, la seconda *c* deve per forza diventare *q* (anche in *acquisto* e *acquistare, acquiescenza, nocque, giacque*, eccetera). Ma poi state attenti a non fare lo stesso per *taccuino*, perché qui, anche se c'è la *u*, bisogna tenere buone le due *c*. Un vocabolo ribelle, *soqquadro*, vuole invece le due *q*, rifiutando la compagnia della *c* come non degna del suo rumoroso significato rivoluzionario.

Infine ci sono il *cuore*, il *cuoio*, il *cuoco* e altri ancora che non hanno il diritto di incominciare con la *q* come i loro fratelli di pronuncia (però non sono neanche parenti) della famiglia del *quoto*, del *quoziente* e della *quota* (compreso il tanto diffuso *quotidiano*). Chi ha studiato il latino sa che hanno la *q*, in italiano, quei vocaboli che l'avevano in latino (come *liquore* dal latino *liquor, iniquo* da *iniquus, quale* da *qualis*, mentre *cuore* deriva da *cor, scuola* da *schola, proficuo* da *proficuus, percuotere* da *percutere*); ma chi sfortunatamente ignora la lingua madre deve compensare quella sua ignoranza con l'attenta osservazione della corretta grafia dei vocaboli e, nel dubbio, ricorrere a un buon dizionario. Come si vede anche da questo esempio, il tanto bistrattato latino a qualcosa di pratico può ancora servire.

Quando "n" diventa "m" e viceversa

Un'altra causa di piccoli infortuni è l'incontro tra una delle due consonanti piú tipicamente labiali, cioè la **b** e la **p**, con la nasale **n**. Se unite il nome *Gian* e il nome *Piero* in un nome unico, ne risulta *Giampiero* e non "Gianpiero", mentre si dice tranquillamente *Giancarlo, Gianfranco, Gianluigi*; non diciamo "Gianpaolo" né "Gianbattista" (come fa qualche snob), ma sempre *Giampaolo* e *Giambattista*. Cosí sarebbe errato scrivere:

Le labiali
b e p

*con*battere	invece di	*com*battere
*in*burrare	invece di	*im*burrare
*in*bevere	invece di	*im*bevere
*in*portare	invece di	*im*portare
*in*pugnare	invece di	*im*pugnare

Dunque, praticamente: *n* diventa *m* quando è seguita da *b* o *p*.

Il contrario avviene quando dal nome "tram" si formano i derivati *tranviere, tranvai, tranviario*; e anche *tranvia*, sebbene le società che gestiscono i pochi superstiti servizi tranviari a volte preferiscano, e malamente, la forma *tramvia*, piú simile all'originaria voce inglese *tramway*.

Sono ammessi *triumviro* e *quadrumviro*, perché parole di origine dotta.

5.

QUIZ SULLE CONSONANTI

Un buon numero di vocaboli che seguono sono graficamente sbagliati. Prendeteli a uno a uno dal mucchio, ed elencateli a parte, segnando a fianco di ciascuno la forma grafica corretta.

enpietà	*acuire*	*infoltire*
enblema	*accuistare*	*circuire*
embargo	*acquatico*	*circuito*
enfiteusi	*tacque*	*conquista*
anbizione	*giacque*	*socquadro*
encomio	*squalo*	*ampio*
encefalico	*squadra*	*anfibio*
tacquino	*scuarciare*	*tranviere*
scuotere	*inbottitura*	*tranbusto*
acquila	*imbattibile*	*tramquillo*

Soluzione a pag. 443

Capitolo IV

PARLIAMO UN PO' DELLE SILLABE

Dal monosillabo al polisillabo

Non occorrono studi speciali per pronunciare una parola "sillabando", cioè tenendo le sillabe separate.
Ecco alcuni esempi:

cavallo	:	*ca-val-lo*	(tre sillabe)
caravella	:	*ca-ra-vel-la*	(quattro sillabe)
automobile	:	*au-to-mo-bi-le*	(cinque sillabe)

Le sillabe

Giacché la voce posa sulle vocali e non sulle consonanti, le sillabe sono tante quante sono le vocali (naturalmente il dittongo, che si pronuncia con una sola emissione di voce, conta come se fosse una vocale sola). Dunque le **sillabe** sono le parti di una parola che si pronunciano con una sola emissione di voce.

Una sillaba può anche essere composta di una sola vocale: **a**-*varo*, **o**-*nore*; oppure di un dittongo: **uo**-*mo*, **au**-*tunno*; o di una vocale insieme con una o due o tre o anche piú consonanti: per esempio, la prima sillaba della parola *schioppo* (**schiop**-) è formata di quattro consonanti, delle quali tre iniziali consecutive, che aggiunte al dittongo costituiscono un complesso di sei lettere. Dunque le sillabe possono essere piú o meno lunghe; però sono sempre pronunciate con una sola emissione di voce: costituiscono cioè una "unità fonica". Potreste fare la prova di ciò, sostituendo in una canzone, della quale conoscete il motivo musicale e le parole, una sillaba diversa, non importa se piú lunga o piú breve: il tempo musicale, al quale corrisponde una nota, rimane sempre lo stesso.

I monosillabi

● I vocaboli formati da una sola sillaba si dicono **monosillabi**:

Po, re, tu, noi, qui, là, fa, do, sol, tè, di, eccetera.

I bisillabi

● I vocaboli di due sillabe si dicono **bisillabi**:

Ar-no, fiu-me, lo-ro, luo-go, pa-ne, vi-no, gat-to, eccetera.

I trisillabi

● Quelli di tre sillabe si dicono **trisillabi**:

Te-ve-re, re-gi-na, a-mi-ci, pa-e-se, bi-no-mio, eccetera.

PARLIAMO UN PO' DELLE SILLABE

• I vocaboli con piú di tre sillabe sono definiti genericamente **polisillabi**, cioè parole con "piú" sillabe, perché il prefisso greco *poli-* serve per indicare pluralità:

I polisillabi

> *do-mi-na-re* (quattro sillabe)
>
> *im-pe-ra-to-re* (cinque sillabe)
>
> *e-si-bi-zio-ni-smo* (sei sillabe)

E ce ne sono anche di piú lunghi: lasciamo da parte lo scherzoso *precipitevolissimevolmente* (vocabolo che non esiste: il superlativo dell'avverbio *precipitevolmente* sarebbe se mai *precipitevolissimamente*), ma qualche volta vi sarà capitato di leggere o di udire parole come *denicotinizzazione* (otto sillabe), *otorinolaringoiatria* (dieci sillabe), e... peggio.

Come "andare a capo"

La conoscenza delle regole per la divisione dei vocaboli in sillabe è necessaria anche per un fine pratico: quando al termine della riga di uno scritto dobbiamo "andare a capo" e, per mancanza di spazio, siamo costretti a spezzare una parola, mandandone una parte nella riga seguente, la spezzatura deve essere fatta rispettando l'unità della sillaba. Non si può, per esempio, sezionare il vocabolo *frescura* scrivendo **fresc-** nella riga superiore e **ura** nella successiva; si deve invece dividere cosí: **fre-** e a capo **scura**, oppure: **frescu-** e a capo **ra**.

Noi cercheremo di fissare queste regole nella maniera piú breve e schematica possibile.

Come si dividono le parole in sillabe

• 1. una vocale iniziale di parola, seguita da una consonante semplice, fa sillaba a sé:

> *a-mo-re, e-re-mo, i-so-la, o-no-re, u-va,* eccetera;

• 2. le consonanti semplici fanno sillaba con la vocale che segue:

> *se-re-no, ve-lo-ci-pe-de, ta-vo-li-no, po-ve-ro, ge-la-to, ca-mi-no, la-ti-no, ma-ti-ta,* eccetera;

• 3. due consonanti uguali, cioè doppie, si dividono a metà: una va con la vocale che precede, l'altra con la vocale che segue:

> *ca-val-lo, mot-tet-to, boz-zel-lo, som-ma, stel-li-na, as-sog-get-ta-re,* eccetera;

43

● 4. questa regola riguarda i gruppi di consonanti che, nel corpo di una parola, non siano uguali tra loro; e bisogna distinguere due casi:

Gruppo di consonanti che può trovarsi all'inizio

a) gruppo di due o tre consonanti che nella nostra lingua possono anche venire a trovarsi in principio di parola; in questo caso, tutto il gruppo si unisce alla vocale che segue:

A-bra-mo, vi-bra-re, ve-tro, ce-tra, la-dro, a-cro-sti-co, lu-cro, sod-di-sfa-re, di-sfat-ta, bi-stro, a-stro, ve-spro, eccetera.

Infatti nella nostra lingua abbiamo parole che cominciano col gruppo **br-** di *Abramo* come *bravo, breve;* parole che cominciano col gruppo **tr-** di *vetro* come *trave, trono,* e analogamente abbiamo parole che cominciano coi gruppi delle parole successive: **dr-** come *dramma;* **st-** come *stola;* **cr-** come *croce;* **sf-** come *sfera;* **str-** come *strano;* **spr-** come *sprone;*

Gruppo di consonanti che non può trovarsi all'inizio

b) gruppo di due o tre consonanti che nella nostra lingua non possono venire a trovarsi in principio di parola; in questo caso la prima consonante del gruppo va con la vocale della sillaba che precede, l'altra o le altre consonanti con la vocale della sillaba che segue:

el-mo, tec-ni-co, a-rit-me-ti-ca, crip-ta, ec-ze-ma, ac-qua, seg-men-to, spet-tro, al-tro, con-trat-to, e-sem-pla-re, sub-do-lo, ac-me, Wag-ner, eccetera.

Infatti nella nostra lingua non abbiamo parole di pura forma italiana che possano cominciare col gruppo **lm-** di *elmo,* **cn-** di *tecnico,* **tm-** di *aritmetica,* **pt-** di *cripta,* **cz-** di *eczema* e così via: **cq-, gm-, ttr-, ltr-, ntr-, mpl-, bd-, cm-, gn-** (qui la g è dura e il gruppo equivale a *ghn-*).

C'è il particolare caso di parole come *ipnosi* e *ipsilon,* che si dividono correttamente *ip-no-si, ip-si-lon,* anche se in italiano esistono parole comincianti con i gruppi **pn-** come *pneumatico,* e **ps-** come *psiche;* ma si tratta anche qui di gruppi consonantici presi pari pari da lingue straniere e quindi da non considerarsi neppur essi di schietta forma italiana.

Come vedete, in quattro regolette, molto schematiche, abbiamo risolto il problema dell'andare a capo in fine di riga.

C'è però il problema dei *dittonghi* e degli *iati:* come già sapete, lo iato si può spezzare in due, ma il dittongo no. E allora succede che spesso si resti con la penna in aria, non sapendo se ci troviamo davanti a un dittongo o davanti a uno iato. Per esempio: come dobbiamo dividere in fin di riga le parole *pausa* e *paura, piove* e *piolo, sciabola* e *sciare, pieno* e *quiete?*

Non tutti possono sapere là per là che la divisione sillabica corretta di queste parole è la seguente:

> | | | |
> |---|---|---|
> | *pau-sa* | ma | *pa-u-ra* |
> | *pio-ve* | ma | *pi-o-lo* |
> | *scia-bo-la* | ma | *sci-a-re* |
> | *pie-no* | ma | *qui-e-te* |

Dinanzi a casi come questi, vi suggeriamo una regoletta di una semplicità elementare che vi toglierà subito dall'imbarazzo tutte le volte che dovrete spezzare una parola insidiosa come quelle ora dette in un testo scritto: non andate mai a capo con una vocale. In fin di riga perciò divideremo sempre:

> *au-ra, ie-ri, ae-reo, pau-sa, pau-ra, pio-ve, pio-lo, scia-bo-la, scia-re,* e ancora *flui-do, flui-re, soa-ve, in-tui-to,* eccetera.

I famosi prefissi

Ma c'è ancora la faccenda dei *prefissi*. Ci sono dei grammatici che amano complicare le cose, perché essi le cose le sanno e non tengono conto di quelli che ne sanno meno di loro. Prendiamo parole come *benarrivato, malaugurio, inabile, disdire, cisalpino, transalpino*. Queste parole si dicono "composte" perché sono in realtà formate di due elementi, di due parole distinte: un primo elemento, che si dice **prefisso**, e un secondo elemento che può essere o un nome o un aggettivo o un verbo. I prefissi delle parole che abbiamo ora visto sono rispettivamente:

Il prefisso

> **ben**-*arrivato,* **mal**-*augurio,* **in**-*abile,* **dis**-*dire,* **cis**-*alpino,* **trans**-*alpino*.

Quei grammatici che vi dicevamo consigliano di dividere queste parole in fin di riga non già seguendo le regole generali che vi abbiamo insegnato poco fa, ma considerando quei prefissi come parole a sé stanti, staccate cioè dalla parola di cui fanno parte; di dividerle in pratica così:

> *ben-ar-ri-va-to, mal-au-gu-ri-o, in-a-bi-le, dis-di-re, cis-al-pi-no, trans-al-pi-no.*

È una complicazione inutile, che può portare a errori disastrosi, perché non tutti sono professori di etimologia o hanno studiato greco e latino, e sanno distinguere a volo un prefisso vero da un prefisso falso. Il consiglio buono perciò ve lo diamo noi, ed è questo:

- attenetevi sempre alla regola generale, e ignorate i prefissi quando vi troverete in fin di riga. Dividete cioè sempre cosí, che non sbaglierete mai:

> be-nar-ri-va-to, ma-lau-gu-ri-o, i-na-bi-le, di-sdi-re, ci-sal-pi-no, tran-sal-pi-no.

E ancora:

> bi-snon-no, su-bac-que-o, e-spor-ta-re, in-te-rur-ba-no,
> i-per-ten-sio-ne, su-pe-raf-fol-la-to.

Altre perplessità nella divisione delle parole in fin di riga sorgono quando si debba spezzare una parola apostrofata e non ci sia la possibilità, per ragioni di allineamento, di contenere la sillaba apostrofata tutta in una riga. È il famoso problema dell'apostrofo in fin di riga, tanto discusso, e da alcuni accettato e da altri no. Parleremo di questo piccolo problema, e vi suggeriremo come risolverlo, là dove tratteremo dell'apostrofo (*v.* pag. 83).

6. QUIZ SULLE SILLABE

Dividete in sillabe, rispettando le regole, i seguenti vocaboli:

corpo	*Càorle*	*optare*
gamba	*Sorrento*	*coltrice*
coscia	*assetto*	*cultura*
fascia	*assessore*	*amnesia*
sciare	*astronautica*	*emblematico*
piede	*disfatto*	*baúle*
dorso	*distorsione*	*bauxite*
ventre	*superstizione*	*ectomia*
spalla	*transpolare*	*acme*
òmero	*circumnavigare*	*enigmatico*
ulna	*supermercato*	*tempietto*
avambraccio	*catastrofe*	*transatlantico*
Ancona	*tecnicismo*	*malaffare*
Berlino	*ritmicamente*	*benarrivato*
Londra	*acquaplano*	*gentiluomo*
Caltagirone	*marxista*	*Trastevere*

Soluzione a pag. 444

Capitolo V

ATTENZIONE AI SEGNALI!

La segnaletica del discorso

Quando abbiamo avviato il nostro discorso sulla "grammatica facile", abbiamo fatto il confronto tra colui che per scrivere e parlare bene deve conoscere i termini grammaticali, e un automobilista al quale nessuna commissione concederebbe la patente per la guida se ignorasse la nomenclatura delle parti di cui è composto il meccanismo dell'automobile. Ma la nomenclatura non basta; quell'automobilista deve conoscere anche il significato dei "segnali", i quali sono stati inventati apposta per aiutarlo. Se li ignorasse, o li trascurasse per disattenzione o peggio per presunzione andrebbe certamente a sbattere contro un muro, o infilerebbe male una curva, o sbaglierebbe direzione, supererebbe limiti di velocità, eccetera, eccetera, con le conseguenze che è facile immaginare.

La "segnaletica" nel nostro discorso è costituita da quelli che appunto si chiamano "segni", i quali possono essere **segni d'interpunzione**, come la *virgola*, il *punto fermo*, il *punto esclamativo*, il *punto interrogativo*, il *punto e virgola*, i *due punti*, i *punti sospensivi*, o gli altri numerosi segni dei quali tratteremo in breve, limitandoci, come è nostro compito, agli aspetti pratici, che ci interessano per quando leggiamo o scriviamo.

I segni d'interpunzione

Per un punto Martin...

Ricorderanno piú o meno tutti la storiella di quell'abate di nome Martino che per aver collocato male un punto, un puntolino solo in una certa epigrafe in cima al portale della sua chiesa perdette la cappa, cioè la possibilità di far carriera nella sua abbazia, e tornò semplicemente vicario. Di qui nacque il detto: *Per un punto Martin perse la cappa*, cioè il mantello di abate. Il triste fatto è questo. I superiori avevano affidato a Martino l'incarico di dipingere appunto sul portale della sua abbazia questa iscrizione latina:

Un punto galeotto

PORTA PATENS ESTO. NULLI CLAUDATUR HONESTO.

Che significa: "Questa porta sia sempre aperta. A nessun galantuomo sia mai chiusa in faccia".

Martino dipinse l'iscrizione, ma sbagliò la collocazione del punto, e scrisse cosí:

PORTA PATENS ESTO NULLI. CLAUDATUR HONESTO.

Che significa: "Questa porta non sia aperta a nessuno. Sia chiusa in faccia ai galantuomini".

Ce n'era d'avanzo, come vedete, per perdere una cappa! E la storiellina, nella sua semplicità ingenua, vuol proprio dire che a volte dalle minuzie, dalle cose in apparenza piú trascurabili possono derivare gli effetti piú disastrosi.

I segni d'interpunzione sono anch'essi queste solo apparenti minuzie. Sono insomma piccoli, ma importanti. Come i segnali stradali, che in uno spazio generalmente modesto contengono quel tanto che può, in piú di una circostanza, salvare la vita a una persona.

Importanza della punteggiatura

La punteggiatura indica le pause

Che cosa rappresentano questi segnetti nel discorso scritto? Rappresentano graficamente quelle pause, quelle sospensioni, quelle variazioni di tono che noi quando parliamo diamo istintivamente al nostro discorso. Un piccolo esempio, ma che vi spiegherà tutto in un momento. Se pronunciamo la frase: *Certo, certo, ha ragione lei,* noi facciamo parlando una breve pausa dopo ciascun *certo*, perché vogliamo insistere su questo avverbio, mettendolo in un'evidenza particolare; di conseguenza, scrivendo questa frase, noi simbolizzeremo quelle due brevi pause col segno della virgola. Ma se diciamo: *Certo certo proprio non sono che lei abbia ragione*, pronunceremo i due *certo* tutti di seguito, senza nessuna pausa, e quindi, scrivendo la frase, non metteremo nessuna virgola.

La cosa, come si vede, è abbastanza chiara e semplice, almeno per la virgola; ma anche per tutti gli altri segni d'interpunzione la legge essenziale che li regola è sempre la stessa.

C'è solo un'osservazione da fare subito, e che forse i lettori piú avveduti avranno già fatto in mente loro: poiché quando uno parla e fòrmula un discorso, mette le sue pause, sfuma i suoi periodi nel modo che solo lui può fare, cioè secondo la sua propria esclusiva intenzione, ne deriva che la punteggiatura è un fatto del tutto personale, e può quindi variare da individuo a individuo. È proprio cosí, almeno in quei casi dove questo o quel segno di punteggiatura, come presto vedremo, non sia obbligatorio per tutti. Spiegheremo meglio queste cose quando vi daremo consigli di stilistica; ma possiamo dire fin d'ora che non c'è persona che in un discorso uguale usi segni uguali d'interpunzione.

La virgola

La virgola

E incominciamo dalla **virgola** (,), che è il segno d'interpunzione piú comunemente usato, appunto perché serve a indicare tutte le piú piccole pause e le piú lievi sfumature del nostro ragionamento.

Prima di elencare quando si debba normalmente fare uso della virgola, vi offriamo in lettura un frammento di prosa del nostro maggior narratore dell'Ottocento, Alessandro Manzoni, l'autore dei *Promessi sposi*: nella prima versione abbiamo eliminato tutte le virgole (lasciando però i punti), nella seconda abbiamo trascritto il brano cosí come il Manzoni lo licenziò alle stampe.

> *Partite le donne la lettera se la fece distendere da don Ferrante di cui per esser letterato come diremo piú in particolare si serviva per segretario nell'occasioni d'importanza. Trattandosi d'una di questa sorte don Ferrante ci mise tutto il suo sapere e consegnando la minuta da copiare alla consorte le raccomandò caldamente l'ortografia ch'era una delle molte cose che aveva studiate e delle poche sulle quali avesse lui il comando in casa.*

Ed ecco come lo punteggiò il Manzoni:

> *Partite le donne, la lettera se la fece distendere da don Ferrante, di cui, per esser letterato, come diremo piú in particolare, si serviva per segretario, nell'occasioni d'importanza. Trattandosi d'una di questa sorte, don Ferrante ci mise tutto il suo sapere, e, consegnando la minuta da copiare alla consorte, le raccomandò caldamente l'ortografia, ch'era una delle molte cose che aveva studiate, e delle poche sulle quali avesse lui il comando in casa.*

Un esempio manzoniano

Dalla lettura del brano vi sarete resi esattamente conto di quale sia la funzione della virgola: indica le pause piú brevi nell'interno del periodo, segnando un lieve passaggio tra i successivi membri che compongono il periodo stesso. Qualcuno potrebbe obiettare che, forse, le virgole del Manzoni sono troppe e che in un periodare piú moderno, piú sbrigliato, almeno di qualcuna si potrebbe far a meno. Indubbiamente il Manzoni era tanto scrupoloso in fatto di virgole che oggi potrebbe essere definito "pignolo". A questo proposito vogliamo raccontarvi un episodio autentico che si riferisce appunto all'importanza che il grande scrittore milanese attribuiva a questo segno d'interpunzione.

Un giorno il Manzoni si era recato nella tipografia, a Milano, dove si stava ristampando per una nuova edizione il suo romanzo. Aveva esaminato la composizione di alcune pagine e alla fine se n'era andato. Stava per giungere a casa sua, quando incominciò a piovere. Si rifugiò al coperto, aspettando che la pioggia cessasse. A vedere la pioggia che faceva come tante virgole sul selciato, si ricordò improvvisamente che in quella composizione tipografica che egli aveva poco prima licenziato mancava una virgola; o meglio, non era ben sicuro che quella virgola ci fosse. Che fare? Andare a casa col dubbio che la pagina venisse stampata senza la virgola, oppure rifare il percorso, a piedi, sotto la pioggia? Decise per quest'ultima soluzione e ritornò, bagnato e trafelato, nella tipografia. Si fa consegnare dal tipografo il foglio di macchina, inforca gli occhiali, cerca ansiosamente.

« Ecco qui » dice lo scrittore « non mi ero sbagliato, la virgola manca proprio... » e legge: « *Diamo un pensiero ai mille e mille che sono usciti di là;* (punto e virgola) *e* (virgola: questa è la virgola che mancava...) *col dito alzato sopra la spalla,* (quest'altra virgola c'è: bene) *accennava dietro di sé la porta che mette al cimitero detto di San Gregorio...* »

Quando ebbe visto personalmente che la virgola era stata aggiunta, Alessandro Manzoni ritornò finalmente a casa sua, tutto zuppo di pioggia ma soddisfatto.

Quando dovremo usare la virgola e quando no

Abbiamo detto che la virgola segna la pausa piú breve nel corpo del periodo; essa infatti non stabilisce un vero e proprio distacco tra un membro e l'altro del periodo, ma segna piuttosto un passaggio tra i suoi successivi membri, come i gradini di un'unica scalinata. Se osserverete come abbiamo collocato le virgole in questo nostro periodo che avete appena finito di leggere capirete benissimo quel che abbiamo voluto dire. Naturalmente, ripetiamo ancora una volta: poiché le pause del discorso sono legate a un gusto e a un'intenzione personali, alcune virgole tra quelle che appaiono in tutto questo libro potrebbero essere benissimo abolite dal lettore senza che ciò costituisca un delitto di lesa grammatica.

Ci sono dunque due casi da tenere in conto a proposito delle virgole: un caso in cui la virgola è *facoltativa*, cioè si può usare secondo il gusto di chi scrive, e un caso in cui la virgola è *obbligatoria*, ed è necessario metterla sempre.

Virgola facoltativa

La virgola è **facoltativa** ma si consiglia di usarla, per dare maggior chiarezza al discorso, nei seguenti casi:

- 1. per indicare una pausa breve nel discorso:

    Sarà vero, non posso crederci, un fatto simile, cosí assurdo, da anni non succedeva;

- 2. per separare due proposizioni nel discorso o gli elementi di una stessa proposizione:

    Quando giunsi a casa, trovai la porta chiusa, battei sull'imposta, chiamai dalla strada, ma nessuno mi rispose;

- 3. per dividere una parola dalla successiva nelle elencazioni:

    Mettemmo nel sacco biancheria, scarpe di riserva, una corda, una fiaschetta di liquore, il siero antivipera, altre medicine.

La virgola è invece **obbligatoria**: *Virgola obbligatoria*

- 1. prima e dopo il vocativo, cioè per separare dal resto della frase il nome, proprio o comune, della persona o della cosa a cui si rivolge il discorso:

    Antonio, non uscire senza il mio permesso;

    Avanti, signori, c'è posto!

    O tempi passati, come mi sembravate migliori!

- 2. per staccare nettamente un inciso, sia esso una frase o una sola parola:

    Anna, spaventata, se ne andò;

    Tutti vennero, sembra inverosimile, tutti senza eccezione;

    Lo vedete, quel che voglio lo ottengo;

    Roma, capitale d'Italia, ha origini millenarie.

Prima di abbandonare questo semplice e tanto importante segnetto, avvertiremo che soprattutto nelle enumerazioni, dove come abbiamo visto il suo uso è facoltativo, cioè dipende dal gusto della persona che scrive, chi sa bene usarlo può ottenere tutti gli effetti che vuole. Vogliamo scolpire bene tutte le cose che si susseguono come una fila ben netta di persone? Mettiamo la virgola puntualmente tra l'una e l'altra cosa:

Carta, penna, calamaio, non ti manca nulla;

E va, e torna, e va ancora, senza darsi pace.

Vogliamo invece dare alle enumerazioni una maggiore vivacità e scioltezza, vogliamo annullare ogni pausa tra cosa e cosa? Aboliremo la virgola e otterremo quel che vogliamo:

Corri corri corri, eccolo arrivato;

Uno due e tre, chi non è povero sarà re;

> *Pioggia neve grandine e caldo e freddo e gelo e tutto quel che volete, non ci è mancato proprio niente.*

Ci sono poi casi dove la collocazione d'una virgola può addirittura mutare il significato della frase. Prendiamo come esempio questo periodo:

> *Quel giovane che conobbi a casa tua, mentre ero a Milano mi ha scritto.*

Spostiamo la virgola, e ne cambia il senso:

> *Quel giovane che conobbi a casa tua mentre ero a Milano, mi ha scritto.*

Un'ultimissima cosa, molto importante: molti si domandano se prima della *e* si può mettere la virgola o no. Si risponde: di norma non si mette:

> *Pane, amore e fantasia;*

> *Virginia, Carla e Giacomo.*

Ma qui pure, se chi scrive intende creare una pausa prima della *e*, l'uso della virgola è sempre ammesso:

> *Ci vuole volontà e coraggio, e anche un po' di fortuna.*

Quella virgola, staccando il secondo membro del periodo, gli dà un particolare rilievo. Avete capito la sfumatura?

Il punto

Il punto fermo

Nei telegrammi, e piú ancora nei fonogrammi ufficiali, avrete notato che ogni tanto nel testo viene inserita una paroletta di origine inglese, ma ormai universalmente nota: *stop*. Tutti sappiamo, anche perché rientra nella segnaletica stradale, che questa paroletta indica che bisogna fermarsi. Nella lettura del telegramma o del fonogramma fermarsi significa che un concetto è stato svolto, che un periodo del discorso è concluso e che bisogna sostare un momento prima di riprendere il discorso. Quello *stop* corrisponde al segno che in grammatica si definisce **punto fermo**, o semplicemente **punto** (.).

Osserviamo, per esempio, un brano d'uno scrittore del nostro secolo, Alfredo Panzini:

> *Mattino di primavera. Sedile dei giardini pubblici al margine del laghetto romantico dove vanno a spasso le oche bianche.*

Dolce silenzio, dolce sole. Cespugli di serenelle spandono il loro odorino amaro. Romeo e Giulietta siedono sul sedile. Romeo ricama in silenzio, col bastoncello, segni sconsolati sopra i sassolini. Giulietta si asciuga col fazzolettino una lagrima.

L'uso del punto, se anche non può essere altrettanto personale quanto quello della virgola (non si può fare a meno di questo segno quando quel che è stato espresso ha ormai un senso compiuto), tuttavia non è uniforme nei vari autori: c'è chi si accontenta della virgola dove un altro metterebbe il punto, e c'è chi si rifugia in uno degli altri segni, in particolare il punto e virgola, del quale parleremo piú avanti.

Il punto serve anche nelle abbreviature. Ricordiamo per esempio:

on.	= onorevole	*spett.*	= spettabile
n.	= numero	*ecc.*	= eccetera
avv.	= avvocato	*masch.*	= maschile
dott.	= dottore	*femm.*	= femminile
ing.	= ingegnere	*pres.*	= presente
sost.	= sostantivo	*fut.*	= futuro
agg.	= aggettivo	*fr.*	= francese
sign.	= signore	*ingl.*	= inglese
egr.	= egregio	*ted.*	= tedesco

Nelle iscrizioni, nei titoli dei libri, dei giornali, eccetera, nelle didascalie brevi (cioè non consistenti in una vera e propria frase) delle illustrazioni, per ragioni estetiche normalmente il punto non si segna.

Il punto e virgola

Una via di mezzo tra il punto e la virgola è il segno detto **punto e virgola** (;): è un segno di interpunzione che non tutti sanno adoperare a dovere,

Il punto e virgola

anzi ci sono molti che non lo adoperano affatto perché non ne conoscono l'uso. E pure è un segno che opportunamente collocato dà al discorso particolare forza ed evidenza.

Esso serve infatti a indicare un distacco maggiore di quello segnato dalla virgola, ma minore di quello segnato dal punto fermo; piú precisamente serve a staccare i diversi elementi di uno stesso periodo senza tuttavia interromperne l'unità.

Fate bene attenzione a questo periodo dello scrittore Massimo Bontempelli, dove i successivi elementi del periodo, pur rimanendo collegati insieme, sono nettamente separati l'uno dall'altro:

> *Posò il libro senza chiuderlo; si alzò, tirò giú la sacca e se la mise accanto, ne tolse un astuccio e una scatola di fiammiferi e dall'astuccio una sigaretta; appoggiò sigaretta astuccio e scatola sul libro aperto.*

Avrete osservato quanta sapiente distribuzione di pause, ora piú lunghe (punti e virgola) ora piú corte (virgole), in questo unico periodo: ne risulta un'immagine viva e immediata.

Un altro esempio:

> *Domani partiremo per Venezia; appena giunti prenderemo una gondola e ci recheremo in piazza San Marco; il resto del programma lo stabiliremo là per là.*

Anche per questo segno intermedio tra virgola e punto va detto quel che in genere si dice di tutti i segni di interpunzione: il suo uso non ha leggi fisse, ma è piuttosto regolato dal gusto di chi scrive, dal peso che si vuol dare a questa o a quella pausa. E come il solito, non bisogna farne eccessivo uso. Un romanziere moderno che predilige il punto e virgola è certamente Federigo Tozzi, che ha scritto alcuni capolavori ancora molto letti (il Tozzi era senese, e morí giovane molti anni fa):

> *Escí per il primo; e gli pareva strano che la mucchia bruciasse; tanto, qualche ora innanzi, l'aveva guardata con un sentimento di calma. Le manne del grano, accese, si spandevano in terra; finendo di consumarsi. La mucchia era sempre una fiammata sola, quasi silenziosa; mentre, dentro, si sentivano scrocchiolare i chicchi del grano; come se il fuoco li masticasse.*

Come vedete qui ci sono almeno quattro punti e virgola che un altro scrittore non avrebbe usato, sostituendoli con delle semplici virgole: dopo *il primo, in terra, silenziosa, del grano*. Ma sono proprio queste preferenze formali che fanno parte dello stile di uno scrittore, il quale, proprio in virtú del suo mestiere, può concedersi licenze e "libere uscite" che sono invece guardate con sospetto in chi scrittore non è.

I due punti

Anche i **due punti** (:) segnano naturalmente una pausa tra l'uno e l'altro membro di un periodo. Ma che pausa? Il punto e virgola, lo abbiamo visto, indica una pausa un po' piú lunga della virgola; i due punti invece non sono né una pausa piú lunga né una pausa piú corta, ma piuttosto una pausa tutta particolare che può essere ora piú lunga ora piú breve, ma sempre con caratteri propri.

La sua funzione piú comune è quella di introdurre un discorso altrui; rappresenta cioè la pausa che uno fa quando nel racconto riferisce le parole testuali di un'altra persona:

> *Egli allora rispose*: « *Sta bene, verrò da te domani* »;
>
> *Sedette al tavolino e ordinò*: « *Cameriere, un caffè, per favore* ».

Quest'uso dei due punti, come si vede, è meccanico e semplicissimo. Anche meccanico e molto semplice è l'uso dei due punti per introdurre una elencazione di cose o di persone:

> *I precetti del diritto sono tre: vivere onestamente, non nuocere ad altri, riconoscere a ciascuno il suo;*
>
> *Abbiamo ricevuto la seguente merce: due casse di vino bianco; tre casse di vino rosso; cinque fusti di olio di oliva...*

Meno meccanico, invece, e meno semplice è l'uso dei due punti in un'altra loro peculiare funzione che si riallaccia in qualche modo alla precedente: quella di chiarire, da parte di chi scrive, il concetto espresso in precedenza, quasi a stabilirne una successiva determinazione. Facciamo un paio di esempi per capirci meglio. Il primo è del Manzoni:

> *Un de' bravi s'alzò, e gli disse: « Padre, padre, venga pure avanti: qui non si fanno aspettare i cappuccini: noi siamo amici del convento: e io ci sono stato in certi momenti che fuori non era troppo buon'aria per me: e se mi avesser tenuta la porta chiusa, la sarebbe andata male ».*

Il secondo è di Giorgio Bassani, scrittore contemporaneo:

> *Non appena fossi guarito (non dovevo agitarmi, intanto, circa il programma: bravo com'ero, in quattro e quatt'otto mi sarei messo alla pari con gli altri), noi due avremmo ricostituito immediatamente il nostro "forte tandem". Ed era appunto quest'ultima prospettiva, soprattutto, a riempirmi nei giorni se-*

guenti di oscura malavoglia. La scuola, e Luciano: ricominciare con la prima, significava ricominciare per forza anche col secondo. Ricominciare con Luciano: ma che cosa significava, questo, in realtà?

Il punto interrogativo e il punto esclamativo

Il punto interrogativo

Il **punto interrogativo** (?) serve a concludere una domanda diretta. Peccato che, essendo collocato alla fine della domanda (magari nella riga o addirittura nella pagina successiva all'inizio dell'interrogazione), talvolta chi legge non si accorge per tempo che la frase ha valore interrogativo. Per questa ragione, in qualche lingua, compreso lo spagnolo, il segno interrogativo è posto anche all'inizio della frase interrogativa.

Il punto esclamativo

Il **punto esclamativo** (!) è il segno che esprime meraviglia, stupore, gioia, dolore o altro sentimento:

>*Com'è bello!*

>*Che disgrazia fu quella!*

>*Evviva, abbiamo vinto!*

Nell'uso di questi due segni c'è a volte qualche imprecisione. Per non sbagliare vi consigliamo di seguire le seguenti regole.
Dopo l'interrogativo e dopo l'esclamativo, quando essi chiudono compiutamente un periodo, il periodo che segue si inizia con la lettera maiuscola, come dopo il punto fermo. Eccovi un esempio del Manzoni:

>*Voi avete creduto che Dio abbia fatta una creatura a sua immagine, per darvi il piacere di tormentarla! Voi avete creduto che Dio non saprebbe difenderla! Voi avete disprezzato il suo avviso!*

E dello stesso Manzoni questo esempio con una fila di interrogativi:

>*Lucia, volete mancarmi ora? Non dovremmo esser già marito e moglie? Il curato non ci aveva fissato lui il giorno e l'ora?*

Qui tutti i periodi, interrogativi ed esclamativi, rappresentando concetti compiuti, sono sempre seguiti dopo il segno d'interpunzione dall'iniziale maiuscola di un nuovo periodo.
Ma vediamo ora il rovescio della medaglia. Infatti, quando piú proposizioni esclamative o interrogative si seguono, avendo stretta relazione tra loro,

sí che l'una spiega, rafforza, giustifica la seguente, dopo il segno di interrogazione o di esclamazione si userà la lettera minuscola. E ricorriamo ancora al Manzoni, fonte inesauribile di perfetta scrittura anche dal lato formale:

> « *Che preziosa visita è questa!* **e** *quanto vi devo esser grato d'una sí buona risoluzione!* »

> « *Oh via!* **per** *amor di chi vado in furia? Volete tornare indietro, ora?* **e** *farmi fare uno sproposito?* »

E prendiamo anche un esempio piú recente nel tempo, tolto da una famosa lirica del Carducci:

> *Onde venisti?* **quali** *a noi secoli*
> *sí mite e bella ti tramandarono?*
> **fra** *i canti de' sacri poeti,*
> *dove un giorno, o regina, ti vidi?*

E un ultimo esempio del Pascoli che chiarirà definitivamente le nostre idee sull'uso dell'esclamativo:

> *O rondinelle dal petto rosso, o rondinelle dal petto bianco, se potreste andar d'accordo!* **Le** *une e le altre io vorrei intorno sotto le mie grondaie, e vorrei avere il dí, mentre sto curvo sui libri, negli occhi intenti ad altro, la vertigine d'ombra del vostro volo!*

Poco elegante è l'uso che certi fanno del punto esclamativo in unione all'interrogativo:

> *Davvero questo è accaduto?! E nessuno ha detto nulla?!*

Lo scrittore Ugo Ojetti disse che con quell'accoppiamento dei due punti "par di vedere Arlecchino appoggiato a Pulcinella". E anche pochissimo elegante è l'uso di mettere due o tre interrogativi o esclamativi in bella fila:

> *Ma davvero???*

> *Che bellezza!!!*

Guardatevi bene dall'imitar questo vezzo piuttosto volgarotto.

I punti sospensivi

Si chiamano anche **punti di reticenza**, o piú brevemente **puntini**. Sono   *I puntini* anch'essi un segno di interpunzione, e molto importante, ma non tutti sanno usarli bene; altri, addirittura non li conoscono neppure, o li conoscono fin troppo seminandoli come coriandoli in tutto lo scritto. Avvertiamo subito che questi punti sospensivi sono rappresentati da tre puntini (...) non uno di piú; c'è chi ne mette quattro e fin cinque: inutilissimo spreco. Con essi si sospende a mezzo una frase, riprendendola subito dopo, o lasciandola addirittura incompiuta.

Quando si fa questa sospensione? In quattro casi che noi illustreremo con esempi tratti dai *Promessi sposi*:

- 1. quando si voglia indicare una pausa in una proposizione dubitativa, o anche soltanto affannosa o agitata da qualche passione; questi puntini cioè interrompono per un attimo il discorso come il respiro è interrotto dall'ansia:

    « Non saprei se monsignor illustrissimo... in questo momento... si trovi... sia... possa... Basta, vado a vedere. »

- 2. quando si voglia tacere qualcosa che non si vuole o non si può dire:

    « *Veramente... se vossignoria illustrissima sapesse... che intimazioni... che comandi terribili ho avuti di non parlare...* » *E restò lí senza concludere, da far rispettosamente intendere che sarebbe indiscrezione il voler saperne di piú.*

- 3. quando si voglia indugiare a dir cosa che par troppo forte o troppo grave, e poi si dice lo stesso:

    « Mi tocca a vedere e a sentir cose...! Cose di fuoco! »

- 4. quando si voglia indicare graficamente una brusca interruzione del discorso:

    « *Se avete bisogno di denari* » *disse Renzo* « *ho qui tutti quelli che m'avete mandati, e...* » « *No, no,* » *interruppe la vedova.*

Dopo i puntini, niente maiuscola

Tutto qui. E aggiungeremo una sola cosa prima di far davvero punto su questo argomento: dopo i punti sospensivi non si usa la maiuscola, salvo, ben inteso, il caso in cui essi chiudono definitivamente un periodo. Osservate, per capir meglio il meccanismo, gli esempi dati sopra. Ai quali vogliamo aggiungerne un altro per sopraggiunta, tratto anche questo dai *Promessi sposi*:

« Ma parlerò io alla madre badessa, e una mia parola... e per una premura del padre guardiano... Insomma do la cosa per fatta. »

7.

QUIZ SULLA PUNTEGGIATURA

Ecco due brani, il primo tolto dai *Promessi sposi* del Manzoni, il secondo da una novella di Luigi Pirandello, *La Madonnina*. Li abbiamo riportati qui sotto senza i segni di punteggiatura, esclusi i punti fermi per il necessario stacco dei periodi. Provate a collocare la punteggiatura a vostro gusto, e poi confrontatela con quella dei rispettivi autori.

Lorenzo o come dicevan tutti Renzo non si fece molto aspettare. Appena gli parve ora di poter senza indiscrezione presentarsi al curato v'andò con la lieta furia d'un uomo di vent'anni che deve in quel giorno sposare quella che ama. Era fin dall'adolescenza rimasto privo de' parenti ed esercitava la professione di filatore di seta ereditaria per dir così nella sua famiglia professione negli anni indietro assai lucrosa allora già in decadenza ma non però a segno che un abile operaio non potesse cavarne di che vivere onestamente. Il lavoro andava di giorno in giorno scemando ma l'emigrazione continua de' lavoranti attirati negli stati vicini da promesse da privilegi e da grosse paghe faceva sì che non ne mancasse ancora a quelli che rimanevano in paese.

(I PROMESSI SPOSI, dal cap. II)

Finita la messa fece segno alla vecchia di condurre il bimbo in sagrestia e lì se lo prese in braccio lo baciò in fronte e sui capelli gli mostrò a uno a uno tutti gli arredi e i paramenti sacri le pianete coi ricami e le brusche d'oro e i càmici e le stole le mitrie i manipoli tutti odorosi d'incenso e di cera lo persuase poi dolcemente a confessare alla mamma d'esser venuto in chiesa quella mattina per il richiamo della sua campana santa e a pregarla che gli concedesse di ritornarci. Infine lo invitò sempre col permesso della mamma alla canonica a vedere i fiori del giardinetto le vignette colorate dei libri e i santini e a sentire qualche suo raccontino.

(NOVELLE PER UN ANNO, da *La Madonnina*)

Soluzione a pag. 444

Altri segni convenzionali

Il trattino

Il segno per andare a capo in fin di riga, nei libri stampati, è un **trattino** (-). Scrivendo a mano, c'è chi preferisce due trattini sovrapposti (=). Ormai però si scrive quasi tutti a macchina, dove il trattino unico è normale, come nella stampa. Il doppio trattino è utilizzato piuttosto per indicare, come nella matematica, il concetto di uguaglianza: $5+5 = 10$.

Il trattino serve anche per accostare i due elementi di una parola composta o due parole considerate insieme (perciò è detto anche *tratto d'unione*, alla francese, perché in Francia se ne fa più uso che da noi: in italiano è anzi sempre meno usato). Rimane in espressioni come queste:

la guerra italo-turca;

l'incontro di calcio Germania-Inghilterra;

una nave-traghetto;

medico-chirurgo;

il rapido Milano-Parigi.

La lineetta

La **lineetta** (–), un po' più lunga graficamente, si distingue dal trattino perché ha differenti funzioni. È assai usata dai tipografi moderni per introdurre un discorso diretto. Di solito, per rendere più ariosa la composizione, si colloca a capo, cioè nella riga successiva dopo i due punti; e in tal caso non è più ripetuta alla conclusione del discorso diretto, se dopo tale conclusione si andrà novamente a capo. Togliamo da un libro moderno – *Tempi memorabili* – di Carlo Cassola:

Quando gli fu alle spalle lo chiamò. Enrico si volse; e fu pronto ad alzarsi:
— Oh! chi si vede, — e gli tese la mano.
Fausto lo abbracciò lo stesso; e ci restò male sentendo che Enrico si tirava indietro.
— Quando sei arrivato?
— Oggi, — rispose Fausto.
— Con tutta la squadra? Voglio dire, sorella, fratelli...
— No. Quest'anno sono io solo. Con mamma, naturalmente.
— E come mai? — Ma non aspettò la risposta: — Siediti, — gli disse; e rivolgendosi alla ragazza: — Questo, vede, è romano come lei.

Le virgolette

Con la medesima funzione è tuttavia sempre in uso (molti editori moderni anzi lo preferiscono) il segno delle **virgolette** (« »). Queste si collocano tanto in apertura quanto in chiusura della frase. Ecco, per esempio, un breve saggio tratto dal romanzo di Carlo Laurenzi *Quell'antico amore*:

> *« Cosa desiderate? », domandò il duca alla moglie, sedendosi a rovescio d'una sedia e incrociando i gomiti sulla spalliera.*
> *« Una spiegazione! », gli rispose la duchessa, rizzandosi in piedi e con voce tremante dalla lotta che sosteneva col proprio risentimento.*
> *« Quale? »*
> *« È vero che sia giunto codesto Tomaso Ward? »*
> *« Verissimo. »*

Le virgolette (una variante grafica è " ") servono anche per mettere in evidenza, nel contesto, vocaboli dialettali, stranieri, locali o di gergo.

L'inciso

Le lineette vengono talvolta usate per delimitare un inciso, cioè una frase o una parola con valore esplicativo, oppure inserite nel discorso con un certo distacco. Valga, come esempio, questo brano di Cesare Pavese:

L'inciso

> *È un cielo sempre tenero e maturo, dove non mancano — tesoro e vigna anch'esse — le nubi sode di settembre. Tutto ciò è familiare e remoto — infantile, a dirla breve — ma scuote ogni volta, quasi fosse un mondo.*

Tale funzione spetta piú propriamente alle **parentesi** ( ) che però introducono l'inciso con maggior distacco rispetto alle lineette, spesso senza uno stretto rapporto grammaticale con il resto del discorso; tanto che abolendo la parte chiusa nelle parentesi il discorso logico, talvolta, correrebbe lo stesso. Ecco un esempio tratto da una prosa di Giovanni Pascoli:

Le parentesi

> *Quelle verlette (son venute da poco a portare il caldo), quelle canipaiole (vennero quando c'era da seminar la canapa; vennero a dirlo ai contadini) che sembrano ninnare i loro nidiaci con un filo di note sempre uguali.*

Per far sapere (ma non sempre ce n'è bisogno) che due vocali consecutive si leggono separate, formano cioè due sillabe distinte, si ricorre a due puntini, posti orizzontalmente sopra la prima delle due vocali: questo segno, usato piuttosto raramente e solo in poesia, si chiama **dieresi** (¨). Osserviamo questi due esempi: il primo è del Pascoli, il secondo del Leopardi:

La dieresi

> *Sí, dissi sopra te l'orazïoni.*

> *Un mazzolin di rose e di vïole.*

Il primo verso della poesia che abbiamo citato è un endecasillabo; il vocabolo *orazioni*, che normalmente è di quattro sillabe, diventa di cinque per lo sdoppiamento del dittongo, segnato con la dieresi.

Ricordiamo che ci fu un tempo in cui si ricorreva alla dieresi per la *i* finale dei vocaboli terminanti nel singolare con il dittongo *io* (*inizï* invece di *inizii* o, come oramai si preferisce, semplicemente *inizi*).

L'asterisco   Concludiamo con il segnetto piú pittoresco (anche nella definizione, che corrisponde a "piccola stella"): l'**asterisco** (*). Esso serve per segnare il richiamo a una nota (normalmente scritta in calce alla pagina, o alla fine del capitolo o del libro). Ripetuto tre volte (ma potrebbero essere anche due) può fare le veci di un nome che l'autore non vuole citare. Un esempio del Manzoni:

> *Il padre Cristoforo da* *** *era un uomo piú vicino ai sessanta che ai cinquant'anni.*

Capitolo VI

L'IMPORTANZA DEGLI ACCENTI

Quando si segnano e quando no

Qualunque parola noi proferiamo, la voce posa su una vocale. Questa vocale su cui posa la voce può stare in fondo al vocabolo, cioè nell'ultima sillaba (*libertà*, *virtú*, *amor*); può essere nella penultima sillaba, come nella maggior parte dei vocaboli italiani (*cammèllo*, *cavàllo*, *fióre*, *víta*); oppure nella terzultima (*ànima*, *símbolo*, *òttimo*), o anche piú indietro (ciò avviene però raramente), nella quartultima sillaba, come nelle voci verbali *cèlebrano*, *signíficano*, *òccupano*, o in certe composizioni di verbo e pronome (di cui parleremo a suo tempo) e che per ora ci basta citare qui come esempi di vocaboli accentati nella quartultima sillaba: *domàndaglielo*, *partèndosene*, *riscaldàndoselo*.

Si definiscono:

Vocaboli tronchi,	**tronchi**	quei vocaboli che hanno l'accento sull'ultima sillaba
piani,	**piani**	quei vocaboli che hanno l'accento sulla penultima sillaba
sdruccioli, bisdruccioli	**sdruccioli**	quei vocaboli che hanno l'accento sulla terzultima sillaba
	bisdruccioli	quei vocaboli che hanno l'accento sulla quartultima sillaba.

La sillaba sulla quale posa l'accento si dice **tònica** mentre quelle sulle quali l'accento non posa sono dette **àtone**. Per esempio, nel vocabolo *cammèllo*, poiché l'accento posa sulla *e*, che è la vocale della seconda sillaba, sarà questa la sillaba *tònica*, mentre le altre due sillabe, cioè la prima e l'ultima, saranno *àtone*.

Sillaba tònica e àtona

Avrete certamente notato, nei nostri esempi, come del resto quotidianamente quando leggete o scrivete, che il segno dell'**accento** (´ oppure `), che pur sarebbe utile per non sbagliare nella pronuncia, non si sta lí sempre a scriverlo: si mette appena in certi casi. Negli esempi, avete visto che c'era soltanto nei nomi *libertà* e *virtú*, cioè in due vocaboli tronchi (non però in *amor*, pur essendo anch'esso un vocabolo tronco, ma qui la vocale non era l'ultima lettera: dopo l'*o* c'era una *r*).

L'accento

Possiamo dunque stabilire che si segna l'accento sulla vocale di una parola tronca quando questa vocale è l'ultima lettera:

libertà, virtú, mezzodí, caffè, arrivò.

Badate che l'obbligo di segnare l'accento su tutte le parole tronche non ha eccezioni. Ciò bisogna dire soprattutto a quei "distratti" che non mettono l'accento sulle parole tronche quando esse siano composte, e l'ultimo componente sia un monosillabo che non vuole l'accento. È un errore da biasimare.

● Si ricordi: anche se *tre* non vuole l'accento, lo vogliono tutti i suoi composti; perciò: *ventitré, trentatré*, eccetera; anche se *blu* non vuole l'accento, lo vogliono tutti i suoi composti: *rossoblú, gialloblú*, eccetera; *re* non vuole l'accento, ma lo vuole *viceré*.

Come abbiamo visto, i vocaboli formati di una sola sillaba (cioè i "monosillabi"), come: *re, Po, tu, ma, li*, non vogliono l'accento, perché tanto non si potrebbe sbagliare, essendoci una sillaba sola. Tuttavia si ricorre al segno dell'accento quando due monosillabi che si scrivono nel medesimo modo hanno significati differenti. Per esempio: *di* preposizione (*la casa* **di** *mio padre*) si scrive senza accento, invece quando significa giorno (*restammo in casa* **dí** *e notte*) si mette l'accento.

Quando si devono accentare i monosillabi

Per uso di pratica consultazione diamo qui sotto e nella pagina seguente un duplice elenco di monosillabi, distinguendo quando l'accento *si deve* e quando invece *non si deve* assolutamente segnare.

SENZA ACCENTO	CON ACCENTO
da (preposizione): *Vengo* **da** *casa.*	**dà** (voce del verbo *dare*): *Nessuno mi* **dà** *retta.*
di (preposizione): *Città* **di** *Roma.*	**dí** (nome: *giorno*): *Attesi tutto il* **dí**. →

> | | |
> |---|---|
> | **la** (articolo):
Aprimmo **la** *finestra.* | **là** (avverbio di luogo):
Aspettami **là***.* |
> | **li** (pronome):
Invano **li** *aspettai.* | **lí** (avverbio di luogo):
Giaceva **lí** *sul tappeto.* |
> | **te** (pronome):
Aspettavamo solo **te***.* | **tè** (nome: *bevanda*):
La padrona offerse il **tè***.* |
> | **si** (pronome):
Il poveretto **si** *uccise.* | **sí** (avverbio di affermazione):
Tutti risposero **sí***.* |
> | **ne** (pronome):
Ne *vennero alcuni.* | **né** (negazione):
Né *uomini* **né** *donne.* |
> | **che** (pronome o cong.):
Can **che** *abbaia non morde.*
So **che** *non puoi venire.* | **ché** (congiunzione: *perché*):
Si sedette, **ché** *era stanco.*
Pallida, **ché** *era malata.* |
> | **e** (congiunzione):
Gli uni **e** *gli altri.* | **è** (voce del verbo *essere*):
Il padrone **è** *assente.* |
> | **se** (congiunzione):
Non so **se** *verrò.* | **sé** (pronome):
Faceva tutto da **sé***.* |

Forse vi ricorderete che il paziente maestro della scuola elementare vi ripeteva continuamente la facile rima: « Su *qui* e *qua* l'accento non va ». Infatti quei due avverbi di luogo tanto frequenti nel discorso sono monosillabi, perché quel suono *qu-* costituisce sillaba unica con la vocale che segue.

Qualcuno scrive con l'accento "dò" (voce del verbo *dare*) e "fà" (voce del verbo *fare*) per distinguere dalle note musicali *do* e *fa*, ma per tale distinzione il segno dell'accento è inutile, come del resto nessuno scriverebbe "ré" e "mí" per evitare la confusione con le note musicali *re* e *mi*.

Il pronome personale riflessivo **sé**, secondo una norma assolutamente illogica, da molti viene scritto senza accento quando è seguito dall'aggettivo *stesso* o *medesimo* (*se stesso, se stessa, se stessi, se medesimo,* eccetera) perché si ritiene che grazie a tale vicinanza non possa nascere ambiguità. Tale consuetudine sta però tramontando ed è auspicabile che presto possa scomparire del tutto. Stabilito infatti che questo *sé* pronome si debba scrivere accentato per non confonderlo col *se* congiunzione, è inutile e irragionevole andar poi a cincischiare casi e sottocasi in cui la confusione sia piú o meno possibile; la stessa distinzione si potrebbe fare anche per tutti gli altri mono-

Sempre accentato il pronome riflessivo sé

sillabi che sono accentati. Perciò, scriveremo sempre *sé* con l'accento:

sé stesso, sé stessa, sé medesimo, sé medesima.

Molti scrivono "sú" con l'accento quando è avverbio (es.: *il razzo andò sú*) per distinguere da *su* preposizione (es.: *l'accusa ricade su te*), ma non si vede la ragione per tale distinzione, trattandosi del medesimo vocabolo usato con diversa funzione grammaticale.

L'accento si segna talvolta (secondo il gusto di chi scrive) anche su certi vocaboli di due o piú sillabe, quando si teme che possa nascere ambiguità di fronte a parole che si scrivono nello stesso modo ma che hanno differente accento. Per esempio: *nèttare*, cibo degli dei, per distinguere da *nettàre* (verbo, nel significato di "pulire"); *àncora* per distinguere da *ancóra*; *cómpito* e *compíto*; *prìncipi* (plurale di *principe*) e *princípi* (plurale di *principio*); e altri che sarebbe per ora inutile elencare. In tali casi si segna di solito l'accento sul vocabolo sdrucciolo, lasciando senza accento quello piano. In altri casi, invece, si accenta soltanto il vocabolo di uso meno comune; per esempio, oggi si scrive *regìa* senza accento, perché è divenuto vocabolo assai frequente (nel teatro, nel cinematografo, nella televisione, persino nello sport), mentre l'aggettivo femminile *règia* viene accentato, essendo ormai vocabolo meno noto.

Parole accentate per evitare ambiguità

C'è infine chi scrive *dànno*, voce del verbo *dare*, per distinguere dal nome *danno*, sebbene sia in genere assai difficile l'equivoco; taluni scrivono *dètti* e *dètte*, voci del verbo *dare*, in sostituzione dei piú comuni *diedi* e *diede*, per distinguere dal participio passato plurale (maschile e femminile) del verbo *dire*, ma anche in questo caso non c'è obbligo, perché non c'è necessità.

8.

QUIZ SULLE PAROLE ACCENTATE

Delle seguenti parole 7 sono piane, 10 sono sdrucciole, 7 sono tronche e 3 bisdrucciole:

attonito	*godetevela*	*biasimo*
stupito	*amor*	*virtú*
stupido	*inferno*	*castigo*
quindici	*diabolico*	*battesimo*
cinquanta	*musica*	*funerale*
ventitré	*suono*	*ahimè*
impermeabile	*interrogano*	*lucidano*
cappotto	*martire*	*automobile*
paltò	*eternità*	*tram*

Soluzione a pag. 444

Acuto, grave e circonflesso

Che differenza c'è tra l'accento con la punta in basso verso sinistra (´), **acuto**, e quello con la punta in basso verso destra (`), **grave**?

Accento acuto: suono stretto

- l'accento acuto sulle vocali *e* e *o* indica il suono stretto o chiuso;

- l'accento grave sulle vocali *e* e *o* indica il suono largo o aperto.

Sarebbe quindi opportuno abituarsi, anche scrivendo a mano, alla distinzione tra i suoni chiusi *é, ó* e i suoni aperti *è, ò*.
La *e* finale ha quasi sempre suono chiuso:

perché, viceré, succedé, trentatré;

Accento grave: suono largo

il suono largo, da segnare con l'accento grave, soltanto in *è* (voce del verbo *essere*, e quindi anche in *cioè*), in pochi nomi tronchi di origine straniera:

tè, caffè, canapè, lacchè, narghilè;

e in alcuni nomi propri come:

Mosè, Giosuè, Averroè.

La *o* finale ha invece normalmente suono aperto (dunque accento grave):

ohibò, amò, falò, comò, amò, verrò.

È giusto usare sempre l'accento grave per la vocale *a*, il cui suono è sempre largo: *città, là, càpita*. Sulla *i* e sulla *u*, poiché il loro suono è sempre stretto, ci sembra meglio ricorrere all'accento acuto; ma nella pratica molti preferiscono usare l'accento grave.

Quando ci occuperemo, in questo stesso libro, della buona pronuncia, dovremo ricorrere a questa differenziazione tra accento grave e acuto: per segnalare che l'*accetta* (cioè la scure del boscaiolo) ha suono diverso di *accetta* (voce del verbo *accettare*), spiegheremo che il primo vocabolo si pronuncia *accétta* (suono chiuso), il secondo *accètta* (suono aperto).

L'accento circonflesso

Lasciamo per ultimo, perché in italiano è quasi disusato, l'accento **circonflesso** (^). Si usa talvolta per segnalare una contrazione di lettere, particolarmente in poesia:

amâr ⟶ amarono		*fûro* ⟶ furono
tôrre ⟶ togliere		*côrre* ⟶ cogliere

Con tale funzione è assai piú usato nella lingua francese (*hôtel, château*). Un tempo si ricorreva all'accento circonflesso, da parte di taluni (non era infatti una norma tassativa), per contrassegnare il plurale dei vocaboli terminanti in *-io* non accentato (abbiamo già visto che altri invece usavano il segno della *dieresi*); si scriveva cioè: *principî*, plurale di *principio*; *armadî*, plurale di *armadio*; *studî*, plurale di *studio*, eccetera. Ma ormai l'accento circonflesso (come anche la dieresi) non è piú usato con tale funzione.

9.

QUIZ SUGLI ACCENTI

Vi diamo una serie di frasi alle quali abbiamo tolto tutti gli accenti. Segnateli voi, possibilmente distinguendo anche gli accenti gravi e quelli acuti, fidandovi della vostra pronuncia.

1. *Quando esce da casa, non da retta a nessuno.*

2. *Non posso restar qui tutto il di, anzi dovro presto tornare a casa.*

3. *Certe disgrazie capitano quando nessuno se le aspetta.*

4. *Ciascuno di voi pensi solo a se stesso e se la sbrighi come puo.*

5. *Nessuno sa cio che il capitano ha comandato di fare.*

6. *Tu vai la, io resto qua.*

7. *Ne tu ne altri vi siete ricordati di me: perche mai?*

8. *Se si, tanto meglio, se no, tanto peggio per te.*

9. *Venite quest'oggi da me a prendere il te.*

10. *Io non do retta a nessuno, tu invece dai retta a tutti.*

11. *Se la vedi, ricordati di dirle che non venga stasera, che sono stanco morto e andro a letto alle ventitre.*

12. *Morto il re, il potere fu assunto da un vicere.*

13. *La maglia di quella squadra di calcio è gialloblu.*

14. *Come un bel di di maggio.*

Soluzione a pag. 444

Capitolo VII

UN SEGNETTO VOLUBILE: L'APOSTROFO

Quando si segna e quando no

Quando una parola termina con vocale e quella che segue incomincia anch'essa con vocale, normalmente nella pronuncia la prima delle due vocali scompare, cioè si "elide". Nessuno di voi direbbe:

lo *uomo*, **quello** *asino*, **la** *acqua*, **santo** *Antonio*, **una** *anima*;

ma trova piú armonioso e spedito dire, e scrivere:

l'*uomo*, **quell'***asino*, l'*acqua*, **sant'***Antonio*, **un'***anima*.

L'elisione

Questa soppressione della prima delle due vocali consecutive situate in vocaboli diversi si chiama **elisione**. Diciamo subito che questa elisione non può avvenire quando la prima vocale è accentata:

sarà ammalato, fu onorato, virtú ammirevole, sarò eletto.

Anche quando l'elisione è consentita, può darsi che chi parla (o piuttosto chi scrive, perché a voce l'elisione si finisce quasi sempre col farla) ne voglia fare a meno. Dipende proprio dal gusto personale di chi parla e scrive. Potremo leggere in uno scritto: *una oca* e in un altro, magari del medesimo autore, *un'oca*. Cosí ci sarà chi preferisce scrivere:

una **bella** *aurora*	invece di	*una* **bell'***aurora*
questa *estate*	invece di	**quest'***estate*
tutto *a un tratto*	invece di	**tutt'***a un tratto*

L'apostrofo

Ai fini pratici, ecco i casi nei quali normalmente (cioè quasi sempre, ma non sempre!) si ricorre all'elisione, e a quello speciale segno dell'elisione che si chiama **apostrofo** (') , consistente in una specie di virgola segnata in alto, nello spazio dove è caduta la vocale:

Casi di elisione

● 1. con gli articoli **lo, la** (e le preposizioni articolate che ne derivano **dello, della, allo, alla, nello, nella, sullo, sulla**):

l'armadio, l'onore, l'Italia, l'erba, **dell'***uomo,* **all'***unanimità,* **nell'***interno,* **sull'***aeroplano;*

- 2. con l'articolo femminile **una**:

    un'*armata,* **un'***anitra,* **un'***isola,* **un'***osteria,* **un'***úpupa;*

- 3. con gli aggettivi dimostrativi **questo, questa, quello, quella, codesto, codesta**:

    quest'*uomo,* **quest'***acqua,* **quell'***esperimento,* **quell'***invenzione,* **codest'***albero,* **codest'***arma;*

- 4. dopo la preposizione semplice **di**:

    camera **d'***albergo, fior* **d'***arancio, macchia* **d'***inchiostro, giovani* **d'***oggi.*

Ma ancora si legge:

professione **di** *avvocato, città* **di** *Ancona,* **di** *età giovanile, professore* **di** *università;*

dipende dal gusto di chi scrive o parla.

Invece la preposizione **da** si deve lasciare di regola senza elisione per distinguerla da *di*. Non è perciò corretto il pur tanto frequente *d'affittare* (raccomandiamo quindi ai padroni di casa di pretendere dal tipografo la scritta: DA AFFITTARE). Tuttavia sono nell'uso, e possono considerarsi non scorretti:

Di regola **da** *non vuole l'elisione*

fin **d'***allora,* **d'***altra parte,* **d'***ora in avanti,* **d'***ora in poi, eccetera;*

- 5. con le particelle pronominali **mi, ti, si, vi, ne, lo,** e anche **ci** purché seguita da *i* e da *e*:

    m'*ami,* **t'***ammiro,* **s'***arrampicò,* **v'***accorgerete,* **n'***era innamorato,* **l'***uccisero,* **c'***ingannarono,* **c'***erano,* **c'***entrarono.*

Ma ugualmente corrette, e anzi oggi piú usate, le forme senza elisione:

mi *ami,* **ti** *ammiro,* **si** *arrampicò,* **ci** *erano,* **ci** *entrarono, eccetera.*

Anche qui dipende da orecchio e da gusto personale: *si uccise* par sonare meglio che *s'uccise; ne udiamo* certo molto meglio che *n'udiamo;*

- 6. con **gli,** tanto l'articolo (plurale di *lo*) quanto la particella pronominale (= a lui, a loro); ma qui l'elisione è ammessa soltanto davanti a parola che cominci con la vocale *i*:

    gl'*Inglesi,* **gl'***ingegneri,* **gl'***inibirono;*

ma anche:

    gli *Inglesi,* **gli** *ingegneri,* **gli** *inibirono;*

forme anzi piú frequenti nell'uso.

Tale elisione (sempre facoltativa) si estende anche alle preposizioni articolate plurali **degli, dagli, negli, sugli,** e all'aggettivo **begli,** che è il plurale di *bello,* sempre purché segua l'iniziale *i* nel vocabolo successivo:

    dagl'*inizi* (o **dagli** *inizi*), **degl'***indigeni* (o **degli** *indigeni*), **begl'***idiomi* (o **begli** *idiomi*).

Gli si apostrofa solo davanti alla i

Grave errore è dunque apostrofare *gli* davanti a vocale che non sia la *i;* e pure si incontrano spesso sfarfalloni come **gl'a***ltri* (che non può leggersi altro che "glarti"), e **degl'u***ltimi* (che non può leggersi altro che "deglultimi" come "deglutire");

- 7. con **le,** articolo femminile, plurale di *la,* specialmente se è seguito da parola iniziante con *e*:

    l'*erbe,* **l'***epoche;*

ma anche:

    le *erbe,* **le** *epoche.*

Si trovano tuttavia, piú frequenti nei testi dei secoli passati che non oggi, elisioni di *le* anche davanti a vocali diverse dalla *e:*

    l'*armi,* **l'***Alpi,* **l'***occasioni,* **l'***invettive;*

vi consigliamo però, nella vostra prosa quotidiana, di scrivere:

    le *armi,* **le** *Alpi,* **le** *occasioni,* **le** *invettive,* eccetera.

Con le particella niente elisione

È poi da evitare l'elisione quando *le* è particella pronominale (= esse, a lei), anche se la parola che segue incomincia con *e:*

    le *eliminarono;* **le** *eressero un monumento;*

● 8. con **che**, pronome e congiunzione:

> *il primo* **ch'***era entrato*; *alcuni sperano* **ch'***io venga*.

Si può estendere l'elisione anche ai composti di *che*, come **perché**, **poiché**, **affinché**, eccetera, sebbene la *e* finale sia accentata, ma queste elisioni non si usano piú nella prosa. Sono ammesse ormai solamente nella poesia certe elisioni come:

> **ch'***armi ed aratri*; **poich'***altri tace*; **perch'***io pianga*.

Si consiglia anche per il *che* di rinunciare all'elisione e scrivere pulitamente:

> *le persone* **che** *incontrai*; *lo so* **che** *errasti*; *quelli* **che** *or sono entrati*.

Possono esserci elisioni anche in combinazioni di altre parti del discorso: tra nome e nome, nome e aggettivo e viceversa, nome e verbo, avverbio e nome oppure aggettivo, eccetera. Esse sono lasciate al giudizio e al gusto di chi scrive. Esempi:

> **senz'***altro*, **quand'***anche*, **fors'***oggi*, **benedett'***uomo*, **avant'***ieri*, **bell'***e fatto*, **nient'***affatto*, **tutt'***intero*, eccetera.

Non confondere il troncamento con l'elisione

Nessun dubbio che *amor* si scrive senza apostrofo (anche se è caduta la vocale finale), e parimenti *fior, cantar, canzon, pian, nessun, sol, caval, partiam*, eccetera. Non c'è l'apostrofo, perché non c'è l'elisione. Eppure anche qui l'ultima vocale è caduta (in *caval* sono cadute addirittura le ultime due lettere, cioè tutta una sillaba). È un fenomeno diverso dalla elisione; i grammatici lo definiscono **troncamento**.

Il troncamento

Come distinguere il troncamento dall'elisione? Chiunque si accorge che una parola "troncata" si può pronunciare da sola conservando il suo significato; io posso dire:

Come si distingue il troncamento dall' elisione

> *signor, cavalier, nobil, castel, fiorir, fuggir, buon, cantiam, insiem;*

mentre non posso dire:

> *l', dell', sant', senz'*, eccetera.

71

Negli esempi avrete forse già notato che c'è il troncamento invece dell'elisione quando prima della vocale finale (quella che cade) c'è una di quelle quattro consonanti con le quali abbiamo già fatto conoscenza allorché esaminammo insieme il problema della divisione dei vocaboli in sillabe; le quattro consonanti sono: **l**, **m**, **n**, **r**. Perché avvenga il troncamento, occorre però che prima di *l, m, n, r* ci sia una vocale (*uomo* può diventare, per troncamento, *uom*, ma *palmo* non può diventare "palm"), oppure che ci sia *l* doppia, come nei vocaboli *cavallo* e *castello* (che possono diventare *caval* e *castel*), o anche *n* doppia nei verbi come *hanno, fanno, stanno* e *danno* (che possono diventare *han, fan, stan* e *dan*).

Prendiamo i due aggettivi *buono* e *cattivo*. Si potrà fare il troncamento del primo vocabolo? Risposta: sí, perché prima della *o* finale di *buono* c'è una *n* (cioè una delle quattro lettere che consentono il troncamento). E di *cattivo*? Risposta: no, perché la penultima consonante è una *v*.

Per non confondere l'elisione col troncamento

Come, nell'aritmetica, già alla scuola elementare vi insegnarono a fare la "prova", c'è una prova che può servire praticamente a non confondere l'elisione col troncamento, evitando cosí il troppo frequente errore dell'apostrofo quando non ci vuole e della mancanza dell'apostrofo quando invece la sua presenza è necessaria. Si prende la parola della quale non siamo ben sicuri che sia uscita raccorciata in seguito a troncamento oppure a elisione (p. es.: *fior*, nell'espressione *fior alpestre*) e la si colloca cosí accorciata davanti a una parola che comincia con consonante (*fior campestre*): se la parola può restare anche in questa nuova collocazione, vuol dire che si tratta di troncamento. Dunque *fior* non vuole l'apostrofo. Prendiamo adesso l'espressione *buon'anima*; facciamo la medesima operazione, mettiamo *donna* al posto di *anima* e domandiamoci: si può dire "buon'donna"? Evidentemente no, risponderemo. Dunque, *buon'* è elisione, non troncamento, e in tal caso ci vuole sempre l'apostrofo.

I piccoli ribelli del troncamento

Se avessimo posto nell'esercizio il vocabolo *cucina*, oppure *fiamma*, o *signora*, o *pentola*, pur essendoci tanto di *n*, di *m*, di *r*, di *l* prima della vocale finale, a nessuno sarebbe mai frullato in testa di "troncare" quei nomi con assurdi "cucin" o "fiam" o "signor" (femminile) o "pentol"! Dunque: il troncamento non vale per i nomi che terminano con la lettera *a*: i quali prevalentemente sono di genere femminile, ma ce n'è anche di maschili, e tra questi anche con la *l* o la *m* o la *n* o la *r* in penultima posizione, come *panorama, diploma, gorilla, tema, groviera, nirvana* e altri ancora: tutti, femminili e maschili, rifiutano il troncamento. Si potrà dire *sol* invece di *sole*, ma non mai "lun" invece di *luna*. Soltanto *suora* può diventar *suor* quando è seguito dal nome proprio di quella suora:

suor Amabile, suor Geltrude, suor Celeste, eccetera;

e anche gli avverbi di tempo:

Avverbi che si troncano

>   *ora, allora, ancora, tuttora, talora, ognora, qualora,* eccetera;

che possono diventare:

>   *or, allor, ancor,* eccetera.

Inoltre, naturalmente, non si potrà fare il troncamento di un monosillabo (se togliete la vocale a un monosillabo, che cosa ne resta?) né di un vocabolo accentato sull'ultima lettera (cioè già "tronco" per suo conto), e nemmeno di certe altre combinazioni di consonanti o in tanti casi particolari, che qui sarebbe inutile tentar di elencare, perché vi è guida la pratica: a nessuno infatti capiterà mai di scrivere o pronunciare (s'intende, in lingua, ché in fatto di dialetti sarebbe tutt'altro discorso) "fam" invece di *fame*, "mor" invece di *moro*, "nan" invece di *nano*, eccetera. A noi interessa affrontare i problemi concreti, quelli che tante volte ci lasciano dubbiosi quando parliamo o, più spesso, quando scriviamo. E in merito alle elisioni e ai troncamenti, agli apostrofi che non si sa mai bene se ci vogliono o non ci vogliono, ahinoi, di dubbi ne nascono più spesso di quel che si crede.

10.
QUIZ SULL'ELISIONE E SUL TRONCAMENTO

A questo punto ci fermiamo un istante nella nostra spiegazione per invitarvi a distinguere quali dei seguenti vocaboli possono avere il troncamento e quali no. Sottolineate i vocaboli che ritenete troncabili:

oste	*palazzo*	*tale*
albergatore	*nobile*	*quale*
padrone	*uomo*	*pioggia*
mobile	*amico*	*piovere*
letto	*messere*	*nessuno*
guanciale	*anziano*	*avere*
mangiare	*giovane*	*hanno*
mangiamo	*giovanotto*	*gentile*
mangiava	*vecchierello*	*bastione*
insieme	*parlare*	*professore*

Soluzione a pag. 445

"Un'" con l'apostrofo e "un" senza apostrofo

L'articolo indeterminativo **un** certe volte si vede con l'apostrofo: *un'anitra*, e certe volte senza: *un asino*. Chi ha capito la differenza che c'è tra l'elisione e il troncamento non avrà da scervellarsi per rendersi conto perché mai la piccola e petulante anitra abbia diritto all'apostrofo, e il grosso e paziente asino no. È semplicissimo: l'articolo maschile indeterminativo è *un*, l'articolo femminile è *una* (si dice: *un cane*, maschile; *una gallina*, femminile). Dunque **un** è troncamento di *uno* (perciò senza apostrofo); **un'** è elisione di *una* (con l'apostrofo). Che ci starebbe a fare l'apostrofo dopo *un*, maschile, se nessuna vocale è caduta? Invece in *un'*, femminile, l'apostrofo segnala che è caduta la vocale finale *a* dell'articolo *una*.

Un è troncamento di uno; un' è elisione di una

Dunque:

un maschile senza apostrofo:
un *armadio*, **un** *errore*, **un** *italiano*, eccetera;

un' femminile con l'apostrofo:
un'*ora*, **un'***ugola*, **un'***italiana*, eccetera.

Domanda : che differenza c'è tra *un artista* e *un'artista*?
Risposta : *un artista* è uomo; *un'artista* è donna.

Domanda : si scrive *un estate* o *un'estate*?
Risposta : siccome *estate* è femminile, si scrive: *un'estate*.

Domanda : *un automa* o *un'automa*?
Risposta : *un automa* (perché è maschile).

Aggiungiamo davanti a un nome un aggettivo che incomincia con vocale: *un alto palazzo*; ma se invece di *palazzo* (maschile) il nome fosse *torre* (femminile), si scriverebbe: *un'alta torre*.

La regola è valida anche per gli aggettivi indefiniti composti con *uno*: *ciascuno, alcuno, nessuno, veruno, qualcuno, ognuno*:

---

ciascun *anno*	**ciascun'***annata*
(senza apostrofo, maschile)	(con l'apostrofo, femminile)
nessun *esercito*	**nessun'***armata*
(senza apostrofo, maschile)	(con l'apostrofo, femminile)
qualcun *altro*	**qualcun'***altra*
(senza apostrofo, maschile)	(con l'apostrofo, femminile)

"Tal" e "qual" sempre senza apostrofo

Tale, quale, uguale, fatale, mortale, naturale: tutte le parole con la *l* in penultima posizione, preceduta da vocale, diventano, per troncamento:

tal, qual, ugual, fatal, mortal, natural.

Infatti a nessuno verrà mai il dubbio se debba scrivere "fatal'attesa" (che sarebbe grosso errore) invece del corretto *fatal attesa*. Eppure c'è chi crede tollerabile scrivere "tal'era" e, più frequente ancora, "qual'è", e simili strafalcioni. E c'è anche qualche grammatico (facilone o stravagante?) che gli dà ragione, o almeno gli concede le "circostanze attenuanti".

Niente ragione, niente circostanze attenuanti: *tal* e *qual* sono effetto di troncamento: non ci vuole l'apostrofo. Scriverete perciò:

tal era, **tal** errore, **tal** altra, **qual** è, **qual** eresia, **qual** orrore, eccetera.

Tal e qual: troncamenti di tale e quale

"Pover uomo" o "pover'uomo"?

Ben lo sappiamo: un pover uom tu se'... Il verso del Carducci, nella poesia *Davanti San Guido*, che tutti abbiamo studiato a scuola, ci ritorna alla memoria; ma oggi andiamo a ricercarlo nella nostra vecchia antologia scolastica per vedere se tra quel *pover* e quell'*uom* c'è segnato l'apostrofo. No, non c'è: infatti *povero* ha la sua brava *r* in penultima posizione, preceduta da vocale, seguita da *o*; questa *o* cade, anche per ragioni di metrica, trattandosi di una poesia; si hanno dunque tutti i requisiti per il troncamento, non per l'elisione. Perciò niente apostrofo.

Ma, ahimè, un altro scrittore altrettanto grande, anzi il massimo "modello" del bello scrivere, da tutti riconosciuto ormai da più di un secolo, Alessandro Manzoni, più volte nel romanzo, parlando di don Abbondio o di qualche altro personaggio, scrive *pover'uomo*, con tanto di apostrofo.

Chi ha ragione? Il Carducci o il Manzoni? Gli appassionati di linguistica, anche i competenti, hanno discusso. Quelli che sono favorevoli all'apostrofo (come il Manzoni) hanno ragionato così: si può forse dire: *pover bimbo, pover cane, pover me*? No, si dice sempre: *povero bimbo, povero cane, povero me*; dunque quella caduta della *o* finale avviene esclusivamente davanti a una vocale, appunto come in *pover'uomo* (e lo stesso sarebbe in *pover'animale, pover'orso, pover'imbecille*, eccetera). Concludono che qui eccezionalmente si tratta di un'elisione e non di un troncamento. L'apostrofo, perciò, ci sta benissimo. Sarebbe pressappoco come la faccenda di *come* e di *insieme*: quest'ultimo si può facilmente troncare, facendone un *insiem* senza apostrofo, ma *come* non diventa mai "com", se non per elisione davanti a vocale (*com'altri, com'è*, eccetera).

Quelli che la pensano diversamente obiettano: non è mica vero, si può benissimo fare il troncamento di *povero*, come si fa di *misero* (*miser fanciullo!*), di *dissero* (*tutti disser la verità*), di *tenero* (*tener virgulto*), di *diedero*, di *caddero*, di *fecero* (*dieder, cadder, fecer*). Non sarebbe per nulla errato dire e scrivere, oltre al *pover uomo*, anche *pover bimbo, pover cane*, eccetera.

Prevale la forma pover'uomo

Chi ha ragione? Ci sembra che la forma *pover'uomo* sia prevalente, sia perché quell'apostrofo cade quasi istintivamente sia perché siamo portati a onorare le eccezioni (par quasi che ci teniamo a far sapere che le conosciamo...). Voi potete regolarvi come vi par meglio; in ogni caso, disponendo di due testimoni cosí autorevoli come il Carducci e il Manzoni, nessuno vi potrà mettere sotto accusa di lesa grammatica.

San Carlo, sant'Antonio e santo Stefano

Adesso dovremo tirare in ballo anche i santi, in barba al vecchio adagio "scherza coi fanti e lascia stare i santi". Ma in realtà noi non abbiamo nessuna intenzione di scherzare: ci dà fastidio leggere, come spesso capita: *st. Martino, san Ambrogio, san Stanislao*.

Dal nome (in origine aggettivo) *santo* deriva per troncamento la mezza parola **san** (come da *buono* viene **buon**; da *grande* deriva **gran**; *bello* si abbrevia in **bel**).

Sempre san davanti a consonante

Quel vocabolo cosí troncato, *san*, suona molto bene davanti al nome proprio del santo che si vuol menzionare:

san *Carlo*, **san** *Luigi*, **san** *Pietro*, **san** *Francesco*, eccetera.

Ma se il nome proprio del santo incomincia con vocale, allora "san Antonio", "san Elía", "san Ilario", "san Onorato", eccetera, sonerebbero in certo modo stonati. Quindi niente forma tronca *san*, ma si ritorna al nome intero **santo**. Qui allora avviene lo scontro delle due vocali che, come norma generale, provoca l'elisione. Ecco perché si deve scrivere e dire:

Sempre sant' davanti a vocale

sant'*Antonio*, **sant'***Elía*, **sant'***Ilario*, **sant'***Onorato*, eccetera.

Sempre santo davanti a "s impura"

E **santo** *Stefano*? Normalissimo anche questo. Quando un vocabolo incomincia con *s*- seguita da una o piú consonanti (la cosiddetta "*s impura*", come la definiscono le grammatiche), in italiano riuscirebbe ostica la pronuncia di un'altra consonante associata a queste due (o tre): perciò si rinuncia al troncamento, per rimettere in funzione quella vocale (nel nostro caso è una *o*) che spezza opportunamente il quasi impronunciabile blocco di consonanti. Ecco dunque le ragioni di:

santo *Stefano*, **santo** *Stanislao*, **santo** *Spiridione*, eccetera.

Le stesse ragioni valgono anche per gli altri eventuali santi che, frammezzo a tante virtú, abbiano il difetto di incominciare con la "*s impura*".

La regola dovrebbe estendersi anche ai nomi che incominciano con *z* e con *ps*. Ma si preferisce dire e scrivere:

san *Zeno*, **san** *Zenone*, **san** *Zenobio*, **san** *Zaccaria*, eccetera,

perché quella *z* ha un suono alquanto dolce, cosí come è pronunciata dal popolo (specialmente nel Veneto, dove san Zeno, san Zenone e san Zaccaria sono di casa), e non si può negare che *san Zeno*, per esempio, suoni meglio di *santo Zeno*, che però grammaticalmente non sarebbe errato.

Meglio
san Zeno
che
santo Zeno

Il femminile *santa* di regola non si elide né si tronca:

santa *Eleonora*, **santa** *Irene*, **santa** *Ottavia*, **santa** *Teresa*,
santa *Veronica*, eccetera;

Di regola
santa
non si elide
né si tronca

ma come eccezione possiamo usare l'elisione davanti a nomi comincianti con vocale tonica:

sant'*Orsola*, sant'*Agata*, sant'*Elena*, eccetera;
e anche **sant'***Agnése*.

Il "gran capo" e il "grand'uomo"

Il *grande capo* può essere semplicemente *gran capo*, ma un *grande uomo* non può essere un "gran uomo": deve essere necessariamente un *grand'uomo*. Ciò per la stessa ragione del *santo*: quel *grande* si tronca (non obbligatoriamente, soltanto quando suona meglio all'orecchio) in **gran**, ma se poi c'è la vocale all'inizio della parola seguente, addio troncamento: torna d'obbligo la parola intera, semmai è consigliabile l'elisione.

Grande
segue
la regola
di santo

Quindi, sempre:

grande *albergo*	o	**grand'***albergo*	(mai "gran albergo")
grande *onore*	o	**grand'***onore*	(mai "gran onore")
grande *errore*	o	**grand'***errore*	(mai "gran errore")
grande *idiota*	o	**grand'***idiota*	(mai "gran idiota")

La pratica ci insegna che oggidí l'aggettivo *grande* si preferisce usarlo tutt'intero, cioè senza elisione. Soltanto il *grand'uomo* par che ci tenga a quell'apostrofo, forse perché teme di esser confuso con un "uomo grande" (s'intende, di statura).

La "buon'anima" del "buon uomo"

Buon:
troncamento
di buono;
buon'
elisione
di buona

Il **buon** *uomo* (a differenza del *grand'uomo*) non vuole l'apostrofo. È naturale: quel *buono* ha la *n* in penultima sede: quindi troncamento (senza apostrofo) e non già elisione. In compenso la sua "buona anima" diventa **buon'***anima*, la qual cosa non ci stupisce perché noi sappiamo che il troncamento si può fare con *buono* perché termina con -*o*, ma non si può fare con *buona* perché termina con -*a*. Per il femminile *buona* niente troncamento, ma davanti a vocale elisione, con apostrofo.

Se invece di *anima* fosse *animo*, poiché *animo* è maschile, l'aggettivo *buono*, che termina con -*o*, diventerebbe *buon*: *buon animo*, troncamento e niente apostrofo!

Dunque:

> *State di* **buon** *animo, ché la* **buon'***anima di quel* **buon** *uomo vi assisterà dal cielo.*

11.

QUIZ SULL'APOSTROFO (I)

E adesso, ponete voi gli apostrofi (quando ci vogliono) nelle seguenti espressioni:

buon umore	*buon esempio*	*buon escursione*
buon indole	*buon ormeggio*	*buon audizione*
buon appetito	*buon uso*	*buon idea*
buon onomastico	*buon usanza*	*buon anno*
buon arrampicata	*buon età*	*buon auspicio*

Soluzione a pag. 445

Il "bell'aspetto" del "bel paese"

Il ragionamento che abbiamo fatto per *santo*, per *grande* e per *buono* non può estendersi tal quale all'aggettivo *bello*, che ha diversa struttura morfologica. Anche di *bello* esiste il troncamento **bel**, e infatti si scrive:

> **bel** *paese*, **bel** *ragazzo*, **bel** *discorso*, eccetera;

ma quando è seguito da vocale, si scrive invece:

> **bell'***uomo*, **bell'***aspetto*, **bell'***esempio*, **bell'***incontro*, eccetera.

Bello si tronca davanti a consonante; si elide davanti a vocale

Per tutti (*grande, buono, bello*, come già per *santo*) vale sempre l'obbligo di ripristinare la *o* finale e di abolire il troncamento quando è seguito da un vocabolo che incomincia con "*s* impura", con *z* o *ps*:

grande *spettacolo*	mai	"gran spettacolo"
buono *stipendio*	mai	"buon stipendio"
bello *stivale*	mai	"bel stivale"
grande *zaino*	mai	"gran zaino"
buono *zucchero*	mai	"buon zucchero"
bello *zero*	mai	"bel zero"

E, naturalmente, anche:

> **grande** *psichiatra*, **buono** *psicanalista*, **bello** *pseudonimo*.

Come diremo a suo tempo (trattando degli articoli), anche davanti a *pn* e a *gn* una regola, non da tutti seguita (vedremo perché), esige la vocale al termine della parola precedente a schermo della consonante: gli ossequenti a tale regola scriveranno:

> *un* **bello** **pn***eumatico*, *un* **buono** **gn***occo*;

ma i piú scrivono, come del resto dicono, sembrando loro che suoni meglio:

> *un* **bel** **pn***eumatico*, *un* **buon** **gn***occo*.

Per colpa di un apostrofo...

Noi abbiamo insistito su *santo, grande, buono* e *bello*, perché sappiamo che con questi quattro vocaboli sono piú frequenti gli errori; ma tutti i ragio-

ITALIANO 10 E LODE

namenti che abbiamo intessuto sul "quartetto" incriminato valgono anche per le preposizioni articolate: **al, allo; del, dello**; eccetera, e per l'aggettivo dimostrativo **quello**, tanto frequente nel nostro discorso scritto o parlato; ma non staremo qui a insistere su quei troncamenti e quelle elisioni, tanto comuni che una persona anche di modesta cultura non può ignorare. Nessuno dei nostri lettori, certamente, scriverebbe: "quel spettacolo" o "nel armadio".

A proposito della preposizione articolata **nello**, che diventa **nell'** quando è seguita da vocale, vogliamo, cosí per intermezzo, rammentare una corrispondenza che apparve anni fa su un grande giornale lombardo e che qui riportiamo tal quale l'abbiamo letta:

L'apostrofo che uccide

PER COLPA DI UN APOSTROFO RITENGONO MORTO IL FIGLIO

Per l'errata interpretazione di un telegramma, una famiglia chiavarese ha ritenuto il figlio diciottenne deceduto in un incidente di caccia. Il fatto ha avuto inizio ieri sera alle ore 21, allorché i coniugi A. e N. S., che gestiscono una rivendita di sale e tabacchi in via S. Chiara, ricevevano il seguente telegramma: **Oggi è morto nell'ospedale Mirandola Albano**. *Poiché Albano è il loro unico figlio, partito sabato con un amico per una partita di caccia appunto a Mirandola, pensarono subito che egli fosse deceduto in seguito a un incidente e, senza perdere tempo, noleggiavano un tassí e si portavano a Mirandola, dove giungevano stamane alle cinque. Qui con lieto stupore ritrovavano il figlio vivo e in ottima salute. Il vero defunto era il cognato Nello, che per un errore di trascrizione era stato trasformato in una preposizione articolata dotata per di piú di un apostrofo.*

12.

QUIZ SULL'APOSTROFO (II)

Trascrivete, secondo le regole (p. es.: *quel + omaggio = quell'omaggio*), i seguenti vocaboli:

quel + omaggio
un + astensione
fior + alpino
qual + errore
gran + albergo
buon + osteria
van + avanti
cuor + ardito
san + Empedocle
santa + Anna
bel + alma
un + olocausto

gli + Indiani
gli + Americani
le + erbe
le + antenne
del + arrivo
sulla + onda
sulle + onde
questa + estate
quel + inverno
altro + anno
trenta + anni
ottantun + anni

Soluzione a pag. 445

Troncamenti con l'apostrofo

Abbiamo detto piú volte, e ancora ripetiamo, che nell'elisione c'è il segno dell'apostrofo, ma nel troncamento no. Adesso però vi mostreremo alcuni speciali troncamenti, tanto speciali che vogliono persino l'apostrofo:

False elisioni

«**Be'**» *disse la marchesa* «*di codeste cose parleremo piú tardi.*»

Attendemmo per un bel **po'**, *ma nessuno venne;*

"*A ogni* **pie'** *sospinto*", *era l'intercalare di quel vecchio.*

E di questi troncamenti (anzi, di queste vere "amputazioni", come direbbe un chirurgo: negli esempi che vi abbiamo dato è stata tagliata una intera sillaba, pari addirittura a mezza parola, trattandosi di vocaboli bisillabi), i piú frequenti, che accettano l'apostrofo per segnalare la "mezza parola" caduta, sono:

be'	⟶	*bene*	(avverbio di modo)
po'	⟶	*poco*	(aggettivo indefinito o avverbio)
pie'	⟶	*piede*	(nome comune)
da'	⟶	*dài*	(imperativo di *dare*)
di'	⟶	*dici*	(imperativo di *dire*; dal latino *dícere*)
fa'	⟶	*fai*	(imperativo di *fare*; dal latino *fàcere*)
va'	⟶	*vai*	(imperativo di *andare*)

C'è anche chi scrive *sta'* come imperativo del verbo *stare*, ma questa volta il latino autorizza a scrivere **sta** senza l'inutile apostrofo (né piú né meno di *ama*, *loda*, eccetera). Invece l'imperativo di *andare* può (non deve) essere **va'** perché la forma latina corrispondente è *vade*.

Anche del nome *fede* si può avere il troncamento **fe'**. Non di rado, però, si vede scritto **fé** (con l'accento invece dell'apostrofo), e anche **piè**; ma è evidente che la forma piú corretta è quella con l'apostrofo.

Altri simili troncamenti segnati con l'apostrofo ricorrono specialmente nella poesia, per esempio:

Altri troncamenti

a' → *ai*	(preposizione articolata)
da' → *dai*	(preposizione articolata)
de' → *dei*	(preposizione articolata)
co' → *coi*	(preposizione articolata)
su' → *sui*	(preposizione articolata)
pe' → *pei*	(preposizione articolata)
que' → *quei*	(aggettivo dimostrativo)
vo' → *voglio*	(da non confondere con la forma *vo*, invece di *vado*, del verbo *andare*)
vuo' → *vuoi*	(da *volere*; indicativo presente)
tie' → *tieni*	(da *tenere*; imperativo)
cre' → *credo*	(da *credere*; indicativo presente)
to' → *togli*	(da *togliere*; imperativo)
se' → *sei*	(da *essere*; indicativo presente)
pro' → *prode*	(aggettivo)

Talvolta si trovano i troncamenti **ca'** invece di *casa* (specialmente nelle denominazioni **Ca'** *Foscari*, **Ca'** *d'Oro*), e **mo'** nel significato avverbiale di "adesso" (c'è un altro *mo'* che è troncamento di *modo* nel significato di "maniera", vivo nella frase *a mo' di...*); tanto il *ca'* quanto il primo dei due *mo'* sono piuttosto accondiscendenze dialettali.

Il nome *frate* preferisce (ma è una preferenza nata dall'uso, non giustificata grammaticalmente) il troncamento senza apostrofo:

fra *Cristoforo*, **fra** *Galdino*, **fra** *Diavolo*, **fra** *Girolamo*, **fra** *Giuliano*, eccetera;

si dice invece **frate** *Francesco*, per evitare il brutto accostamento *fra-fra*.

Esiste anche un troncamento "a rovescio", cioè quando invece dell'ultima sillaba si elimina la prima. Anche in questo caso si ricorre all'apostrofo (naturalmente un apostrofo iniziale, invece che finale). Avrete visto qualche volta scritto — nel discorso familiare, che può essere anche letterario — *'sto* invece di *questo* (col femminile *'sta* e i plurali *'sti* e *'ste* mentre nei composti *stasera*, *stamane*, *stanotte* si è ormai perduto il ricordo del troncamento e si fa a meno dell'apostrofo). L'apostrofo iniziale vien buono anche nelle date: parlando della guerra 1939-1945, può capitare di leggere:

Troncamento "a rovescio"

L'Italia chiese l'armistizio nel settembre del '43.

13.

QUIZ SULL'APOSTROFO (III)

In ciascuna riga una delle due forme è giusta, l'altra errata. Segnate una crocetta sulla lettera corrispondente alla forma che ritenete corretta. Se le risposte saranno tutte esatte, ciò significa che avrete capito bene le nostre spiegazioni sulla differenza di funzione tra accento e apostrofo.

a) *quel uomo*		b) *quell'uomo*
a) *qual era*		b) *qual'era*
a) *gran affare*		b) *grand'affare*
a) *un pò stanco*		b) *un po' stanco*
a) *bel scoglio*		b) *bello scoglio*
a) *a mò d'esempio*		b) *a mo' d'esempio*
a) *pur ieri*		b) *pur'ieri*
a) *vien'avanti*		b) *vien avanti*
a) *fier aspetto*		b) *fier'aspetto*
a) *buon'ora*		b) *buon ora*

Soluzione a pag. 445

L'apostrofo in fin di riga

E ora, prima di chiudere l'argomento "apostrofo", facciamoci questa domanda: è ammissibile l'apostrofo in fin di riga? Si può scrivere *l'/ordine*, con la *l'* che chiude la riga e la parola *ordine* che comincia la riga successiva? Non è un problema da farne una malattia, ma problema lo è; e, poiché in esso incappano migliaia di persone tutti i giorni, è necessario risolverlo una volta per tutte. Le grammatiche tacciono su queste e altre questioni pratiche; gli insegnanti si rifanno alle grammatiche; e cosí tutto resta al punto di prima, e le dattilografe, e quel che è peggio i compositori tipografici, continuano impunemente a perpetrare sconci come:

Errato
dello/uomo,
una/aquila

dello/*uomo*, **una**/*aquila*, **da**/*altra parte*, **allo**/*estremo*, **tutto**/*altro*, **sulla**/*erba*;

sconci che sono veri e propri errori di grammatica, e che i correttori di bozze lasciano ormai rassegnatamente passare. All'errore, poi, si aggiunge anche un grave inconveniente: l'inconveniente che chi legge o, peggio ancora, chi deve ricopiare o riportare un testo, non sa se l'autore voleva proprio scrivere *quello uomo* oppure, come in questo caso appar probabile, *quell'uomo*. Talvolta poi l'intenzione dell'autore è meno evidente: voleva scrivere *una idea* o *un'idea*? *tutti insieme* o *tutt'insieme*? *senz'angoscia* o *senza angoscia*?

La questione riguarda, ripetiamo, soprattutto la scrittura a macchina e la stampa, quest'ultima specialmente dove tutte le righe devono essere uguali, al capello. Le macchine tipografiche compositrici hanno senza dubbio dispositivi speciali per portare la riga sempre alla "giustezza", cioè alla misura dovuta, e i bravi compositori normalmente se ne valgono; ma ormai la gente si è cosí abituata all'abolizione dell'apostrofo e alla rintegrazione arbitraria della vocale elisa, che questi stessi compositori trovano piú comodo, nelle affrettate linee di un quotidiano, comporre: *una/anima, dello/antico,* anziché perdere qualche secondo di piú nella ricerca di una quadratura tipografica conveniente; perché (e parliamo per chi non è pratico di tipografia) nel caso, per fare un esempio, di *dell'antico*, è molto piú sbrigativo collocare in fondo alla riga un *dello* che un *dell'an-*.

Alcuni linguisti, pur condannando l'uso e anzi l'abuso delle forme piene contrarie alla grammatica, condannano anche l'uso dell'apostrofo in fin di riga per il fatto che, come dice la stessa grammatica, in fin di riga non si può mai spezzare una sillaba (infatti nel caso di *dell'antico* la sillabazione è *del-l'an-ti-co*). Ma nel caso nostro, rispondiamo noi, di che divisione sillabica si può parlare? Qui si tratta di una semplice spezzatura di parola, foneticamente accettabile, imposta da un limite materiale di spazio: tanto è vero che non richiede l'uso della lineetta, quella lineetta che è appunto il segno convenzionale di una spezzatura sillabica. Sarebbe certo errore scrivere:

*Dopo
l'apostrofo,
mai la
lineetta*

l'-/anima, dell'-/antico,

usando cioè la lineetta; ma non già, come si raccomanda:

l'/anima, dell'/antico.

Qui la spezzatura sillabica non appare di certo.

L'unica soluzione possibile del problema è dunque quella di accettare come convenzione l'uso dell'apostrofo in fin di riga senza lineetta. Soluzione, peraltro, non inventata da chi scrive queste righe né da altri studiosi contemporanei; la soluzione è antica, antica di secoli. Chi apra un vecchio volume del Sei, del Sette o dell'Ottocento troverà infiniti esempi di apostrofo in fin di riga cosí come noi lo consigliamo. In un'edizione bodoniana raffinatissima dell'*Aminta* del Tasso, del 1787, alla riga ottava dell'introduzione, troviamo un *sull'*/*Istmo* ch'è un piacere guardarlo. Il Bodoni, grande maestro dell'arte tipografica, usò normalmente nelle sue celebrate edizioni questa forma di spezzatura grafica. Apriamo ora il tomo primo del *Vocabolario degli Accademici della Crusca*, edizione veronese del 1806: nella penultima riga della dedica di padre Cesari al principe Eugenio troviamo quest'altro esempio:

Antichi esempi

> ... *Io m'inchino* **all'**
> *Altezza Vostra Illustrissima* ...

Si tratta, ripetiamo, del *Vocabolario della Crusca*. Che dicono, che possono dire di rimando i soliti grammatici?

Conclusione: poiché l'apostrofo in fin di riga senza lineetta non può aver valore di spezzatura sillabica; poiché l'apostrofo cosí collocato non offende l'occhio, cosí come non l'offendono la virgola in fin di riga e ogni altro segno d'interpunzione; poiché, in compenso, evita un autentico errore morfologico a cui si va pericolosamente assuefacendo il già guasto orecchio degli Italiani, crediamo che sia giunto il momento di mettere normalmente in pratica questo semplice accorgimento grafico. Tutte le volte, si capisce, che non sia possibile evitarlo.

Capitolo VIII

LA CARTA D'IDENTITÀ DEL DISCORSO

Le parti del discorso

Arriva in un albergo una numerosa comitiva: uomini, donne, italiani, stranieri, vecchi, giovani, bambini, ammogliati, celibi, vedovi, nubili, medici, ingegneri, commercianti, studenti, operai, contadini...

Al banco dell'accettazione c'è un gran daffare: ciascuno esibisce la carta d'identità e, se necessario, il passaporto. Cosí si saprà di ciascuno degli ospiti, per qualsiasi evenienza, come si chiama, da dove viene, quali sono le sue competenze.

Anche nel discorso, quante parole tutte insieme, l'una dietro l'altra e mescolate nei modi piú vari e imprevedibili!

Prendiamo in esame un brano di prosa: è di Alfredo Panzini, dal libro intitolato *La lanterna di Diogene*:

> *Quando apersi la finestrina della stanzetta dell'albergo, la stella del mattino era levata, sopra il castello, lontano ad oriente, di Montecuccolo.*
> *Il castello pareva allungare in silenzio le fantastiche sue torri bianche per arrivare a quella luce; il monte Cimone domandava una carezza di quella luce, che precede l'alba. Sentii allora cantare un gallo, che mi richiamò il canto del gallo silvestre.*
> *Allora a me venne una gran voglia, come a Pietro apostolo, di piangere e di fare il segno della santa Croce: « Oh, buon Signore Iddio, che bel mondo armonioso e puro hai tu creato per noi peccatori, ciechi e ostinati! »*
> *E mi lavavo intanto e mi pareva che l'acqua non fosse mai assai per pulire tutte le mie colpe di misconoscenza e di ingratitudine.*

Le parti del discorso

Nel brano che abbiamo riportato qui sopra tutte le "parti del discorso" sono presenti, quali una volta sola, quali piú volte.

Vediamo ora di raggrupparle correttamente:

---

nomi : *finestrina, stanzetta, albergo, stella, mattino, castello, oriente, Montecuccolo, castello, silenzio, torri, luce, monte, Cimone, carezza, luce, alba, gallo, canto, gallo, voglia, Pietro, apostolo, segno, Croce, Signore, Iddio, mondo, peccatori, acqua, colpe, misconoscenza, ingratitudine;*

---

aggettivi	: *fantastiche, sue, bianche, quella, quella, silvestre, gran, santa, buon, che, bel, armonioso, puro, ciechi, ostinati, tutte, mie;*
articoli	: *la, la, il, il, le, il, una, l' (la), un, il, una, il, l' (la), le;*
pronomi	: *che, che, mi, me, tu, noi, mi, mi;*
verbi	: *apersi, era levata, pareva, allungare, arrivare, domandava, precede, sentii, cantare, richiamò, venne, piangere, fare, hai creato, lavavo, pareva, fosse, pulire;*
avverbi	: *lontano, allora, allora, come, intanto, non, mai, assai;*
preposizioni semplici e articolate	: *della, dell' (dello), del, sopra, ad, di, in, per, a, di, del, a, a, di, della, per, per, di, di;*
congiunzioni	: *quando, e, e, e, e, e, che, e;*
interiezioni	: *oh.*

Da questo nostro primo lavoro di ricerca possiamo già stabilire che le **parti del discorso** sono nove:

nome	**pronome**	**preposizione**
aggettivo	**verbo**	**congiunzione**
articolo	**avverbio**	**interiezione**

Nei capitoli seguenti le esamineremo a una a una.

Declinazione e coniugazione

Una cosa avrete notato chissà quante volte nel leggere, nello scrivere e nel parlare: alcune parole variano (p. es.: *gatto* diventa *gatta*, se femminile; diventa *gatti* se plurale maschile; *gatte* se plurale femminile); altre non variano mai, restano sempre uguali (l'avverbio *improvvisamente* è sempre lo stesso sia riferito a una persona sola o a più persone, a maschi oppure a femmine, nel presente oppure nel passato).

*Parti
variabili,
invariabili*

È troppo evidente, né val la pena di insistere sull'argomento, che i *nomi*, gli *articoli*, gli *aggettivi*, i *pronomi*, i *verbi* "variano", e perciò queste cinque parti del discorso sono dette **variabili**; gli *avverbi*, le *preposizioni*, le *congiunzioni*, le *interiezioni* invece "non variano", sono cioè parti del discorso **invariabili**.

Declinazione Quando varia un nome, un aggettivo, un pronome si ha la **declinazione**.
Coniugazione Quando varia un verbo si ha la **coniugazione**.
Numero   Quando si passa dal singolare al plurale si ha un cambiamento di **numero**.
Genere   Quando si passa dal maschile al femminile si ha un cambiamento di **genere**.

Tutti sappiamo per pratica che, sia per il cambiamento di *genere* sia per il cambiamento di *numero*, e tanto nella *declinazione* quanto nella *coniugazione*, la parte del discorso che varia è quella finale di parola.
Esempi:

DECLINAZIONE	
maschile	femminile
singolare *cavall*-**o**	*cavall*-**a**
plurale *cavall*-**i**	*cavall*-**e**

CONIUGAZIONE
infinito   *dorm*-**ire**
presente   *io dorm*-**o**
imperfetto *io dorm*-**ivo**
futuro   *io dorm*-**irò**

*Radice e
desinenza*

Quella sezione del vocabolo che rimane fissa (*cavall*-; *dorm*-) si chiama **radice**; quella che varia si chiama **desinenza**.

Capitolo IX

A OGNI COSA IL SUO NOME

Piú nomi per un significato e piú significati per un nome

Per ogni persona o animale o cosa, in qualsiasi lingua del mondo esiste un vocabolo che serve a definirlo. Questa parte del discorso è il **nome**, detto anche *sostantivo*. *Il nome o sostantivo*

Talvolta ci sono piú nomi per indicare un medesimo oggetto. Devo dire:

> *albero* oppure *pianta*? *calzoni* oppure *pantaloni*? *gonna* oppure *sottana*? *gota* oppure *guancia*? *dorso* oppure *schiena*? *bandiera* oppure *vessillo*? *nave* oppure *bastimento*?

Si tratta di **sinonimi**, cioè di vocaboli che, pur essendo differenti, hanno significato uguale o almeno affine. *I sinonimi*

Per risolvere i dubbi nella scelta dei sinonimi si consiglia l'uso di un dizionario: esistono anche dizionari speciali per i sinonimi (dove è spiegato, per esempio, che c'è una differenza di significato tra *timore* e *paura*, tra *caldo* e *calore*, tra *divisa* e *uniforme*).

Ci sono, al contrario, nomi che, pure scritti nel medesimo modo, significano cose del tutto diverse. Tali nomi si definiscono **omonimi**. Allorché ci occuperemo della pronuncia, elencheremo quegli omonimi che assumono significati differenti secondo che la vocale *e* oppure *o* abbia suono chiuso o aperto, oppure le consonanti *s* e *z* abbiano suono aspro o dolce. Ora vi diamo qui, piú con valore di curiosità linguistica che per un'effettiva necessità di studiarli singolarmente, alcuni di quegli omonimi che hanno uguale, oltre alla grafia, anche il suono. *Gli omonimi*

VOCABOLI CON DUE SIGNIFICATI	
becco	a) estremità della bocca degli uccelli b) caprone
calcio	a) gioco del pallone o pedata b) metallo e prodotto chimico che ne deriva
collo	a) parte del corpo o indumento in corrispondenza di quella parte b) fardello, pacco

→

eroina	a) femminile di *eroe* b) droga stupefacente
gelosia	a) sentimento di sospetto nei riguardi di una persona amata b) imposta esterna della finestra
granata	a) scopa b) proiettile
mandarino	a) frutto b) dignitario cinese di altri tempi
maschio	a) individuo di sesso maschile b) torre principale del castello
merlo	a) uccello b) elemento in muratura sulla cresta di un muraglione o castello
palma	a) albero b) parte interna della mano
pianta	a) albero b) carta che raffigura la planimetria di un luogo limitato
pompa	a) arnese per portare l'acqua b) magnificenza
ratto	a) topo b) rapimento
sceriffo	a) magistrato di polizia anglo-americano b) dignitario arabo
trattore	a) chi gestisce una trattoria b) mezzo meccanico per trainare carri, aratri, eccetera
zecca	a) insetto parassita b) officina ove si coniano le monete

Gli altri omonimi, che si distinguono tra loro per diversità di pronuncia, sono elencati a pag. 430.

Nomi comuni e nomi propri

Tra le molte nozioni che si trovano nei libri di grammatica con riferimento al nome, ciò che piú interessa nella pratica quotidiana del discorso è la distinzione tra nomi **comuni** e nomi **propri**.

Il nome *cane* vale per tutti i cani (in Italia, s'intende, ché i Francesi il loro amico quadrupede lo chiamano *chien*, gli Spagnoli *perro*, i Tedeschi *Hund*, gli Inglesi e Nord-Americani *dog*, eccetera); ma se dico *Fido* o *Tom* o *Boby* intendo un determinato cane, che può essere il mio o quello del mio collega o del mio portinaio. *Cane* è dunque nome comune; *Fido, Tom, Boby* sono invece nomi propri.

Nomi comuni e propri

Nome e cognome

Ciascuno di noi ha un **nome** (quello che i parenti scelgono per il bambino appena nato) e un **cognome** (che si trasmette di padre in figlio). Presso altri popoli, e in altri tempi, vigono o vigevano consuetudini diverse: o soltanto un nome, di solito aggiungendo la paternità (certamente ricordate i personaggi dei poemi omerici: il *Pelide Achille*, cioè Achille figlio di Peleo; *Aiace Telamonio*, cioè figlio di Telamone; eccetera), o piú nomi (presso gli antichi Romani i nomi erano tre: *Marco Tullio Cicerone, Caio Giulio Cesare*). Il nome individuale (quello che noi cristiani chiamiamo "nome di battesimo": *Pietro, Antonio, Maria, Carolina*, eccetera) è piú importante; storicamente è sorto prima del cognome: quest'ultimo fu aggiunto al nome in un secondo tempo, per evitare confusione tra persone di nome uguale. Tra gli antenati del poeta Alighieri c'era stato uno di nome Alighiero: ecco che tutti quelli della famiglia diventarono Alighieri.

Nome (prima), cognome (dopo)

Sempre il nome prima del cognome

Da quel che abbiamo spiegato nel paragrafo precedente, si capisce che il nome deve stare prima del cognome:

Mario Rossi (e non "Rossi Mario"),

Gabriella Monti (e non "Monti Gabriella").

Si metterà il cognome prima del nome soltanto negli elenchi, in ordine alfabetico, nei registri d'ufficio, nelle indicazioni burocratiche dei documenti e in altri casi simili per facilità di ricerca e di catalogazione. Ma non mai (come troppi fanno in Italia) nella firma, nei biglietti di visita, nelle targhe, nelle lapidi, eccetera. Certamente voi non direste mai D'Annunzio Gabriele

La burocrazia fa eccezione

invece di Gabriele d'Annunzio, o Buonarroti Michelangelo invece di Michelangelo Buonarroti. E allora perché volete presentarvi come Rossi Mario e Brambilla Caterina?

A questo proposito, si racconta che uno studente, presentatosi a Giosuè Carducci, professore all'Università di Bologna, per chiedergli la firma sul libretto di frequenza, richiesto delle sue generalità, dicesse il cognome prima del nome. Il poeta, con quella bruschezza di modi che gli era consueta, non volle firmare il libretto dicendo al malcapitato studente: « Tenga: le farò la firma quando avrà imparato a dire il suo nome ».

Un altro episodio, pure questo autentico, si riferisce ad Alessandro Manzoni. Poiché erano sorti dei dubbi su una sua firma, egli la esaminò brevemente e subito disse: « Quand'anche non l'avessi vista, sarebbe per me nota sufficiente di falsità il sapere che il cognome ci si trova anteposto al nome di battesimo, cosa non mai usata da me nel sottoscrivermi ». Insomma, Alessandro Manzoni non voleva a nessun costo essere chiamato Manzoni Alessandro!

Iscrizioni ambigue

Il malvezzo del cognome prima del nome pare che sia una poco invidiabile specialità degli Italiani. Ci viene in mente lo stupore che manifestò un giorno un amico forestiero, mentre insieme visitavamo i monumenti di un nostro camposanto. Eravamo dinanzi alla tomba di una famiglia che, se ben ricordiamo, aveva il cognome Fumagalli. Su una lapide, con tanto di fotografia, c'era scritto: FUMAGALLI AMBROGIO; appena pochi centimetri sotto: ANGELO FUMAGALLI, e poi, per confondere ancor di più le idee, da un lato FUMAGALLI CLEONICE, dall'altro: ESTERINA FUMAGALLI.

Come poteva essere che, di quattro cari defunti, due avessero il cognome dopo e due prima del nome?

Si tratta, dunque, anche di un problema di buon gusto. Ma ci sarebbe persino una ragione pratica: infatti, con questo sistema arbitrario di scrivere ora il nome prima del cognome e ora il cognome prima del nome, potremmo anche incappare in qualche spiacevole equivoco. Come successe (se è vera la storiella che ci hanno raccontato) a un certo giovanotto che si chiamava Alessio di nome e Rosa di cognome. Costui era carabiniere, al termine del periodo di servizio che i militari chiamano la "ferma". In tutta la sua giovane vita, quel bravo ragazzo si era sempre sentito chiamare Rosa Alessio, a scuola dai maestri e dai professori, in caserma dai superiori e dai commilitoni: si sentiva perciò profondamente "Rosa Alessio". Quando col grado di "carabiniere scelto", era prossimo a congedarsi, lesse un'inserzione in un giornale, di una importante ditta con capitale straniero, che cercava dipendenti "d'ambo i sessi" per un grande magazzino di abiti e confezioni d'alta moda. Il nostro Alessio si fece mandare il modulo, dove scrisse con chiara grafia le sue generalità: ROSA ALESSIO *nato a... il...* eccetera; e poi, in calce, la sua firma: *Rosa Alessio* (non Alessio Rosa, naturalmente). Passò qualche settimana, sinché giunse al carabiniere scelto Rosa Alessio una lettera indirizzata alla "gentile signorina Rosa Alessio", con l'invito a presentarsi all'ufficio del personale della grande ditta. Alessio si presentò, e quei signori dell'ufficio sgranarono gli occhi, esclamando: « Ma lei che c'entra?

Noi l'abbiamo chiamata per un posto di indossatrice, se lei avesse avuto il fisico adatto, altrimenti di commessa al reparto biancheria per signora... ».
Il carabiniere, ancora in divisa, capí allora che quei signori, poco pratici degli strani usi italiani in fatto di collocazione del nome e cognome, avevano creduto trattarsi di una gentile signorina Rosa, dal cognome Alessio.

Origine dei nomi e dei cognomi

In Italia i "nomi di battesimo" sono per la maggior parte di origine latina oppure germanica, o ci vengono dalla *Bibbia*. Taluni anche dal greco, dall'arabo, dal russo, da altre lingue. Per esempio:

Claudio	⟶ latino	*claudus*	:	zoppo
Fulvio	⟶ latino	*fulvus*	:	rosso di capelli
Giorgio	⟶ greco	*gheorgòs*	:	agricoltore
Filippo	⟶ greco	*phílippos*	:	amatore dei cavalli
Giovanni	⟶ ebraico	*Jeho-hanan*	:	Dio ha avuto misericordia
Emanuele	⟶ ebraico	*immanu-El*	:	Dio è con noi

Nomi di origine classica

Nel Medioevo prevalsero i nomi di origine germanica, in gran parte riferiti a meriti di guerra o di caccia, come si addiceva a quei popoli bellicosi:

Ferdinando	⟶	*frithu-nanths*	:	valoroso nella pace
Alberto	⟶	*adal-berth*	:	splendente di nobiltà
Carlo	⟶	*karl*	:	uomo forte
Guido	⟶	*wido*	:	uomo della foresta

Nomi di origine germanica

I cognomi sono tanti (centinaia di migliaia), alcuni frequenti, altri rari, taluni facili, taluni astrusi o bizzarri e certi persino buffi. Alcuni cognomi proprio non si sa da dove derivino, ma per molti è facile identificare l'origine.
Parecchi cognomi sono indicazioni di paternità:

Di Martino, De Francesco, De Carlo, eccetera.

L'origine di alcuni cognomi

Altri richiamano un'origine geografica:

Ravenna, Di Napoli, Milanesi, Trevisan, eccetera.

Altri un mestiere:

Fabbri, Ferrari, Sartori, Mercanti, Calzolari, eccetera.

Altri sono nati da:

a) indicazione di colore:

Rossi, Bianchi, Verdi, Neri, Viola, eccetera;

b) indicazione di località:

Villa, Monti, Rivera, Valli, Montagna, eccetera;

c) indicazione di animali:

Cavalli, Gatti, Leone, Galli, eccetera;

d) indicazione di caratteristiche fisiche:

Longo, Piccini, Grossi, Zoppi, eccetera.

Cognomi doppi

Ci sono persone che hanno due cognomi: *Visconti Venosta, Targioni Tozzetti, Gallarati Scotti*. Si tratta solitamente di aggiunta al cognome paterno di quello materno, oppure di genitore adottivo (aggiunta che può essere avvenuta anche da parecchie generazioni). Specialmente nelle famiglie nobili capita di incontrare non soltanto due, ma tre o quattro cognomi per una singola persona. In Spagna, dove i titoli nobiliari abbondano, ci sono casate con addirittura cinque, sei o anche piú cognomi, tanto che si narra il seguente aneddoto.

Una sera uno di quei nobili spagnoli si presentò a una locanda e batté al portello. L'oste si affacciò a una finestra e chiese chi fosse. Il forestiero sciorinò tutta la serie dei suoi cognomi, credendo con ciò di impressionare favorevolmente l'albergatore, ma questi rispose: « Non c'è posto per tutta codesta gente », e chiuse l'imposta sul naso del nobile, lasciandolo con tutti i suoi cognomi e titoli nobiliari ma senza un letto dove passare la notte.

Nomi propri diventati comuni

Noi chiamiamo *cicerone* (con l'iniziale minuscola) la guida che ci illustra i monumenti di una città o le opere di un museo; ma Cicerone (con la C maiuscola) fu il famoso oratore romano. Cosí un *figaro* è un barbiere (dal nome proprio Figaro del protagonista della commedia *Il Barbiere di Sivi-*

glia del francese Pierre de Beaumarchais, tanto piú nota per l'opera musicale di Gioacchino Rossini).

Chi non sa che un *mecenate* è un generoso protettore di artisti e di poeti, come fu ai tempi suoi quel collaboratore dell'imperatore Augusto che si chiamava appunto Mecenate?

Da nomi propri a nomi comuni

Quanti di noi, salendo su un *pullman*, si saranno domandati perché una vettura ben grande e con comode poltrone si chiama cosí: le enciclopedie insegnano che George Pullman fu un industriale nordamericano che fabbricò (circa cent'anni orsono) le carrozze-salone per le ferrovie.

Ci sono dunque nomi comuni che in origine erano propri.

Un compagno dell'eroe Achille, nel poema *Iliade* di Omero, chiamato Automedonte, aveva l'incarico di guidare i cavalli del cocchio del suo amico guerriero: ecco perché si dice *automedonte* di un cocchiere, o anche di un modesto vetturino (l'auto, cioè l'automobile, evidentemente non c'entra).

A molti non sarà difficile rispondere alle seguenti domande, magari con l'aiuto di una piccola enciclopedia; perché si dice:

beniamino	quando un figlio è prediletto dai genitori?
creso	per ricco?
gradasso	per millantatore?
dongiovanni	per donnaiolo?
maramaldo	per ingeneroso con un vinto?
barabba	per furfante?
sosia	per somigliante?
anfitrione	per ospite generoso?

Non occorre certo l'enciclopedia per sapere perché si chiama *perpetua* la serva di un prete (tutti sanno infatti che Perpetua era il nome proprio della domestica di don Abbondio, nel romanzo *I Promessi sposi* del Manzoni).

Matusalemme vuol dire vecchio, vecchione, perché nella *Bibbia* si dice che il patriarca Matusalemme campò sino a 969 anni. Qualche anno fa, veramente, i ragazzi davano del "matusa" (abbreviazione di Matusalemme) anche agli uomini di quarant'anni o giú di lí.

Una penna a sfera si chiama comunemente *biro*: non è altro che il cognome dell'ungherese Biró, che ne fu l'ideatore. C'è un tipo d'automobile la cui marca è *Lancia*, perché Lancia era il cognome dell'industriale che la costruí; ma noi diciamo anche semplicemente una *lancia* e tutti capiscono che non si

Da cognomi a nomi comuni

tratta dell'arma di un selvaggio o di un antico guerriero. Un'automobile utilitaria, anni fa, era detta *balilla*, dal nome proprio (che era un nomignolo) del ragazzo genovese di cui narra la storia. Anche una *fulvia*, anche una *giulietta*, anche un *romeo* filano via sull'autostrada con l'iniziale minuscola.

Non soltanto nel settore meccanico, anche a tavola: si mangiano e si bevono tanti "nomi comuni" che già furono "propri". Limitiamoci, per non fare indigestione, a una *paillard*: quella costata ai ferri si chiama cosí perché fu un certo signor Paillard, proprietario di un ristorante, a farla apprezzare dai suoi clienti. Prima, però, beviamoci un *martini*, con l'*m* minuscola, come scrivono in tutto il mondo, dimenticandosi forse di quel signor Martini che da Torino diffuse il suo aromatico vino aperitivo, dolce oppure secco, o, se lo preferite, un *campari*, quello imbottigliato la prima volta dal signor Campari di Milano. Se poi vogliamo continuare la cenetta con i formaggi, c'è da accontentare, insieme con i ghiottoni di prodotti caseari, anche gli appassionati di linguistica: dal *groviera* (o *gruviera*) il cui nome non è altro che l'adattamento di Gruyères, cittadina della Svizzera, all'*emmenthal* cosí detto perché c'è una valle, nel cantone di Berna, che si chiama appunto Emmenthal; e anche lo *sbrinz* porta il nome della cittadina svizzera Brienz (pronuncia: brinz). Tra i formaggi italiani: il *taleggio* dal paese di Taleggio in provincia di Bergamo, la *robiola* da Robbio in provincia di Pavia, il *gorgonzola* dalla cittadina presso Milano che si chiama appunto Gorgonzola.

Da nomi di località a nomi comuni

Se inoltre vogliamo innaffiare il nostro spuntino con qualche buon vino, la nostra cantina vuol fare concorrenza all'atlante geografico, perché ci sarebbe da girar per mezza Europa mettendo con l'iniziale maiuscola il *marsala*, il *porto* (da Oporto, nel Portogallo), lo spagnolo *malaga*, il *chianti*, il *valpolicella*, il *bardolino*, la *malvasía*, e chissà quanti altri, nonché, per finir bene, il bicchierino di *cognac* o l'altrettanto francese *champagne*.

Nomi comuni derivati da cognomi

Derivati piú frequenti

Eccone alcuni, tra i piú frequenti nel nostro discorrere d'ogni giorno:

barbagliata :	cioccolata; da un impresario teatrale del secolo scorso, Domenico Barbaja, che prediligeva questa bevanda;
boicottaggio :	ostruzionismo economico, rifiuto di acquistare la merce da un avversario; da un certo capitano Boycott, amministratore di terre in Irlanda, con il quale i contadini locali si rifiutarono di commerciare;
daltonismo :	difetto della vista, che impedisce la percezione di certi colori; dal cognome del fisico inglese John Dalton, che studiò per primo questa anomalia ottica;

dolomiti	: le caratteristiche montagne delle Alpi orientali hanno preso la denominazione dal cognome del geologo francese Dolomieu, che studiò la natura di quel tipo di roccia;
ghigliottina	: macchina per tagliare le teste; dal medico parigino Guillotin che la introdusse in Francia durante la Rivoluzione;
linciaggio	: condanna senza processo, a furor di popolo, come soleva far praticare in America, nel Settecento, un colono che si chiamava Lynch;
marconista	: addetto alla trasmissione e recezione dei "marconigrammi", cioè i dispacci del telegrafo senza fili, realizzato per la prima volta da Guglielmo Marconi;
marsina	: giacca lunga da cerimonia; dal maresciallo belga Jean de Marsin che indossava una giubba militare a due code, nel secolo XVII;
nicotina	: sostanza contenuta nel tabacco, pianta una volta sconosciuta in Europa, introdotta in Francia, nel secolo XVI, da un diplomatico che si chiamava Jean Nicot;
pastrano	: cappotto, normalmente di foggia militaresca; l'indossava, sembra, un Duca di Pastrana, spagnolo, del quale poco si sa. Non diversamente, in tempi più recenti, si diffuse la moda di un cappotto con alamari a cordicelle, detto *montgomery* dal cognome di un feldmaresciallo inglese;
robinia	: albero, cosí detto dal cognome del botanico francese Robin, che dall'America importò la specie in Francia, nel secolo XVII;
sciovinismo	: patriottismo esagerato; il nome deriva da un personaggio teatrale, l'intrepido soldato Chauvin, fedele alla sua patria, la Francia, e all'imperatore Napoleone;
siluetta	: termine usato per indicare una sagoma snella, e anche quelle figurine, solitamente di carta nera, che riproducono il contorno di una persona; da Silhouette, un ministro del re Luigi XV di Francia, il quale impose alla corte economie cosí rigide che ogni cosa condotta con parsimonia e ristrettezza fu detta scherzosamente *alla Silhouette*;
voltaggio	: misura della tensione elettrica, espressa in *volt*, dal cognome del fisico Alessandro Volta.

Nomi alterati

Una cosa è dire "uomo", un'altra è dire *omone, omino, ometto, omaccio*. Tutti capiscono che l'*omone*, a differenza dell'*omino* e dell'*ometto*, è un uomo grande e grosso; l'*omaccio* poi è un pessimo soggetto (dunque è un termine dispregiativo).

Quale sarà l'accrescitivo di "gatto"? Evidentemente *gattone*. E il diminutivo? Tutti lo sanno: *gattino*. E come definire con una sola parola un gatto brutto e cattivo? Facile risposta: *gattaccio*.

Alterazioni dei nomi

Sono queste le **alterazioni** dei nomi (anche gli aggettivi possono essere alterati: *bellino, grandone, stupidello, rossiccio, pigraccio*, eccetera).

● Ricordatevi dunque che gli alterati si distinguono in:

Diminutivi	**diminutivi**	(suffissi: *-ino, -iccino, -etto, -ello, -olo, -icello*, e altri simili): *paes***ino**, *libr***iccino**, *martell***etto**, *alber***ello**, *usc***iolo**, *sol***icello**, eccetera;
Accrescitivi	**accrescitivi**	(suffissi: *-one, -otto*): *paes***one**, *sal***otto**, eccetera;
Dispregiativi	**dispregiativi** o **peggiorativi**	(suffissi: *-accio, -astro, -onzolo, -ucolo, -iciattolo, -aglia*): *maschi***accio**, *poet***astro**, *medic***onzolo**, *maestr***ucolo**, *mostr***iciattolo**, *gent***aglia**, eccetera.

Capita talvolta che un nome femminile divenga maschile nell'accrescitivo o nel diminutivo. Per esempio, una "donna", se è minuta, può essere, oltre che una *donnina* o una *donnetta*, anche un *donnino*; se è grande e grossa una *donnona* ma anche un *donn***one**. E cosí pure:

```
da scarpa    ⟶  scarpino, scarpone (oltre che scarpina)

da pancia    ⟶  pancino, pancione

da villa     ⟶  villino

da frusta    ⟶  frustino

da penna     ⟶  pennino

da gonna     ⟶  gonnellino (attraverso gonnella)

da sala      ⟶  salotto, salone (oltre che saletta)

da sedia     ⟶  seggiolino, seggiolone (attraverso seggiola)
```

Al contrario, da *palazzo*, sostantivo di genere maschile, abbiamo il diminutivo femminile *palazz**ina***.

Come un "cancello" diventò un "cancellino"

Ci sono alcuni vocaboli che per caso sono simili ad altri, tanto da sembrare loro alterati, ma in realtà non lo sono. Tutti sanno, per esempio, che un *tacchino* non è un... "piccolo tacco", né un *montone* un... "grosso monte", né *focaccia* è il dispregiativo di "foca". Si tratta dunque di "falsi" accrescitivi o diminutivi o dispregiativi: insomma di "falsi alterati". *Falsi alterati*

Altre volte invece l'alterazione c'è, ma il significato è cambiato, piú o meno sensibilmente. Da *cancello* deriva *cancellino*. Chi lo crederebbe? Eppure il cancellino che usiamo per cancellare lo scritto sulla lavagna è collegato con il cancello, che in origine significava "graticciata": con il cancello-graticciata si sbarra il varco della porta, e con i tratti di penna o di matita si sbarra ciò che è stato scritto, cioè si "cancella".

La *penna* è ben nota agli scrittori e agli scrivani (oltre che agli studiosi di zoologia), ma il *pennone* è piú familiare ai marinai: eppure l'asta che nei velieri sostiene la vela (e anche, fuori della marineria, le bandiere comuni) fu cosí detta perché sembrava una "grossa penna".

Il *collo* fa parte del nostro corpo, il *colletto* della nostra giacca o della camicia.

Tutti sanno che il *polso*, per quanto piccolo ed esile, non potrà essere un *polsino*. Non parliamo poi del *panciotto*, che interessa sí la pancia ma non è una *pancia*. E anche un *orecchino* non sempre è un piccolo *orecchio*.

Gli ufficiali hanno le *spalline*, che non significa che abbian le *spalle* piccole e strette. La *spalletta*, poi, compete soltanto al ponte.

La *rete* serve per pigliare i pesci o per delimitare un campo, ma la *rètina* è una membrana dell'occhio. Il quale *occhio*, quando è piccolo, si può chiamare *occhietto*, ma (la colpa è dei sarti) non piú *occhiello*. A proposito di occhio: anche *pupilla* è diminutivo di *pupa*, che vuol dire "bambola" o "piccola bambina": perché in quell'orifizio del bulbo oculare si riflette l'immagine impicciolita.

Il *turco* è un abitante della Turchia, ma *turchino* è un colore. Anche *verde* è un colore, ma *verdone* è un uccello. Altro colore il *rosso*, ma il *rossetto* l'usano le signore per arrossarsi le labbra.

Quattro è un numero, ma *quattrino* è una moneta. Non basta un numero *due* molto piccolo per costituire un *duetto*.

Carta assume particolari significati nell'accrescitivo *cartone* e nei diminutivi *cartina*, *cartella* e *cartolina*.

Una cosa è la *cappa* e un'altra cosa sono il *cappuccio* e il *cappello* (non parliamo poi della *cappella*). Un tipo di cappello, che ormai non è piú di moda, era detto *paglietta*, perché fatto di *paglia*. Il *paglione*, invece, è un giaciglio con imbottitura di paglia. E il *pagliaccio*? Sí, anche il buffone che ci diverte al circo deriva dalla paglia perché la sua casacca parve simile al rivestimento di un pagliericcio.

Nessuno oggi per definire una *calza* lunga direbbe *calzone*; eppure in origine era cosí.

Un somaro sopporta piú o meno volentieri il *basto*; ma giustamente aborrisce il *bastone*.

Il *melone* non è una grossa *mela*, ma un frutto diverso (che somiglia sí a una grossa mela).

È noto che la *banchina* non è una piccola *banca*, né un *fantino* un piccolo *fante*, e da qualche secolo ormai la *forchetta* non può esser piú confusa con una piccola *forca*.

Un consiglio pratico

Potremmo andare avanti con tanti esempi, ma ci bastano questi per giungere a uno dei nostri soliti consigli pratici: non lasciatevi ingannare dalla tendenza di alterare un nome, facendone l'accrescitivo o il diminutivo o il peggiorativo, se prima non sarete ben sicuri che quel nome, cosí alterato, non abbia un significato diverso. Se abbisognate di una piccola *granata* (scopa), non chiedete una *granatina*; se vi serve una *canna* un po' grossa, per qualche lavoro di casa o per andare a pescare, non pretendete un *cannone* (anche se, in origine, era quello il significato).

14.

QUIZ SUI NOMI ALTERATI

Quale delle alterazioni qui sotto indicate vi pare migliore?
Rispondete: *a, b* o *c*.

piccolo vento:
a) ventino
b) ventetto
c) venticello

piccola panca:
a) panchina
b) panchetta
c) pancarella

piccolo porto:
a) portino
b) portuccio
c) porticciolo

piccola città:
a) cittadina
b) cittadella
c) cittaduccia

piccolo sasso:
a) sassino
b) sassetto
c) sassolino

piccolo uscio:
a) uscetto
b) usciolo
c) uscino

piccolo albero:
a) alberino
b) alberucolo
c) alberello

piccolo ramo:
a) ramino
b) ramolino
c) ramoscello

piccola foglia:
a) foglietta
b) fogliolina
c) foglina

piccolo maschio:
a) maschino
b) maschiolino
c) maschietto

piccola femmina:
a) femminina
b) femminuccia
c) femminetta

piccolo piede:
a) piedino
b) pedicello
c) peduncolo

piccolo ladro:
a) ladrino
b) ladretto
c) ladruncolo

piccolo toro:
a) torino
b) torello
c) toricello

piccolo porco:
a) porcino
b) porcello
c) porchino

piccola mucca:
a) mucchina
b) muccina
c) mucchetta

grossa calza:
a) calzona
b) calzone
c) calzettone

grande torre:
a) torrione
b) torrona
c) torrone

Soluzione a pag. 445

Capitolo X

DONNE AL MASCHILE E UOMINI AL FEMMINILE

L'"abito scollato" dell'ambasciatore

Non staremo certo qui a spiegarvi che il femminile di *orso* è *orsa*, mentre il femminile di *leone* è *leonessa*. Non è compito di questo libro ripetere le norme elementari che si trovano in tutti i manuali di grammatica e che servono ai ragazzi delle scuole e agli stranieri per imparare l'italiano. Ci interessano soltanto quei casi speciali, dei quali è cosí ricca la nostra lingua, che provocano frequenti dubbi, e, talvolta, lasciano perplessi anche gli specialisti.

Uno di questi casi speciali è la formazione del femminile dei nomi indicanti certe cariche e funzioni e professioni che fino a ieri erano state un'esclusività del sesso maschile e che invece ora sono diventate accessibili anche alle donne. Siamo tutti d'accordo: questa dilatazione di certi diritti un tempo limitati a questa o a quella categoria di cittadini, è una chiara dimostrazione di progresso sociale; ma un progresso di tal genere non deve, non può giustificare l'insorgere e il diffondersi di certe stravaganze linguistiche che bene spesso assumono il carattere vero e proprio di sgrammaticature.

Due problemi

Il problema, perché di un vero problema linguistico si tratta, ha, a nostro avviso, due facce: una schiettamente grammaticale e una logica. Cominciamo dal problema logico.

Molti anni orsono il governo degli Stati Uniti d'America nominò ambasciatore a Roma una signora, che si chiama Clara Luce, moglie di un famoso editore. Il nostro linguaggio disponeva da secoli del femminile *ambasciatrice*, che tuttavia era riservato alla moglie dell'ambasciatore, e nessuno osò indicare la bella signora con tale appellativo. Giornali, radio e televisione continuarono a parlare dell'"ambasciatore Clara Luce". E allora vennero fuori cosette davvero amene, come quella volta che un cronista, facendo il resoconto di una serata di gala all'ambasciata americana, ci informò compiaciuto e ignaro di fare dell'umorismo che "l'ambasciatore americano indossava un superbo abito di seta color malva molto scollato". Un altro giornale, alludendo all'editore Henry Luce, coniuge di Clara, parlò imperterrito del "marito dell'ambasciatore".

Qualcuno si mosse davanti a queste pacchianate o baggianate che dir si voglia, e rammentò timidamente a quei giornalisti che l'italiano disponeva da sempre di una paroletta che avrebbe potuto risolvere il loro angoscioso problema: questa paroletta era il femminile regolare di ambasciatore, cioè *ambasciatrice*, non "obbligatoriamente" riservato alla moglie dell'ambasciatore. Confortati, rallegrati e sereni, da quel giorno tutti si misero finalmente a dire e a stampare "*l'ambasciatrice* Clara Luce".

Pittrice, notaia, deputata...

C'è un precedente antico a proposito di questa faccenda. Tutti sappiamo che la prima pittrice di maggior fama che sia apparsa sotto il sole fu Rosalba Carriera, veneziana, fiorita nel Settecento, e autrice di soavi ritratti soprattutto a pastello. Fino a quel secolo, la pittura era stata una specialità artistica tutta maschile, sí che il termine comunemente usato da secoli era soltanto il maschile *pittore*. Venuta la Carriera a vasta notorietà e dovendo classificarla come artista, nacque il problema di *pittore*. Il latino classico non suggeriva nulla, aveva solo il termine *píctor, pictòris*. Ma esisteva un aggettivo femminile *píctrix, pictrícis* creato nel tardo latino, per esempio nell'espressione *natura píctrix*, "natura pittrice", che tornò utile alla questione. Nessuno esitò a chiamare *pittrice* Rosalba Carriera. Ora, chi si stupisce piú della parola *pittrice*? Chi direbbe piú che Rosalba Carriera fu "un celebre pittore"?

Come nacque la pittrice

Solo un secolo fa l'insegnamento era tutto affidato a uomini, a pedagoghi maschi. Quando si cominciò timidamente a inserire le donne nella scuola, nacque logicamente la *signora maestra*. Oggi chi discuterebbe piú sull'appellativo da dare a un'insegnante in gonnella? Arrivarono poi le insegnanti di scuole superiori, e si coniò il termine *professoressa*; poi apparvero negli ospedali le donne laureate in medicina, e si ebbero le *dottoresse* o *medichesse*, e cosí via. Tutti rammentano la perplessità di un noto presentatore televisivo quando doveva rivolgersi al notaio per risolvere qualche problemuccio procedurale. Finché questo notaio fu maschio, tutto semplice: "signor notaio"; ma un giorno, allo stesso tavolino giudicante misero una donna, ed ecco il presentatore domandarsi: "signora notaio o signora notaia?" Poi, risoluto, spaccò salomonicamente il problema in mezzo, e disse: « Signora notaio ». E cosí la grammatica andò a gambe all'aria.

Ed ecco che il ragionamento diventa piú propriamente grammaticale, e ci sembra anche piú semplice e piú ovvio. Noi avremo subito risolto il problema se seguiremo gli schemi morfologici tradizionali, che solo in pochi casi, e sempre risolvibili di volta in volta, opporranno vere difficoltà di soluzione. La grammatica insegna semplicemente che per gli uomini deve usarsi il maschile e per le donne il femminile. Non si può fare un'eccezione per un notaio, perciò scriveremo tranquillamente *notaia*.

I nomi in *-tore*, dice ancora la grammatica, fanno normalmente il femminile in *-trice*; dunque:

Maschile: -tore; femminile: -trice

---

*diret**tore** ⟶ diret**trice***

*impera**tore** ⟶ impera**trice***

*scrit**tore** ⟶ scrit**trice***

---

e cosí via da continuare per ore; e se dunque le cose stanno cosí, perché tanto nicchiare e tentennare e sospirare davanti a femminili regolarissimi come, appunto, *ambasciatrice, senatrice, ispettrice, governatrice, scultrice, decoratrice, istruttrice* e cento altri?

Maschile in -o; femminile in -a

Altri casi clamorosi si ebbero quando le donne ascesero le scalee di Montecitorio e di Palazzo Madama. Donna deputato? Deputata? Deputatessa? Ma perché non chiamarle subito *deputate*? Da una terminazione maschile in *-o* nasce regolarmente un femminile in *-a*: dunque *deputata*. Tanto piú che qui si tratta di un participio passato del verbo *deputare*: cioè persona deputata a rappresentare in Parlamento un certo numero di elettori. A una donna che abbia ottenuto questo incarico ci si deve rivolgere con l'appellativo di *deputata*, e non di "deputatessa", come ancora molti si ostinano a dire.

Per *avvocato* faremo lo stesso ragionamento. Altro participio passato, questo, di origine latina, *advocàtus*, da *advocàre*, "chiamare presso": cioè persona chiamata presso colui che deve essere assistito in giudizio, propriamente "assistente, protettore". Perciò, *avvocata* nel femminile, e non "avvocatessa" (del resto, *avvocata nostra*, nel senso di "divina protettrice", si recita da secoli nelle preghiere come attributo della Vergine).

Soldati e vigili in gonnella

Terzo identico ragionamento anche per *soldato*. Ora, ahimè, anche le donne si son messe l'uniforme militare e hanno imbracciato il fucile (speriamo almeno che non lo usino), e il problema nasce anche nelle caserme. I giornalisti, che son sempre i primi a dover affrontare questi problemi, si mettono a dire *donne soldato* o *soldatesse*. Ma la prima forma è sgrammaticata, e la seconda è inutile. *Soldato*, per chi non lo sapesse, altro non è che il participio passato sostantivato del verbo *soldare*, ormai disusato, e sostituito da *assoldare*. *Soldato*, perciò, equivale ad *assoldato*. L'antico *soldare*, come il moderno *assoldare*, costruito su *soldo* nel significato di "paga, mercede", voleva dire "prendere a soldo", "prendere a mercede", e il verbo nacque quando le milizie erano appunto mercenarie, cioè al servizio di questo o di quello che le pagava meglio. Perciò un soldato, in buona lingua,

Soldata

non può diventare al femminile altro che *soldata*, anche se oggi il soldo non è piú inteso come in antico. *Soldatessa*, con quella terminazione *-essa* che in certi casi ha piuttosto sapore spregiativo o ironico, lasciamola a certe donne la cui mascolinità non è nelle funzioni ma nel carattere: *Quella* **soldatessa** *di sua moglie lo fa filar diritto, poveraccio!* Niente in comune dunque con le soldate israeliane o con quelle della Cina.

Anche piú semplice la soluzione del problema coi nomi terminanti nel maschile in *-e*, come *nipote* e *custode*. Si tratta di quei nomi che la grammatica definisce "di genere comune", cioè sono uguali tanto per il maschile quanto per il femminile:

Nomi di genere comune

maschile	femminile
il nipote	*la nipote*
i nipoti	*le nipoti*

Ma la regola vale anche per i nomi in *-a*, come:

artista, giornalista, farmacista, pianista, eccetera.

Per professioni con terminazioni in *-e* non dovrebbero dunque sorgere problemi imbarazzanti. E invece sí, ne sorgono di imbarazzantissimi. Quando, infatti, si videro nelle piazze le prime regolatrici del traffico urbano, ecco apparir sui giornali la solita *vigile in gonnella* o la *donna vigile*. I giornalisti piú arditi si attentarono a creare *vigilessa*; nessuno però ricorse al piú logico *vigilatrice*; come nessuno pensò che *vigile* è appunto nome di genere comune e, come si dice *il custode* e *la custode*, si deve dire soltanto *il vigile* e *la vigile* e, se volessimo specificare, dovremmo dire:

maschile	femminile
il vigile urbano	*la vigile urbana*
i vigili urbani	*le vigili urbane*

Il nome suona male all'orecchio? Tutto può sonar male sul bel principio; anche Beethoven al principiante può non dire niente di buono; poi, fattoci l'orecchio, cambia anche la musica. Chi si stupisce piú, oggi, di sentir chiamare *signora preside* la preside dell'istituto?

La battaglia è in pieno svolgimento anche per *giudice*, da quando le donne hanno asceso la pedana dei tribunali. Dopo quel che s'è detto, il termine piú naturale sarà anche qui *la giudice*. Qualcuno dice *giudicessa* (meno bene *giudichessa*), che ha una tradizione storica notevole (la famosa "giudicessa" Eleonora d'Arborea) e che risale al latino medievale *iudicissa*, femminile di *iúdex*.

La giudice

Potremmo continuare per un pezzo; ma la nostra posizione è ormai chiara di fronte a questo problema. Perciò non esiteremo a chiamar *ministra* e

Ministra, sindachessa, ingegnera

prima ministra quella donna che assume la carica, un tempo tutta maschile, di ministro e di primo ministro, e *sindachessa* il sindaco femmina, e cosí diremo, senza punto tentennare e tanto meno arrossire, *ingegnera*, *notaia*, come abbiamo già visto, e *architetta*, sulla stessa falsariga delle coppie grammaticalmente corrette: *infermiere-infermiera, magliaio-magliaia, moretto-moretta*.

Ma a questo punto, prima di finire, una precisazione ci vuole. Sia cioè ben chiaro che il maschile resta sempre maschile quando si voglia indicare solamente la carica, la professione, il titolo in sé. Diremo perciò:

La signora tale è stata nominata **sindaco** *del suo paese*;

La carica di **primo ministro** *è stata assunta dalla signora talaltra.*

Il soprano o la soprano?

Un caso particolare

C'è ora da esaminare il caso particolare di *soprano*. Bisogna dire *il soprano* o *la soprano*? Il soprano, ormai da piú secoli, è sempre una donna; però si deve dire:

Il soprano *Maria Callas fu* **applaudito**.

Concordanza maschile, anche se persona di sesso femminile. D'Annunzio scrisse:

Tilde era **un primo soprano** *non molto giovane*.

Tuttavia il termine *soprano* (in origine aggettivo, in seguito sostantivato) non si riferí dapprima alla persona, uomo o donna che fosse, ma al "registro" della voce, per cui *soprano* è propriamente chi canta con quello speciale registro detto appunto "soprano" (come il "basso" e il "contralto" non si riferiscono rispettivamente all'uomo o alla donna in sé, ma al registro delle loro voci).

Riassumendo, diremo e scriveremo sempre *il soprano* e *i soprani*, mai "la soprano" o "le soprano".

La sentinella Pasquale

Sentinella, guardia, guida, spia

Nel titolo iniziale di questo capitolo avevamo però promesso anche di parlare di "uomini al femminile". Qui non c'entrano gli importanti incarichi politici e amministrativi, e nemmeno i pregi dell'arte canora, ma le piú modeste attività di *sentinella*, di *guardia*, di *guida* e la meno nobile — ma assai piú rischiosa e romantica — di *spia*.

Osserviamo, per esempio, questa frase:

> **La sentinella** *Pasquale Pantaleo fu* **punita** *perché si era* **distratta** *durante il servizio.*

Nessun dubbio che il malcapitato soldato Pantaleo fosse un uomo; ciò nonostante, articolo e verbi sono al femminile. Ecco altri esempi:

> **Quella guardia** *comunale era* **severa**;

> **La nostra guida** *era* **robusta**;

> **La spia**, *un colonnello dell'Intelligence Service, fu* **individuata** *dal controspionaggio tedesco.*

Naturalmente, se tutte queste nostre frasi di femmine al maschile e di maschi al femminile avessero uno svolgimento in successive proposizioni, sino a formare un periodo complesso, e tanto piú fuori del periodo (cioè in un altro periodo), le concordanze sarebbero quelle logiche, suggerite anche dal buonsenso: maschile per i maschi, femminile per le femmine. Per es.:

Nei periodi complessi: concordanze logiche

> *Il soprano fu applaudito; gli ammiratori* **le** *(non gli) offersero un mazzo di fiori.*

Altre discussioni sul femminile

Non abbiamo ancora risposto a uno dei quesiti prospettati all'inizio del presente capitolo. Perché la donna del fattore (oltre che *fattoressa*) è *fattora*, la monaca che presiede il monastero è *priora*, la ragazza che custodisce le pecore è *pastora*, e invece nel nostro ufficio e nella scuola frequentata dai nostri figli c'è una *direttrice* e non una "direttora"? È un fatto che i nomi in *-tore* vogliono il femminile chi in un modo chi in un altro.

Quelli in *-tore*, come abbiamo già visto, hanno certo, per la massima parte, il femminile in *-trice*. Ecco perché abbiamo:

> *diret**trice**, ispet**trice**, istrut**trice**, istitut**rice**, eccetera;*

e nel campo delle lettere e delle arti:

> *scrit**trice**, narra**trice**, pit**trice**, decora**trice**, eccetera;*

o piú modestamente in quello del lavoro artigianale:

> *lavora**trice**, stira**trice**, cuci**trice**, ricama**trice**, fila**trice**, eccetera.*

Tintora,
pastora,
fattora

Fanno eccezione:

> tin**tora**, pas**tora**, fat**tora**.

Fattora può diventare anche *fattoressa*, ma non mai "fattrice".

Anche *impostora* non ha diritto al finale *-trice*, che, invece, nessuno contesta alle ancor piú biasimevoli:

> truffa**trice**, menti**trice**, taccheggia**trice**, usurpa**trice**, mere**trice**;

come, naturalmente, anche alle piú oneste:

> collabora**trice**, salva**trice**, alberga**trice**, doma**trice**.

Non si dirà "lucidatrice", e nemmeno "lavatrice", per via delle macchine ormai tanto diffuse, che appunto cosí sono definite, al femminile. Per un'analoga ragione, la padrona di una trattoria dovrà essere una *trattora*, ma non già una "trattrice", che è quella macchina ben nota ai moderni agricoltori. E una donna *editore* non potrà essere "editrice", perché questo è un aggettivo (talvolta anche sostantivo) che spetta alla sua casa, cioè alla ditta. Dunque, occorrendo, *editora*.

Anche del nome del tipo *agricoltore, pollicoltore, avicoltore* e simili, il femminile è ancor raro nell'uso; ma non c'è logica grammaticale che possa impedirci di creare i femminili *agricoltrice, pollicoltrice, avicoltrice*, cosí come da *cultore* si è fatto *cultrice* e da *cacciatore* si è fatto *cacciatrice*. Qualche dizionario tra i piú intelligenti, questi termini già li registra.

E torniamo per un momento in caserma. Se ci sono i soldati femmina, cioè *le soldate*, come abbiamo visto, ci saranno anche i comandanti femmina, cioè "le militari" col grado di tenente, di capitano, di maggiore, di colonnello, di generale. Per i nomi in *-e*, l'abbiamo visto, la cosa è semplice:

La tenente,
la maggiore,
la generale

> *la tenente, la maggiore, la generale.*

Generalessa si usa da tempo per la moglie del generale o per indicar donna da cui è meglio star lontano: una prepotente e basta.

Ma per gli altri nomi che fare? Soltanto quel che dice la grammatica:

> *la capitan**a**, la colonnell**a**, la marescialla**.***

Il pedone

Ma c'è la faccenda del *pedone*. Diremo dunque "la pedona"? No. *Pedone* (la cui origine è certo militare, indicando il soldato che andava a piedi: *pedo, pedónis* in latino, da *pes, pedis*, "piede") è uno di quei termini validi per entrambi i sessi, cosí come diciamo i *passeggieri* di una nave, intendendo col maschile anche le donne, cosí come diciamo *uomo*, per dire di tutti noi che popoliamo il mondo, maschi e femmine insieme (diceva in una sua commedia il troppo dimenticato Roberto Bracco: "Uomo, sostantivo maschile che abbraccia anche la donna"). Esiste invece una forma aggettivale, *pedona*, nella espressione *strada pedona*, oggi sostituita piú spesso da *strada pedonale*. C'è anche una *pedona* femminile che sta a indicare uno dei pezzi del gioco degli scacchi: *Ti darò scaccomatto con la **pedona** in mezzo lo scacchiere*: sono versi di Luigi Pulci.

Pedone vale per ambo i sessi

Maschile e femminile nelle scienze naturali...

Tranne che per l'*arancia*, dove nell'uso c'è un po' di confusione, e con le arcinote eccezioni del *fico*, del *dattero*, del *limone*, del *cedro* e del *mandarino*, tutti sanno che il nome della pianta è maschile:

    il *melo*, **il** *pero*, **il** *noce*, eccetera;

mentre quello dei frutti è femminile:

    la *mela*, **la** *pera*, **la** *noce*, eccetera.

La pianta è maschile; il frutto è femminile

Se ci abituassimo a dire sempre: *Ho sbucciato* **un'arancia**, invece che *un arancio*, come in molte regioni si dice, avremmo un'eccezione in meno.

D'accordo che ci sono piante "femminili", come la *vite* e quelle che terminano in *-a*:

    la *palma*, **la** *quercia*, **la** *magnolia*, eccetera;

ma qui non c'è possibilità di confusione con l'eventuale frutto.

Insomma, la botanica non ci preoccupa troppo; anche i fiori, che sono alcuni maschili, altri femminili, e che noi prendiamo cosí come càpitano:

    il *garofano*, **la** *margherita*, **la** *rosa*, **il** *gladiolo*, **il** *giglio*, **la** *violetta*, eccetera.

Fiori: maschili e femminili

Passiamo alla zoologia. Ma anche qui ce la caveremo in fretta. Molti animali hanno nomi di "genere promiscuo", cioè che valgono tanto per il maschio quanto per la femmina:

    l'aquila, il falco, la volpe, il leopardo, la pantera, il corvo, il cervo, la lepre, eccetera.

Animali di genere promiscuo

Allorché sarà necessario distinguere il sesso, direte:

la pantera **maschio** (o anche **il maschio** *della pantera*),
un cervo **femmina**, *una lepre* **maschio**, eccetera.

Ricordiamo, per inciso, che i nomi *tigre, lepre, serpe* sono usati prevalentemente nel genere femminile, ma c'è ancora chi scrive:

il *tigre,* **il** *lepre,* **il** *serpe.*

Due forme per un animale

Ci sono, come tutti sanno, altri animali che hanno invece una forma distinta per il maschile e una per il femminile:

il leone ⟶ *la leonessa*

il cane ⟶ *la cagna*

il bue ⟶ *la vacca*

il montone ⟶ *la pecora*

il maiale ⟶ *la scrofa*

e, oltre a questi che tutti conoscono, ricordiamo che esiste anche la *damma*, femmina del *daino*.

...e nella geografia

Piú pericolosa della botanica e della zoologia, per ciò che concerne il genere dei nomi, è la geografia. Sarebbe troppo comodo avere una regola la quale stabilisse che i nomi propri di città, di isole, di penisole sono femminili; i nomi di monti, mari, fiumi e laghi sono maschili, e tutto ciò perché i nomi comuni: "città", "isola", "penisola" sono femminili, mentre i nomi comuni: "monte", "mare", "fiume" e "lago" sono maschili. Purtroppo non è cosí: le città, va bene, ormai si considerano quasi tutte femminili:

Città: quasi tutte femminili

l'industriosa *Milano,*

la grande *Londra,*

la vertiginosa *New York;*

ma *il Cairo* e il greco *Pireo*, considerato piú come porto che come città, resistono al maschile. I poeti, poi, sono liberi di vedere le città anche maschili, se a loro fa comodo: *Parigi* **sbastigliato,** scrisse l'Alfieri (e d'altronde *Paris* è maschile); **il** *dolce Mondoví,* scrisse il Carducci in una ben nota ode.

Le isole e le penisole: femminili in gran parte, specialmente quelle terminanti con -*a*:

Isole e penisole: quasi tutte femminili

la *Sicilia,* **la** *Sardegna,* **la** *Corsica,* **la** *Corea,* **la** *Florida,* eccetera;

ma anche alcune terminanti con -*i*, -*o* o con una consonante:

Rodi, Cipro, Luzon, eccetera.

Fanno eccezione qualche raro *Madagascàr* maschile, o altre isole solitamente in mari remoti e come tali con denominazioni esotiche, ma comunque in netta minoranza rispetto alle isole "femminili".

I guai diventano maggiori se, lasciando i mari (maschili, questi, come anche i loro fratelli minori, i laghi), ci mettessimo in mente di catalogare con un certo ordine il... sesso dei fiumi. Si dice: i fiumi i cui nomi terminano con -*o*, -*e*, -*i*, di solito (ma non sempre), sono maschili:

Fiumi: maschili e femminili

il *Po,* **il** *Ticino,* **il** *Timavo,* **il** *Tevere,* **il** *Tamigi,*
il *Mississippi,* eccetera.

Quelli in -*a* prevalentemente femminili:

la *Loira,* **la** *Senna,* **la** *Bòrmida,* **la** *Sesia,* **la** *Dora,*
la *Garonna,* eccetera.

Ma ce n'è altri, con in testa il piú importante, cioè **il** *Volga,* re dei fiumi europei, che nonostante la finale -*a* vogliono essere maschili (ricordate anche **il rapido** *Mella* dell'inno manzoniano, fiumiciattolo modesto e nostrano, ma maschile). E poi, i casi dubbi, tra i quali quello che, per ragioni storiche e patriottiche, piú interessò l'opinione pubblica italiana: **il** *Piave* o **la** *Piave*? Nei vecchi libri, e anche nella tradizione locale, prevaleva il femminile, e tale fu per scrittori d'altri tempi (Gasparo Gozzi, Antonio Stoppani) e anche moderni (Paolo Monelli), ma già nello Zanella, nel Carducci e poi, soprattutto e con insistenza quasi polemica, nel D'Annunzio, il fiume veneto si mascolinizzò. E nella famosa canzone popolare della Prima guerra mondiale si ripete il ritornello: **il** *Piave mormorò...*

Altre incertezze si addensano sui monti (o montagne o alpi: nomi comuni femminili, questi ultimi, in contrasto col maschile "monti"). I monti, dunque, sono quali maschili, quali femminili, ma piú maschili, anche se terminanti con -*a* come:

Monti: maschili e femminili

il *Grappa,* **il** *Falterona,* **lo** *Spluga,* **il** *Bernina*;

persino **il** *Rosa* nonostante la somiglianza con il gentile nome femminile, e anche il piú alto di tutti, l'asiatico *Himàlaia* che, essendo propriamente una "catena", avrebbe il diritto, o il dovere, di essere femminile. Ma forse, piú che "catena", è sottinteso il termine "sistema" (come anche il *Caucaso*, mentre il *Tibet* sottintende l'"altopiano" e i *Balcani*, i *Vosgi* e gli stessi nostri *Appennini* si concordano piú o meno palesemente con il plurale maschile "monti").

Infine, gli Stati e le regioni. Se terminano con -*a* sono femminili quelli di piú antica tradizione, come:

Stati e regioni: maschili e femminili

>la *Svezia*, la *Germania*, la *Francia*, la *Spagna*, la *Grecia*, la *Cina*, eccetera;

mentre altri Stati pure con la finale -*a* sono maschili:

>il *Canada*, il *Ghana*, il *Kenia*, il *Guatemala*, il *Venezuela*, eccetera.

Per la medesima ragione della finale -*a*, distintiva del femminile, e delle finali -*o*, -*e* (e spesso anche -*i*), distintive del maschile, tra le nostre regioni italiane sono:

maschili : il *Veneto*, il *Lazio*, il *Piemonte*, il *Friuli*, eccetera;

femminili : la *Lombardia*, la *Liguria*, la *Toscana*, la *Campania*, eccetera.

Un criterio empirico

Concludiamo dunque: nessuna regola assoluta. Con tante eccezioni, una regola non sarebbe piú tale. Un criterio empirico e approssimativo è quello, cui abbiamo accennato, di attenersi al "genere" (maschile o femminile) del nome comune corrispondente:

maschili : *Stato, oceano, mare, monte, colle, ghiacciaio, nevaio, vulcano, fiume, torrente, ruscello, deserto, piano, altopiano*, eccetera;

femminili : *nazione, regione, città, isola, penisola, montagna, alpe, collina, pianura, selva, oasi*, eccetera.

Inoltre, sono **femminili**:

>*paese* e *villaggio*, considerati come "piccole città"; e *continente*, considerato come "regione", "parte del mondo".

Ma ripetiamo, non si può istituire una regola quando il numero delle eccezioni e delle contraddizioni è cosí rilevante da subissare la norma. Atteniamoci allora, nella pratica, all'uso e cerchiamo di affidare alla nostra memoria — e anche all'orecchio — la giusta "risonanza" di quei nomi geografici che, di volta in volta, ci interessano.

15.

QUIZ BOTANICO-GRAMMATICALE

A lato di ciascun nome scrivete *M* se maschile, *F* se femminile, *MF* se tanto maschile quanto femminile:

malva	*abete*	*fico*
ontano	*nontiscordardimé*	*noce*
trifoglio	*girasole*	*nocciolo*
bietola	*miosotide*	*elce*

QUIZ ZOOLOGICO-GRAMMATICALE

Contrassegnate come nel quiz precedente: *M - F* oppure *MF*:

lince	*gru*	*scòrpena*
istrice	*antilope*	*tigre*
mustèla	*volpe*	*zebú*
serpe	*aspide*	*iguana*
otaria	*puma*	*caribú*

QUIZ GEOGRAFICO-GRAMMATICALE

Contrassegnate come nei quiz precedenti: *M - F* oppure *MF*:

Anagni	*Sempione*	*Aniene*
Gargano	*Zeda*	*Maiella*
Misano	*Livenza*	*Amiata*
Secchia	*Monaco*	*Tresa*
Toce	*Empoli*	*Monviso*
Giura	*Fortóre*	*Stromboli*
Lignano	*Sieve*	*Pozzuoli*
Grado	*Oporto*	*Zambia*

Soluzione a pag. 445

Non confondere il serpente con un galleggiante

Avete già capito che il serpente è **il** *boa*, il galleggiante è **la** *boa*. I due vocaboli non hanno nulla in comune in fatto di etimologia: il serpente *boa* è cosí chiamato perché c'era in latino una voce *bova* (divenuta poi *boa*) nel significato di "biscia"; mentre la femminile *boa* viene dal dialetto genovese, che ha trasformato un antico vocabolo germanico che significava "anello".

Un nome con due significati

Ecco un elenco di altri nomi che nel maschile hanno un significato, nel femminile un altro:

maschile			femminile		
l'asse	:	perno (o moneta romana)	**l'asse**	:	legno tagliato
il camerata	:	compagno d'armi	**la camerata**	:	dormitorio di collegio o di caserma
il capitale	:	somma di denaro	**la capitale**	:	città dove risiede il governo
il fine	:	scopo	**la fine**	:	termine
il mitra	:	fucile mitragliatore	**la mitra**	:	copricapo prelatizio
il pianeta	:	corpo celeste	**la pianeta**	:	indumento del sacerdote
il radio	:	minerale (od osso dell'avambraccio)	**la radio**	:	apparecchio radioricevitore
il tèma	:	argomento	**la téma**	:	timore

16.
QUIZ SUL GENERE

Divertitevi a trovare gli errori nelle frasi seguenti:

1. Il sacerdote indossava un pianeta rosso.

2. Penso che abbiate un eccessivo tèma di fare brutti incontri.

3. Fu troppo improvviso quel fine e noi non ce l'aspettavamo.

4. Il vescovo si presentò sul pulpito con il mitra.

Soluzione a pag. 446

Capitolo XI

COME FARE IL PLURALE

Il turista straniero che non conosceva certi plurali

A noi l'italiano sembra facile, perché è la nostra lingua, ma mettiamoci nei panni di un povero straniero il quale, dopo avere imparato che in italiano i nomi terminanti con -*a* hanno il plurale in -*e*, e che quelli terminanti con -*e* e con -*o* hanno il plurale in -*i*, dovesse valersi per un suo viaggio non di un autista solo, ma di due, e chiedesse all'agenzia due "autiste" e, prima di partire, reclamasse nell'albergo, per la sua colazione mattutina, due "uovi", e poi, durante il tragitto attraverso la campagna, contemplando i suggestivi "panorame" (come direbbe), notasse a voce alta i "bui" chini davanti all'aratro... Tutti riderebbero del poveretto, che evidentemente, invece di studiare la grammatica italiana, si era accontentato di imbroccare certi plurali cosí "a orecchio", come facciamo spesso anche noi con le lingue straniere e, ahimè, qualche volta anche con la nostra.

Bisognerebbe proprio spiegare a quel forestiero, ma forse c'è anche qualche italiano che non ha le idee chiare in proposito, che è vero che i nomi in -*a* hanno il plurale in -*e*, ma solamente quando sono femminili; quando sono maschili, appunto come *autista*, hanno il plurale in -*i*, per esempio:

I nomi maschili in -a hanno il plurale in -i

singolare	plurale
l'*artist*a	**gli** *artist*i
il *ciclist*a	i *ciclist*i
il *pirat*a	i *pirat*i
il *telegramm*a	i *telegramm*i

e quindi anche *gli autisti* e *i panorami*, e in generale quasi tutti i maschili in -*a*, compresi i *Belgi*, plurale di *Belga*.

Un'eccezione che a quel turista probabilmente non interesserebbe, ma agli studiosi di fosche tradizioni della storia e delle leggende sí certamente: *il boia* che nel plurale resta immutato: *i boia*. E insieme con il boia anche i men sanguinari e piú bonari *capoccia*, *procaccia* (anche *guardacaccia*, ma qui si tratta di un nome composto, ed è questo un argomento che tratteremo a pag. 133), nonché il grosso quadrumane dello zoo detto *gorilla* e, sempre nello zoo, ma nell'attiguo padiglione dei rettili, il lunghissimo *boa*, del quale abbiamo parlato (per ragioni di sesso, cioè di genere) proprio nel

115

capitolo precedente. Aggiungiamo due nomi maschili in -*a* con plurale invariato: *il delta* (cioè quella conformazione della foce di un fiume che, formando un triangolo tra due bracci divergenti del corso d'acqua e la costa, assume una forma simile a quella della lettera dell'alfabeto greco che si chiama appunto "delta") e *il sosia* (persona cosí somigliante a un'altra da essere confusa). *Sosia* è un nome comune derivato da uno proprio: un personaggio delle antiche commedie che appunto Sosia si chiamava e di cui il dio Mercurio assumeva le sembianze per ingannare gli altri e per non farsi riconoscere.

Parole abbreviate: plurale invariato

Inoltre rimangono immutate nel plurale le parole abbreviate, quindi anche quelle con finale -*a*, come *cinema* invece di "cinematografo". Di parole abbreviate ve ne sono ancor piú con terminazione -*o*:

*au*to, *mo*to, *radi*o, eccetera;

e anche queste, oltre che essere femminili, rimangono invariate nel plurale:

le *au*to, le *mo*to, le *radi*o, eccetera.

I nomi in -*o* hanno normalmente il plurale in -*i*, anche se femminili (*le man*i). Eppure quel forestiero fece un grosso errore quando comandò due "uovi": ma di quello speciale plurale in -*a* — e per di piú con mutamento di genere, dal maschile *l'uovo* al femminile *le uova* — parleremo piú avanti.

Femminili in -ie che fanno ammattire

Nomi femminili in -ie

I nomi in -*e* hanno il plurale in -*i*, ma qui il discorso deve fermarsi un momento su quei femminili in -*ie*, che alcune volte fanno ammattire. Nessun dubbio che *moglie* nel plurale diventi *mogli*, ma ecco i soliti "bastian contrari":

*ser*ie, *spec*ie, *progen*ie, *car*ie,

e qualche altro, che nel plurale rimangono tali quali erano nel singolare:

le *ser*ie, le *spec*ie, le *progen*ie, le *car*ie.

E *superficie*, vocabolo tanto usato nella geometria, nella geografia, nella topografia e nell'edilizia? Par che prevalga la forma *superfici*, ma va bene (meglio, anzi, per la ragione che diremo) anche *le superficie*, plurale uguale al singolare. Cosí pure un altro vocabolo frequente, specialmente nei discorsi dei preti, dei pittori e dei fotografi, *effigie*, nel plurale, oltre che *effigi* (piú usato), può essere, e con maggior ragione, *le effigie*. Le cause di tali discrepanze van cercate nelle origini latine di questi vocaboli: *moglie* deriva dal latino *mulier* (che è della terza declinazione); invece gli altri da vocaboli della quinta declinazione che (sempre in latino) hanno plurali con desinenza -*ies* del tutto conforme al singolare (*series, species, progenies, superficies, effigies, caries*). Direte quindi tanto **le** *superfici* quanto **le** *superficie*, **le** *effigi* e **le** *effigie*, ma sempre, oltre alle già menzionate *serie, specie* (e *spezie*, che è una variante di *specie*), *progenie, carie*, anche:

le *canizie,* **le** *calvizie,* **le** *barbarie.*

I nomi che nel singolare terminano con -*i* — come *crisi, oasi, brindisi* — conservano nel plurale la desinenza -*i*, cioè restano immutati.

Ci sono altri nomi, oltre a quelli del gruppo *boia*, a quegli altri del gruppo degli abbreviati *auto, moto*, eccetera, ai derivati della quinta declinazione latina come *serie, specie*, eccetera e a questi ultimi in -*i*, come *crisi, oasi*, eccetera, che non mutano passando dal singolare al plurale; già li conoscete grazie alla pratica: sono quei nomi che, al singolare, terminano con vocale accentata. Per esempio:

singolare	plurale
la libertà	*le libertà*
il re	*i re*
il giovedí	*i giovedí*
l'oblò	*gli oblò*
la virtú	*le virtú*

Quando i plurali sono troppi è facile sbagliare

Ritorniamo ai "bui" e agli "uovi" di quel malcapitato turista straniero. Tutti noi sappiamo sin dall'infanzia che il plurale di *bue* è *buoi* (c'è anche la forma, piú vicina all'originale latino, *bove*, che ha il plurale regolare *bovi*).

Ci sono altri plurali, di altri nomi, che avrebbero messo in imbarazzo quel turista, ma che non preoccupano certo noi, abituati come siamo a ripeterli chissà quante volte nel nostro discorso quotidiano:

Plurali irregolari

ala :	pur femminile e con terminazione -*a* (ma un tempo si diceva anche *ale*), nel plurale diventa *ali*;
arma :	anch'essa, come *ala*, perché attratta dalla forma ormai poco usata *arme*, diventa *armi*;

dio :	nel plurale si avvicina all'originario latino e diventa *dèi* (anche nel suo composto *semidei*. Chi volesse fare il plurale di *iddio* direbbe invece *iddii*, ma è una forma che s'incontra soltanto in poesia). Da notare che anche il femminile di *dio* è *dea*. Invece *divo* fa regolarmente *diva* al femminile e *divi* e *dive* al plurale;
tempio :	nel plurale preferisce *templi* (sempre con analogia al latino) anziché *tempi* (essendo quest'ultimo usato come plurale di *tempo*; c'è chi per distinguere scrive *tempii*);
uomo :	plurale *uomini* (latino *hòmines*).

Piú preoccupante (anche per noi) la faccenda di quei nomi, come *uovo*, che nel singolare sono maschili e terminano con -*o*, ma nel plurale appaiono improvvisamente femminili con una strana terminazione -*a*. Strana per modo di dire: chi ha studiato anche soltanto i primi elementi del latino sa che nella nostra lingua madre, oltre ai generi maschile e femminile, esiste un terzo genere detto "neutro" (cioè né maschile né femminile). In latino i nomi neutri hanno il plurale in -*a*: plurale di *ovum*, "uovo", è *ova*; plurale di *mille*, "mille", è *milia*; plurale di *cornu*, "corno", è *cornua*. Questo plurale in -*a*, diventato femminile per affinità con il femminile singolare italiano che ha quasi sempre la desinenza -*a*, si è esteso anche ad altri vocaboli che pure in latino non erano di genere neutro, come *frutta*, *risa*, *dita*. Hanno altresí il plurale femminile in -*a*: *paia*, *centinaia*, *migliaia* e altri ancora che elencheremo a parte perché hanno due forme di plurale.

Qualche secolo fa avevano il plurale in -*a* alcuni vocaboli che, nell'italiano moderno, non l'hanno piú, per esempio:

le castell**a**, le pug**n**a, le coltell**a**.

Parole con due plurali

Ed ecco un elenco di vocaboli che hanno conservato entrambe le forme, cioè il plurale maschile in -*i* e il plurale femminile in -*a*, con una differenza piú o meno sensibile di significato:

singolare	plurali		
braccio	a) *bracci*	:	di una croce, di un fiume, del mare
	b) *braccia*	:	del corpo umano
budello	a) *budelli*	:	vicoli stretti
	b) *budella*	:	intestini

calcagno	a) *calcagni*	:	in senso proprio
	b) *calcagna*	:	nelle locuzioni: *stare alle calcagna*; *alzare le calcagna*; ecc.
cervello	a) *cervelli*	:	in senso proprio e anche figurato per indicare intelligenze, ingegni
	b) *cervella*	:	nelle locuzioni: *bruciarsi le cervella*; *farsi saltar le cervella*, e simili
ciglio	a) *cigli*	:	orli di un burrone, di una strada
	b) *ciglia*	:	peli delle palpebre
corno	a) *corni*	:	parti estreme (dell'esercito, della luna) e strumenti musicali
	b) *corna*	:	di un animale, del diavolo
dito	a) *diti*	:	considerati separatamente (*i diti pollici*)
	b) *dita*	:	considerate collettivamente (*le dita della mano*)
filo	a) *fili*	:	del telefono e telegrafo, d'erba, o anche per cucire, ma considerati indipendentemente dall'avvenuta tessitura
	b) *fila*	:	di un tessuto e, per affinità, anche di una congiura
fondamento	a) *fondamenti*	:	della scienza, dell'arte, eccetera
	b) *fondamenta*	:	di un edificio

→

frutto	a) *frutti*	:	genericamente come prodotti di un albero, o nel significato di interessi di un capitale, di guadagni conseguiti in un'azione
	b) *frutta*	:	staccate dall'albero, come si servono in tavola. Si dice anche *la frutta*, cioè con forma singolare femminile; in Toscana specialmente si usa anche il plurale *le frutta*
fuso	a) *fusi*	:	arnesi per filare e fusi orari
	b) *fusa*	:	brontolii caratteristici del gatto
gesto	a) *gesti*	:	movimenti con le mani o con altre parti del corpo
	b) *gesta*	:	imprese (anche *le geste*, plurale del femminile *la gesta*)
labbro	a) *labbri*	:	di un vaso, di una ferita
	b) *labbra*	:	della bocca
legno	a) *legni*	:	pezzi di legno (una volta anche per indicare navi o carrozze)
	b) *legna*	:	da ardere
lenzuolo	a) *lenzuoli*	:	considerati separatamente
	b) *lenzuola*	:	considerate appaiate, cioè in funzione del letto (*ficcarsi tra le lenzuola*)

membro	a) *membri*	:	di un'associazione, di un consiglio, di un periodo grammaticale (cioè in senso figurato)
	b) *membra*	:	del corpo umano o animale, considerate però collettivamente
muro	a) *muri*	:	di una casa, o come recinzioni di un campo
	b) *mura*	:	della città
osso	a) *ossi*	:	considerati separatamente (*il cane rosicchiava gli ossi*)
	b) *ossa*	:	considerate collettivamente (*mi dolgono le ossa*)
riso	a) *risi*	:	plurale di *riso* (sostanza alimentare)
	b) *risa*	:	le risate, l'azione di ridere
tergo	a) *terghi*	:	particolarmente di un oggetto, come foglio, moneta, eccetera
	b) *terga*	:	schiena (*volgere le terga*)

Altri doppi plurali non sempre sono cosí chiaramente differenziati come significato:

i *ginocchi*	—	le *ginocchia*
i *sopraccigli*	—	le *sopracciglia*
i *gomiti*	—	le *gomita* (poco usato)
i *vestigi*	—	le *vestigia*
i *vestimenti*	—	le *vestimenta*

Il plurale *anella* invece è rimasto in uso, ma piuttosto in poesia, per i riccioli della capigliatura. Si dice altresí:

gli *urli* — **le** *urla*
i *gridi* — **le** *grida*
gli *stridi* — **le** *strida*

Di solito si preferiscono i plurali in *-a* quando tali vocaboli sono riferiti all'uomo o considerati nel loro insieme, in *-i* se riferiti ad animali o anche all'uomo, ma considerati singolarmente, uno per uno. Per esempio:

*I grid**i** degli sparvieri;*

*Le grid**a** delle donne;*

*Si udirono due url**i** salire dal fondo del crepaccio.*

La parola *orecchio* ha anche nel singolare una forma femminile *orecchia*; nel plurale rispettivamente: *gli orecchi* e *le orecchie*. La forma maschile è quella piú comune per indicare l'organo dell'udito; la forma femminile *orecchia* è generalmente usata nel significato figurato: *un libro pieno di orecchie* (non si direbbe in tal caso "orecchi"). Nel significato musicale, invece, si usa sempre il maschile: *avere un buon orecchio*.

Nomi sovrabbondanti

Questi nomi con doppia forma di plurale si definiscono **sovrabbondanti** (infatti hanno una "sovrabbondanza" di plurali). Ma ce ne sono altri che si usano soltanto nel plurale, non hanno cioè il singolare, come:

nozze, esequie, sponsali, dintorni, viveri, vettovaglie, viscere, ferie,

Nomi difettivi

e qualche altro, dove il genere singolare sonerebbe strano, se non assurdo. Questi nomi senza il singolare si definiscono **difettivi** (infatti "difettano" del singolare). Insieme si considerano, come se fossero difettivi, anche certi vocaboli che si usano normalmente nel plurale, come: *occhiali, forbici, calzoni, pantaloni, redini*, eccetera, dei quali tuttavia esiste grammaticalmente il singolare: *occhiale*, per indicare una sola lente; *forbice*, ciascuna delle due lame; *calzone*, l'indumento di una sola gamba; eccetera. Altri nomi, viceversa, sono usati solo nella forma singolare: *prole, brio, sangue, latte, burro, miele, pepe, sale, tè, caffè*, e altri indicanti non già singoli oggetti ma tutta una sostanza che, come tale, non può pluralizzarsi; tra questi difettivi del plurale ci sono i prodotti chimici, i metalli, eccetera, dei quali logicamente non può esser fatto il plurale. Potreste dire: "i mercuri", "gli azoti", "i fosfori", eccetera? Evidentemente no, se non con particolari significati come:

i sacri bronzi, per indicare le campane; *i ferri del mestiere* o *i ferri,* per tenere avvinto un prigioniero; *i sali,* medicina contro il deliquio, eccetera.

17.

QUIZ SUI PLURALI (I)

a) Sottolineate i vocaboli che hanno il singolare uguale al plurale:

èstasi	diàgnosi	aroma
estate	paltò	cenere
età	crisi	gru
domenica	tubercolosi	tabú
lunedí	re	sorta
zoo	principe	sorte
peluria	parentesi	òboe
canizie	caffè	clarino
doglia	idioma	teorema

b) Nelle seguenti proposizioni, cancellate il plurale improprio:

1. *Nei* templi *o* tempi *antichi era chiamato prònao lo spazio tra la cella e le colonne antistanti.*
2. *Il toro si difese con* le corna *o* i corni *ma non poté resistere contro* le arme *o* le armi *degli uomini che l'incalzavano.*
3. *Se ci foste stati anche voi, avreste subito voltato* i terghi *o* le terga *e battuto* i calcagni *o* le calcagna.
4. *Il mendico aveva le calze rotte in ambo* i calcagni *o* le calcagna.
5. *I naufraghi alzavano* i bracci *o* le braccia *e facevano grandi* gesti *o* gesta *per richiamare l'attenzione.*
6. *Con codesta tintura ti sei impiastricciato* ciglia *o* cigli *e* sopraccigli *o* sopracciglia.
7. *Tu hai* buon orecchio *o* buon'orecchia, *giacché ti sei subito accorto della stonatura.*
8. *Se volete sentire da che parte soffia la brezza, umettate e poi alzate* i diti *o* le dita *indici.*
9. *Ci tremavan* le labbra *o* i labbri *e un brivido ci percorse* le membra *o* i membri; *il freddo acuto ci penetrava in* tutti gli ossi *o in* tutte le ossa.

Soluzione a pag. 446

Province o provincie?

Nel libro di geografia (non solo quello di nostro figlio, che va a scuola adesso, ma anche il nostro di venti o trent'anni fa) c'è scritto inequivocabilmente *province* e non *provincie*. Ma sulla targa della banca vicino a casa nostra si legge, altrettanto esplicitamente: *Cassa di risparmio delle provincie lombarde*. Si potrebbe pensare: piú di cent'anni fa, allorché fu fondata quella banca, si scriveva *provincie* con la *i*. Anche nel libro di geografia di nostro padre, ora ci viene in mente, e nel vecchissimo atlante di famiglia c'era *provincie* con la *i*. Ma poi ci càpita fra le mani, in bella edizioncina moderna, la *Costituzione della Repubblica Italiana*: questa non è vecchia, è stata pubblicata pochi anni orsono e il nostro elegante fascicoletto è ancor fresco di stampa; anche qui c'è scritto piú e piú volte *provincie* proprio come nel manuale di geografia del babbo e nell'atlante del nonno. E allora?

Nomi in -cia e in -gia

Cerchiamo di sistemare la faccenda, la quale riguarda i nomi che terminano con la sillaba **-cia** oppure **-gia** (senza accento tonico sulla *i* perché è ovvio che nomi come *farmacía* e *nostalgía* abbiano i plurali *farmacíe* e *nostalgíe*: altrimenti si leggerebbe "farmàce" e "nostàlge"). Dunque, questi nomi in *-cia* e *-gia* con la *i* non accentata hanno alcune volte il plurale in *-cie* e in *-gie*, altre volte semplicemente in *-ce* e in *-ge* (cioè perdono la *i*). Quando sí e quando no?

Non c'è una regola tassativa, o almeno ce n'è una, ma è stata inventata cosí, per comodità pratica (non che abbia un fondamento glottologico e nemmeno una tradizione). Dice questa "regola di comodo":

Plurale dei nomi in -cia e in -gia

● quando le terminazioni *-cia* e *-gia* sono precedute da una vocale, i plurali saranno *-cie* e *-gie*; quando invece sono precedute da una consonante, i plurali saranno *-ce* e *-ge*.

Conseguenze della regoletta pratica:

*aud**acia***	⟶ *aud**acie***	(perché prima della *c* c'è la vocale *a*);
*fer**ocia***	⟶ *fer**ocie***	(perché prima della *c* c'è la vocale *o*);
*cam**icia***	⟶ *cam**icie***	(perché prima della *c* c'è la vocale *i*);
*r**ègia***	⟶ *r**ègie***	(perché prima della *g* c'è la vocale *e*);
*gratt**ugia***	⟶ *gratt**ugie***	(perché prima della *g* c'è la vocale *u*).

In questi vocaboli, dunque, e in moltissimi altri simili per la presenza di una vocale subito prima della *c* o della *g*, si è avuto il plurale *-cie* e *-gie*.

(Non ha rilevanza il fatto, pure accolto ingenuamente in qualche grammatichetta, che scrivendo "audace", "feroce", "sagace" ci si confonderebbe con gli aggettivi *audace, feroce, sagace,* e "camice" nientemeno che con il *càmice!*)

Ecco invece altre parole dove prima della *c* o della *g* c'è una consonante:

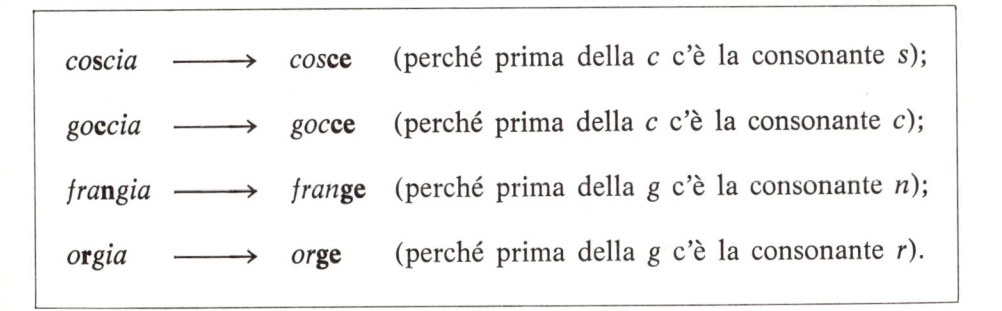

coscia	⟶ *cosce*	(perché prima della *c* c'è la consonante *s*);
goccia	⟶ *gocce*	(perché prima della *c* c'è la consonante *c*);
frangia	⟶ *frange*	(perché prima della *g* c'è la consonante *n*);
orgia	⟶ *orge*	(perché prima della *g* c'è la consonante *r*).

Semplice? No, tutt'altro che semplice. A parte la faccenda *province-provincie*, con la quale abbiamo dato l'avvio alla nostra discussione e che è ancora là che attende una risposta, avviene nella pratica che alcuni scrivano *froge* (le narici) e altri *frogie*, chi *brage* e chi *bragie*; avviene che se dieci persone scrivono *ciliegie* e *valigie* ce ne sono altre dieci che scrivono invece (e non sbagliano) *ciliege* e *valige*. Prima di arrivare a una conclusione, è doveroso spiegare che la ragione della sopravvivenza o della decadenza di quella famigerata *i* nel plurale ha un fondamento linguistico. Questo, in poche parole: in alcuni vocaboli in *-cia* e *-gia* la *i* è un semplice espediente grafico, messo lí, prima della vocale *a*, soltanto per conferire alla *c* o alla *g* il suono palatale (o schiacciato). Per esempio, nella parola *goccia* (dal latino *gutta*) la *i* serve soltanto affinché non si pronunci "gocca"; nel plurale quella *i* diventa inutile, ha esaurito la sua funzione: si pronuncia *gocce* anche senza la presenza della *i*. E parimenti *coscia* (dal latino *coxa*) e *frangia* (dal francese *frange*) e *bragia* (dal tedesco antico *brasa*) e le stesse *valigia* (dall'arabo *walīha*) e *ciliegia* (dal latino *cèrasum*; ma poiché nel latino piú tardi si formò anche un sostantivo *ceràsia*, trasformazione di *ceràsia*, ecco che può giustificarsi anche *ciliegie*).

Invece in *provincia*, in *ferocia*, in *fiducia*, in *denuncia*, eccetera, la *i* è parte integrante della radice del vocabolo: c'è nelle voci latine da cui derivano, dovrebbe perciò restare nel plurale. Ecco dunque spiegato perché gli esperti filologi che furono, nel 1947, incaricati di curare sotto l'aspetto linguistico il testo della *Costituzione della Repubblica Italiana* vollero che si scrivesse *provincie* anziché *province*.

A questo punto ci sembra di udire la piú che giustificata recriminazione dei nostri lettori: o che dobbiamo compiere una ricerca filologica ogni volta che ci tocca di scrivere il plurale di *pioggia* o di *freccia*, di *spiaggia* o di *striscia*? No di certo, e vi consigliamo di attenervi alla "regola di comodo", già enunciata, secondo la quale: hanno il plurale in *-cie*, *-gie* i vocaboli che

Una vocale importante

hanno una vocale prima della *c* o della *g*; hanno il plurale in *-ce*, *-ge*, i vocaboli che hanno una consonante prima della *c* o della *g*.

Questa regoletta, anche se... prefabbricata, ha però di buono questo: che nella gran maggioranza dei casi dà lo stesso risultato che darebbe la regola storicamente formulata.

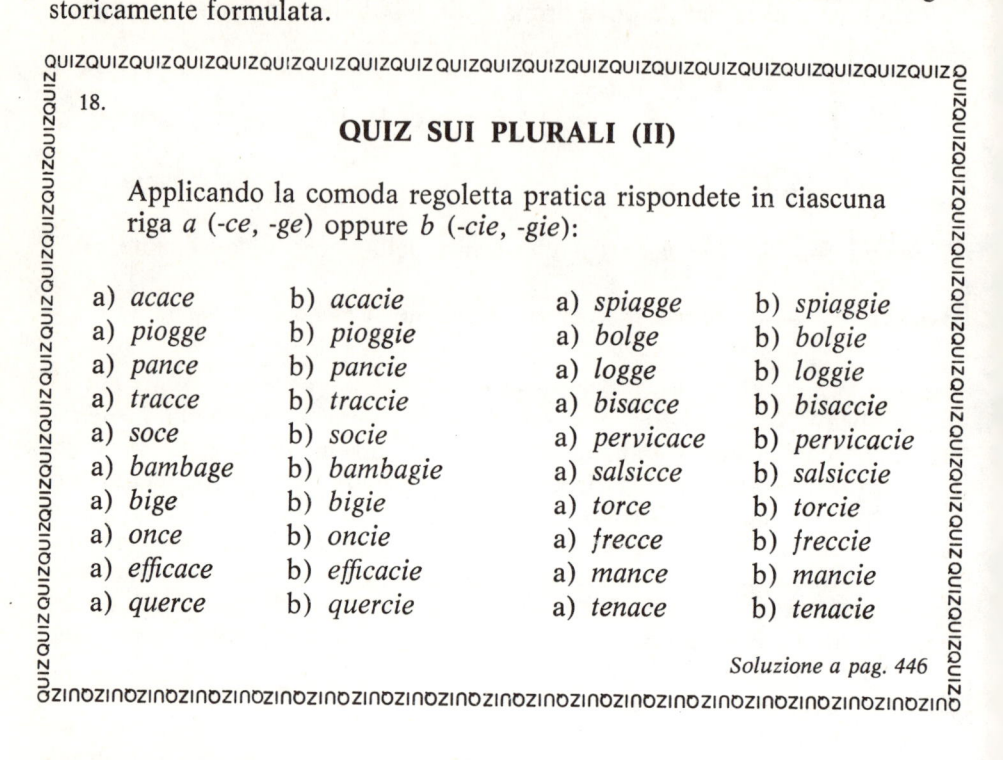

18.

QUIZ SUI PLURALI (II)

Applicando la comoda regoletta pratica rispondete in ciascuna riga *a* (*-ce*, *-ge*) oppure *b* (*-cie*, *-gie*):

a) *acace*	b) *acacie*	a) *spiagge*	b) *spiaggie*
a) *piogge*	b) *pioggie*	a) *bolge*	b) *bolgie*
a) *pance*	b) *pancie*	a) *logge*	b) *loggie*
a) *tracce*	b) *traccie*	a) *bisacce*	b) *bisaccie*
a) *soce*	b) *socie*	a) *pervicace*	b) *pervicacie*
a) *bambage*	b) *bambagie*	a) *salsicce*	b) *salsiccie*
a) *bige*	b) *bigie*	a) *torce*	b) *torcie*
a) *once*	b) *oncie*	a) *frecce*	b) *freccie*
a) *efficace*	b) *efficacie*	a) *mance*	b) *mancie*
a) *querce*	b) *quercie*	a) *tenace*	b) *tenacie*

Soluzione a pag. 446

Stòmaci o stòmachi?

In uno scritto del Panzini, che pur di lingua e di grammatica era un sagace, oltre che arguto intenditore, abbiamo letto di "stomachi sani". E la forma *stòmachi*, plurale di *stòmaco*, era prevalente, anche presso altri buoni scrittori, sino a non molti anni fa. Ma c'era anche allora chi scriveva *stòmaci*. Adesso questa terminazione senza *h*, cioè con suono palatale, sembra prevalere: abbiamo diligentemente contato nei giornali, nelle riviste, nei libri moderni tanto di medicina e fisiologia quanto piú modestamente di argomenti cucinari, e per uno *stòmachi* abbiamo registrato almeno dieci *stòmaci*. Dunque, l'uso dà ragione al suono palatale, piú dolce, per ciò forse piú gradito.

Lo stesso di *fàrmaci*, che va soppiantando *fàrmachi*. Nessuno direbbe "sindachi" invece di *síndaci*. Resiste la forma *chirúrghi* (che del resto è affine ai prevalenti *demiúrghi*, *drammatúrghi* e *taumatúrghi*), ma già comincia a farsi largo *chirúrgi*. I **mànichi** non sempre prevalgono sugli incalzanti **mànici**.

Ma dobbiamo proprio continuare con lo stillicidio dei nomi considerati "uno per uno"? Non la finiremmo piú. E allora, fuori la regola, reclameranno i nostri esigenti lettori, assetati di concretezza, smaniosi di un autorevole appiglio al quale aggrapparsi in questo braccio particolarmente procelloso del grande mare della nostra lingua eternamente in burrasca. Ahimè, quale regola? La regola non c'è. Qualche norma spicciola, almeno? Tentiamo, in mancanza di meglio; poi ce la caveremo con i soliti, necessariamente incompleti, "consigli pratici".

● Dunque, i vocaboli in *-co* e *-go* hanno di solito il plurale in *-chi* e *-ghi* quando sono "piani", cioè quando hanno l'accento tonico (quello che si sente ma non si segna) sulla penultima sillaba; per esempio:

Il plurale dei nomi in -co e in -go

làgo ⟶ làghi		giòco ⟶ giòchi	
dràgo ⟶ dràghi		fuòco ⟶ fuòchi	
làrgo ⟶ làrghi		àrco ⟶ àrchi	
àgo ⟶ àghi		cuòco ⟶ cuòchi	
giògo ⟶ giòghi		òrco ⟶ òrchi	
rògo ⟶ ròghi		círco ⟶ círchi	
súgo ⟶ súghi		èco ⟶ èchi	
fúngo ⟶ fúnghi		fíco ⟶ fíchi	
lúngo ⟶ lúnghi		fàlco ⟶ fàlchi	

● Invece *mèdico*, poiché è "sdrucciolo" (con accento tonico sulla terzultima sillaba), diventa nel plurale *mèdici* e cosí pure, fra i piú comuni:

pòrtico ⟶ pòrtici
meccànico ⟶ meccànici
cattòlico ⟶ cattòlici
aspàrago ⟶ aspàragi

Però la norma è clamorosamente smentita dalle immancabili eccezioni: *amico* e *nemico*, pur essendo piani (cioè con l'accento tonico sulla *i*), hanno il plurale *amíci* e *nemíci*; *grèco* diventa *grèci*; *pòrco* nel plurale fa *pòrci*. E al contrario, *pròfugo*, pur essendo sdrucciolo, ha il plurale *pròfughi*; e:

```
índaco    ⟶   índachi
àbaco     ⟶   àbachi
càrico    ⟶   càrichi
scàrico   ⟶   scàrichi
incàrico  ⟶   incàrichi
```

Fóndachi prevale su *fóndaci*; *vàlico* vuole sempre *vàlichi* e *stràscico* sempre *stràscichi*, oltre ai già menzionati *stòmaco*, *fàrmaco*, *mànico*, che accettano entrambe le forme. *Tràffici* ha ormai soppiantato *tràffichi*, che i vocabolari citano come "antiquato": quindi destinato a scomparire, perché chi si sente moderno ha in uggia ciò che è antiquato. C'è poi il *pàrroco* che può diventare nel plurale *pàrroci* (che adesso prevale), ma ci sono in circolazione ancora i *pàrrochi*, come si legge anche nel Manzoni. Altri nomi non val la pena di elencare (né tutti sarebbe possibile, se non in un dizionario), anche perché nella pratica li sapete usare senza errori.

I diàloghi dei teòlogi e i sarcòfaghi degli antropòfagi

Il plurale dei nomi in -logo e in -fago

A parte consideriamo i nomi terminanti con **-logo** e **-fago**; essi ci vengono dal greco, normalmente attraverso il latino, e di qui la confusione è maggiore tra chi guarda piuttosto all'originaria pronuncia greca, dove il suono è gutturale, *-chi* e *-ghi*, e chi invece si attiene al latino cosí come ce lo tramandarono gli studiosi umanisti del Medioevo e del Rinascimento, cioè con il suono palatale, *-ci* e *-gi*. Donde *diàlogo*, *pròlogo*, *epílogo*, che nel plurale divengono *diàloghi*, *pròloghi*, *epíloghi*, mentre *filòlogo* vuole la palatizzazione *filòlogi* come, per esempio:

```
teòlogo    ⟶   teòlogi
sociòlogo  ⟶   sociòlogi
psicòlogo  ⟶   psicòlogi
```

Esòfago fa tanto *esòfagi* quanto *esòfaghi*, e cosí pure *sarcòfago* (*sarcòfaghi* e *sarcòfagi*). Invece *antropòfago* preferisce *antropòfagi*.

Vi siete forse già accorti che questi nomi "greci" preferiscono il plurale *-ghi* quando indicano cosa e non persona (come il *diàlogo*, appunto, il *pròlogo* e il *sarcòfago*); preferiscono invece *-gi* quando si riferiscono a persone (come il *filòlogo*, il *teòlogo*, il *sociòlogo*, l'*enòlogo* che apprezza per conoscenza il vino e anche l'*antropòfago* che invece apprezza la carne del suo prossimo).

Plurale in -ghi per cose; in -gi per persone

Domanda facile: perché *sarcòfago* e *antropòfago*, che pure sono etimologicamente uguali nella terminazione, hanno il primo il plurale in *-ghi*, meglio che in *-gi*, e il secondo in *-gi*? La risposta è già contenuta nella norma subito precedente.

Altra domanda (piú insidiosa; vediamo se vi accorgete del tranello): qual è il plurale di *fedífrago*? Qualcuno subito risponderà "fedífragi", perché questo vocabolo definisce non una cosa ma una persona, ossia "colui che infrange i patti". No: *fedífrago* non viene dal greco – la parte finale è *-frago*, non *-fago* – ma dal latino; quindi quella tale norma non c'entra. Il plurale è *fedífraghi*. Come *pròfugo*, anch'esso dal latino, che ha il plurale *pròfughi* e naturalmente anche il pedestre *callífugo* e l'intestinale *vermífugo* (attenti all'accento sempre sdrucciolo: non "callifúgo" e "vermifúgo"!)

Concludiamo con un piccolo sommario, utile per una rapida consultazione:

Sommario

- 1. vocaboli in *-co* e *-go*:

    a) plurale in *-chi* e *-ghi* se sono "piani": *fuoco, fuochi; lago, laghi*;

    b) plurale in *-ci* e *-gi* se sono "sdruccioli": *medico, medici; asparago, asparagi*.

    Parecchie eccezioni. Le piú frequenti: *amici, chirurgi* (ma anche *chirurghi*), *greci, nemici, porci*. Inoltre: *farmaci* e *farmachi, fondachi, carichi, incarichi, scarichi, indachi, manici* e *manichi, parroci* e *parrochi, profughi, stomaci* e *stomachi, strascichi, valichi*, eccetera;

- 2. vocaboli di origine greca in *-logo* e *-fago*:

    a) plurale in *-ghi* se indicano cose: *dialoghi, epiloghi*;

    b) plurale in *-gi* se indicano persone: *filologi, antropofagi*.

    Anche per questi l'uso impone o ammette varianti: *esofaghi* ed *esofagi, sarcofaghi* e *sarcofagi*, eccetera.

    Per finire: il nome *mago*, accanto al plurale *maghi*, ha anche *magi* quando si riferisce ai tre *re Magi* di cui parla il Vangelo.

19. QUIZ SUI PLURALI IN -CI, -CHI; -GI, -GHI

Qual è il plurale esatto: *a* o *b*?

a) *equivoci*	b) *equivochi*	a) *intrinseci*	b) *intrinsechi*
a) *monaci*	b) *monachi*	a) *fanatici*	b) *fanatichi*
a) *monologi*	b) *monologhi*	a) *neurologi*	b) *neurologhi*
a) *identici*	b) *identichi*	a) *centrifugi*	b) *centrifughi*
a) *astrologi*	b) *astrologhi*	a) *caduci*	b) *caduchi*
a) *comici*	b) *comichi*	a) *urologi*	b) *urologhi*
a) *radiologi*	b) *radiologhi*	a) *tragici*	b) *tragichi*

Soluzione a pag. 446

Gli assassinii degli assassini e i principii dei principi

Il plurale dei nomi in -io

Gli assassini saranno puniti... Gli uomini colpevoli (*assassini*, plurale di *assassino*) o i delitti (plurale di *assassinio*)? Per non equivocare, si preferisce distinguere i due plurali come appare nel nostro titolo: *assassinii* plurale di *assassinio* e *assassini* plurale di *assassino*.

I *príncipi* (plurale di *principe*) nella loro saggezza esprimono piú o meno nobili *princípii* (plurale di *princípio*).

In taluni *condominii* (plurale di *condominio*) le assemblee dei *condòmini* (plurale di *condòmino*) sono sovente clamorose...

Ci sono altri modi idonei per evitare l'uguaglianza formale di quei plurali differenti. Per esempio, quando esiste differenza di accento tonico, come nel caso *condòmino - condomínio*, segnare l'accento:

---

condòmino ⟶ condòmini

condomínio ⟶ condomíni

príncipe ⟶ príncipi

princípio ⟶ princípi

màrtire ⟶ màrtiri

⟶

---

martírio	martíri
èsile	èsili
esílio	esíli
benèfico	benèfici
benefício	benefíci
àrbitro	àrbitri
arbítrio	arbítri

Nell'uso prevale ancora leggermente, forse perché piú esplicita e immediata, la forma del plurale *-ii*:

Prevale la forma in -ii

*condomin*ii, *princip*ii, *martir*ii, *arbitr*ii, *esil*ii, *benefic*ii, eccetera.

Quando invece l'accento è situato in ugual posizione nei due vocaboli, come nel caso *assassíno - assassínio*, chi non ama la finale *-ii* può ricorrere (ma oggi non è piú tanto frequente) all'accento circonflesso, *assassinî*, oppure alla dieresi, *assassinï*, come già a suo tempo abbiamo detto, nel capitolo "Attenzione ai segnali!" a pag. 47.

Ecco qualche altro esempio:

omicída	omicídi
omicídio	omicídii, omicídî, omicídï
oratóre	oratóri
oratòrio	oratòrii, oratòrî, oratòrï
còno	còni
cònio	cònii, cònî, cònï
pàlo	pàli
pàlio	pàlii, pàlî, pàlï

Ricordiamo anche *tempii*, o *tempî* o *tempï*, al posto dei quali sembra preferita dai piú la forma dotta *templi*, per distinguere il plurale di *tempio* da quello di *tempo*.

Nel passato l'accento circonflesso o la dieresi, come anche la doppia *i*, si usavano anche per gli altri vocaboli in *-io* (s'intende, non accentati sulla *i*, ché in tal caso le due *i* nel plurale sono d'obbligo: *zii* plurale di *zio*; *oblii* plurale di *oblio*; *mormorii* plurale di *mormorio*; altrimenti si leggerebbe: "zi", "obli", "mormori", eccetera). Si scriveva, dunque, come ancor si vede nei vecchi libri:

armadî, *armadï*, *armadii*; *studî*, *studï*, *studii*;
spazî, *spazï*, *spazii*, eccetera.

C'era persino chi ricorreva alla *j* e scriveva:

armadj, *studj*, *spazj*, eccetera;

e taluni all'apostrofo:

armadi', *studi'*, *spazi'*, eccetera.

Oggi tali forme distintive non sono piú in uso: si preferisce scrivere semplicemente:

armadi, *studi*, *spazi*, eccetera;

tanto peggio per i poveri stranieri, alle prime armi nell'apprendimento della nostra lingua, i quali saranno perplessi non trovando nel vocabolario i nomi "armado", "studo", "spazo", eccetera.

C'è chi preferisce scrivere *olii*, *balii*, e qualche altro bisillabo somigliante, forse perché gli pare che si avverta con troppa evidenza la caduta della *i*, ma è un'impressione soggettiva e oggidí prevale la tendenza di scrivere *oli* (comunque sempre *petroli*), *bali*, eccetera.

Anche *odi* come plurale di *odio*, non sembrando probabile la confusione con *odi* plurale di *ode* dal momento che quest'ultimo nome è di genere femminile.

Piccolo sommario

Dunque ricapitoliamo. Il plurale *-ii* dei vocaboli in *-io*:

- 1. è obbligatorio quando la *i* è accentata: *zii*, *oblii*, *mormorii*, *balbettii*, *borbottii*;

- 2. è ammesso per evitare ambiguità: *príncipi* e *princípii*; *condòmini* e *condomínii*;

- 3. è inutile quando non c'è pericolo di ambiguità: *armadi*, *studi*, *spazi*.

QUIZ SUL PLURALE DEI NOMI IN -IO

20.

Come evitereste la confusione (del resto poco probabile) nelle frasi che seguono?

1. *Un noto calciatore fu squalificato perché aveva accusato gli* arbitri *di intollerabili* arbitri.

2. *In occasione dei* pali *che si disputano annualmente nella piazza, sono stati piantati dei* pali *per segnare i limiti della pista.*

3. *Persino i pessimi* principi *proclamano ottimi* principi.

4. *Per impedire gli* omicidi *non basta condannare gli* omicidi.

5. *Dopo i* benefici *risultati non potete negare i* benefici *di questa cura.*

6. *I* martiri *cristiani affrontarono i piú crudeli* martiri.

7. *Il vescovo scelse ottimi* oratori *per tutti gli* oratori *della diocesi.*

8. *Molte chiese cristiane furono, in* tempi *remoti,* tempi *pagani.*

Soluzione a pag. 446

I capogiri del capostazione

In un'assemblea di capistazione fu stabilito che uno di quei bravi funzionari si assumesse l'incarico di sostituire per un certo periodo un collega assente, in una piccola stazione vicina alla sua.

« Metta le deliberazioni a verbale » disse il presidente al segretario. Il segretario, che era anche lui un capostazione, espertissimo in fatto di strade ferrate, ma poco ferrato in esperienze filologiche, chiese sottovoce al suo vicino, il quale aveva frequentato il liceo: « Come si dice? I *capostazioni*, i *capistazioni* o i *capistazione*? » Il collega sapiente rispose: « I *capistazione*, è evidente: noi siamo "capi di una stazione", non di "stazioni" ». « Il discorso non vale per me » interruppe quel tale cui avevano "rifilato" due stazioni. « Io adesso sono proprio un *capostazioni*. »

Un dubbio angoscioso

133

Nomi composti

Dunque, in un nome "composto", cioè nato dall'unione di piú vocaboli, anche se scritto tutto unito, cioè senza trattini, come appunto *capostazione*, si dovrebbe fare il plurale secondo logica: i capi sono tanti (plurale) ma la stazione è una sola (singolare): plurale *cap**i**stazione*. E insieme mettiamo:

Il plurale dei nomi composti

caporeparto ⟶	*capireparto*
capobanda ⟶	*capibanda*
capoclasse ⟶	*capiclasse*
caposquadra ⟶	*capisquadra*
capotreno ⟶	*capitreno*
caposervizio ⟶	*capiservizio*
capofamiglia ⟶	*capifamiglia*

Tutti però sanno che si scrive invece:

*cap**o**giri, cap**o**mastri, cap**o**cuochi, cap**o**lavori, cap**o**luoghi,* eccetera.

Non è la stessa cosa. Se quel tale capostazione, per il troppo lavoro che gli venne dall'abbinamento del servizio nelle due stazioni, si fosse lamentato di patire addirittura di "capogiri", cosí avrebbe dovuto scrivere in una lettera di protesta ai suoi superiori: *Per il troppo lavoro mi son venuti frequenti* **capogiri**. Sí, i "giri" erano frequenti, ma il "capo" (cioè la testa) era pur sempre uno solo, il suo personale, insignito del berretto rosso e gallonato di capostazione.

I *capomastri* sono i "mastri", cioè i maestri-muratori che stanno "a capo" di altri muratori. Il *capocuoco* non è il "capo del cuoco", ma il "cuoco che è capo" di altri cuochi. I *capolavori* sono "lavori" che nella produzione dei loro autori primeggiano, sono in testa, cioè "a capo" di altri lavori. I *capoluoghi* non sono "capi di un luogo", ma "luoghi che sono a capo" di altri luoghi.

Se c'è qualche eccezione, è perché si tratta di vocaboli che hanno perduto il primitivo significato di nomi composti, cioè di due vocaboli abbinati, e che sono ormai considerati vocaboli a sé stanti. Tale è il nome *caporione*, dove ormai il *-rione* non ha piú importanza nel vocabolo: il plurale è quindi *caporion**i*** e non "capirione". Anche *capodanno* nel plurale è *capodann**i*** e non "capidanno" (la data che sta "a capo", cioè in principio dell'anno: a rigor di logica sarebbe "i giorni capodanno", ma è giusto che si faccia rapidamente il plurale *capodanni*).

Il pomo d'oro della dea e i pomodori della fruttivendola

Sí, era d'oro il pomo che, secondo la mitologia, la dea Eris (cioè la Discordia) gettò tra i convitati al banchetto nuziale di Tetide e Peleo. Dunque: un "pomo d'oro" o, se vi sembra piú dignitoso, "aureo". Ma noi questo nome *pomodoro*, scritto tutto unito, lo diciamo cento volte il giorno per indicare quel frutto rosso e commestibile che si compera nella bottega della frutta e verdura. La fruttivendola vicina a casa nostra ne fa tranquillamente il plurale *pomodori*, e non sbaglia, la brava donna. D'accordo che, se compero un chilo di pomodori, i "pomi" sono piú di uno e l'"oro" resta sempre singolare, ma anche qui — come nel caso del *caporione* — il *pomodoro* ha ormai un suo significato autonomo, e tutti sanno che si acquista dal fruttivendolo e non dall'orefice. Esistono anche i plurali *pomidoro* e persino (ma questo non ha ragion d'essere) *pomidori*, perché c'è chi al singolare dice assurdamente *pomidoro*, cosí come c'è chi dice *altipiano* invece di *altopiano*.

Se i ragionamenti logici che noi abbiamo fatto a proposito dei capogiri dei capistazione, dei capolavori edilizi dei capomastri e di quelli cucinari dei capocuochi, nonché dei pomodori della nostra fruttivendola fossero sempre validi per tutti i nomi composti, ce la sbrigheremmo in fretta con questa faccenda del plurale. Ma, ahimè, no: c'è il *palcoscenico* che nel plurale diventa *palcoscenici*, e non "palchiscenici", come parrebbe piú logico; un *ficcanaso*, che logicamente dovrebbe restare *ficcanaso* anche nel plurale — perché ciascuno di quei tali individui invadenti ficca un naso solo, ciascuno il proprio naso personale, nelle faccende altrui — diventa invece normalmente *ficcanasi* (ma se sono donne, il naso resta singolare: *quelle zitelle pettegole e ficcanaso*); e anche i *grattacapi* paiono illogici, se è vero che son tanti i dispiaceri che mi inducono a grattarmi il capo, ma quest'ultimo è pur sempre uno solo: il mio.

La ragione di tali plurali è ancora la solita, ossia quella del *pomodoro* e del *caporione*: quando un vocabolo composto è talmente entrato nell'uso che ormai non si pensa piú tanto alle sue due componenti, se ne fa il plurale come se fosse un qualsiasi vocabolo, chiamiamolo cosí, "unitario", cioè si muta soltanto la desinenza finale.

Nomi composti che mutano la desinenza finale

Prendiamo un vocabolo che non è vecchio, ma tanto usato in questo nostro secolo dell'automobile: il *parafango*. Secondo logica, dovrebbe restare invariato nel plurale perché, se in un'automobile i ripari dal fango sono quattro, il fango è pur sempre uno; eppure si dice *para***fanghi**. Nella stessa automobile c'è il *parabrezza*: siccome nella nostra macchina ce n'è uno solo, raramente usiamo il plurale di questo vocabolo, ma, quando dobbiamo indicare piú di un parabrezza, il plurale rimane invariato: i *para***brezza**, e non i "parabrezze". Cosí, per restare nel gruppo dei nomi composti con la voce verbale *para* seguita dall'oggetto, i plurali di *paracarro, parapetto, paralume* — anche se riparano un carro, un petto e un lume per volta, salvo speciali affollamenti sulla strada carraia o sulla loggia o spettacolari illuminazioni casalinghe — dovrebbero restare invariati rispetto al singolare; invece no: si dice, chissà da quanto tempo:

*para**carri**, para**petti**, para**lumi**.*

Il plurale dei nomi composti con una voce verbale

Vi sarete accorti, dagli esempi con i quali vi abbiamo addirittura investiti, che gli "insulti alla logica" — come quello macroscopico dei *parafanghi*, quasi che le ruote della nostra automobile debbano a ogni costo essere difese contro... le cure termali — si verificano sempre quando il sostantivo che costituisce con la forma verbale il nome composto è di genere maschile. Perciò i grammatici che confezionano le leggi "a posteriori" hanno escogitato, un po' semplicisticamente, che quando il sostantivo componente è maschile si fa il plurale del nome composto, quando è femminile no. Ecco perché, conformemente a codesta regola, abbiamo per i composti con i nomi maschili:

*para**fango** ⟶ para**fanghi***

*para**vento** ⟶ para**venti***

e per i composti con i nomi femminili:

*para**brezza** ⟶ para**brezza***

*para**pioggia** ⟶ para**pioggia***

*para**cqua** ⟶ para**cqua***

*para**fiamma** ⟶ para**fiamma***

Sempre per ottemperare a quella regola, persino il *parasole*, che logicamente non dovrebbe variare nel plurale — perché il sole è uno solo — accoglie, sia pure a malincuore, il plurale *paraso**li***, e anche il *parafuoco* tollera *parafuo**chi***, e *parafulmine, parafulmi**ni***.

Poiché questa faccenda dei nomi composti che nel plurale ora variano e ora non variano interessa non solamente i composti con *para-*, riprenderemo il discorso più avanti, e là cercheremo di impostare le norme in termini più precisi.

Avventure di pellirosse

Va a finire che anche il vostro figliolo, se gli càpita sott'occhio questo titolo, s'incuriosisce e vuol leggere quel che noi scriviamo pensando soltanto alla grammatica e non alle frecce micidiali dei Sioux. Be', accontentiamo anche il vostro ragazzo e raccontiamogli, se già non lo sa (i ragazzi d'oggi sanno piú di noi di queste faccende), che negli ultimi anni del Quattrocento il navigatore italiano Giovanni Caboto incontrò certi indigeni di Terranova, i Beothuc, oggi estinti, e li definí "pelli rosse", non perché avessero la cute proprio rossa, e nemmeno rossiccia, ma perché si tingevano il volto e altre parti del corpo con ocra rossa. Dal termine plurale francese *Peaux-Rouges* noi, traducendo, derivammo "pelli rosse", donde poi si formò il vocabolo composto *pellirosse* — in origine solo plurale — e da questo venne fuori l'illogico singolare *pellirossa*; evidente che è piú giusto *pellerossa*, ma qualcosa di simile abbiamo già notato a proposito delle forme singolari, che alcuni ancora usano, *pomidoro* e *altipiano*, e potremmo aggiungere anche *pettirosso*, grazioso uccellino del quale non si dubita che abbia un petto solo. La forma *pellerossa* può andar bene anche per il plurale: "uomini dalla pelle rossa".

I pellirosse

Il discorso vale anche per *purosangue* (plurale: i *purosangue*, cioè "cavalli di puro sangue", meglio che i *purosangui*, come qualcuno tuttavia dice).

Avrete forse sentito alla radio o alla televisione, nella pubblicità di un dentifricio, parlare dei *boccasana*: sarebbero quelli che hanno, beati loro, la bocca sana, perciò il plurale è rimasto *boccasana* come il singolare. E cosí rimangono invariate anche parole come:

Il plurale dei nomi composti con un aggettivo

> *gambalunga, gambalesta, testadura, barbagrigia,* eccetera;

cioè altre composizioni di nome e aggettivo dove, se anche si tratta di piú individui (plurale), il riferimento è a una parte del corpo, che rimane singolare.

Diverso ragionamento faremo, invece, con parole come:

---

cassaforte ⟶ *casseforti*

terracotta ⟶ *terrecotte*

mezzaluna ⟶ *mezzelune*

---

perché qui la logica ci suggerisce di volgere al plurale ambedue le componenti: una *cassa* sola, *forte*, cioè ben salda, e nel plurale piú *casse*, tutte *forti*; una *terra*, cioè un pezzo di terra, *cotta* quand'è una sola, ma se son piú d'una, *cotte*; la *luna*, o lo strumento da cucina di forma arcuata, *mezza*, se considerata da sola, ma piú *lune* sono *mezze*.

Il plurale dei nomi composti con due nomi

Invece *cassapanca* è formato di due nomi, *cassa* piú *panca*, non già nome piú aggettivo, come *cassaforte*. Non si tratta di *casse*, ma proprio di *panche* che hanno forma, e anche funzione, di *cassa*: "panche fatte a cassa", cioè *cassa*panc**he** e non "cassepanche".

E il *pianoforte*? Non è lo stesso di *cassaforte*? Eppure il plurale è *pianoforti*, non "pianiforti". Analizziamo il vocabolo: non si tratta di un "piano" inteso come superficie liscia, orizzontale, particolarmente "forte", cioè robusta, ma di uno strumento a tasti con il quale si ottengono effetti musicali fondati su passaggi dal "piano" al "forte" e viceversa.

La logica del doposcuola

Questo titolo farà forse sbollire gli entusiasmi che noi stessi avevamo acceso in petto al vostro ragazzo col titolo del precedente paragrafo; ma il caro giovane si tranquillizzi, ché non è nostro compito esaltare l'istituto del doposcuola. Questo paragrafo avremmo anche potuto intitolarlo: "La logica del sottoscala". La "logica" consiste in questo: mentre *la soprascarpa* diventa, quand'è plurale, *le soprascarpe*, e *la soprattassa* diventa *le soprattasse*, perché questi due vocaboli significano rispettivamente: "la scarpa che sta sopra a un'altra scarpa" e "la tassa che è aggiunta a un'altra tassa"; *il sottoscala* e *il doposcuola*, nel plurale, restano invariati, perché il primo indica "il vano che sta sotto la scala", e il secondo "l'istituzione che provvede alla ricreazione dopo le ore scolastiche". Esempi:

I contatori sono stati collocati nei vari **sottoscala**;

Nella nostra città funzionano parecchi **doposcuola**.

Il plurale dei nomi composti con una preposizione o con un avverbio

Con tali nomi composti di una preposizione, oppure di un avverbio, e di un sostantivo, per non sbagliare giova tener d'occhio l'articolo:

● se l'articolo è maschile, cioè *il* oppure *lo*, e il sostantivo che sta attaccato alla preposizione, o all'avverbio, è femminile; per esempio:

il *dopo*scuola, **il** *sotto*scala, **l'***entro*terra, **il** *retro*terra,
il *retro*bocca, **il** *retro*scena, **il** *dopo*cena, **il** *sopras*sella,
il *retro*bottega;

state certi che il sostantivo femminile in *-a* rimane invariato nel plurale:

i *dopo*scuola, **i** *sotto*scala, **gli** *entro*terra, **i** *retro*terra, **i** *retro*bocca, **i** *retro*scena, **i** *dopo*cena, **i** *sopras*sella, **i** *retro*bottega (cioè i locali dietro la bottega, mentre **le** *retro*bott**eghe** sono botteghe posteriori).

Anche qui la logica dovrebbe confortarci: il *soprassella*, per esempio, non è una sella che sta sopra un'altra sella (come invece la *soprascarpa* e la *soprattassa*, che sono proprio "scarpa sopra la scarpa" e "tassa aggiunta alla tassa"), ma è "qualcosa che sta sopra la sella";

● se l'articolo ci rivela che il nome composto è dello stesso genere del vocabolo unito alla preposizione, o all'avverbio, per esempio, fra i femminili:

>la *sotto*commissione, la *sotto*lineatura, l'*anti*camera,
>la *retro*guardia, la *retro*via, l'*inter*vista, eccetera;

o fra i maschili:

>il *sopra*lluogo, il *sotto*suolo, il *sopra*mmobile, il *super*mercato,
>il *contro*spionaggio, il *retro*negozio, l'*anti*fascismo,
>il *sotto*prefetto, il *super*allenamento, eccetera;

questi sostantivi acquistano le consuete desinenze caratteristiche del plurale: *Plurali che concordano*

>le *sotto*commissioni, le *sotto*lineature, le *anti*camere,
>le *retro*guardie, le *retro*vie, le *inter*viste, eccetera;

>i *sopra*lluoghi, i *sotto*suoli, i *sopra*mmobili, i *super*mercati,
>i *contro*spionaggi, i *retro*negozi, gli *anti*fascismi,
>i *sotto*prefetti, i *super*allenamenti, eccetera.

Persino *sottaceto*, forse per solidarietà con gli altri nomi composti che terminano con -o, è diventato *sottaceti*, mentre è evidente che l'aceto è uno solo. Resistono ancora con plurale invariato rispetto al singolare: *dopopranzo* e *fuoribordo* e, tra quelli in -e, il composto *senzacuore*. In questi vocaboli permane un piú netto senso di separazione tra la preposizione e il sostantivo: periodi di tempo "dopo il pranzo", motori posti "fuori del bordo", persone "prive di cuore", e altri simili.

● Non diversamente da *dopopranzo*, *fuoribordo* e *senzacuore* avviene quando la prima componente è una voce verbale; per esempio:

>il **salva**gente, il **batti**scopa, il **guarda**roba, lo **sparti**neve,
>il **corri**mano, l'**aspira**polvere, il **guarda**caccia, lo **sciogli**lingua,
>il **porta**voce, il **prendi**sole, eccetera;

i loro plurali restano tutti invariati: *Plurali invariati*

>i **salva**gente, i **batti**scopa, i **guarda**roba, gli **sparti**neve,
>i **corri**mano, gli **aspira**polvere, i **guarda**caccia, gli **sciogli**lingua,
>i **porta**voce, i **prendi**sole, eccetera.

Anche qui, però, quel che piú conta è la logica, per esempio: una *scopa* sola batte su quei listelli protettori dell'intonaco tra il pavimento e le pareti; di numero singolare è la *neve* che quegli apparecchi gettano ai lati della strada e la *polvere* che quegli altri apparecchi domestici aspirano; una sola è la *lingua* che deve destreggiarsi per pronunciare le combinazioni di parole dai difficili suoni; una sola la *voce* che gli altoparlanti diffondono; sono centinaia, talvolta migliaia, i bagnanti che si accalcano sulle spiagge, moltissimi i *prendisole*, ma il *sole* è uno solo.

Insomma, nonostante le delusioni che le smentite e le eccezioni quotidiane ci infliggono, noi abbiamo piú fiducia nella logica — la quale è anche piú modestamente buonsenso — che nelle regole artificiose di certe grammatiche dei nostri e, ancor piú, di altri tempi.

Un poco d'ordine tra i nomi composti

Qualche nostro lettore si sarà accorto che noi ci siamo un tantino "arrampicati" sulle pareti della logica, cercando con molta buona volontà, ma talvolta con evidente forzatura, di giustificare troppe contraddizioni in questa spinosa faccenda dei nomi composti. Chissà quanti, se potessero parlare con noi direttamente, ci obietterebbero: va bene che *mezzaluna* ha il plurale *mezzelune* e invece *mezzogiorno* diventa *mezzogiorni*, perché la *mezzaluna* è proprio uno spicchio, cioè una frazione, di luna, mentre il *mezzogiorno* non è una frazione di giorno, bensí indica quell'ora che sta a metà del giorno; ma allora perché *mezzanotte* fa nel plurale *mezzenotti* e non "mezzanotti", come sarebbe logico? Non è forse anche questa l'ora che sta a metà della notte?

I mezzogiorni e le mezzenotti

Purtroppo una lingua vecchia e gloriosa come l'italiano ha le sue tradizioni e le sue consuetudini radicate da secoli e cosí saldamente abbarbicate che tentar di uniformarla con regole categoriche sarebbe impresa ardua.

Sommario

Tentiamo perciò di raggruppare, in una specie di schema, i diversi tipi di nomi composti e di compendiare alcune norme generali sulla formazione dei loro plurali:

Aggettivo piú nome

● 1. nomi composti di un aggettivo piú un sostantivo:

> *nerofumo, francobollo, bassopiano, bassofondo, bassorilievo, biancospino, falsariga, vanagloria, piattaforma*, eccetera.

Con questi nomi, di solito (ma non sempre! Ricordate le *mezzelune*, le *mezzenotti*, e anche gli *altipiani* e gli *altiforni*, che prevalgono nettamente sugli *altopiani* e *altoforni*, e i *purosangue*, con quegli altri che restano invariati. Ripetiamo dunque: di solito, ma non sempre), si fa il plurale come se fossero nomi semplici, declinando cioè i sostantivi, ma lasciando immutati gli aggettivi:

nerofumi, francobolli, bassopiani, bassofondi, bassorilievi, biancospini, falsarighe, vanaglorie, piattaforme, eccetera;

- 2. nomi composti di un sostantivo piú un aggettivo (cioè l'aggettivo è posto dopo il sostantivo):   *Nome piú aggettivo*

    fabbroferraio, caposaldo, cartapesta, acquaforte, casamatta, gattamorta, eccetera;

oltre ai già commentati:

    palcoscenico, cassaforte, terracotta, pellerossa, eccetera.

Già abbiamo detto che *palcoscenico* ha il plurale *palcoscenici*, ma in generale questi nomi cosí composti volgono nel plurale entrambi i vocaboli che li costituiscono, cioè come se fossero due vocaboli separati:

    fabbriferrai, capisaldi, cartepeste (ma anche *cartapeste*), *acqueforti, casematte, gattemorte*, eccetera.

In quest'ultimo vocabolo, come in *terracotta*, non si tratta propriamente di un aggettivo, ma di un participio passato, cioè voce verbale, tuttavia con forma ormai parificata a quella di aggettivo;

- 3. nomi composti di due aggettivi: *Aggettivo piú aggettivo*

    chiaroscuro, sacrosanto, sordomuto, grigioverde, pianoforte, eccetera.

Hanno il plurale come se fossero nomi semplici, mutano cioè soltanto la desinenza finale (che è poi quella del secondo aggettivo):

    chiaroscuri, sacrosanti, sordomuti, grigioverdi, pianoforti, eccetera;

- 4. nomi composti di due sostantivi: *Nome piú nome*

    arcobaleno, cavolfiore, madreperla, rosaspina, cartapecora, ferrovia, pescecane, boccaporto, banconota, eccetera.

Anche questi, quasi sempre, modificano nel plurale solo il secondo elemento:

    arcobaleni, cavolfiori, madreperle, rosaspine, cartapecore, ferrovie, pescecani (ma anche *pesicani*), *boccaporti, banconote*, eccetera.

Nomi composti come:

> *pescespada, pescesega, pesceluna, grillotalpa*, eccetera,

hanno i plurali:

> *pesci*spad**a**, *pesci*seg**a**, *pesci*lun**a**, *grilli*talp**a**, eccetera,

cioè variano nel primo elemento e lasciano invariato il secondo: si tratta di nomi composti maschili dove il secondo elemento è femminile (*spada, sega, luna, talpa*). Potremmo perciò stabilire la seguente norma:

quando il secondo elemento componente è di genere diverso dal nome composto, varia nel plurale il primo elemento, ma rimane invariato il secondo.

Grazie a tale norma possiamo renderci conto perché, mentre il plurale di *toporagno* è *toporagni*, il plurale di *grillotalpa* è *grillitalpa*.
Dei nomi composti mediante *capo* più un sostantivo abbiamo già trattato in un precedente paragrafo (quello intitolato: "I capogiri del capostazione");

Verbo più nome

● 5. nomi composti di un verbo e di un sostantivo.
Applichiamo anche qui la norma che ci fece comodo per il plurale dei composti di due sostantivi: quando il sostantivo unito al verbo è del medesimo genere del nome composto, si fa regolarmente il plurale del sostantivo, lasciando invariata la forma verbale, per esempio:

---

il passatempo ⟶ *i passatempi*

il passaporto ⟶ *i passaporti*

il segnalibro ⟶ *i segnalibri*

Quando invece il sostantivo unito al verbo è di genere femminile, il nome composto resta invariato nel plurale:

---

lo spazzaneve ⟶ *gli spazzaneve*

il salvagente ⟶ *i salvagente*

l'aspirapolvere ⟶ *gli aspirapolvere*

Asciugamano ha il plurale *asciugamani*, anche perché le mani sono due; *baciamano* e *corrimano* (dove la mano è una sola), oltre ai piú logici plurali *baciamano* e *corrimano*, preferiscono anch'essi *baciamani* e *corrimani*. Ciò perché il nome *mano*, pur essendo femminile, termina con *-o* come i nomi maschili e quindi ama comportarsi come se fosse maschile.
Quando il sostantivo unito al verbo è già plurale anche nel singolare del nome composto, come:

> il *portalettere*, il *battipanni*, il *segnalinee*, lo *schiaccianoci*, l'*accalappiacani*, eccetera,

al plurale si lascia il nome composto cosí come è, cambiando solo l'articolo:

> **i** *portalettere*, **i** *battipanni*, **i** *segnalinee*, **gli** *schiaccianoci*, **gli** *accalappiacani*, eccetera;

● 6. nomi composti di una preposizione, o di un avverbio, e di un sostantivo.

Preposizione o avverbio piú nome

La norma che abbiamo applicato per i composti "verbo + sostantivo" si può estendere anche a questa categoria: se il nome composto è del medesimo genere del sostantivo che è tra i suoi componenti, per ottenere il plurale si declina regolarmente questo sostantivo:

sottufficiale ⟶	*sottufficiali*
soprammobile ⟶	*soprammobili*
superteste ⟶	*supertesti*
surgelato ⟶	*surgelati*
soprascarpa ⟶	*soprascarpe*
anticamera ⟶	*anticamere*
intervista ⟶	*interviste*

Per non venir meno a questa norma, si fa persino il plurale di *lungarno* (viale lungo il fiume Arno), di *lungotevere*, di *lungoticino*, eccetera, creando assurdi, secondo la logica, ma giustificati grammaticalmente, *lungarni*, *lungoteveri*, *lungoticini*, intesi però come nomi comuni, cosí come si dice, sempre con scarsa logica, *lungofiumi*, *lungolaghi*, *lungomari*.

Quando il sostantivo componente è di genere diverso rispetto al nome composto, il plurale resta invariato:

il *doposcuola* ⟶ i *doposcuola*

il *sottoscala* ⟶ i *sottoscala*

il *retroterra* ⟶ i *retroterra*

Tipici per dimostrare la validità pratica della nostra norma sul plurale dei nomi composti sono i due vocaboli *guardaroba* (verbo+nome) e *retrobottega* (avverbio+nome); essi hanno due forme, una maschile e l'altra femminile: **il** *guardaroba* e **la** *guardaroba*; **il** *retrobottega* e **la** *retrobottega*. Coerentemente alla norma *il guardaroba* e *il retrobottega* nel plurale rimangono invariati: *i guardarob***a** e *i retrobotteg***a**; invece *la guardaroba* e *la retrobottega* diventano rispettivamente: *le guardarob***e** e *le retrobott***eghe**;

Verbo più verbo

● 7. nomi composti di due forme verbali:

> *lasciapassare, dormiveglia, parapiglia, saliscendi, fuggifuggi, tiramolla*, eccetera.

Questi composti interamente costituiti da forme verbali rimangono invariati nel plurale: *i lasciapassare, i dormiveglia*, eccetera.
Quando, invece, in un nome composto il secondo elemento è un verbo o un avverbio (che per loro natura non si possono declinare), il nome cosí composto rimane invariato: *i belvedere, i buttafuori*, eccetera.

Identità dei cani-poliziotto

Nomi composti e nomi accostati

Il *cane-poliziotto* non è un poliziotto che assomiglia a un cane, né un cane che assomiglia a un poliziotto, ma è un cane che "sa fare" il poliziotto. Perciò non esiste un nome composto *cane+poliziotto* (a differenza, per esempio, di *pescecane*, che è proprio un animale che cosí si chiama). Sono due nomi semplicemente accostati: *cane*, il cui plurale è regolarmente *cani*, e *poliziotto*, che resta singolare, perché quei cani sono pur sempre cani: quella del poliziotto è semplicemente la loro attività, diciamo pure la loro professione.

La differenza tra i nomi composti e questi nomi cosí accostati, o accoppiati, o abbinati, che dir si voglia, è anche visiva: i due vocaboli sono scritti separati, ma meglio ancora collegati mediante un trattino:

nave-traghetto, casa-asilo, segnale-orario, eccetera.

Si tratta, per essere esatti, di nomi che rappresentano un'intera frase abbreviata. Dicendo infatti *carrozza-ristorante* vogliamo dire "carrozza che fa da ristorante"; dicendo *vagone-letto* intendiamo "vagone dove si va a letto". Perciò in questi nomi, volendoli mettere al plurale, modificheremo soltanto il nome fondamentale (*carrozza, vagone*), mentre l'altro, quello che esprime la "funzione" (*ristorante, letto*, eccetera) rimane singolare. Ecco dunque che il plurale di *carrozza-ristorante* è *carrozze-ristorante*, il plurale di *vagone-letto* è *vagoni-letto*, anche se i letti sono tanti, e similmente il plurale di *carro-bestiame* è *carri-bestiame* (carri che "servono" per trasportare il bestiame), e ancora:

Il plurale dei nomi accostati

---

nave-traghetto ⟶ *navi-traghetto*

casa-asilo ⟶ *case-asilo*

segnale-orario ⟶ *segnali-orario*

Pochi anni orsono, quando il Ministro della Pubblica Istruzione istituí nelle scuole medie il *buono-libro*, forse anche qualche preside rimase nel dubbio: *buono-libro*, diceva la circolare ministeriale, ma il plurale: *buono-libri* o *buoni-libro* o *buoni-libri*? In fondo, non si dà ai ragazzi il buono per un solo libro, ma per piú libri, e i genitori sanno quanti sono i libri che bisogna comperare per ogni alunno delle nostre scuole medie. Invece, la forma ufficiale e corretta è *buono-libro* nel singolare e *buoni-libro* nel plurale: ciò perché si considera il nome *libro* quale un oggetto d'acquisto, in generale, indipendentemente dalla quantità, come quando si dice: *fiera del libro, mostra del libro*.

Vogliamo aggiungere ancora qualcosa su questa faccenda dei nomi accostati o abbinati, perché può essere causa di perplessità anche per le persone che abbiano una certa dimestichezza con la grammatica:

---

gonna-pantalone ⟶ *gonne-pantalone*

giacca-fantasia ⟶ *giacche-fantasia*

uomo-rana ⟶ *uomini-rana*

bambino-prodigio ⟶ *bambini-prodigio*

apparecchio-modello ⟶ *apparecchi-modello*

⟶

145

```
porta-finestra    ⟶  porte-finestra
palazzo-alveare   ⟶  palazzi-alveare
esercito-fantasma ⟶  eserciti-fantasma
guerra-lampo      ⟶  guerre-lampo
donna-cannone     ⟶  donne-cannone
torre-vedetta     ⟶  torri-vedetta
carta-carbone     ⟶  carte-carbone
romanzo-fiume     ⟶  romanzi-fiume
```

Il vocabolo che si deve pluralizzare

Anche in questa nuova serie di esempi avete visto che si è fatto il plurale di quello dei due vocaboli che è fondamentale, cioè: gonne che hanno foggia di pantalone; giacche confezionate con stoffa fantasia; uomini usati per le immersioni sott'acqua, con attitudini simili a quelle delle rane; bambini che costituiscono un prodigio; apparecchi validi come modello; porte che fan da finestra; palazzi che ricordano la struttura di un alveare; eserciti che non si vedono concretamente, come accade di un fantasma; guerre che si risolvono in un lampo; donne cosí grosse che sembrano un cannone; torri che servono come vedetta; carte con funzione copiativa, fornite di uno strato di nerofumo simile a carbone; romanzi ampi, dove la narrazione fluisce come un gran fiume.

21. QUIZ SUL PLURALE DEI NOMI COMPOSTI

Quale di questi due plurali è giusto? Segnate *a* oppure *b*:

contrattempo:
a) contrattempi
b) contrattempo

girotondo:
a) giritondi
b) girotondi

sanguisuga:
a) sanguisuga
b) sanguisughe

portacenere:
a) portaceneri
b) portacenere

poltrona-letto:
a) poltrone-letto
b) poltrone-letti

dormiveglia:
a) dormiveglie
b) dormiveglia

gattopardo:
a) gattipardi
b) gattopardi

uomo-scimmia:
a) uomini-scimmia
b) uomini-scimmie

portabandiera (m.):
a) portabandiera
b) portabandiere

pastasciutta:
a) pasteasciutte
b) pastasciutte

guardiamarina:
a) guardiamarina
b) guardiemarina

chiudilettera:
a) chiudilettere
b) chiudilettera

girasole:
a) girasoli
b) girasole

violacciocca:
a) violecciocche
b) violacciocche

caposcalo:
a) caposcali
b) capiscalo

saltimbocca:
a) saltimbocca
b) saltimbocche

facciatosta:
a) facciatoste
b) faccetoste

posapiano:
a) posapiano
b) posapiani

Soluzione a pag. 446

Una cronaca "linguistico-sportiva"

Leggemmo in una cronaca sportiva: *I* **giallorossi** *hanno impegnato energicamente i* **bianconeri**. Seguiva la narrazione dell'entusiasmante partita di calcio. Non ci ricordiamo piú se poi prevalsero i *giallorossi* o i *bianconeri*, se fu decisivo l'apporto degli *italo-argentini* che militavano in entrambe le compagini, se i due allenatori *ispano-paraguaiani* litigarono fra loro, se alla

Gli aggettivi accostati

fine del torneo rimasero in testa le squadre *lombardo-piemontesi* o se si affermarono con onore quelle *centro-meridionali*.

Intanto, tra l'attacco di un *centro-avanti* — anche se fosse *centravanti*, si tratterebbe pur sempre di vocaboli "accostati", *centro+avanti*, che nel plurale resterebbe invariato: i due *centro-avanti* o *centravanti* delle opposte squadre — e la difesa di una *mezzala* — o *mezza ala*: questo invece è un nome composto, aggettivo+sostantivo, che nel plurale diventa normalmente *mezzali* o *mezze ali* — noi stabiliremmo una delle nostre norme pratiche, naturalmente di interesse filologico e non sportivo:

Il plurale di due aggettivi accostati

● quando si fa il plurale di due aggettivi accostati, il primo rimane invariato, cioè maschile e singolare, il secondo invece si declina secondo la normale concordanza, per esempio:

---

guerra italo-austriaca ⟶ guerre italo-austriache

aperitivo dolce-amaro ⟶ aperitivi dolce-amari

rimprovero aspro-dolce ⟶ rimproveri aspro-dolci

visita medico-fiscale ⟶ visite medico-fiscali

ciclista rosso-crociato ⟶ ciclisti rosso-crociati

maglia bianco-iridata ⟶ maglie bianco-iridate

corso teorico-pratico ⟶ corsi teorico-pratici

uomo mezzo-morto ⟶ uomini mezzo-morti

Talvolta gli elementi della "combinazione" possono essere tre: in questo caso, i primi due rimangono invariati, mentre il terzo si declina rispettando la concordanza. Per esempio:

---

mercato orto-floro-frutticolo ⟶ mercati orto-floro-frutticoli

trattato russo-franco-americano ⟶ trattati russo-franco-americani

---

Saremmo, alla fine, contenti se la competenza sportiva dei lettori di quella cronaca potesse essere arricchita di un pochino di conoscenze *linguistico-grammaticali* o, se vi sembra piú prestigioso, *filologico-linguistiche*. Sempre singolare e maschile il primo aggettivo; che non vi venga in mente di parlare di conoscenze "linguistiche"-grammaticali o "filologiche"-linguistiche: sarebbero due errori "belli e buoni" (qui sí vanno bene i due plurali, perché sono due aggettivi indipendenti e separati); proprio due grosse "papere", come una volta dicevano in gergo teatrale, ma ora dicono anche gli sportivi, simili a quelle del portiere di una squadra di calcio che si lasciasse scappare due reti l'una dopo l'altra.

Le due Monaco, e le tre Rome

Durante le Olimpiadi di Monaco, nel 1972, quando avvenne il tragico fatto degli atleti israeliani rapiti da un gruppo di arabi, un giornale italiano pubblicò un articolo di fondo per giustificare il rifiuto del governo d'Israele di cedere all'ultimatum dei rapitori, e richiamò alla memoria un patteggiamento avvenuto in quella medesima città nel 1938, che fu, a giudizio di quel giornalista, una delle cause della guerra che incominciò l'anno dopo; l'articolo del giornale si intitolava *Le due Monaco*. Infatti il plurale dei nomi di città che terminano con la lettera *-o* si fa lasciando il nome invariato. Se dalla politica passiamo alla geografia, diremo dunque che in Europa ci sono due *Monaco*: questa in Baviera, della quale abbiamo or ora parlato, e un'altra sulla Costa Azzurra, prossima al confine tra Italia e Francia.

Il plurale dei nomi di città

Parlando della Milano industre, ricca, agiata e di quella parte della grande città lombarda dove la miseria e il vizio allignano nei bassofondi, si contrappongono due *Milano* tra loro opposte e differenti. E cosí, se il discorso lo esigesse, si potrebbe fare il plurale, cioè non farlo: lasciando i nomi immutati, di Berlino, di Oporto, di Taranto, di Bergamo, di Cuneo, o che si voglia.

Leggiamo invece in un libro che, nel corso millenario della storia, dopo la Roma dei Cesari ci fu, altrettanto splendida, quella dei Papi e poi, meno splendida ma tanto piú rumorosa, la Roma moderna; in quel libro si parla continuamente di queste tre *Rome*. Dunque, si può fare il plurale di Roma. E anche di Londra (*Le due **Londre** tra loro cosí diverse: quella del lavoro e dei traffici, e quella dei divertimenti*), di Barcellona (*Ci sono due **Barcellone**: una, piú grande, in Spagna; l'altra in Sicilia*), e delle altre innumerevoli città i cui nomi terminano con la desinenza *-a*, come Lisbona e Ancona, Mantova e Venezia, Calcutta e Monròvia, eccetera.

Invece i nomi di città e paesi che terminano con altra lettera (normalmente una vocale per i nomi italiani, una consonante per molti nomi stranieri) restano invariati:

> *Non basterebbero cinque **Napoli** per fare una città vasta come Londra;*

> *Come sarebbe piú ricca spiritualmente l'umanità, se esistessero tre o quattro **Firenze** nel mondo!*

> *Se la nostra patria sarà invasa, faremo delle nostre città altrettante eroiche* **Poznań**.

Il plurale dei nomi di Stati, regioni, isole, ecc.

I nomi propri di Stati, di regioni, di continenti, e anche di isole, di penisole, fiumi, monti, eccetera, possono, in talune speciali espressioni, essere declinati secondo le regole normali del plurale. In Italia ci fu nel passato un Regno delle due *Sicilie*; ci sono tuttora le tre *Venezie*, esistono le *Marche* (plurale di *Marca*); si usa spesso dire *Puglie* invece di *Puglia*; si potrebbe senza errore parlare di un numero indeterminato di *Italie* (quelle del passato e quella di adesso), di *Germanie* (l'occidentale e l'orientale), di *Svizzere*, e cosí via. Non c'è libro di geografia che non faccia cenno alle due o tre *Americhe*; negli atlanti trovavate le tre *Guiane*, in Sudamerica, o le tre *Somalie*, in Africa. E trovate le due *Coree*, in Asia; le *Fiandre*, in Europa, eccetera; una volta piú che adesso si nominavano le *Indie*; lo zar russo, quando esisteva quella monarchia, era detto "imperatore di tutte le *Russie*". Ciò vale non soltanto per i nomi in *-a*: ci sono gli *Abruzzi* e si potrebbe, in un discorso però improbabile, parlare eventualmente di *Piemonti*, di *Eldoradi*, di *Portogalli*, di *Conghi*, di *Teveri* e di *Nili*. Avrete certamente letto nei giornali che oggi esistono due *Giapponi* diversi: quello tradizionale, ligio alla religione e all'imperatore, e quello moderno, piú spregiudicato, che guarda piuttosto all'America e all'Europa.

Restano invariati i nomi propri in *-a* se maschili: *Cànada* (ma anche *Canadà*), *Ghana*, *Kenia*, eccetera; quelli in *-i* e in *-u*; quelli tronchi: *Mondoví*, *Canicattí*, *Paternò*, e naturalmente quelli che terminano con una consonante, di regola vocaboli stranieri, come *Iràn*, *Iràq*, *Nepàl*, *Ecuadòr*, *Camerún*, eccetera. È raro che si faccia il plurale di tali nomi; tuttavia abbiamo letto nei giornali del contrasto tra i due *Yèmen* (quello settentrionale e quello meridionale), del lungo conflitto tra i due *Vietnàm*, della soppressione di uno dei due *Pakistàn* (quello orientale).

I nomi propri di persona

Il plurale dei nomi propri

I nomi propri di persona talvolta si mettono al plurale (i nomi di battesimo, come diciamo noi cristiani, o prenomi: Mario, Ettore, Beatrice, Carolina, eccetera). Nella storia si parla dei due *Bruti*, dei due *Scipioni*, dei numerosi *Carli* della dinastia carolingia, degli *Arrighi* dell'Impero germanico, eccetera. Sono frequenti i richiami nella conversazione di ogni giorno alle tre *Marie*, gli accenni alle varie *Marianne* o *Caterine* o ai vari *Paoli*, *Stefani*, *Giuseppi* che per caso sono di nostra conoscenza.

Questi plurali dei nomi propri di persona si fanno dunque secondo le regole dei nomi comuni; pertanto restano invariati nel plurale i nomi propri in *-i*:

> *Molti furono i* **Luigi** *che regnarono in Francia.*

Parimenti invariati quelli tronchi, come *Mariú*, *Mimí*, *Nicolò*, e quelli in consonante, *Dàvid*, *Ràul*, *Borís*, e moltissimi altri, di origine straniera, ormai entrati nell'onomastica nazionale.

Anche per i nomi propri di persona, come abbiamo detto per i nomi propri geografici, vale la norma che restano invariati quelli maschili in *-a*: *Luca*, *Battista*, *Enea*, eccetera:

> Dei due **Andrea** venerati come santi, uno solo è riconosciuto dalla Chiesa.

I cognomi, a differenza dei nomi di battesimo, non variano mai nel plurale: i *Visconti*, i *Borromeo*, gli *Sforza*, i *Nascimbene*, gli *Ardigò*, eccetera. Se variassero, e noi, per indicare i componenti di una famiglia il cui cognome fosse *Fornaro*, dicessimo i "Fornari", il cognome cosí deformato diventerebbe identico a un altro cognome che già esiste: *Fornari*.

Il plurale dei cognomi

I soprannomi seguono per il plurale le stesse regole dei nomi. Se in una famiglia il soprannome è *Malagrazia*, i componenti di quella famiglia saranno i *Malagrazia*, perché quel soprannome è un maschile terminante in *-a*. Se invece il soprannome fosse *Testone* o *Salterello*, ne verrebbero i plurali *Teston***i** e *Salterell***i**.

Il plurale dei nomi stranieri

Qualche secolo fa il problema non sarebbe stato posto: i vocaboli stranieri erano prontamente assimilati, trasformati, diciamo pure "italianizzati". Poi se ne faceva il plurale o il femminile "all'italiana" e tutto era risolto. In quei tempi, se in una bottiglieria fosse stato in mostra il *cognac*, senza esitare i clienti e l'esercente avrebbero detto "cognacco" e poi ne avrebbero fatto il plurale "cognacchi". Il *foot-ball* sarebbe diventato "fuballo" o "fubballo" o qualcosa di simile. Forse lo *sport* l'avrebbero deformato in "sporto", con plurale "sporti". La trasformazione in "filme" o "filmo", plurale "filmi", del vocabolo inglese *film* (la tentò quello squisito scrittore che fu Ugo Ojetti, sebbene con scarso successo) allora sarebbe sembrata del tutto normale, per nulla ridicola.

Invece nel nostro secolo i vocaboli stranieri, salvo le note eccezioni come *paltò*, *toletta*, *bistecca*, *gilè*, *tassí*, eccetera, permangono nella loro grafía originale, cioè straniera, e anche, ma non sempre, nella pronuncia. Alcuni di questi vocaboli, di solito quelli piú brevi e di piú agevole pronuncia, sono ormai entrati a far parte del nostro vocabolario; e nemmeno piú si scrivono in carattere corsivo o tra virgolette. Tra questi:

> *bar, sport, tram, film, flirt, tennis, menu, jazz, jet, golf, box, buffet, revolver, club, quiz, slip, raid, autobus, camion, lift, hostess, super-market*, eccetera.

Il plurale dei nomi stranieri

Di questi e di altri vocaboli stranieri parleremo a pag. **179**. Per ora ci interessa soltanto il quesito: si deve fare dei vocaboli stranieri il plurale secondo le regole delle lingue donde provengono? Cioè i *bar* o i *bars*? gli *sport* o gli *sports*? i *tram* o i *trams*?

• La risposta è chiara e decisa: considerate tali vocaboli invariabili nel plurale: *i bar, gli sport, i tram,* eccetera.

Norma che vale anche per quei nomi con consonante finale che sono di solito, ma non necessariamente, stranieri: le *Fiat,* le *Opel,* le *Mercedes,* le *Alfasud,* tanto per prendere gli esempi tra le marche delle nostre automobili quotidiane, ma basterebbe guardarci intorno nelle strade che percorriamo e fare attenzione alle targhe, alle insegne, ai cartelli, per notarne chissà quanti.

Non sono propriamente stranieri, ma certo estranei alla normale grafia dell'italiano moderno, anche quei vocaboli latini così spesso usati nel discorso. Citiamo:

> *memorandum, referendum, ultimatum, currículum, spècimen, album, agenda, lapis, raptus, junior, senior, pro memoria, casus belli, lapsus linguae, statu quo, post scriptum* (ormai italianizzato in *poscritto,* con plurale *poscritti*), eccetera.

Il plurale dei nomi latini

Anche per questi non è opportuno formare il plurale secondo le norme del latino. Non si dirà cioè: i "memoranda", i "referenda", gli "ultimata", i "currícula", come vorrebbe la declinazione latina dei nomi neutri; *agenda,* che in latino è plurale neutro, "cose da farsi", deve essere considerato ormai come un nome italiano femminile (con plurale: le *agend***e**); i plurali *juniores* e *seniores* potranno essere usati se chiaramente riferiti alle persone, non per definire, solitamente in sede sportiva, la categoria; si potrà cioè dire: *gara 400 metri* **junior**; *campionato nazionale categoria* **senior**.

Per i nomi stranieri, invece, si useranno le forme proprie delle lingue originarie quando quei vocaboli siano citati, e soprattutto "sentiti", come stranieri. Esempi:

> *In quella serata, molto eleganti parvero le numerose* **ladies** *inglesi;*

> *Abbiamo speso in tutto sei* **pence**;

> *Si va sempre piú diffondendo anche in Italia l'uso di codeste* **slot-machines**;

> *A me piacciono i* **film** (invariato) *dove agiscono i* **cow-boys**;

> *Perfetti* **caballeros***, quei signori spagnoli;*

> *Avanti,* **mesdames**! *entrino anche loro,* **messieurs**!

La maggior parte finí (o finirono?) all'ospedale

Una cronaca di giornale. Dopo un comizio politico, conclusosi con reciproco scambio di percosse, *la maggior parte dei comizianti* (si leggeva in quella cronaca) **finí** *all'ospedale*. Stesso comizio, stessa data (stesse bòtte...), ma altro giornale: *la maggior parte degli intervenuti* **finirono** *all'ospedale*. Qui non si tratta di differenza nella valutazione politica, ma semplicemente nella concordanza grammaticale. Quei comizianti saranno stati cinquanta, cento, forse di meno, forse di piú: anche tenendo conto della minoranza di quei fortunati che non ebbe (o ebbero) bernoccoli o fratture da farsi medicare all'ospedale, è pur sempre plurale il numero degli infortunati. Però il soggetto della proposizione è singolare: *la maggior parte* (e anche: *la maggioranza* e *la minoranza*). Allora, il verbo si deve concordare grammaticalmente al singolare o "a senso" al plurale? Entrambe le forme sono ammesse quando, nel caso citato, il soggetto è uno di quei nomi che i grammatici definiscono *collettivi*, cioè nomi che esprimono un insieme di piú persone, di piú animali, di piú cose.

Costruzione "a senso"

Si deve però andar cauti ed evitare certe "discordanze" che danno troppo nell'occhio e nell'orecchio. Per esempio, non direte mai: "la folla *tumultuavano*", oppure: "un gran numero *erano presenti*". Questa costruzione, col predicato plurale quando il soggetto è grammaticalmente singolare (anche se nome collettivo), sarà ammessa — non è tuttavia obbligatoria — in una frase come la seguente:

> *Una gran quantità di vecchi, di donne e di fanciulli* **poterono** *trovare rifugio nel cortile del castello.*

Viene quasi spontaneo il plurale del verbo, riferito a tutte quelle persone elencate.

Potremo insomma dire — ripetiamo: non è una regola tassativa — che quando dopo il nome collettivo sono specificati coloro che costituiscono quella collettività, quando cioè segue un complemento di specificazione introdotto dalla preposizione *di* (p. es.: *grande quantità* **di** *vecchi*) è ammessa, talvolta anche consigliabile, la "costruzione a senso". È proprio la pluralità di quei nomi elencati dopo il collettivo (*di vecchi*) che fa sentire plurale anche il predicato verbale (*poterono*).

La costruzione a senso esisteva già nella lingua latina. Nel parlar popolare è piú frequente che in quello dotto. Due esempi di costruzione a senso, tolti da autori che pure assai rigidamente controllavano la correttezza grammaticale.

Il primo, arditissimo, del Manzoni:

> *Sappia dunque che* **questa buona gente son risoluti** *d'andar a metter su casa altrove.*

Il secondo, comunissimo, col *di* che introduce il complemento di specificazione, di Alfredo Panzini:

Uno stormo *di velivoli* **si sollevarono** *dal campo.*

Per suggellare questo argomento con qualche applicazione pratica, formiamo un periodo, dove al nome singolare corrisponde il predicato, anch'esso di numero singolare. Poi proviamo a mettere il predicato al plurale. Entrambe le costruzioni saranno corrette.

Due costruzioni entrambe corrette

> *All'alba una gran massa di nubi, alcune grevi e oscure, altre striate e quasi filiformi, s'**era accalcata** nel cielo e, con le ombre cupe che coprivano i dorsi di quei vapori,* **pareva** *minacciare un'imminente bufera.*

Mettendo i verbi al plurale, il periodo diventa cosí:

> *All'alba una gran massa di nubi, alcune grevi e oscure, altre striate e quasi filiformi, s'**erano accalcate** nel cielo e, con le ombre cupe che coprivano i dorsi di quei vapori,* **parevano** *minacciare un'imminente bufera.*

Quale delle due costruzioni preferite? Ripetiamo: entrambe sono corrette. È dunque solo una questione di gusto personale.

22.

QUIZ SULLA COSTRUZIONE A SENSO DEI NOMI COLLETTIVI

Nelle frasi seguenti preferite la costruzione *a* o la costruzione *b*? Se vi sembra che vadano bene entrambe, rispondete pure *ab*.

a) *Un gran numero di uccelli furono uccisi.*

b) *Un gran numero di uccelli fu ucciso.*

Risposta: ...

a) *Una quarantina di ostaggi fu prelevata.*

b) *Una quarantina di ostaggi furono prelevati.*

Risposta: ...

a) *Un'infinità di disgrazie sono capitate proprio a me.*

b) *Un'infinità di disgrazie è capitata proprio a me.*

Risposta: ...

a) *Più della metà degli spettatori restò in piedi.*

b) *Più della metà degli spettatori restarono in piedi.*

Risposta: ...

a) *Una mandra di bovini assetati e affamati fu accolta nello stallo e rifocillata.*

b) *Una mandra di bovini assetati e affamati furono accolti nello stallo e rifocillati.*

Risposta: ...

a) *Un centinaio di difensori bene armati potrebbe essere sufficiente.*

b) *Un centinaio di difensori bene armati potrebbero essere sufficienti.*

Risposta: ...

a) *La schiera dei soldati entrarono nel forte.*

b) *La schiera dei soldati entrò nel forte.*

Risposta: ...

a) *La maggior parte degli scolari sarà promossa.*

b) *La maggior parte degli scolari saran promossi.*

Risposta: ...

Soluzione a pag. 447

Capitolo XII

LE ARTICOLAZIONI DEL DISCORSO

Quando l'articolo non esisteva

In latino, come è noto, non esistono gli articoli. Per dire: *il mio amico possedeva una villa*, gli antichi Romani se la cavavano cosí: *meus amicus possidebat villam*, cioè, alla lettera: "mio amico possedeva villa". Ciò è facilitato dal fatto che in latino il meccanismo delle desinenze (cioè la *declinazione*) è molto piú complesso e importante che nelle lingue moderne. Sorse però spontanea, durante quel lungo e graduale processo di trasformazione per cui il latino classico si trasformò nei "volgari" (o lingue neolatine, come appunto l'italiano, il francese, lo spagnolo, eccetera), una tendenza all'"articolazione" del discorso; si incominciò a dire: *ille meus amicus possidebat unam villam*, che propriamente significa: "*quel* (latino: *ille*) mio amico possedeva *una* (una di numero, una sola) villa".

Nell'italiano davanti quasi a ogni nome, spesso agli aggettivi, talvolta ai verbi (quando sono usati con valore di sostantivo nel modo infinito: **il fare**, **il dire**), sono presenti gli articoli. Anche nelle altre lingue occidentali l'articolo è normale, magari posposto al nome, come nel danese.

Lo stile telegrafico   Può capitare che talvolta si faccia a meno degli articoli: per esempio, nel cosiddetto "stile telegrafico". Per risparmiare tempo, spazio, ma soprattutto denaro, noi invece di scrivere sul modulo dell'ufficio:

> *Informiamo che la nostra agenzia non può ritirare la merce a causa del peso eccessivo dei manufatti,*

semplifichiamo cosí:

> *Informiamo che nostra agenzia non può ritirare merce causa peso eccessivo manufatti.*

Ma lo stile telegrafico è pura convenzione, una specie di stenografia grammaticale del normale discorso. Nella buona prosa, non soltanto letteraria, ma anche quella normale dell'ordinaria conversazione orale e corrispondenza scritta, l'italiano esige l'opportuno uso degli articoli. Per farvi intuire con una certa immediatezza il valore della funzione di questa che è tra le piú "piccole", ma non per ciò la meno importante, delle parti del discorso, presentiamo un brano in prosa dapprima depennato di tutti gli articoli — compresi quelli che, fondendosi insieme con una preposizione, costituiscono le cosiddette "preposizioni articolate" —, affinché, dal "vuoto" stesso che si è creato nel discorso ne avvertiate l'assenza; quindi con tutti i suoi articoli: noterete voi stessi l'utilità di quelle presenze.

Un brano "disarticolato"

Il brano, da noi mutilato di tutti gli articoli, è tolto da un libro di un autore del nostro tempo: Aldo Palazzeschi.

> *Dopo partenza di figlio, sonno placido di cui godeva abitualmente signor Celestino aveva subìto notevole turbamento. Piú volte, durante notte, si svegliava di soprassalto, quasiché rumore, o sospetto, gli facessero interrompere quel riposo che poi faticava a ricomporsi, e che si ricomponeva sempre piú fragile volta rotto, e suscettibile di nuove fratture. Appena desto, pensando a figlio lontano, con quale non sapeva se e quando avrebbe potuto ricongiungersi, e neppure quando avrebbe potuto rivederlo sia pure per tempo brevissimo, si sentiva come albero a cui vento abbia stroncato grosso ramo. E durante giorno doveva fare sforzo supremo per non farsene accorgere da altri, su quali faceva convergere sue attenzioni.*

Senza l'articolo...

Confrontiamo subito col brano fornito di tutti gli articoli dei quali l'autore credette opportuno fare uso.

> *Dopo* **la** *partenza de***l** *figlio,* **il** *sonno placido di cui godeva abitualmente* **il** *signor Celestino aveva subìto* **un** *notevole turbamento. Piú volte, durante* **la** *notte, si svegliava di soprassalto, quasiché* **un** *rumore, o* **un** *sospetto, gli facessero interrompere quel riposo che poi faticava a ricomporsi, e che si ricomponeva sempre piú fragile* **una** *volta rotto, e suscettibile di nuove fratture. Appena desto, pensando a***l** *figlio lontano, co***l** *quale non sapeva se e quando avrebbe potuto ricongiungersi, e neppure quando avrebbe potuto rivederlo sia pure per* **un** *tempo brevissimo, si sentiva come* **l'***albero a cui* **il** *vento abbia stroncato* **un** *grosso ramo. E durante* **il** *giorno doveva fare* **uno** *sforzo supremo per non farsene accorgere d***agli** *altri, sui quali faceva convergere* **le** *sue attenzioni.*

...e con l'articolo

Non per risparmiare poche lire all'ufficio del telegrafo, ma per ragioni di stile, talvolta di logica, piú spesso per una particolare sensibilità di colui che parla o scrive, l'articolo può essere omesso. Ecco un esempio del Carducci:

> *Capo ha fier, collo robusto / nudo il busto.*

L'articolo è per due volte tralasciato (*il* capo, *il* collo), ma ripreso la terza volta, con evidenza. Noi stessi, nel nostro parlar quotidiano, possiamo dire:

> *Quella signora ha occhi scuri, chioma bruna, volto espressivo,*

evitando gli articoli che rendono meno scorrevole la frase:

> Quella signora ha **gli** occhi scuri, **la** chioma bruna, **un** volto espressivo.

Analizziamo l'articolo

Esistono due specie di articoli:

Articoli determinativi

- 1. **determinativi**:

    il, lo : per il singolare maschile;

    la : per il singolare femminile;

    i, gli : per il plurale maschile;

    le : per il plurale femminile;

Articoli indeterminativi

- 2. **indeterminativi**:

    un, uno : per il singolare maschile;

    una : per il singolare femminile;

    non essendoci il plurale, si ricorre talvolta ai cosiddetti partitivi: *dei, degli, delle*.

Gli articoli determinativi sono cosí chiamati appunto perché "determinano", cioè indicano, una persona, un animale, una cosa distinta da altri. *Ieri ho incontrato* **il** *tuo amico*: è ben determinato che si tratta di quel tale amico, non genericamente di uno dei vari amici. Al contrario, l'articolo indeterminativo indica in maniera generica, "indeterminata", la persona o la cosa: *Ho incontrato* **un** *tuo amico* non precisa quale amico in particolare, uno fra i vari amici.

Abbiamo detto che *il* deriva dal latino maschile *ille*, "quello", e il femminile *la* dal femminile latino *illa*, "quella". Ciò aiuta a capire la funzione dell'articolo determinativo: "quel" tuo amico in particolare, non "un" amico qualsiasi. L'articolo indeterminativo *un* deriva dall'aggettivo numerale latino *unus*, femminile *una*. In italiano noi usiamo *un, uno, una* con valore sia di articolo indeterminativo sia di numero. Dal contesto si capisce la differenza, che talvolta è una semplice sfumatura. Di ciò parleremo meglio allorché la nostra lunga conversazione grammaticale perverrà all'argomento degli aggettivi numerali.

QUIZ SUGLI ARTICOLI (I)

Vi offriamo un brano in prosa dello scrittore Manlio Cancogni, lasciando in bianco lo spazio riservato agli articoli (determinativi e indeterminativi). Vi affidiamo il facile compito di riempire quegli spazi con gli articoli corrispondenti: spetta alla vostra sensibilità linguistica la scelta.

... CARTOLINA ROSA

Mi ricordai del giorno in cui avevo ricevuto ... cartolina rosa. ... sera stessa ero andato a salutare ... famiglia di amici. Stavamo al buio, in ... grande stanza, vicino al caminetto e si guardavano ... fiamme. ... padrone di casa di tanto in tanto attizzava ... fuoco. Mi compiangevano. Non era ... disgrazia che ... giovane dovesse interrompere ... studi brillanti per andare in guerra?
... indomani andammo a fare ... passeggiata in marina. ... giorno precedente aveva nevicato, ma ora ... aria era tiepida, ... neve si scioglieva nei campi e sui margini della strada; pedalavo in fretta sentendo ... ruote che scorrevano facilmente, e ... altri, piacevolmente sorpresi della mia vivacità, premevano anch'essi sui pedali per raggiungermi.

Soluzione a pag. 447

Quando si usa "lo" invece di "il"

Nei secoli passati, quando la lingua italiana, affrancandosi dal latino, era ancora in fase di sviluppo, cioè nel Medioevo, si usava tanto l'articolo *il* quanto l'articolo *lo*, senza una precisa differenziazione. Basterebbe scorrere il poema di Dante, la *Divina Commedia*:

Come si usavano anticamente lo *e* il

> *Era già l'ora che volge* **il** *disio*
> *ai navicanti e 'ntenerisce* **il** *core*
> **lo** *dí c'han detto ai dolci amici addio;*
>
> *e che* **lo** *novo peregrin d'amore*
> *punge, se ode squilla di lontano*
> *che paia* **il** *giorno pianger che si more.*

Avete visto alternarsi le due forme dell'articolo determinativo maschile, secondo le esigenze metriche, il gusto personale dell'autore e, forse, anche una consuetudine che, ai tempi di Dante, poteva preferire l'una piuttosto che l'altra forma.

Come si usa l'articolo lo

Nell'italiano moderno la forma *lo* ha invece un uso specifico, ben determinato:

Davanti a una vocale

● davanti a parola che incomincia con vocale (dove però normalmente diventa *l'*, come abbiamo spiegato trattando l'argomento dell'elisione e conseguentemente del segno dell'apostrofo);

Davanti a "s impura", z, x, gn, pn, ps

● davanti a parola che incomincia con *s* seguíta da consonante — la cosiddetta "*s impura*" — o che incomincia con *z*, con *x* e anche (ma non sempre nell'uso, come diremo piú avanti) con *gn, pn, ps*.

È rimasto ancora in vita l'antiquato *lo* invece di *il* nelle locuzioni *per lo piú, per lo meno*, e anche, ma ormai pochissimo usate, in *per lo che* e *per lo meglio*.

Il plurale di *lo* dovrebbe essere *li*, cosí come *i* è plurale di *il*; *le* è plurale di *la*; ma già negli autori medievali, accanto ai plurali *i* e *li*, si usava la forma *gli*. Ecco alcuni esempi tratti dal poema di Dante:

gli *animali,* **gli** *augelli,* **gli** *occhi,* **gli** *stornei,* **gli** *antichi spiriti,* **gli** *editti eterni,* eccetera.

Ormai nell'italiano moderno la forma *li* è scomparsa; sopravvive solo, ma sa di muffa, in quel *li* che alcuni scrivono per introdurre la data:

Milano, **li** *12 febbraio 1973;*

Gli dèi

ecco perché questo *li* deve essere scritto senza l'accento: non si tratta dell'avverbio di luogo *lí*, come qualcuno forse crede e per questo lo scrive accentato, ma sbaglia. C'è poi un caso particolare: *gli dèi*, dove, secondo la norma, si dovrebbe scrivere "i dèi" (infatti il singolare è *il dio*). Dipende dal fatto che, come esiste tuttora quello speciale singolare *Iddio*, cosí un tempo si scriveva: *gli iddii*; quando poi si scrisse *dèi*, rimase in vita quel *gli*: forse parve che sonasse meglio, ma è arduo spiegare perché nelle lingue certe forme muoiano e certe altre stranamente sopravvivano.

Non tutti d'accordo "sugli" pneumatici

Adesso siamo tutti, chi piú chi meno, rispettosi della regola che impone *lo* invece di *il*, e nel plurale *gli* invece di *i*, e analogamente l'indeterminativo *uno* invece di *un*, davanti a *z* e a "*s impura*", ma, appena qualche secolo fa, fior di scrittori non temevano l'ipotetica "matita blu" di troppo rigidi correttori; per esempio:

Alessandro Tassoni : ...*con* **un** *zoccolo in piede e una scarpetta*;

Ugo Foscolo : **i** *stemmi*; **i** *zèfiri*; **il** *scintillante Èupili*;

Giovanni Berchet : **un** *spergiuro*.

Persino quello scrittore cosí stilisticamente perfetto e raffinato che fu Gabriele D'Annunzio, quando gli parve che nel contesto del periodo sonasse piú armonioso, scrisse: **il** *zibetto*, ma altrove, invece, preferí: **lo** *zibellino*. Tutti hanno in mente quei versi d'una tra le piú belle poesie del Leopardi:

> ...*e intanto riede alla sua parca mensa,*
> *fischiando,* **il** *zappatore...*

Oggi **il** *zappatore* sarebbe considerato un errore di ortografia, perché si deve scrivere **lo** *zappatore*. E cosí:

> **gli** *stemmi*, **gli** *zèfiri*, **gli** *spergiuri*, eccetera.

Ma ci fu un tempo, non poi cosí remoto, in cui non v'era accordo su questa faccenda del *lo*, del *gli* e dell'*uno*. Il poeta Ippolito Pindemonte, che già in un suo scritto aveva polemicamente proclamato: "...*il zio*, perché io non dirò mai *lo zio*...", in una lettera del 1810 cosí scriveva a un suo collega letterato: "Io poi dico *il zelo* e non *lo zelo*, e prego lei a guardarsi anch'essa da tale affettazione".

Il zio del Pindemonte

Un altro letterato di quei tempi, Antonio Cesari, che fu un esperto filologo e anzi un rigido "purista", tacciò addirittura di "schifiltosi" quelli che scrivevano *lo* al posto di *il*.

Dopo però che i grammatici di professione han dato torto a quelli che la pensavano come il Pindemonte e il Cesari, l'uso di *lo*, *gli*, *uno* davanti a *z* non può esser considerato un'"affettazione da schifiltosi": è, anzi, come insistono i maestri di scuola e i libri di grammatica, un vero obbligo. Noi dunque vi esortiamo all'obbedienza, visto che la regola c'è e non dà fastidio a nessuno: anzi, è comoda e utile per evitare le consuete discordanze che fanno della nostra lingua non diciamo la piú "anarchica" ma certamente una delle piú individualistiche tra le consorelle occidentali.

Prima cerchiamo di spiegare perché davanti a "*s* impura", *gn*, *ps*, *pn* si deve ricorrere a *lo* in sostituzione di *il*. È una faccenda di suono, cioè di orecchio. In italiano non dovrebbero esistere suoni formati dall'unione di consonanti, come sarebbero: *lsb*, *lsc*, *lsd*, eccetera (cioè *ls* seguito da consonante), e nemmeno *lgn*, *lps*, *lpn*. Perciò, dicendo:

Perché dopo "s impura", gn, ps, pn usiamo lo

> **il** *sbirro*, **il** *scolaro*, **il** *sdegno*, **il** *gnocco*, eccetera,

si produrrebbero suoni sgradevoli, innaturali, estranei alla buona pronuncia italiana. Il discorso vale anche per *un*: non si reggono senza il puntello di una vocale intermedia i suoni consonantici *nsb, nsc, nsd, nst*, eccetera; errati perciò:

    un *sbirro,* **un** *scolaro,* **un** *sdegno,* **un** *stato,* eccetera;

né dovrebbero reggersi da soli, ma qui non tutti son d'accordo, i suoni consonantici *ngn, nps, npn*:

    un *gnocco,* **un** *pseudonimo,* **un** *pneumatico,* eccetera.

A questo punto avanziamo noi stessi un'obiezione. Va bene quel che si è detto per *s* seguita da consonante, per *gn, ps, pn,* ma perché questa regola vale anche per la *z*? Infatti *z* non ha ben evidente quel suono duplice, cioè di due consonanti, che ha invece un'altra lettera, non propria però quest'ultima dell'alfabeto italiano, cioè *x*. Tutti si accorgono, pronunciando, che *x* ha un suono simile a *cs*: se si dicesse *il xilofono* si otterrebbe un séguito di consonanti corrispondente a *lcs*, non certo congeniale alla pronuncia italiana. Meno facile trovare una giustificazione per la *z*: anch'essa avrebbe un meno palese suono di due consonanti, una specie di *ds*, ma, in effetti, specialmente nella *z* cosiddetta "dolce", quel suono duplice non si avverte. Ecco dunque giustificati lo sdegno "anti-*lo*" del Pindemonte e del Cesari — entrambi veneti, cioè d'una regione dove forse la pronuncia della *z* suona piú dolce che altrove, come fan fede i *san Zeno* e i *san Zenone* e i *san Zaccaria* delle loro chiese — e *i zèfiri* del Foscolo e *il zappatore* del Leopardi. Del resto, che esistano anche nel migliore italiano i suoni *lz* e *nz* è attestato dai molti vocaboli che contengono tale suono:

    *a*l*zare,* Me*lzo,* mi*lza,* ma*nzo,* Mo*nza,* pi*nza,* eccetera.

Ai nostri giorni, e siamo ormai verso il declino del secolo XX, si è però piú restii ad accogliere il *lo,* con il suo plurale *gli* e con il suo cugino *uno,* non tanto davanti a *z* quanto a *pn, gn* e, con minore ostilità, anche *ps*. C'è insomma chi reputa migliori, piú naturali, le forme:

il *pneumatico* (**i** *-ci*)	invece di	**lo** *pneumatico* (**gli** *-ci*)
il *gnocco* (**i** *-chi*)	invece di	**lo** *gnocco* (**gli** *-chi*)
il *pseudonimo* (**i** *-mi*)	invece di	**lo** *pseudonimo* (**gli** *-mi*)
il *psichiatra* (**i** *-tri*)	invece di	**lo** *psichiatra* (**gli** *-tri*)

C'è un modo di dire assai popolare: *Non fare* **lo** *gnorri,* ma anche in buoni autori càpita di leggere: *Non fare* **il** *gnorri.*

Qualcuno risolve il dilemma molto soggettivamente. Niccolò Tommaseo, che pure fu un filologo perspicuo dell'Ottocento, a proposito del nome di origine greca *gnostico* suggeriva: "*I gnostici* pronunciasi meglio che *gli*; ma *uno gnostico* meglio che *un*". Considerazioni soggettive, ripetiamo, che sono valide per un letterato quando scrivendo vuol fare opera d'arte, ma nel nostro scrivere quotidiano sarà piú agevole, e perciò consigliabile, attenersi alla regola. Se anche non vi piacciono **gli** *gnocchi,* prendeteli cosí come la provvida regola grammaticale ve li reca nel piatto, e anche **lo** *zucchero* e **lo** *zibibbo* e, fuori della gastronomia, **gli** *zèfiri* sereni e **gli** *zeri* a scuola e **gli** *pneumatici* della vostra automobile e, se necessario, **uno** *psichiatra* o, meno sgradevolmente, **uno** *psicologo* e cosí via.

Rifiutate invece (e con tutte le vostre forze!) "*lo sigaro*", perché qui la *s* iniziale è seguita da una vocale (*i*), e non si tratta quindi di "*s impura*". Si deve dire: **il** *sigaro*; analogamente è un grosso errore dire, come alcuni dicono, "*lo suocero*" invece che **il** *suocero*: infatti la *s* è seguita dalla vocale *u*; questi brutti errori sono forse nati per il fatto che in certe parlate locali (particolarmente emiliane) quel *suo-* iniziale c'è chi lo pronuncia quasi *svo-*; ma è evidente che una pronuncia regionale non può fare testo in sede di lingua nazionale.

Il davanti a s seguita da una vocale

"Il" Ionio o "lo" Ionio?

La Sicilia, isola del sole, in una poetica evocazione di Giosuè Carducci:

> *Sai tu l'isola bella, a le cui rive*
> *manda* **il** *Ionio i fragranti ultimi baci?...*

Il Ionio, dunque, non "*lo Ionio*"; ma il nome *Ionio* non comincia con vocale? Non del tutto: infatti quel suono *io-* (come anche sarebbero *ia-, ie-, iu-*) equivale a *gio-* — tant'è vero che c'è chi scrive *jo, ja, je, ju* — e i grammatici lo definiscono "semiconsonantico", cioè qualcosa di intermedio tra il suono di vocale e quello di consonante. Appunto perché a metà strada tra vocale e consonante, c'è chi preferisce dire e scrivere:

Io-: suono semiconsonantico

> **il** *Ionio,* **il** *iettatore,* **il** *jumbo,* eccetera;

chi invece:

> **lo** *Ionio,* **lo** *iettatore,* **lo** *jumbo,* eccetera.

Nelle cronache politiche si legge talvolta: **gli** *Jugoslavi,* altre volte, invece, **i** *Jugoslavi.* In quelle sportive: **gli** *juventini,* oppure: **i** *juventini;* **gli** *juniores* ma anche **i** *juniores*. Regolatevi come vi pare, ma, se proprio volete saperlo, a noi sembra meglio:

> **il** *Ionio*, **il** *iettatore*, **il** *jumbo* (che si pronuncia pure correttamente, all'inglese: "giambo"), **i** *Jugoslavi*, **i** *juventini*, **i** *juniores*, eccetera.

Una prova che potremmo addurre per giustificare la nostra preferenza: se la discussa iniziale avesse suono normalmente vocalico, si dovrebbe anche dire, nel genere femminile:

> *l'Jugoslavia*, *l'Juventus*, *l'iettatura*, eccetera,

come si dice:

> *l'Italia*, *l'Inter*, *l'iniezione*, e cosí via;

invece no: nessuno dubita che si debba dire:

> **la** *Jugoslavia*, **la** *Juventus*, **la** *iettatura*, eccetera.

Soltanto quando fa sillaba a parte e si pronuncia staccata dalla vocale che segue (cioè avviene il fenomeno detto "iato", del quale abbiamo a suo tempo discorso), la *i-* iniziale non ha piú valore "semiconsonantico" e allora si deve usare *lo* con la normale elisione *l'*; proprio il nome *iato* può servir da esempio: *l'iato* e non "il iato". Anche quando la vocale iniziale è *y-* (che non deve essere confusa con la *j*) il suono non è consonantico, ma vocalico; per esempio:

Y-:
suono
vocalico

la *yard*	ma anche	**l'***yard*
lo *yen*	ma anche	**l'***yen*
lo *yoga*	ma anche	**l'***yoga*

24.

QUIZ SUGLI ARTICOLI (II)

Meglio *il* o meglio *lo*? Meglio *i* o meglio *gli*?

a) *il sibilo* b) *lo sibilo*	a) *il crocchio* b) *lo crocchio*	a) *i Scipioni* b) *gli Scipioni*
a) *il gnaulìo* b) *lo gnaulìo*	a) *i iugeri* b) *gli iugeri*	a) *il sionista* b) *lo sionista*
a) *i pseudonimi* b) *gli pseudonimi*	a) *il pneuma* b) *lo pneuma*	a) *il sifone* b) *lo sifone*
a) *il Yemen* b) *lo Yemen*	a) *il zufolo* b) *lo zufolo*	a) *i zigomi* b) *gli zigomi*
a) *il sintomo* b) *lo sintomo*	a) *i xenofobi* b) *gli xenofobi*	a) *i schiavi* b) *gli schiavi*
a) *il siero* b) *lo siero*	a) *il silofono* b) *lo silofono*	a) *i scudi* b) *gli scudi*
a) *il sughero* b) *lo sughero*	a) *il scibile* b) *lo scibile*	a) *i sconti* b) *gli sconti*

Soluzione a pag. 447

"Gl'impeti d'amore" di Edmondo De Amicis

Edmondo De Amicis, il ben noto autore del libro per ragazzi *Cuore*, in un altro suo libro, intitolato *L'idioma gentile*, cosí se la prendeva con quelli che, scrivendo, sono avari di elisioni e troncamenti: "Il nostro parlare manca generalmente d'armonia e di speditezza perché non facciamo abbastanza troncamenti ed elisioni, perché diciamo una quantità di vocali e di sillabe superflue che allungano le frasi e rompono l'onda armonica e c'impaccian la lingua. Sono, ciascuna per sé, superfluità minime e durezze appena sensibili, ma che, quando s'affollano, come segue spesso, in un breve giro di parole, fanno un brutto sentire. Se, per esempio, in un periodo dove t'oc-

De Amicis: una voce del passato

corra dire: *gl'impeti d'amore...* tu dici invece: *gli impeti di amore...,* tu senti che il tuo parlare riesce assai meno armonioso e sciolto che nell'altra forma".

Sono passati quasi cent'anni da quando cosí polemizzava lo scrittore ottocentesco, e intanto è accaduto proprio il contrario di quel ch'egli auspicava: gli scrittori moderni par che vadano a gara a chi fa meno elisioni e troncamenti. Il buon De Amicis si sarebbe messo le mani nei folti capelli, se gli fosse capitato di leggere quel che noi abbiamo tolto a caso da libri contemporanei o da cronache di giornali:

> **la** *oscurità,* **la** *àncora,* **la** *idea,* **la** *antenata,* **la** *età,* **lo** *occidente,* **uno** *ignoto,* **una** *illusione,* **una** *osteria,* **dello** *inverno,* **della** *estate,* eccetera.

Ma noi, lasciando agli scrittori di professione la responsabilità di scrivere come loro pare meglio, assolviamo il nostro compito di applicare agli articoli quelle norme già spiegate nel paragrafo dedicato in generale al fenomeno dell'elisione (*v.* alle pagg. 68-71), cosí compendiandole:

Tre regole sull' elisione

- 1. gli articoli singolari **lo** e **la** diventano **l'**, cioè si elidono, davanti a parola cominciante con vocale:

  l'anno, l'erba, l'inno, l'osteria, l'urlo, eccetera;

- 2. il plurale **gli** può — non necessariamente, però — diventare **gl'** davanti a parola che incomincia con *i*:

  gl'*Italiani,* **gl'***imperatori,* **gl'***impermeabili.*

Ripetiamo quello che abbiamo già detto allora a questo proposito: l'elisione di *gli* in *gl'* davanti a vocaboli comincianti con *i* è facoltativa; anzi, al giorno d'oggi incontra molto minor favore che una volta. Tutti siamo testimoni che nei libri, nei giornali, nelle lettere private e di ufficio si preferisce scrivere: **gli** *inni,* **gli** *indici,* **gli** *industriali,* e cosí via. Davanti ad altra vocale che non sia *i* è ovvio che *gli* non ammetta l'elisione: se si scrivesse **gl'a***rmati* invece che *gli armati,* si pronuncerebbe "glarmati"! E cosí pure *gli uccelli* (e non "gl'uccelli"!), *gli occhi, gli eremiti,* eccetera;

- 3. il plurale femminile **le** si può (anche qui però non c'è obbligo) apostrofare davanti a parola che incomincia con *e*:

  l'*erbe,* **l'***elemosine,* **l'***eresie,* eccetera;

ma si legge piú spesso:

> **le** *erbe,* **le** *elemosine,* **le** *eresie.*

Anche con altra vocale si potrebbe, ma quest'ultima elisione è piuttosto letteraria:

Leopardi : **L'***armi, qua* l'*armi...*

Manzoni : *Addio, monti sorgenti* **dall'***acque...*

Nella vostra prosa d'ogni giorno scriverete:

    le *ansie,* **le** *eresie,* **le** *isole,* **le** *oche,* **le** *ustioni,* eccetera.

Sull'articolo indeterminativo *un, uno, una* non è il caso di aggiungere altro a quello che abbiamo già detto diffusamente, sempre in quei paragrafi che dedicammo agli argomenti del troncamento e dell'elisione (*v.* alle pagg. 69 e 74); ma, ligi al detto latino che *repetita iuvant*, "giova ripetere", insistiamo anche qui sul fatto che l'articolo maschile *un* rimane sempre tale, cioè non mai con l'apostrofo, segno dell'elisione:

    un *animale,* **un** *asino,* **un** *orso;*

cosí come:

    un *cane,* **un** *cavallo,* **un** *leone;*

l'articolo femminile *una* diventa davanti a vocale *un'*, cioè ha l'elisione, e quindi il segno dell'apostrofo:

    un'*aquila,* **un'***anitra,* **un'***oca,* eccetera.

25. QUIZ SUGLI ARTICOLI (III)

a) Ci sono 5 apostrofi in piú. Quali?

Un'estate	Un'uscio	L'ostacolo
Un'inverno	Gl'invitati	L'abbiccí
Un'upupa	Un'insetto	Un'otto
Un'occasione	Un'anno	Un'ottava
L'ascia	Un'annata	Un'ostrica

b) In ciascuna riga c'è un errore. Sottolineatelo.

Le ernie - l'ernie - l'arnie

Un'indice - un istrice - un istrione

Lo stallo - l'ostello - lostello

Gli intestini - gl'armenti - gli Aretini

Gl'esami - gli errori - gli esercizi

Un asta - una asta - un'asta

Il struzzo - lo struzzo - uno struzzo

Gl'ignoti - l'ignoti - gli ignoti

Soluzione a pag. 447

Un "surrogato" importato dalla Francia

L'articolo indeterminativo *un, uno, una* non ha plurale; tuttavia, poiché se ne sente a volte la necessità, si ricorre a quelle preposizioni articolate — **dei, degli, delle** — che assumono cosí funzione di articolo. Come tali sono definite **articoli partitivi**: indicano infatti una "parte" del tutto. Se vogliamo fare il plurale del complemento oggetto nella seguente frase:

Articoli partitivi

Io ho un amico in questa città,

per non ricorrere troppo semplicemente all'espressione:

> *Io ho amici in questa città,*

forma corretta, ma che suona alquanto debole, siamo quasi spontaneamente indotti a imbottire l'espressione cosí:

> *Io ho* **degli** *amici in questa città.*

È una forma venuta dal francese: *des amis*. Il partitivo si usa anche nel singolare: *Versatemi* **del** *vino*, cioè "un po' di vino"; qui l'idea della "parte di un tutto" è piú evidente che nel plurale. I puristi hanno sempre biasimato questo ricorso ai partitivi di marca francese. Tuttavia, anche ottimi scrittori ne hanno fatto costantemente uso. Persino il Manzoni:

> *C'era bensí* **de'** *diavoli che, per rubare, avrebbero dato fuoco anche al paradiso.*

Partitivi illustri

> *Ci furono* **degli** *animi sempre desti alla carità, ce ne furon* **degli** *altri in cui la carità nacque al cessare d'ogni allegrezza terrena.*

> *Il viandante che fosse incontrato da* **de'** *contadini...*

> *C'eran* **de'** *morti da portar via.*

Tra i prosatori piú moderni, citiamo a caso:

Riccardo Bacchelli	: *Gente di poco conto, onesti artigiani,* **dei** *manuali onesti ma niente piú.*
Giorgio Bassani	: *« Bada che ci sono* **degli** *scalini. »*
Carlo Cassola	: *Al muro ci sono* **dei** *cardini.*
Alberto Moravia	: *Tentò di ragionare, di fare* **dei** *sistemi.*
Aldo Palazzeschi	: *Le bocche calde e carnose stamparono* **dei** *sigilli sulle sue guance.*
Pier Paolo Pasolini	: *I contadini in Svizzera... hanno* **delle** *case molto piú belle delle nostre; e che stalle! sembrano* **dei** *modellini.*
Luigi Santucci	: *Sbucarono* **dei** *questurini coi manganelli impegnati.*

Attenzione, però, a non farne un uso smodato e anche illogico. Come quel tale che, per lodare la formosità di una donna di sua conoscenza, diceva che quella signora aveva *delle* braccia bellissime, come se l'eccezionale matrona avesse piú braccia, "delle" quali alcune (due, o magari tre o quattro) particolarmente venuste. Non direte dunque che un tale ha *degli* occhi vivaci, o *dei* piedi grandi, o *dei* baffi riccioluti; farete a meno dell'articolo e direte:

> *Ha occhi vivaci, piedi grandi, baffi riccioluti.*

Anche se non c'entra col partitivo, evitate il pleonastico *di* nella locuzione, settentrionale: *Aver* **di** *bisogno di...* Basta: *Aver bisogno di...*

"La" Maria sí, "il" Mario no

Non si tratta di un'imposizione femminista, ma di una consuetudine linguistica che, come succede, i grammatici hanno poi codificato sino a farne una norma:

● davanti a nomi propri di persona (s'intende, "nomi di battesimo", cioè prenomi, non cognomi, né soprannomi o nomignoli) non si mette l'articolo; per esempio:

> *Carlo, Pietro, Maria* e non *il Carlo, il Pietro, la Maria.*

L'articolo nel parlar familiare

Tuttavia, poiché nel "parlar familiare" in quasi tutte le regioni italiane, ma particolarmente in Toscana, si suole mettere l'articolo davanti ai nomi propri di persona di genere femminile, e cosí hanno fatto e fanno anche i migliori scrittori, le grammatiche concedono la licenza di scrivere, come del resto si dice:

> **la** *Maria,* **la** *Caterina,* **la** *Geltrude,* **la** *Sofonisba,* eccetera.

Però in non poche regioni settentrionali, specialmente in Lombardia — ma l'uso si va sempre piú estendendo anche alle altre regioni — si usa metter l'articolo anche davanti ai nomi maschili. E questo è contro la grammatica.
Ecco due esempi tratti da scrittori contemporanei:

Alberto Bevilacqua:	*Come* **il** *Guido, come suo figlio, anche* **il** *Vito non era stato che un pretesto.*
Pietro Chiara :	*Corse* **il** *Poldino, vide il cavallo...* «*Guarda qui, guarda qui*» *diceva* **il** *Peppino...*

Parlando alla buona chissà quante volte avrete detto anche voi:

> Il *Carletto quest'anno va a scuola, invece* il *Tonino ci andrà l'anno venturo;*

cosí come avrete detto, questa volta col benestare dei grammatici:

> La *Giuliana frequenta l'università, mentre* la *Gabriella ha preferito procurarsi un impiego.*

Ma nel secondo caso avrete detto bene, nel primo caso no.

C'è un motivo storico

Badate bene, questa distinzione nei riguardi dell'uso dell'articolo, coi nomi femminili sí, coi maschili no, non rappresenta un capriccio senza senso, cosí come a tutta prima potrebbe sembrare; c'è un motivo storico che spiega e giustifica questa distinzione. Un motivo storico che ci pesa un po' ricordare, perché tra chi ci legge ci saranno certamente numerose lettrici. La donna, in tempi antichi, e in particolare presso i Romani, entrava nel numero delle "cose" appartenenti al padre, e, dopo il matrimonio, al marito. Il suo nome proprio, perciò, nacque propriamente come appellativo che si foggiava sul nome gentilizio mediante una desinenza femminile: da *Tullio, Marzio, Giulio*, per esempio, si foggiarono gli appellativi *Tullia, Marzia, Giulia*, cioè "la figlia di" Tullio, Marzio, Giulio. Cosí come, in tempi piú prossimi a noi, da un *Morosini*, da un *Foscari* si foggiarono gli appellativi *la Morosina, la Foscarina*, per capirci. Gli appellativi, come i soprannomi (lo vedremo qui sotto) hanno sempre bisogno di un articolo determinativo; diciamo, infatti:

Un nome nato come appellativo

> *Alessandro* il *Grande, Isotta* la *Bionda,* il *Tonto,* lo *Sciancato.*

Il nome maschile no; esso era veramente un nome proprio, in quanto nell'uomo era la rappresentazione assoluta di sé stesso e di quelli che facevano parte della sua famiglia, di cui era signore e padrone.

Anche nel volgare italiano, che, come sappiamo, discese dritto dritto dal latino, i nomi femminili ebbero valore di appellativo; e l'uso dell'articolo davanti ai nomi di donna è, come s'è detto, soprattutto comune in Toscana, dove piú tenace è la tradizione linguistica. La riprova di tutto questo sta nel fatto che l'articolo tende sempre piú a cadere via via che la donna acquista una personalità piú spiccata. Infatti, parlando di una donna illustre, nessuno dirà *la Maria, la Francesca, la Grazia* volendo alludere a Maria Stuarda, a Francesca da Rimini o a Grazia Deledda. E anche nell'uso di tutti i giorni l'articolo coi nomi propri femminili è sempre un distintivo di umiltà, o anche di familiarità, di benevola confidenza.

L'articolo coi nomi propri di donne famose

Quanto all'articolo davanti ai nomi maschili, si capisce che tutto è nato per semplice analogia: a forza di ripetere *la Carla* e *la Mariuccia*, i Settentrionali, e i Lombardi in specie, si son messi a dire *il Carletto* e *il Mario*.

Oggi, tempo di maniche larghe, anche quella grammaticale s'è dilatata non poco, non sappiamo con quanto vantaggio della nostra lingua. Ma in passato, soprattutto al tempo del còsiddetto "purismo", *il Carlo* e *il Vincenzo* in un libro stampato sarebbero apparsi un errore grave. Sentite quel che scrisse Ferdinando Martini a una signora che gli aveva inviata una letterina alquanto pepata. Per chi non lo sapesse, il Martini, oltre che un insigne uomo politico, fu soprattutto un grande scrittore, e il suo stile, toscano com'egli era, aveva una musicalità, pur nella sua naturalezza, che andrebbe a genio anche ai giovani d'oggi. Scrisse dunque il Martini alla signora: "...Se per caso Ella sentisse il prurito di dirmi qualche altra impertinenzuola, d'una cosa La prego: non dica *il Ferdinando Martini*; anche l'Aleardi, lo so, scrive *il Daniele, il Lorenzo*; nondimeno io Le sarei veramente grato se quell'articolo determinativo me lo risparmiasse: sono ancora giovine [lo scrittore aveva allora trentotto anni] e per tenermi ritto non c'è bisogno di appuntellarmi le spalle con una sgrammaticatura".

E tutto ciò premesso, ricapitoliamo la regola così:

Ricordiamo la regola

● 1. davanti ai nomi propri di persona, sia maschili sia femminili, non si mette l'articolo;

● 2. davanti a quelli femminili l'articolo è ammesso, cioè tollerato, nel discorso familiare, alla buona;

● 3. davanti a quelli maschili l'articolo non è ammesso; liberissimi di usarlo, ma farete una sgrammaticatura.

Davanti ai soprannomi e ai nomignoli, non importa se maschili o femminili, l'uso dell'articolo è invece normale:

> **il** *Guercino*, **il** *Perticone*, **il** *Griso*, **l'***Ammazzasette*, **la** *Pisana*, **la** *Lavanderina*, **la** *Califfa*.

Del tutto particolari quelle espressioni:

> **il** *Dante*, **i** *Tiziani*, **i** *Raffaelli*, eccetera,

che stanno per "il libro di Dante", "i quadri di Tiziano, di Raffaello", eccetera.

Talvolta il nome proprio è riferito al titolo di un'opera letteraria o musicale, oppure al soggetto di un'opera d'arte, scultura o pittura che sia; per esempio:

> **l'***Emilio* di Rousseau;

> **l'***Amleto* di Shakespeare;

> la *Carmen* di Bizet;
>
> il *David* di Michelangelo;
>
> la *Gioconda* di Leonardo.

Poi ci sono anche le navi, le barche, magari altri oggetti, in particolare macchine, che possono avere "nome proprio", solitamente di persona. In tal caso, la nave *Giulio Cesare* sarà femminile: la *Giulio Cesare*, anche se Giulio Cesare è nome maschile. Salvo poi un incrociatore (o qualsiasi altra unità navale militare), oppure un battello, o un canotto, o altro, anche se "battezzato" con nome femminile, risultar maschile quand'è così definito:

L'articolo coi nomi propri delle navi

> il *Caterina*, il *Santa Maria*, il *Leonora*, eccetera.

E in tutti questi casi l'articolo ci vuole.

Per concludere, ecco i nomi propri degli animali. Questi si regolano come se fossero nomi di persone. *Tom, Cico, Fido* (maschili), *Lola, Laika, Mimí* (femminili): senza articolo, di norma; però, al solito, con l'articolo nel discorso familiare: *il Tom, il Cico, la Lola*. Non solamente i cani, anche gli altri animali, s'intende. Un'occhiata, nel giornale, alle cronache delle corse dei cavalli: qui il "parlar familiare" non si addice a quegli importanti purosangue, che fanno guadagnare milioni ai proprietari, ai giocatori e agli allibratori; perciò niente articolo:

L'articolo coi nomi propri degli animali

> *Alla siepe* **Donatello** *si avvantaggia su* **Orsolina**, *che a sua volta precede di un'incollatura* **Arpàlice** *e* **Furetto**.

Per le piú modeste mucche, invece, l'articolo è normale: i nomi di quelle utili bovine sono di solito aggettivi sostantivati, cioè soprannomi piuttosto che nomi propri:

> la *Rossa*, la *Bianchina*, la *Montanara*, eccetera.

L'articolo davanti ai cognomi

Quello che i grammatici negano ai nomi di battesimo (o prenomi), vorrebbero invece imporre ai cognomi:

> il *Bianchi*, il *Rossi*, il *Lambertini*, il *Cavalcanti*, eccetera;

e nel femminile:

> la *Brambilla*, la *Gàmbara*, la *Deledda*, eccetera.

Nell'uso corrente, però, come il solito, l'articolo ora c'è e ora non c'è.

Diciamo dunque subito che l'articolo davanti ai cognomi si può mettere, non importa se questi cognomi sono riferiti a maschi o a femmine; tuttavia si può anche non mettere. È normale che si dica una frase come questa: *Rossignoli e Somaini sono due impiegati modello,* in quell'ufficio dove il ragionier Rossignoli è notoriamente un uomo e la signora Somaini indubitabilmente una donna. Si potrebbe anche dire: *il Rossignoli e la Somaini?* Sí: in materia di articoli davanti ai cognomi la grammatica nazionale è molto tollerante.

Abbiamo però la consuetudine, sempre restando in quell'ufficio con quei due impiegati modello, di porre in evidenza il sesso soltanto della signora Somaini, per far sapere che si tratta di una donna, cosa che non si capirebbe se si dicesse semplicemente: *Rossignoli e Somaini.* Perciò è quasi certo che i colleghi preferiranno dire: *Rossignoli e* **la** *Somaini.* Ci ricordiamo tutti, quando andavamo a scuola, che i nostri compagni maschi erano semplicemente:

Artabani, Bellugi, Franzosini, Marinotti, eccetera;

ma se volevamo nominare le ragazze, quelle erano immancabilmente:

la *Malinverno,* **la** *Quarenghi,* **la** *Rospigliosi,*
la *Zanoletti,* eccetera.

È proprio la medesima ragione per la quale si dice e scrive: *l'on. Rossi,* essendo quel parlamentare un uomo, ma se la parlamentare fosse una donna, allora non sarebbe "l'on. Bianchi", ma **la** *on. Bianchi.*

A questo proposito, ci viene in mente l'ingenuità di quei tali — e sono molti — che scrivono *la eco* anzi che *l'eco* perché, essendo il nome *eco* femminile (ma in verità può essere anche maschile), vogliono, con quell'articolo privo della normale elisione, rendere manifesto a tutti che loro ben sanno che quel nome è femminile. E perché allora non scrivono: *la erba, la ascia, la ira, la oca?*

Se invece di parlare dei colleghi d'ufficio o dei compagni di scuola, il discorso cadesse sul Manzoni o sul Fogazzaro, sul Modigliani o sul Carrà, sul Cavour o sul Lamarmora, lo metteremmo sí o no quell'articolo? I grammatici consigliano: meglio metterlo. C'è qualche giornalista, ligio ai dettami della grammatichetta di scuola o di casa, che anche nella piú modesta cronaca sportiva elogia *il* Roversi o, poniamo, *il* Bazzoni. Ma, in pratica, quasi tutti fanno a meno dell'articolo nei cognomi d'ogni giorno; persino quando si parla di letterati, di artisti, di uomini politici, di militari. Qui succede anche un fatto forse strano, ma incontestabile: finché si parla di una chiara persona di un passato alquanto remoto, tutti mettono l'articolo:

Uomini illustri con l'articolo

il *Petrarca,* **il** *Boccaccio,* **il** *Metastasio,* **il** *Gozzi,* **il** *Goldoni,* **il** *D'Azeglio,* eccetera;

e mettono l'articolo anche quando si tratta di uomini famosi piú vicini a noi:

L'articolo burocratico

il *Verdi,* **il** *Pascoli,* **il** *D'Annunzio,* eccetera.

Ma quando la persona, anche illustre, è a noi contemporanea, ecco che tutti dicono:

Karajan, Moravia, Pertini, Barnard, eccetera.

Il Manzoni va bene, *il* Carducci anche, mettiamo anche *il* Gozzano, *il* Fogazzaro, ormai si dice *il* Pirandello, ma se tiriamo in ballo Arbasino o Cassola o Strati, allora l'aggiunta dell'articolo suona insolita al nostro orecchio; lo stesso accade con gli uomini politici, diciamo pure con chiunque ci sia contemporaneo, come Fanfani o Carter, Castro o Brandt, Wałensa o Deng Xiaoping: chi mai li ha visti accompagnati dall'articolo?

Non è una regola sicura, tuttavia, nemmeno quella del "tempo": per esempio, Garibaldi nessuno lo chiama *il* Garibaldi, e proprio non sapremmo dirvi il perché. Abbiamo l'impressione che l'articolo determinativo davanti ai cognomi sia in decadenza: sopravvive vittorioso soltanto nelle citazioni degli ufficiali giudiziari, nelle sentenze dei magistrati e nei rapporti dei carabinieri e dei commissari di pubblica sicurezza: Il *Rampazzini litigò con* la *Trivellato*; quando poi non càpita di leggere, come succede spesso, addirittura: *il* Rampazzini Romeo, **la** Trivellato Cesarina, o magari anche: *il* Romeo Rampazzini, **la** Cesarina Trivellato. Ma ancora una volta si tratta di consuetudine, di gergo anzi, come nel caso delle carte giudiziarie; come norma vale quello che abbiamo detto:

● l'articolo davanti ai cognomi si può mettere, ma nell'uso moderno si mette sempre meno, riservandolo semmai per i grandi del passato.

26.

QUIZ SUGLI ARTICOLI (IV)

Ci sono 5 articoli di troppo: cancellateli. Quali?

Il Volta
La vecchia Marta
Il Cristoforo
La Marianna
Il Rossini
L'Antonio
L'Orlando furioso

La Greta Garbo
La Lollobrigida
La Canzone di Rolando
Il Giorgio
Il re Giorgio V
Il Piemonte
Un vecchio con delle mani risecchite

Soluzione a pag. 447

L'articolo e i nomi propri geografici

Persino chi ha la pessima abitudine di sfogare sui muri delle case i propri entusiasmi (in questo caso, patriottici) non scrive W ITALIA ma, coscienziosamente, non tralascia l'articolo: W L'ITALIA.

Ciò vale non solo per le nazioni, ma anche per i continenti:

L'Europa è culla della civiltà occidentale;

per le regioni:

Il *Piemonte assorbì ideali e costumi dalla Francia;*

per le grandi isole:

La *Sicilia e* **la** *Sardegna sono le maggiori isole italiane;*

per i mari, i laghi, i fiumi, i monti:

il *Mediterraneo,* **il** *Trasimeno,* **il** *Po,* **il** *Monviso.*

Eppure si legge, ed è forma corretta: *storia d'Italia, mal d'Africa, gita in Sardegna*; mai però: "isola *di* Mediterraneo"; "cittadina *su* Trasimeno"; eccetera. Perciò ecco le regole:

Regole pratiche

● 1. per i nomi di Stati o nazioni, continenti, regioni, grandi isole, è normale l'uso dell'articolo nei cosiddetti "casi diretti", cioè praticamente quando quei nomi sono *soggetto* o *complemento oggetto*, ossia non sono preceduti da preposizioni; per esempio:

La *Corsica diede i natali a Napoleone;*

Goethe visitò **l'***Italia.*

Quando invece si tratta di altri complementi (di specificazione, di luogo, di termine, eccetera) e quei nomi propri geografici sono preceduti da preposizioni, talvolta, ma non sempre, l'articolo si tralascia:

vini **di** *Sicilia*	ma anche	*vini* **della** *Sicilia;*
avventure **in** *Asia*	ma anche	*avventure* **nell'***Asia;*
città **d'***Europa*	ma anche	*città* **dell'***Europa.*

Inutile insistere sull'argomento con minuziose norme non sempre confortate dall'effettivo uso: il buon gusto, la pratica vi saranno di guida;

● 2. con i nomi di città, paesi, villaggi, eccetera, l'articolo non serve. Ecco alcuni esempi:

> *Faremo un viaggio* **a** *Parigi*;
>
> **Ancona** *si affaccia sull'Adriatico*;
>
> *I monumenti* **di** *Londra*.

Si troverà invece l'articolo quando al nome proprio di città o paese sono uniti un complemento o anche uno o piú aggettivi, che in analisi logica hanno funzione di attributo; per esempio:

> **la** *Roma dei Papi*;
>
> **la** *nostra cara Genova*; eccetera.

Dalla Spezia al Cairo

Ma qui c'è una piccola tappa da fare, una tappa che riguarda alcune città italiane e straniere, che posseggono un articolo come parte integrante del loro nome:

> **l'***Aquila*, **la** *Spezia*, **la** *Mirandola*, **l'***Impruneta*, **la** *Cattolica*, **la** *Mira*, **la** *Maddalena*, **la** *Pergola*, **il** *Forte dei Marmi*, eccetera;

Quando l'articolo integra un nome

e uscendo dai nostri confini:

> **il** *Cairo*, **la** *Mecca*, **il** *Pireo*, **l'***Avana*, **l'***Aia*, **la** *Valletta*, eccetera.

Da noi, purtroppo, l'uso generale tende sempre piú a riportare anche questi nomi allo schema comune alla gran maggioranza dei nomi propri geografici che non hanno articolo; è un'altra bella tradizione che se ne va, ma che rimane ben viva nell'uso locale e tra i piú vecchi, i quali continuano a dire dantescamente:

> **la** *Mira*, **la** *Cattolica*, **l'***Impruneta*, **il** *Forte*, **la** *Mirandola*.

Le nostre autorità ufficiali, animate improvvisamente chi sa da quale furore patriottico e linguistico, si sono sí occupate di questo particolare articolo determinativo, ma solo per due capoluoghi di provincia (tutto il resto, chi sa perché, non meritava altrettanta preoccupazione); e hanno stabilito, con regolare decreto, che si dovesse sempre scrivere *La Spezia* e *L'Aquila*, cioè due nomi con tanto di articolo e con iniziale maiuscola.

Ed ecco sorgere il problema ortografico, che le grammatiche generalmente non risolvono o risolvono male. Questo articolo, che la tradizione vuole che si rispetti (e su questo siamo tutti d'accordo) non è nato col nome stesso, ma è stato applicato dall'uso parlato popolare; e meglio perciò le nostre autorità avrebbero fatto se avessero semplicemente stabilito di accompagnar sempre questi nomi dall'articolo determinativo, senza parlar di maiuscola, e di conseguenza dalle rispettive preposizioni articolate. Niente quindi iniziale maiuscola nell'articolo, salvo, s'intende, che il nome venga a trovarsi all'inizio di periodo o appaia quale una citazione a sé stante, come, per esempio, nelle carte geografiche e nelle intestazioni delle lettere accanto alla data.

L'articolo sempre minuscolo

Perciò, state bene attenti, dovete scrivere:

visitare **la** *Spezia*	e non	visitare **La** *Spezia*;
i monumenti **della** *Spezia*	e non	*i monumenti* **de** *La Spezia*;
sorvolando **l'***Aquila*	e non	*sorvolando* **L'***Aquila*;
andremo **all'***Aquila*	e non	*andremo* **a** *L'Aquila*.

Allo stesso modo, del resto, che tutti scrivono:

visitare **il** *Cairo*	e non	*visitare* **Il** *Cairo*;
la Corte **dell'***Aia*	e non	*la Corte* **de** *L'Aia*;
il porto **del** *Pireo*	e non	*il porto* **de** *Il Pireo*;
il pellegrinaggio **alla** *Mecca*	e non	*il pellegrinaggio* **a** *La Mecca*.

L'articolo e le parole straniere

Leggiamo in un libro di un bravo scrittore, Bonaventura Tecchi, scomparso nel 1968: *Isabella arrivò* **nello hall** *dell'albergo*. Nei giornali, negli avvisi pubblicitari, anche nei libri, si legge di solito: *la hall, nella hall*. Qualcuno scrive: *l'hall, nell'hall*. Non vanno d'accordo se non nel fatto che quello o quella o quell'*hall* è una sala che si trova nell'*hôtel*.

Abbiamo citato due nomi stranieri: entrambi incominciano con *h*, ma il primo (*hall*) è inglese, il secondo (*hôtel*) è francese. C'è una differenza di pronuncia: l'*h* iniziale, in inglese, come anche in tedesco, si "sente": infatti si pronuncia con una marcata aspirazione. Invece l'*h* iniziale francese è "muta": non si sente, come se non ci fosse; lo stesso avviene in italiano: *hanno* si pronuncia tale e quale come *anno*. Perciò, mentre non c'è nessun dubbio che si debba dire e scrivere *l'hôtel*, davanti a quel suono aspirato provocato dalla *h* nei vocaboli inglesi e tedeschi si ha ragione di restare perplessi.

Nomi con l'h iniziale

Quello scrittore che abbiamo prima citato considera l'aspirazione alla stregua di quelle tali consonanti o gruppi di consonanti — *z*, "*s* impura", eccetera — che provocano la presenza dell'articolo *lo* invece di *il*, del plurale *gli* invece di *i* e dell'indeterminativo *uno* al posto di *un* (per la sala dell'albergo egli preferisce il maschile *lo hall* invece di *la hall*, perché in inglese questo vocabolo è di genere neutro). C'è però chi reputa insignificante l'aspirazione e dice tranquillamente:

l'*hobby* (invece di *lo hobby*), l'*handicap*, l'*humour*,
l'*hinterland*, l'*Heine*, l'*Hegel*, l'*Hemingway*,

cosí come si dice, senza alcuna esitazione, l'*hangar* (che è vocabolo francese), l'*hidalgo* (che è spagnolo), l'*humus*, ma questo è latino, dove l'aspirazione, se ci fu in certi periodi della sua lunga vita di lingua parlata, finí poi con l'esaurirsi come nell'italiano che gli succedette.

Una volta risolto il problema dell'*h* aspirata — noi siamo del parere che sia piú semplice ricorrere all'elisione, come se l'*h* fosse muta e la parola incominciasse con vocale perché crediamo che non sia possibile tener conto, in un testo italiano, del valore fonetico di una consonante iniziale che nella nostra lingua non ne ha alcuno, e che i piú ignorano e non sanno rendere, pronunciandola, che molto approssimativamente — in tutti gli altri casi di nomi stranieri che incominciano con vocale è pacifico che si usi *l'* invece di *il* e *la*, nel plurale *gli* invece di *i* e, nel femminile dell'articolo indeterminativo, *un'* con l'apostrofo; per esempio:

Elisione anche con l'h aspirata

l'*abat-jour*, l'*iceberg*, l'*orangutan*, l'*yacht*, **gli** *air-terminals*,
gli *outriggers*, **un'***élite*, **un'***escalation*, eccetera.

Nessuna ragione di dubbio anche per la *s* seguita da consonante ("*s* impura"). Diremo:

lo *sport*, **gli** *slip*, **lo** *speaker*, **uno** *stand*, **gli** *scout*,
uno *shampoo*, **lo** *Shakespeare*, **lo** *Shelley*, **lo** *Schiller*,
lo *Stevenson*, **lo** *Schopenhauer*, eccetera.

Qualcuno resta perplesso di fronte a vocaboli stranieri che, secondo la grafia, non dovrebbero provocare la trasformazione dell'articolo, ma secondo

L'articolo secondo la pronuncia

l'effettiva pronuncia sí. Esempio: *champagne* (il vino) si pronuncia "sciampàgn": andrà bene l'articolo *il* o l'articolo *lo*? Poiché la sostituzione di *lo* al posto di *il* è motivata da ragioni di buona pronuncia, è evidente che si deve dire **lo** *champagne* e non "il champagne", come diciamo **lo** *scialle* e non "il scialle". Analogamente avremo:

lo *chalet*, **lo** *chauffeur*, **lo** *chef*, **uno** *choc* (o *shock*), **uno** *chiffon*, **gli** *Champs Élysées*, **lo** *Chénier*, **lo** *Chopin*, **gli** *chansonniers*, **gli** *chemisiers*, eccetera.

Tutti vocaboli che nella sillaba iniziale si pronunciano in modo simile agli italiani *sciame, scemo, sciocco, scimmia*.

Nomi con la w iniziale

Ma la perplessità piú grossa sorge quando la parola straniera incomincia con la *w*. Questa *w*, lo abbiamo visto all'inizio parlando delle lettere alfabetiche, non è roba di casa nostra, è roba straniera; in particolare, per quanto ci riguarda nell'uso piú comune, è roba tedesca e inglese. Ora si dà il caso che, se nel tedesco la *w* iniziale si pronuncia come la nostra semplice *v* (*Wagner* si legge "vag(h)ner"), nell'inglese essa ha il suono della nostra vocale *u* (infatti *west* si legge "uèst"). Di qui nasce come logica conseguenza che se vogliamo usar bene il nostro articolo determinativo davanti a parole comincianti con questa lettera dal doppio suono, dobbiamo prima stabilire che suono ha nella sua lingua, e poi applicare l'articolo che la nostra grammatica prescrive.

Nomi tedeschi

Coi nomi tedeschi, dato che la pronuncia coincide con la nostra *v*, nessun problema può sorgere, diremo perciò:

il *Wagner*, **il** *Weber*, **il** *Weser*, **il** *Würstel*, **il** *Württemberg*, **il** *Walhalla* (ma meglio italianizzato *il Valalla*), eccetera.

Nomi inglesi

Il problema nasce coi nomi inglesi dove, come s'è detto, la pronuncia corretta esige la nostra vocale *u*; infatti *whisky*, *week-end*, *water-closet* (e piú brevemente *water*), *west*, *Wells*, e cosí via, si leggono come se fossero scritti "uíschi", "uíchènd", "uóta-clósit", "uèst", e "uèls". Orbene, la logica vuole che come l'italiano pronuncia "l'uomo" e "l'uovo", cosí lo stesso italiano non può pronunciare e scrivere in altro modo che:

l'*whisky*, **l'***week-end*, **l'***water-closet*, **l'***west*, **l'***Wells*, eccetera.

Vi stona quella *w* che ai nostri occhi è una consonante? Ma allora perché non vi stonano *lo champagne, lo chalet* e *lo choc*? Quelli che scrivono *il whisky* è come se scrivessero "il uomo". Perciò decidersi bisogna: se si dà a questa *w* inglese il suo giusto suono, allora bisogna seguire la regola grammaticale e scrivere *l'whisky*, leggendo "l'uíschi"; se invece si preferisce usare l'articolo *il* non c'è altro verso: bisogna dare alla *w* inglese il valore della nostra *v* e quindi, se vogliamo essere coerenti, leggere "il vischi", "il vichend", "il vater", "il vest", "il Vells".

27.

QUIZ SUGLI ARTICOLI (V)

a) Quale articolo (determinativo o indeterminativo) usereste per ciascuno dei nomi stranieri qui elencati?

armoire (in francese è di genere femminile; quale articolo indeterminativo usereste?)

charleston (inglese; si pronuncia pressappoco "ciàlston")

charme (francese; la *ch* iniziale si pronuncia con un suono simile a *sci*)

chewing-gum (inglese; si pronuncia "ciúingam")

chico (spagnolo; la *ch* iniziale ha suono *ci*)

haute (francese)

hostess (inglese)

Kursaal (tedesco)

scooter (inglese)

b) Quale articolo determinativo usereste per ciascuno dei seguenti nomi propri?

Apollinaire (francese)

Chaco (spagnolo)

Churchill (inglese)

Kant (tedesco)

Watson (nord-americano)

Soluzione a pag. 447

"Mio padre, mia madre"; "il mio babbo, la mia mamma"

Lo sappiamo tutti: non si dice "il mio padre", ma semplicemente *mio padre*. E cosí anche:

> *tuo padre, suo padre, nostro padre, vostro padre, mia madre, tua madre, sua madre,* eccetera.

Citiamo dal romanzo piú famoso di Giovanni Verga, intitolato *I Malavoglia*:

> *Quando* **tuo padre** *prese moglie, ed è quella che vedi là, me lo fece dire a me prima. Allora viveva* **tua nonna**...

Dunque questi "nomi di parentela", quando sono preceduti dagli aggettivi possessivi (*mio, tuo, suo, nostro, vostro*, eccetera), non vogliono nel singolare l'articolo determinativo. Soltanto con il possessivo *loro* l'articolo si mette:

> **il loro** *padre,* **la loro** *madre,* **il loro** *nonno,* eccetera.

Infatti *loro* non è un aggettivo normale della prima classe (quelli cioè che hanno il maschile in *-o*, il femminile in *-a* e si declinano regolarmente), ma deriva dal latino *eorum*, che vuol dire "di quelli, di loro".

Ma quali sono i "nomi di parentela" che, quando sono accompagnati da aggettivi possessivi, rifiutano, nel singolare, l'articolo determinativo?

Non vogliono l'articolo

● *madre, padre, figlio, figlia, fratello, sorella, marito, moglie, nonno, nonna, zio, zia*: questi normalmente non vogliono l'articolo davanti al possessivo:

> *mia madre, tuo padre, mio figlio, tuo nonno, vostro zio,* eccetera.

Vogliono l'articolo

Invece con *bisnonno, pronipote, prozio, figliastro, fratellastro* e simili di solito l'articolo si mette:

> **il mio** *bisnonno,* **il vostro** *pronipote,* **il tuo** *prozio,* eccetera.

Con altri termini di parentela non c'è una prescrizione assoluta: talvolta si dice: *il mio cugino*, ma piú spesso *mio cugino*. C'è chi dice: *mia suocera*, chi invece: *la mia suocera*. E cosí: *mio genero* o *il mio genero*; *mia nuora* o *la mia nuora*.

Quando però l'aggettivo possessivo è posto dopo il nome, allora l'articolo si deve sempre mettere:

> **la** *madre* **sua, lo** *zio* **nostro, il** *padre* **vostro,** eccetera;

● l'articolo si mette anche quando al nome di parentela è unito un aggettivo, o "attributo":

> **la** *mia* **povera** *nonna*;
>
> **il** *suo* **figlio prediletto**;
>
> **il** *tuo* **caro** *padre*;

o un altro nome che compie la funzione di "apposizione":

> **il** *nostro zio* **carabiniere**;
>
> **il** *vostro nonno* **colonnello**;

oppure il complemento indiretto di specificazione:

> **la** *mia nonna* **di Mantova**;
>
> **il** *nostro zio* **d'America**;

o un'espressione che vuole specificare qualcosa a proposito di quel tale parente (e allora l'articolo determinativo assume la sua originaria funzione di aggettivo dimostrativo, cioè corrisponde a *quello*):

> **la** *mia sorella* **maritata Bartesaghi**;
>
> **il** *nostro figlio* **che è morto in guerra**;
>
> **il** *suo zio* **che gli ha lasciato l'eredità**.

E veniamo ora alla cagione di piú frequenti errori, si deve dire: *mia mamma* o *la mia mamma*? *il suo babbo* o *suo babbo*? Ecco quello che ci insegna la regola:

● allorché il nome di parentela è espresso con un diminutivo o vezzeggiativo — *figliolo, figlioletto, nonnino, zietto, fratellino, sorellina*, eccetera — l'articolo ritorna pienamente in funzione:

> **il** *mio* **figliolo**, **il** *tuo* **nonnino**, **la** *vostra* **sorellina**, eccetera.

Anche se si tratta di un accrescitivo o di un peggiorativo:

> **il** *tuo* **figliolone**, **il** *mio* **fratellone**, **la** *tua* **sorellaccia**.

Ma *babbo* e *mamma* non sono propriamente nomi alterati, tuttavia, sono nomi che hanno valore di vezzeggiativi, come anche *papà*; perciò dovrete dire e scrivere:

il *mio* **babbo, il** *mio* **papà, la** *mia* **mamma,**

e non "mio babbo", "mio papà", "mia mamma".

Qualche volta anche buoni scrittori scrivono: *tuo babbo, tua mamma* (Pascoli: **Tuo babbo** *t'aiuti...*). Cosí come nel parlar familiare — ciò avviene piuttosto nell'Italia centrale e meridionale — talvolta si tralascia l'articolo anche se i nomi *babbo, mamma, papà* non sono accompagnati da aggettivo possessivo; si dice per esempio:

babbo *è venuto?*; *da' un bacio* **a mamma**; *lo diremo* **a papà,**

e togliendo l'articolo la frase suona piú intima, piú affettuosa.

Capitolo XIII

NON BASTA IL NOME, CI VUOLE ANCHE L'AGGETTIVO

Una carta d'identità che vuol essere completa

Quando, per introdurre l'argomento delle "parti del discorso", vi parlammo di una specie di "carta d'identità del discorso", noi insistemmo soprattutto sul concetto del *nome* (o *sostantivo*): indubbiamente la parte del discorso piú importante e perciò ne abbiamo trattato piuttosto a lungo. Nessun dubbio che prima di specificare se un gatto è bianco o nero, se un palazzo è vecchio o nuovo, se una punizione è lieve o severa, dobbiamo introdurre i rispettivi nomi — *gatto, palazzo, punizione* — elementi fondamentali, senza i quali una frase logica non esisterebbe. Per esempio, potremmo senz'altro dire:

Ho visto un gatto;

Abito in un palazzo;

Ho ricevuto una punizione;

mentre non avrebbero alcun senso proposizioni come queste:

Ho visto un ... nero;

Abito in un ... vecchio;

Ho ricevuto una ... lieve.

Però certe volte è necessario mettere accanto al nome l'**aggettivo** (termine derivato dal latino tardo *adiectívum*, "cosa aggiunta") per dare un senso compiuto alla frase. Sarebbe insufficiente dire: L'aggettivo

I superstiziosi credono che un gatto porti disgrazia.

Tutti i gatti? no, solamente quelli neri; ed ecco allora la frase completa:

*I superstiziosi credono che un gatto **nero** porti disgrazia.*

E cosí pure, con altri esempi:

*Può essere pericoloso abitare in un palazzo **vecchio**;*

*A un misfatto di tal genere si addice una punizione **severa**.*

Esaminiamo un brano di prosa — questo è di Giovanni Verga, da un racconto intitolato *Nedda* — e osserviamo la funzione che vi hanno gli aggettivi: La funzione dell' aggettivo

> *Era una ragazza **bruna**, vestita miseramente; aveva **quell'atti-tudine timida** e **ruvida** che danno la miseria e l'isolamento. Forse sarebbe stata **bella**, se gli stenti e le fatiche non ne avessero alterato profondamente non solo le sembianze **gentili** della donna, ma direi anche la forma **umana**. I **suoi** capelli erano **neri**, **folti**, **arruffati**, appena **annodati** con dello spago; aveva denti **bianchi** come avorio, e una **certa grossolana** avvenenza di lineamenti che rendeva **attraente** il **suo** sorriso. Gli occhi erano **neri**, **grandi**, **nuotanti** in un fluido **azzurrino**, **quali** li avrebbe invidiati una regina a **quella povera** figliuola **raggomitolata** sull'ultimo gradino della scala **umana**, se non fossero stati offuscati dall'**ombrosa** timidezza della miseria, o non fossero sembrati **stupidi** per una **triste** e **continua** rassegnazione. Le **sue** membra **schiacciate** da pesi **enormi**, o **sviluppate** violentemente da sforzi **penosi**, erano diventate **grossolane**, senza essere **robuste**.*

Quella fanciulla siciliana, di nome Nedda, esce dalla pagina concretamente descritta nei suoi caratteri fisici e spirituali: senza gli aggettivi non avremmo saputo che era *bruna,* con i capelli *neri, folti, arruffati,* con gli occhi *neri, grandi,* nel fluido *azzurrino,* eccetera. Non soltanto i colori, ovviamente, e altri aspetti fisici: anche altre "qualità", espresse da aggettivi come *gentili, grossolana, stupidi,* eccetera. Un altro aggettivo (*umana*) concordato con il nome *scala* è necessario per farci intendere quale particolare significato ha qui quel nome. Il gradino di quella scala è l'*ultimo;* la rassegnazione della fanciulla è *triste* e *continua;* i pesi sono *enormi,* gli sforzi *penosi.* Tre aggettivi sono "possessivi": i *suoi* capelli, il *suo* sorriso, le *sue* membra. Nell'espressione *quell'attitudine* l'aggettivo *quella* "determina" che si tratta di quell'attitudine in particolare, non di un'altra (oltre che "determinare" qui l'aggettivo ha anche la funzione di "indicare", o "dimostrare", quella attitudine cui si riferisce il discorso). Parlando poi dell'*avvenenza di lineamenti* di Nedda, l'autore si esprime così: *una certa... avvenenza,* conferendo all'espressione, con l'aggiunta di quell'aggettivo, un sapore di "indefinito".

Da queste svariate funzioni degli aggettivi già potete intuire in quali specie e sottospecie i grammatici sogliono suddividere gli aggettivi. Non è compito di questo libro procedere a classificazioni e definizioni astratte: tuttavia, da quel che abbiamo sinora detto, e da quel che ancora diremo a proposito degli aggettivi, capirete perché essi sono chiamati, a seconda delle loro funzioni, **qualificativi**, **determinativi** (e in particolare **indicativi**, detti anche **dimostrativi**), **possessivi**, **indefiniti**, e anche, come vedremo in altri esempi, **quantitativi** e **numerali**.

Specie di aggettivi

Gli aggettivi qualificativi in -o (-a) e in -e (e quei pochi in -i)

Negli esempi del precedente paragrafo, nel brano stesso che abbiamo colà riportato, avete visto che gli aggettivi terminano con la desinenza *-o* (femminile *-a*) o con la desinenza *-e*; qualcuno termina anche con la desinenza *-i* (lasciamo da parte quelli stranieri, che terminano di solito con consonante, e quelli che sono trasformazione di stranieri, come *blu*).

Gli aggettivi in *-o* (femminile *-a*) costituiscono, nella classificazione dei grammatici, la "prima classe"; quelli in *-e* la "seconda classe". Chi ha studiato anche soltanto le prime nozioni del latino sa che alla prima classe corrispondono la prima declinazione latina per il genere femminile e la seconda declinazione per il maschile; alla seconda classe corrisponde la terza declinazione.

Aggettivi in -o (-a)

Esaminiamo alcuni aggettivi in *-o*:

*ross***o**, *ner***o**, *bell***o**, *brutt***o**, *buon***o**.

Nel genere femminile diventano:

*ross***a**, *ner***a**, *bell***a**, *brutt***a**, *buon***a**.

Nel plurale, poiché i maschili si declinano come i nomi che terminano con -o, i femminili come i nomi che terminano con -a, quegli aggettivi diventano,

  per il maschile : *rossi, neri, belli, brutti, buoni;*

  per il femminile : *rosse, nere, belle, brutte, buone.*

Gli aggettivi in *-co* e *-go* passando al plurale maschile talvolta conservano il suono duro (gutturale), con l'aggiunta della *h*; per esempio:

Il plurale degli aggettivi in -co e in -go

---

   antico ⟶ *antichi*

   cadúco ⟶ *caduchi*

   pròdigo ⟶ *pròdighi*

   centrífugo ⟶ *centrífughi*

Altre volte assumono il suono dolce (palatale), e allora non aggiungono la *h*; per esempio:

---

   rustico ⟶ *rustici*

   nordico ⟶ *nordici*

   storico ⟶ *storici*

   magico ⟶ *magici*

Il femminile plurale conserva sempre il suono gutturale; per esempio:

Il plurale degli aggettivi in -ca e in -ga

---

   antica ⟶ *antiche*

   caduca ⟶ *caduche*

   pròdiga ⟶ *pròdighe*

   centrífuga ⟶ *centrífughe*

Ciò avviene anche quando si tratta di aggettivi che nel plurale maschile hanno il suono dolce; per esempio:

```
rustici  ⟶  rustiche
nordici  ⟶  nordiche
storici  ⟶  storiche
magici   ⟶  magiche
```

Ma per questa faccenda del plurale delle finali -co e -go vi rimandiamo a ciò che abbiamo già spiegato a proposito dei nomi con quelle medesime finali (v. alle pagg. 126-129).

Il plurale degli aggettivi in -cia e in -gia

Cosí anche per i plurali degli aggettivi che nel femminile singolare terminano con -cia e -gia valgono le norme che abbiamo esposto alle pagg. 124-126, a proposito dei nomi.

Avremo, pertanto:

```
malvagia  ⟶  malvagie
grigia    ⟶  grigie
bigia     ⟶  bigie
règia     ⟶  règie
egregia   ⟶  egregie
```

Però la norma non vale quando sulla vocale che precede le terminazioni -cia e -gia non cade l'accento tonico, cioè quando la parola è sdrucciola: perciò il plurale dell'aggettivo femminile *súdicia* sarà *súdice*, di *fràdicia* sarà *fràdice*.

E avremo i plurali senza la *i* come in:

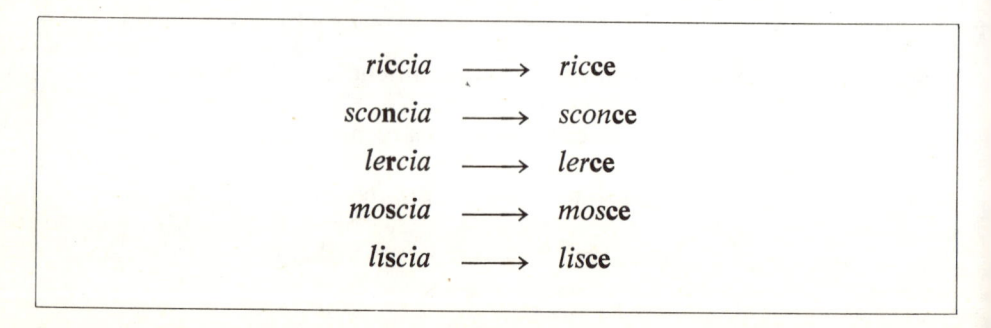

```
riccia   ⟶  ricce
sconcia  ⟶  sconce
lercia   ⟶  lerce
moscia   ⟶  mosce
liscia   ⟶  lisce
```

Benèvolo e malèvolo

Un'avvertenza a proposito degli aggettivi *benèvolo* e *malèvolo*: talvolta si legge, come plurale femminile, "benevoli" e "malevoli" invece di *benevol**e*** e *malevol**e***; ciò dipende dal fatto che accanto alla forma regolare *benevolo* e *malevolo*, della prima classe perché derivata direttamente dal latino *benèvolus* e *malèvolus*, esisteva anche una forma oggi non piú usata, e del resto ingiustificata, "benevole" e "malevole", il cui plurale, in quanto aggettivi della seconda classe, avrebbe la desinenza *-i*, nel femminile come nel maschile; ma, appunto perché disusata e ingiustificata, tale forma di plurale femminile in *-i* è da evitare. Direte dunque e scriverete:

*accoglienze benevol**e***, *parole malevol**e***, eccetera.

Gli aggettivi in *-e*, che costituiscono la "seconda classe", hanno il femminile uguale al maschile:

*prat**o*** *verd**e***, *bandier**a*** *verd**e***.

Aggettivi in -e

Il plurale in *-i*, sia maschile sia femminile:

*prat**i*** *verd**i***, *bandier**e*** *verd**i***.

Abbiamo scritto nel titolo del paragrafo precedente che gli aggettivi in *-i* sono pochi; potremo dire che, a parte quegli "indefiniti" come *ogni*, *qualsiasi* e quei numerali come *sei*, *dieci*, *undici*, eccetera, uno solo dovrebbe essere considerato un aggettivo regolare: *pari* (con i suoi composti *ímpari* e *díspari*). Questi aggettivi in *-i* sono sempre uguali a sé stessi, nel singolare come nel plurale, nel maschile come nel femminile, sono cioè invariabili:

Aggettivi in -i

*risultat**o*** *par**i***, *lott**a*** *impar**i***, *numer**i*** *dispar**i***, *ogn**i*** *ragazz**o***, *qualsias**i*** *donn**a***, *dodic**i*** *or**e***, *quattordic**i*** *capitol**i***, eccetera.

Come concordare un aggettivo quando i nomi sono di genere diverso

Prendiamo un nome di genere maschile: *palazzo*, e attribuiamogli un aggettivo: *nuovo*; nessuna incertezza che debba dirsi: *palazzo nuovo*. Per il nome *casa*, che è femminile, l'aggettivo sarà logicamente femminile: *nuov**a***; dunque si dirà *casa nuov**a***. Ma se metto insieme il *palazzo* (maschile) e la *casa* (femminile), devo dire: *palazzo e casa nuov**i*** oppure *palazzo e casa nuov**e***?

La regola insegna:

● quando un aggettivo si riferisce a nomi di genere diverso, esso è espresso

Che cosa insegna la regola

nel genere *maschile*. Ciò avviene a maggior ragione quando si tratta di persone:

Mario e Giovanna sono buoni (e non "buone").

Anche per gli animali e per le cose, naturalmente, come è apparso nell'esempio del *palazzo* e della *casa*, diremo:

Gli sciacalli e le iene erano affamati (e non "affamate");

e sarà meglio dire:

Branchi di sciacalli e di iene affamati,

piuttosto che:

Branchi di sciacalli e di iene affamate.

Tuttavia anche quest'ultima concordanza può essere ammessa. Talvolta, come nell'ultimo esempio, la concordanza con il nome piú vicino par che "suoni meglio". Insistiamo con un altro esempio:

L'industriale migliorò lo stabilimento con nuove macchine, attrezzi, apparecchi.

Questa volta chi ha scritto la frase ha preferito concordare l'aggettivo con il nome piú vicino (*macchine*), invece che con gli altri nomi (*attrezzi, apparecchi*). Ricorriamo a tal proposito all'autorità del Manzoni:

Col tornar della vita, risorsero piú che mai rigogliose nell'animo suo le memorie, i desideri, le speranze, i disegni della vita.

Come, allora, regolarsi? Noi siamo del parere che, a meno che ci siano ragioni di orecchio, o esigenze sorte dall'opportunità di mettere in particolare evidenza nella concordanza dell'aggettivo un nome anzi che un altro, sia meglio attenersi alla norma: aggettivo maschile quando i nomi cui si riferisce sono di genere diverso. In una frase come questa:

Aggettivo maschile con nomi di genere diverso

Indosserò i calzoni e le calze nuovi,

è evidente che tanto i calzoni quanto le calze sono nuovi; se avessi detto:

Indosserò i calzoni e le calze nuove,

parrebbe che soltanto le calze siano nuove, i calzoni no.

Ecco invece un esempio nel quale la concordanza dell'aggettivo con il nome piú vicino par che vada meglio:

> *Aveva i piedi, i polpacci, tutte le gambe intirizzite e livide per il gelo.*

Qui è opportuna la concordanza con il nome *gambe,* perché è questo l'elemento predominante nel discorso, a esso soprattutto si riferisce colui che descrive; gli altri due nomi (*i piedi, i polpacci*) diventano quasi accessori nella descrizione.

C'è poi quella speciale "discordanza", solo apparentemente illogica, degli aggettivi che potremmo definire "doppi" o "accoppiati", come:

> *guerra russo-giapponese*; *visita medico-fiscale*;
> *attrice italo-americana*; eccetera,

Come regolarsi con gli aggettivi "doppi"

dove il primo aggettivo componente rimane sempre maschile e singolare, anche se la concordanza è con un nome femminile singolare (come negli esempi che abbiamo citato) o con nomi al plurale:

> *trattati franco-tedeschi; comunicazioni marittimo-terrestri;*
> *maglie giallo-nere*; eccetera.

Ma di questo argomento abbiamo già parlato a pag. 148.

28.

QUIZ SULLE CONCORDANZE

Concordate gli aggettivi che abbiamo posti tra parentesi:

1. Con i polsi e le mani (stretto) *fra i legacci, non poteva fare il minimo gesto.*

2. *I temporali, le grandinate, le bufere sono sempre* (molesto) *in tutte le stagioni, ma in questa ancor piú perché* (insolito e inaspettato)*.*

3. *Il corso e le vie della città erano molto* (affollato)*.*

4. *Con quel capo e quelle ossa cosí* (minuto) *somiglia piú a un uccellino che a un fanciullo.*

5. *Come si può giocare al calcio se disponiamo soltanto di un pallone e di due o tre palle di gomma* (vecchio e sgonfiato)*?*

6. *Dovresti procurarti un ombrello e una valigia* (nuovo) *per il viaggio.*

7. *Un telegramma, un espresso e due lettere raccomandate furono* (necessario) *per indurti a rispondere.*

8. *Le chiese, le scuole, i teatri, i cinematografi,* (tutto) *erano* (colmo) *di vecchi, fanciulli e donne* (profugo) *in conseguenza del terremoto.*

9. *A capo e gambe* (scoperto) *c'è il rischio di buscarsi un raffreddore.*

10. *La fidanzata del ragioniere ha chiome e sopraccigli* (bruno)*.*

11. *Il trasloco sarà effettuato con un autocarro e con la mia automobile,* (adatto) *sia* (quello) *sia* (questo) *per trasportare gli armadi e le scrivanie dell'ufficio, per quanto* (massiccio e voluminoso)*.*

Soluzione a pag. 447

L'aggettivo, prima o dopo il nome?

Nei primi tempi in cui, dopo la riforma della liturgia, i preti dicevano la Messa in italiano invece che in latino, ci fu qualcuno che si stupí: quella frase che i fedeli ripetono a un dato punto del rito, e che in latino suona cosí: *et cum spíritu tuo*, era stata tradotta: "e con il *tuo* spirito"; perché non: "con lo spirito *tuo*"?

I responsabili della traduzione risposero: voi vi lasciate suggestionare dal latino, dove l'aggettivo è normalmente posposto al nome; in italiano è meglio metterlo prima: "*tuo* spirito" e non "spirito *tuo*".

Ma è una risposta che non convince, perché non è vero che in italiano sia meglio collocare l'aggettivo prima del nome! È soltanto vero che in latino, lingua quant'altra mai logica, si preferisce mettere prima il sostantivo perché elemento piú importante e dopo l'aggettivo perché accessorio, "aggiunto", come significa appunto il vocabolo stesso. Nella maggior parte delle lingue moderne (ne fa testo particolarmente l'inglese) l'aggettivo, quando ha funzione di attributo, è piú spesso collocato prima del nome; ma in italiano la collocazione dell'aggettivo non è regolata da tassative prescrizioni: essa dipende dall'intenzione di chi esprime il pensiero, se cioè voglia mettere in particolare evidenza l'aggettivo, per assegnargli un valore determinante, o discriminante, o chiaramente specificativo del discorso. Facciamo un esempio: noi possiamo dire, in una descrizione:

Aggettivo: elemento "aggiunto"

> *Il* **rosso** *vino scintillava nei bicchieri,*

dove quel *rosso* è aggiunto al nome *vino* tanto per rendere piú suggestiva la descrizione. Ma se invece diciamo:

> *Sarà servito vino* **rosso**,

allora l'aggettivo ha la funzione di distinguere il vino rosso dal vino bianco. In tale caso l'aggettivo va posto dopo il nome.

Attingiamo dal Manzoni due esempi dai quali appaia quando sia meglio l'aggettivo "posposto" e quando invece "anteposto".

Esempio di aggettivi posposti:

> *L'uomo* **onesto** *in faccia al malvagio piace generalmente immaginarselo con la fronte* **alta**, *con lo sguardo* **sicuro**, *col petto* **rilevato**, *con lo scilinguagnolo bene* **sciolto**...

Esempio di aggettivi anteposti:

> *Dove ora sorge* **quel bel** *palazzo, con* **quell'alto** *loggiato, c'era allora, e c'era ancora non son* **molt'anni**, *una piazzetta, e in fondo a quella la chiesa e il convento de' cappuccini, con* **quattro grand'olmi** *davanti.*

Collocazione dell' aggettivo

Anche questo problema della collocazione dell'aggettivo non può dunque essere risolto con le precise norme che certuni esigono dai manuali: la risoluzione va affidata, ancora e sempre, alla sensibilità di chi scrive o parla. Esiste una differenza, che potrebbe essere anche una semplice sfumatura, tra *madre mia* e *mia madre*, tra *caro amico* e *amico caro*, tra *ricordi dolci* e *dolci ricordi*, tra *mobili vecchi* e *vecchi mobili* e cosí via.

Ci sono poi certi casi nei quali la collocazione dell'aggettivo può dare all'espressione un significato del tutto particolare. Tutti sanno che un conto è dire *grande uomo* e un altro *uomo grande*; che un *uomo povero* è senza denaro, privo di mezzi economici, mentre un *pover'uomo* può essere infelice o magari semplicemente angustiato o imbarazzato anche se miliardario; che *notizie certe* significa notizie sicure, ma dicendo *certe notizie* si dà all'espressione un valore indefinito, talvolta persino un tantino spregiativo; che un *uomo galante* sarà un tipo raffinato, cortese, magari anche troppo intraprendente con il gentil sesso, mentre un *galantuomo* ci ispira piú fiducia; si può trascorrere la villeggiatura in *alta montagna*, che non è la medesima cosa che scalare una *montagna alta*; si può indossare un *nuovo vestito*, cioè diverso da quello che si indossava prima, ma se si parla di un *vestito nuovo* si vuol dire che il sarto l'ha appena confezionato; un *solo uomo* quando non ce ne sono altri presenti, ma un *uomo solo* è quello che vive da solo, che non ha famiglia né amici. Questi sono alcuni esempi: chissà quanti altri voi stessi avrete presenti e potreste mentalmente aggiungere a quelli che noi abbiamo citato.

Chi ha dimestichezza con i poeti avrà notato che costoro, tra le molte altre licenze che si permettono, amano talvolta, o per ragioni di metrica o di rima, o anche persuasi di riuscire piú efficaci e suggestivi, disporre gli aggettivi in posizioni apparentemente strane e volutamente confuse. Citiamo dal sonetto di Ugo Foscolo che s'intitola *Alla sera*:

> *...quando dal nevoso aere* **inquiete**
> *tenebre e* **lunghe** *all'universo meni*

mentre normalmente si direbbe: *quando dal nevoso aere meni tenebre* **inquiete** *e* **lunghe**.

Oppure dal poemetto *Il Giorno* di Giuseppe Parini:

> *Giovin signore, o a te scenda per* **lungo**
> *di magnanimi lombi ordine il sangue...*

dove l'aggettivo *lungo* è attributo del nome *ordine*.

L'ipèrbato

Tale inversione dell'aggettivo è chiamata dagli stilisti "ipèrbato", ma noi qui non vogliamo annoiarvi con quelle definizioni piú o meno difficili che costituivano il "piatto forte" dei vecchi libri di stilistica e di retorica, e anzi vogliamo fare ammenda della fugace intromissione con una nota allegra, a proposito del sopra citato fenomeno. Anche Giosuè Carducci fece talvolta uso (se non forse abuso) dell'ipèrbato, specialmente in quelle sue pur mirabili *Odi barbare*, giovandosene per tentar di imitare il ritmo che è proprio del periodare dei classici. Un burlone, comperato il volume delle poesie carducciane (che allora, a quel che pare, costava quattro lire: ma di allora, appunto), scrisse, rifacendo il verso al poeta, questa parodia:

> *Quattro facestimi spendere, caro Carducci, lire;*
> *rendimi quattro, caro, lire, Carducci, mie.*

Quando gli aggettivi danno fastidio

Danno fastidio quando se ne abusa: se non v'è necessità di aggiungere a un nome un aggettivo, perché mettercelo per forza? C'è chi, non pago di un solo aggettivo, ne infila due o tre. Tutti poi, chi piú chi meno, abbiamo la tendenza ad associare certi aggettivi (sempre i medesimi!) a determinati nomi. Perché lo facciamo? Per pigrizia mentale, per scarsezza d'inventiva. Possibile che un ragazzetto debba essere sempre *vispo*, un brigadiere dei carabinieri immancabilmente *solerte*, il sole *ardente* e i suoi raggi *infocati*, la luna *argentea* o tutt'al piú *pallida*? Perché il somaro sempre *paziente*, il cane *fedele*, il cavallo *focoso*, un giovanotto *baldo*, una fanciulla *vezzosa*, il genitore *severo*, il sacerdote *pio* e l'attesa, quando non si contenta di essere soltanto *lunga*, addirittura *spasmodica*?

Dunque va bene fare uso degli aggettivi, ma con discrezione, scegliendoli bene ed evitando di cadere nello stucchevole usando sempre i medesimi.

Usare gli aggettivi con discrezione

È stato osservato che gli scrittori piú validi sanno fare un uso parco, o comunque appropriato, degli aggettivi. Vogliamo qui richiamare un'acuta osservazione di uno scrittore dei nostri tempi, Antonio Baldini, suggeritagli dalla lettura di un ben noto libro dell'Ottocento, *Le mie prigioni* di Silvio Pellico. Il libro incomincia cosí:

> *Il venerdí 15 ottobre fui arrestato a Milano e condotto a Santa Margherita. Erano le tre pomeridiane. Mi si fece un lungo interrogatorio per tutto quel giorno... Alle nove della sera di quel* **povero** *venerdí, l'attuario mi consegnò al custode...*

A questo punto Antonio Baldini interrompe la citazione e commenta: "Quel *povero* venerdí! Come batte forte il polso dalla commozione dietro quella semplice parola! Quale pudica promessa a sé stessa, di quell'anima paziente, di non incolpare nessuno della sua disgrazia. Che colpa aveva, quel povero venerdí, d'essere venerdí, cosí malauguroromente venerdí, agli occhi dello sventurato Silvio? In quel *povero* mi pare anche di vedere ombrarsi un malinconico sorriso che voglia tenere indietro lo spettro della disperazione... Io vorrei sapere da voi se, di tutte le letture che in questo momento vi tornano in mente, sapreste ricordare un aggettivo piú scarico di letteratura e piú carico di sentimento..."

Concludiamo il paragrafo, nel quale si è forse fatta più "stilistica" che grammatica, sottoponendo alla vostra attenzione questo brano dello scrittore Giovanni Papini:

> Era un **bel** vecchio **tùtto candido** nel capo e nel mento, dal viso **leale** che sapeva essere **terribile** e **cordiale**, con **due** occhi **buoni** e **forti** che scandagliavano e accarezzavano, che ridevano e trafiggevano.
> Non ho mai dimenticato l'effetto che mi fece quando, la **prima** mattina, ci accolse tutti in un'aula che mi parve **grandissima**, e parlò come nessuno mi aveva mai parlato. Disse delle fatiche e delle gioie che ci aspettavano, del compito **grave** ma **santo** che un giorno ci sarebbe affidato, della **sua** fede **assoluta** nell'Italia e nella civiltà. **Queste** parole **semplici**, ma **calde**, scandite con **pretto** accento **toscano** da una **bella** bocca **sinuosa** che mi ricordava quella di Leonardo, e alle quali conferivano forza gli sfavillamenti degli occhi e conferivano autorità la candidezza della barba e più che tutto l'**evidente** candore dell'animo, mi scesero giù nei precordi come una **gran** sorsata di vino **ardente**. Mi pareva di aver trovato un **secondo** padre e non vedevo l'ora di ascoltare e di seguire i **suoi** insegnamenti.

QUIZ SULL'AGGETTIVO

29.

a) Trovate l'aggettivo per definire le espressioni qui sotto elencate. Se troverete tutti i 18 aggettivi, potrete dire di avere una buona conoscenza del vocabolario; se almeno 13, una conoscenza discreta; se meno di 8, una conoscenza insufficiente.

chi è senza barba	= ....
chi non ha denti	= ....
chi non ha capelli	= ....
chi ha il corpo sottile	= ....
chi è senza vestiti	= ....
chi è privo di un braccio	= ....
chi parla poco	= ....
chi esprime brevemente un concetto	= ....
chi invece si dilunga nell'esprimerlo	= ....
chi giunge all'ora giusta	= ....
chi ritarda nel pagare	= ....
chi vuole imporre la sua volontà	= ....
chi è privo di volontà	= ....
chi si esprime in modo oscuro	= ....
chi ha sempre paura	= ....
chi suscita terrore	= ....
chi non si stanca mai	= ....
chi ha due piedi	= ....

b) A sinistra vi sono 8 *nomi*, a destra altrettanti *aggettivi* al maschile singolare. Uniteli a coppie e declinateli in modo che le espressioni che ne risulteranno abbiano senso:

incidente	*ossuto*
fronte	*violento*
seta	*spazioso*
aureola	*luminoso*
percossa	*imparziale*
ginocchia	*increscioso*
arbitro	*lungo*
calzoni	*grezzo*

Soluzione a pag. 448

Cappello viola, guanti cenere, scarpe marrone...

Non vi pare abbastanza elegante? Dobbiamo aggiungere anche i *calzoni canarino*? e la *giacca mattone*? la *cravatta smeraldo*, la *camicia avorio*, i *calzini champagne*? È evidente che non stiamo offrendovi un modello di eleganza: noi qui ci occupiamo soltanto di grammatica.

Dunque, in grammatica quelle concordanze vanno benissimo. Sul *cappello viola* (fosse anche *rosa* o *lilla*), tutti d'accordo; ma per i guanti, che sono di numero plurale, perché non dire "ceneri"? e le scarpe perché *marrone*, cioè singolare, e non invece "marroni"? Vien quasi istintivo: "scarpe marroni", "guanti ceneri", "calzoni canarini". Chi dice così crede davvero che esistano gli aggettivi *marrone, canarino, mattone, cenere*, eccetera. Si tratta invece di sostantivi: cappello color del fiore viola (o della rosa o del lilla); guanti che hanno la tinta della cenere; scarpe il cui colore somiglia a quel frutto del castagno che si chiama marrone; calzoni dalla tinta giallo-chiara come le piume dell'uccello detto "canarino"; e così via. Non si tratta di aggettivi, che si concordano in numero e in genere con i nomi ai quali sono riferiti, bensì di una costruzione abbreviata (che i grammatici definiscono "ellittica"): invece di dire "scarpe dal colore del marrone", si dice concisamente: *scarpe marrone*.

Al contrario, *occhi castani* va bene: questo perché *castano* è un aggettivo, indica il colore della castagna; perciò ha il femminile singolare: *chioma castana*, e il femminile plurale: *chiome castane*. Così pure *celeste* (color del cielo), plurale *celesti*; *plùmbeo* (color del piombo), femminile *plùmbea*, plurale *plùmbei* e *plùmbee*; e così *purpùreo, roseo, cinèreo*, eccetera.

Specie di aggettivi qualificativi

Ci siamo soffermati sinora su definizioni di colori, perché nella categoria degli aggettivi detti "qualificativi" quelli che indicano il colore sono molto usati. Il colore è una "qualità" che nel discorso molto ci interessa. Naturalmente ci sono tante altre qualità, oltre al colore; e perciò esistono molte varietà di aggettivi qualificativi:

- 1. aggettivi indicanti qualità fisiche:

    alto, grasso, bello, brutto, eccetera;

- 2. aggettivi indicanti qualità morali:

    buono, cattivo, leale, sincero, eccetera;

- 3. aggettivi che possono riferirsi ai cinque sensi di cui siamo dotati:

    dolce, rumoroso, invisibile, duro, odoroso, eccetera;

- 4. aggettivi che servono per indicare diverse qualità:

    vicino, ampio, profondo, sporco, solitario, eccetera.

30.

QUIZ SUI COLORI

Attribuite a ciascuno degli oggetti, qui sotto elencati, le tre differenti colorazioni indicate:

veli
a) candido
b) ciliegia
c) avorio

mantelli
a) porpora
b) caffè
c) smeraldo

carrozzerie
a) penicillina
b) panna
c) argento

vestaglie
a) viola
b) ciclamino
c) blu notte

pareti
a) arancio
b) limone
c) zafferano

abiti
a) ottano
b) fumo di Londra
c) champagne

sfondi
a) lattiginoso
b) mattone
c) cenere

riflessi
a) rubino
b) madreperlaceo
c) opale

borse
a) nero
b) marrone
c) giallo

Soluzione a pag. 448

Aggettivi alterati

Ancora in tema di colori: voi rivolgereste a una dama questo complimento: "Oh, che begli occhi *bluastri* ha lei, signora!"? No certamente: *bluastro* sarà il livido di una percossa che quella gentile signora non ha mai subíto. Nemmeno lodereste, di quella signora, le mani *bianchicce*, né le labbra *rossastre*.

Sono, queste, le "alterazioni" degli aggettivi. Già trattando dei nomi abbiamo detto, a suo tempo (*v.* a pag. 98), che essi possono essere "alterati"; là avevamo distinto le alterazioni in: "accrescitive", "diminutive", "dispregiative o peggiorative". Lo stesso si può dire degli aggettivi: l'aggettivo *grande* può diventare, per alterazione accrescitiva, *grandone*; per alterazione diminutiva, *grandino* o *grandicello*; e cosí via. Ciò non è però possibile con tutti gli aggettivi; non esistono evidentemente né l'accrescitivo né il diminutivo né il dispregiativo di:

Aggettivi senza alterazioni

forte, abile, sicuro, sereno, tranquillo, eccetera.

Alterazioni che deformano

Sono invece caratteristiche di taluni aggettivi qualificativi quelle alterazioni — che sono piuttosto "deformazioni" — alle quali abbiamo fatto cenno all'inizio di questo paragrafo. Tutti sapete, per pratica, la differenza che passa tra *verde, verdino, verdone, verdastro* e *verdognolo,* o tra *azzurro, azzurrino* e *azzurrognolo*. Ma lasciamo da parte gli aggettivi con riferimento ai colori; per renderci conto della differenza di significato che la mutazione della parte finale, mercé l'aggiunta dei soliti suffissi che già abbiamo incontrato a proposito dei nomi, conferisce ad alcuni aggettivi, richiamiamo alla nostra attenzione proprio certi aggettivi di uso frequente. Tutti sappiamo che differenti sfumature assumono gli aggettivi *grassotto, grassoccio, grassottello*, con differenza ben netta rispetto a *grassone* (c'è anche *grassetto*, usato per indicare un carattere tipografico). Diverso è *grandino* da *grandicello* e ancor piú da *grandone*; *bravo* da *bravino*; *caro* da *carino*. *Cattivone* e *cattivaccio* sono piú bonari rispetto al semplice e crudo *cattivo*: di un bambino direste che è *cattivone* o *cattivaccio* (o magari *cattivello*), non altrettanto direste di un delinquente incallito. Ci sono ben diverse gamme di significato tra *stupidino, stupidello* e *stupidone*; tra *scioccone, sciocchino* e *scioccherello*; tra *ignorantello, ignorantone* e *ignorantaccio*. *Alticcio* è una deformazione di *alto*, ma tutti sanno che non si riferisce alla statura, bensí alla quantità di vino ingerito. Se, parlando di un ragazzo, dite che indossa calzoni *lunghini*, sapete che non sono "calzoni lunghi", ma corti che, per essere corti, sono piuttosto lunghi. Un individuo *furbetto* è molto piú simpatico che un *furbastro* (mentre il *furbone* è assai piú astuto). Il *simpatico*, a sua volta, è ancor piú simpatico se è *simpaticone*; il *noiosone* è assai piú noioso del *noioso* semplice; il *riccone* è piú ricco del *ricco*; invece il *poverino*, che è diverso dal *poveretto* e dal *poverello*, ispira piú tenerezza di chi è soltanto *povero*.

Inutile insistere: gli aggettivi alterabili (o deformabili) li conoscete benissimo, perché ne fate uso in abbondanza e il vostro discorrere quotidiano ne è pieno, anzi "pienone".

Aggettivi che "indicano" o "dimostrano"

> « *Vedi* **quel** *cavallo laggiú?* »
> « **Quale**? *Quello nero e focoso?* »
> « *No, l'***altro** *piú* **piccolo***: se non vedi bene, prendi il* **mio** *binocolo...* »
> « *Grazie: con* **codesto** *binocolo posso scorgere* **tutti** *i cavalli che partecipano a* **questa** *corsa; non sono poi* **molti***:* **cinque** *nel gruppo di testa,* **due** *distaccati...* »

Un discorso tra appassionati di ippica. Quei due interlocutori si interessano di cavalli; noi, forse meno fascinosamente, di parti del discorso, e, in particolare, di aggettivi.

Avrete certamente riconosciuto subito gli aggettivi **qualificativi**: *nero, focoso, piccolo*, perché di questa categoria di aggettivi abbiamo già tanto parlato nei precedenti paragrafi. Del binocolo, invece, non si dice la qualità: si mette in evidenza soltanto la proprietà, cioè il "pòssesso": è *mio* (aggettivo **possessivo**). Quando l'amico che ha avuto in prestito il binocolo ha detto che i cavalli non sono *molti*, egli ha espresso un concetto di "quantità", ma senza fissare il numero preciso, cioè in maniera "indefinita": ecco dunque un aggettivo che i grammatici classificano **quantitativo**, oltre che **indefinito**. Precisando successivamente il "numero" di quei cavalli (*cinque* e *due*) l'interlocutore ha fatto uso di aggettivi **numerali**. Nella domanda: *Quale?* l'aggettivo ha un valore "interrogativo"; c'è però in quell'aggettivo anche una funzione "dimostrativa" o "indicativa": si indica, cioè si dimostra, quale è il cavallo che interessa. Anche nella risposta: *l'altro piú piccolo*, con quell'aggettivo *altro* si è "indicato" (o "dimostrato") un cavallo in particolare. Sono dunque questi gli aggettivi **dimostrativi**, detti anche **indicativi**. Ma, anche nel nostro breve brano con funzione di esempio, i tre aggettivi piú chiaramente dimostrativi sono:

Aggettivi dimostrativi: questo, codesto, quello

questo   codesto   quello (o *quel*)

Questo, codesto, quello sono cosí evidentemente indicativi che spesso nel discorso comune, che tende piú alla vivacità espressiva che alla formale compostezza, i due aggettivi del terzetto, che sono piú frequentemente usati, vengono rinforzati dagli avverbi di luogo: **questo qui**, **quello lí**; soprattutto in Toscana si sente dire anche **codesto costí**. In uno scritto piú compassato del parlar familiare, farete a meno di codesti "rinforzi"; potrete dire:

Quel ragazzo **lí** *ne combina di tutti i colori,*

ma non scriverete, né in una lettera né in un rapporto:

Ho visitato quella città **lí**.

Già abbiamo spiegato, parlando di elisioni e troncamenti (*v*. alle pagg. 71-72) perché e quando *quello* diventa *quel* (per troncamento) e *quell'* (per elisione). Il plurale di *quel* è *quei*; il plurale di *quello* è *quegli*. Regolare il femminile: *quella*, plurale *quelle*.

Regolari anche le declinazioni di *questo* e di *codesto* (si può dire anche *cotesto*, ma la forma *codesto* è piú comune). Davanti a vocale, nel singolare, possono — non devono necessariamente — diventare *quest'* e *codest'* (*quest'uomo, codest'età*), mentre nel plurale si preferiscono le forme senza elisione (*questi individui, codeste eresie*).

Questo, codesto e *quello* sono anche pronomi, come vedremo quando il nostro discorso cadrà su quest'altra parte del discorso. Le forme singolari maschili *questi* invece di *questo* e *quegli* invece di *quello* interessano soltanto come pronomi, non come aggettivi.

La cenerentola dei dimostrativi

Del terzetto *questo, codesto, quello* due s'incontrano a ogni piè sospinto nel discorso (tanto scritto quanto parlato, tanto familiare quanto burocratico), e sono *questo* e *quello*; mentre il povero *codesto* non gode del favore popolare. Solo in Toscana sopravvive, ma sarebbe giusto che fosse usato – s'intende a proposito e non a sproposito come spesso avviene – anche altrove, avendo una sua funzione ben determinata.

Le funzioni di questo, codesto, quello

Mentre *questo* indica vicinanza a chi parla o scrive, *codesto* indica vicinanza alla persona alla quale si parla o si scrive. Se io telefono da Roma a un mio conoscente che sta a Torino e gli dico:

Verrò a trovarti se il clima in **codesta** *città sarà migliorato*,

quel *codesta* indica Torino, dove è il mio interlocutore, e non Roma. Se avessi inteso riferirmi al clima di Roma, cioè la città da dove io telefonavo, avrei detto: "*questa* città". Invece *quello* indica posizione separata tanto da chi parla o scrive quanto da chi ascolta il discorso o riceve lo scritto: telefonando da Roma a Torino, se il discorso cadesse su Napoli, direi "*quella* città".

Ritorniamo a *codesto*, veramente la cenerentola dei dimostrativi, visto che è cosí scarso, e spesso errato, il suo uso. Leo Pestelli, in un suo libro divulgativo di linguistica intitolato *Parlare italiano*, racconta la seguente storiella, che magari è immaginaria ma giova per ammonirci che non si può scherzare impunemente nell'uso, anzi nella confusione, di *questo* e *codesto*.

Uso di questo e codesto

Due mercanti, uno di Milano e l'altro di Firenze – si legge in quella storiella – dovevano incontrarsi con un loro collega di Parigi, per concludere un importante affare. Il mercante parigino, quando fu il momento, scrisse al Milanese che sarebbe venuto in un dato giorno e gli diede l'incarico di avvisare il Fiorentino, affinché accorresse anch'egli a Milano per stipulare l'accordo. Ecco ciò che il Milanese, ignaro del vero significato di *codesto* ma persuaso di far bella figura davanti al collega toscano usando quell'aggettivo per lui insolito ma che gli pareva elegante, scrisse a Firenze: "Caro amico, il commerciante parigino mi scrive che il giorno 15 del mese corrente sarà in *codesta* città per concludere il noto affare..."

Il Fiorentino, persuaso che il Francese sarebbe venuto a Firenze, non si mosse dalla sua città. Se non che il Milanese, scrivendo *codesta*, aveva voluto dire *questa* (cioè Milano). Cosí andò a finire che il mercante fiorentino non venne a Milano, l'accordo andò in fumo e, conclude lo scrittore che narra l'episodio, per colpa dell'errato uso di *codesto*, la bella amicizia tra i due mercanti finí in una lite.

Il libro del capufficio e il castello del romanziere

Con la storiella dei tre mercanti abbiamo voluto offrirvi un bell'esempio sull'uso di *questo* e di *codesto*; adesso inventiamo un altro esempio per introdurre anche il terzo dimostrativo, cioè *quello*. *Uso di quello*

Immaginiamo di essere nel nostro ufficio di ogni giorno. Il capufficio ha portato con sé un libro appena pubblicato e ce l'ha mostrato con visibile compiacimento. « Vedete *questo* libro? » egli dice. « È cosí interessante che l'ho letto tutto d'un fiato. » Subito il nostro collega ragioniere, che gode fama di essere alquanto "scroccone", glie lo chiede in prestito. Il capufficio, "preso in contropiede", come si suole dire con espressione tolta dal gergo dei calciatori, non sa rifiutarglielo. Il ragioniere prende il libro, lo palpa, lo tiene accanto a sé o addirittura in tasca. Notate: accanto a sé, in tasca: il libro si è allontanato dal capufficio e si è avvicinato all'altro, al ragioniere un po' scroccone... Dopo un poco il capufficio, forse già pentito della sua generosità, arrischia timidamente: « Senta, ragioniere, *codesto* libro vorrei riaverlo piuttosto presto: veda se può restituirmelo in settimana ». Ha detto *codesto*, il capufficio, che, oltre a essere amante delle buone letture, è anche di origine toscana e certi errori di lingua non li commette per istinto: ha usato correttamente il dimostrativo perché riferito a cosa lontana da chi parla, ma prossima a chi ascolta. Passa una, passano due settimane, e il libro non ritorna al legittimo proprietario, anzi non se ne parla piú, sinché un giorno il capufficio si decide a rinfrescarne il ricordo: « Scusi, ragioniere, si ricorda di *quel* libro che le diedi tempo fa? C'è mia moglie che desidera leggerlo ». Ha detto *quel* libro, perché ora esso è in casa dell'intraprendente ragioniere: quindi lontano da ambedue gli interlocutori.

Il medesimo discorso vale anche per gli avverbi **costí** e **costà**, nei confronti di *qui* e *qua* (= in questo luogo) e di *lí* e *là* (= in quel luogo), ma di questi parleremo quando tratteremo gli avverbi. *Costí e costà*

C'è però un tipo di *codesto* che potrebbe sembrare usato erroneamente, e non lo è. Uno scrittore racconta, supponiamo, in un suo romanzo, di un castello, anche lontano le mille miglia non solo da lui, ma anche da chi legge il libro; e dopo avercelo descritto da par suo, conclude: *In* **codesto** *castello vi giuro che vorrei vivere tutto il resto della mia vita*. Poteva dire benissimo tanto *questo*, considerandolo accanto a lui, quanto *quello*, considerandolo lontanissimo da lui e dai lettori; ma nel caso particolare va bene anche *codesto* perché, parlandone, lo scrittore lo ha proposto all'immaginazione del lettore, glie lo ha messo davanti, quasi ve lo ha cacciato dentro. *Un* codesto *particolare*

Nel discorso hanno dunque importanza anche le "sfumature": spesso è decisiva, per la scelta di un vocabolo anziché di un altro, l'intenzione di chi scrive o parla. L'importante è che non càpiti di ascoltare spropositi come questi: "Non respiro, *codesta* camicia mi stringe il collo"; "Dottore, mi fa male *codesto* occhio": sembrerebbe che il paziente si sia addirittura cavato l'occhio e l'abbia messo nelle mani del dottore!

Come si vede dai pochi esempi citati, un errato uso di *codesto* può addirittura stravolgere il significato della frase.

QUIZ SUGLI AGGETTIVI DIMOSTRATIVI

31.

a) Mettete al posto dei puntini l'aggettivo dimostrativo (*questo, codesto, quello*) che vi sembra giusto:

1. Ti scrivo di nuovo da ... paese inospitale.

2. Togliti ... scarpe, sono infangate.

3. Se ... valigia ti pesa, la porto io.

4. Vedi ... cravatta in fondo alla vetrina? Ne ho una identica a casa.

5. Che hai in ... mano?

6. Passami ... binocolo, vorrei vedere ... contadini che mietono laggiú.

7. Già che ci siamo, direi di fermarci ancora un po' in ... ristorante.

8. Cambia argomento, ... tuo discorso non mi piace.

b) Tra gli aggettivi dimostrativi contenuti nelle seguenti frasi, alcuni sono usati in modo errato. Quali?

1. Bada, Santuzza, schiavo non sono di questa *vana tua gelosia...*

2. Questo o quello *per me pari sono...*

3. Se quel *guerrier io fossi...*

4. Prendi codesto *rosario...*

5. Godi, *fanciullo mio, stagion lieta è* codesta...

6. Codesta *età fiorita è come un giorno d'allegrezza pieno...*

7. Se codesto *mio braccio fosse ancor valido, com'era in quei tempi felici nei quali fioriva la giovinezza in* questo *mio volto...*

8. Non è questa *vostra violenza che ci farà cambiare idea...*

Soluzione a pag. 448

Dimostrativi ambigui e dimostrativi antiquati

Appartengono al gruppo dei dimostrativi anche **stesso** e **medesimo**. La differenza di significato tra questi due dimostrativi non è in italiano cosí netta come in latino tra i corrispondenti *ipse* e *idem*. Se diciamo:

Stesso e medesimo

> *Il re stesso dormí tra i soldati,*

ciò equivale a dire: nientemeno che il re, addirittura il re, proprio lui, o, come si dice con un'espressione ormai consunta dall'uso: il re "in carne e ossa".

Se invece diciamo:

> *Gli Inglesi e gli Scozzesi hanno lo stesso re,*

ciò indica comunanza: il re dell'Inghilterra è anche il re della Scozia. In quest'ultimo caso sembrerebbe piú pratico usare l'aggettivo *medesimo*. Tuttavia non sempre si opera questa distinzione. Per esempio, può capitare di leggere:

> *Dormivano nello stesso sgabuzzino, sullo stesso lettuccio sgangherato...,*

dove è ben evidente che la frase non vuol dire: nientemeno che nello sgabuzzino, persino sul lettuccio sgangherato... Qui sarebbe stato meglio scrivere: "nel *medesimo* sgabuzzino", "sul *medesimo* lettuccio".

Insistiamo con altri esempi:

> *Il signor Giovanni e sua moglie hanno la stessa* (meglio **medesima**) *età;*

> *Nella stessa mia età giovanile* (cioè persino quando io ero giovane) *non avrei arrischiato simili acrobazie;*

> *Io e mio fratello abbiamo gli stessi* (o **medesimi**) *gusti;*

> *Percorreremo la medesima* (o **stessa**) *autostrada dell'altra volta;*

> *L'autostrada stessa* (e non **medesima**) *non ha carreggiate cosí spaziose.*

Conclusione:

● pur non essendo assoluta la distinzione, preferite *medesimo* per indicare comunanza, identità; preferite *stesso* per conferire un significato di rilevanza al nome cui tale aggettivo dimostrativo è attribuito.

Medesimo: identità; stesso: rilevanza

Altro:
aggettivo dimostrativo

Anche **altro** è aggettivo dimostrativo (può essere anche pronome, come vedremo a suo tempo). Nell'esempio col quale abbiamo iniziato la nostra spiegazione degli aggettivi dimostrativi, cioè nel colloquio dei due appassionati di ippica all'ippodromo, quando uno disse: "...l'*altro* cavallo piú piccolo", *altro* era usato come aggettivo dimostrativo. Infatti *altro* può essere anche aggettivo indefinito, come in questo esempio:

*Oggi non ho tempo, ma un **altro** giorno verrò a visitarti.*

Non si "indica", non si "dimostra" quale è quell'altro giorno, lo si lascia "indefinito": un altro giorno, uno qualsiasi, non sappiamo quale. Quando si trova **altri** nel singolare, per esempio:

Altri:
pronome indefinito

Altri *dirà che io ho sbagliato,*

questo *altri* con la desinenza -*i* singolare e maschile, riferito a persona (come già abbiamo notato a proposito di *questi* e di *quegli*), è sempre pronome e appartiene agli indefiniti, non ai dimostrativi.

Certo:
aggettivo dimostrativo e qualificativo

Anche l'aggettivo **certo** può essere dimostrativo. Un esempio manzoniano:

*Un **certo** signorotto gli chiese arrogantemente di trarsi a lato;*

mentre quando ha il significato di "sicuro, indubbio" è qualificativo:

*Tutti erano **certi** che sarebbe sopraggiunto un cataclisma.*

Tale e quale

I correlativi

Non esiste ambiguità di significato a proposito di **tale** e di **quale**, ma può essere utile qui ricordare che questi due aggettivi sono talvolta disposti nel discorso in modo da costituire una "correlazione", e allora si definiscono **correlativi**. Esempi:

Tale *era il padre* **quale** *il figlio;*

Quale *tu sei attualmente,* **tali** *eravamo anche noi nella nostra gioventú.*

Inoltre *quale* è spesso usato in frasi esclamative:

Oh, **quale** *onore!*

O in frasi interrogative:

Quali *furono i tuoi antenati?*

Ecco perché si parla anche di aggettivi **esclamativi** e **interrogativi** (ma sono pur sempre "dimostrativi").

Chiude la serie dei dimostrativi un gruppetto di notabili alquanto giú di moda, solenni, forse, ma antiquati come certi magistrati inglesi in toga e parrucca. Sono gli aggettivi **siffatto**, **cosiffatto**, **cotale**, che attualmente sono poco usati. Nessuno, però, può escludere che con il tempo ritornino in auge, magari a scapito di altri vocaboli che oggi son sulla bocca di tutti ma ai quali, tra qualche anno o decennio, toccherà, forse, la desolante sorte di diventare a loro volta antiquati.

I dimostrativi siffatto, cosiffatto, cotale

"Il mio a me, il tuo a te..."

Cosí incominciava un'allegra canzonetta popolare, in voga parecchi anni orsono, e proseguiva: "...e tenga ognuno il suo tale e qual com'è". *Mio, tuo, suo*: nella canzonetta era evidente il significato di "possesso"; dunque, nessun dubbio: **mio**, **tuo** e **suo** sono aggettivi **possessivi** (oltre che "sostantivati", come spiegheremo in un altro paragrafo: qui il *mio* significa: "la mia proprietà"; il *tuo*, "la tua proprietà", eccetera). Ma quando dico:

Aggettivi possessivi: mio, tuo, suo

    *La **mia** infanzia è stata difficile;*

    *La **tua** visione del mondo è unilaterale;*

    *La **sua** città natale è Frosinone,*

non c'è l'idea del possesso; tuttavia la definizione di "possessivo" vale sempre: indirettamente, quell'infanzia che ho vissuta è "mia" (l'infanzia "di me"), la visione che tu hai del mondo è "tua" (= di te) e quella città è "di lui", di quel tale di Frosinone, che vi è nato, è dunque "sua". Si potrebbero elencare moltissimi casi di possessivi che non esprimono propriamente il concetto di appartenenza, come, per esempio:

    *L'operaio ha ultimato il **suo** lavoro;*

    *Il vecchio procedeva con il **suo** solito passo strascicato;*

    *È stato interessante il **tuo** viaggio?*

    *I **suoi** affari vanno a gonfie vele;*

    ***Mia** madre, **tuo** padre, i **nostri** amici;*

    *Ecco il **nostro** uomo.*

Gli aggettivi possessivi non ci pongono, per fortuna, molti problemi. Tutti sanno che il plurale di *mio* è **miei**, di *tuo* è **tuoi**, di *suo* è **suoi**: plurali irregolari (infatti non si dice "mii", "tui" e "sui"), ma sono tanto usati questi possessivi che nessuno potrebbe sbagliarli. Chi vuol sapere perché da *mio* vien fuori *miei* deve farci sopra un piccolo studio, naturalmente partendo dal latino *meus*, plurale *mei*, per capire il nostro *miei*, e tenendo presente, a proposito di *tuoi* e di *suoi*, la tendenza dell'italiano a sostituire, o aggiungere, la vocale *o* a quella *u* che invece è così abbondante nel latino. Ma qui usciremmo dal nostro seminato, per addentrarci nel periglioso bosco dell'etimologia.

Il possessivo loro

Ci interessa piuttosto il possessivo **loro**, che sostituisce il pur logico e più sbrigativo a pronunciarsi *suo* quando il soggetto è plurale. Noi dobbiamo dire, se non vogliamo commettere errore grave di grammatica:

I cittadini amano la **loro** *patria,*

e non già: la "sua" patria. Invece il latino diceva tranquillamente: *Cives* **amant** **suam** *patriam*; e anche nei dialetti quel "suo", più o meno trasformato, è rimasto saldamente in uso indipendentemente dal numero, singolare o plurale, del soggetto della proposizione. Il possessivo *loro* deriva dal latino *eorum*, che vuol dire "di quelli". In origine serviva per distinguere dal riferimento al soggetto il riferimento ad altri complementi:

Gli abitanti difesero i **suoi** (= *loro*, forma corretta) *villaggi e impedirono la* **loro** (= di quelli) *distruzione.*

"Suo": di lui o di quell'altro?

Per evitare equivoci: di lui, di lei

Anche quando il soggetto è di numero singolare si è costretti talvolta a ricorrere alle espressioni **di lui, di lei**, invece che all'aggettivo possessivo *suo*. Ciò per impedire equivoci. Esempio:

Il professore incontrò il **suo** *padrone di casa e rientrò con l'automobile* **di lui** (o *di quello*).

Se avessimo detto *sua* si sarebbe potuto credere che l'automobile fosse del professore. Ma, appena possibile, cioè quando non c'è pericolo di confondere, si preferisce l'aggettivo *suo*. Per esempio:

Il medico discusse col malato sul **suo** *stato di salute,*

è molto probabile che lo stato di salute, oggetto della discussione, fosse quello del malato e non del medico. Medesimo medico e medesimo malato, ma differente argomento della discussione:

Il medico discusse col malato sul **suo** *onorario,*

qui non c'è dubbio: l'onorario è del medico; e nemmeno ci sarebbe dubbio se la frase si rovesciasse cosí:

> *Il malato discusse col medico sul* **suo** *onorario.*

Per evitare il temuto equivoco, esiste un altro aggettivo possessivo: **proprio**. Questo aggettivo può sostituire *suo* quando si vuole far capire esplicitamente che si riferisce al soggetto. Per esempio nella proposizione:

Il possessivo proprio

> *Il malato discusse col medico sulla* **propria** *salute,*

l'aggettivo *propria* indica chiaramente che la salute è quella del paziente e non quella del dottore.

Facciamo un altro esempio:

> *La zia Clotilde scrisse alla signora Eugenia che avrebbero pranzato insieme il giorno del* **suo** *compleanno.*

Compleanno di chi? della zia Clotilde o della signora Eugenia? Se della zia Clotilde, non sarebbe sorto equivoco se avessimo scritto cosí: *il giorno del* **proprio** *compleanno*. Se invece il compleanno fosse stato della signora Eugenia, si sarebbe potuto scrivere: *il giorno del compleanno* **di lei** (o anche: *del* **di lei** *compleanno*). Questa sostituzione delle espressioni *di lui, di lei* al posto dell'aggettivo possessivo incontra però scarso favore: infatti non di rado suona male; soltanto quando ci siano forti ragioni di "specificare" l'appartenenza è opportuno ricorrervi.

L'aggettivo *proprio* talvolta è aggiunto al normale possessivo:

> *Ciascuno ha i* **suoi propri** *pensieri;*

> *Aveva un* **suo proprio** *modo di esprimersi;*

> *Qui tutti fanno i* **loro propri** *comodi.*

Serve cioè per rinforzare. Ma è bene farne un uso moderato, perché quei due possessivi insieme sono, quasi sempre, eccessivi e appesantiscono inutilmente la frase.

Un altro possessivo che non dà nessuna preoccupazione è **altrui** (= *di altri*). Esso infatti è felicemente indeclinabile: rimane sempre uguale a sé stesso, nel singolare, nel plurale, nel maschile, nel femminile:

Il possessivo altrui

> *il bene* **altrui**; *i lavori* **altrui**; *una casa* **altrui**; *le idee* **altrui**.

Per finire, sull'uso dei possessivi, due osservazioni:

Osservazioni sui possessivi

● prima: non farne abuso, cioè non ficcarceli per forza quando sono inutili.

Per esempio non c'è bisogno di ricorrere a espressioni simili a queste:

Che dolore ai **miei** *piedi!*

Quel signore si levò il **suo** *cappello;*

Avevamo le **nostre** *scarpe tutte infangate.*

È evidente di chi sono i piedi, di chi è il cappello, di chi sono le scarpe;

● seconda osservazione: l'aggettivo possessivo certe volte si mette prima, altre volte si mette dopo il nome con il quale è concordato. Ma c'è sempre quella tale sfumatura di significato, cui già abbiamo accennato trattando della collocazione degli aggettivi in generale (*v.* a pag. 193). Nel vocativo noi vediamo che piú spesso, anzi quasi sempre, il possessivo è posposto al nome:

madre mia, ragazzo mio, Padre nostro che sei nei cieli, eccetera.

Però si dice anche:

mio signore, mia contessa, mio soldato,
Vostra Eccellenza che mi sta in cagnesco, eccetera.

Se poi c'è insieme un altro aggettivo, allora il possessivo sta normalmente davanti:

mio caro amico, mia dolce sposa, nostro egregio commendatore.

L'aggettivo possessivo posposto conferisce energia all'espressione, esprime piú marcatamente il possesso (*casa mia...*) o l'affetto (*figlio, figlio mio!...*) L'esempio piú vigoroso di possessivo che ci viene in mente è quello che Dante mette in bocca a san Pietro nella famosa invettiva contro Bonifacio VIII, nel canto XXVII del *Paradiso*:

Quegli ch'usurpa in terra il luogo **mio**,
il luogo **mio**, *il luogo* **mio**...

Se, a parte le ragioni della metrica, san Pietro avesse detto: *il mio luogo,* sarebbe stato tutt'altro discorso.

"Qualche milione... va bene"

Due grossi affaristi trattano un'importante compravendita; stanno discutendo da un po' di tempo, quando l'acquirente esasperato sbotta:

> « Insomma, **quanti** ne dovrei sborsare? »
> « Non **molti**, stia tranquillo, anzi **pochi**. »
> « Voglia essere preciso. »
> « Diciamo **qualche** milione. »
> « **Qualche** milione... va bene: **tutto** sta nell'intendersi sul significato di codesto **qualche**... »

Ha ragione quell'acquirente: **pochi, molti, parecchi, troppi, qualche**, eccetera, non definiscono un bel niente; sicché la "quantità" rimane "indefinita", come nel discorso del nostro affarista venditore; perciò quegli aggettivi sono sí **quantitativi**, ma sono anche **indefiniti**.

E non sono tutti qui, ce ne sono altri. Di questi aggettivi esiste il singolare, il plurale e il femminile, come anche dei già menzionati *pochi, molti, parecchi, troppi*, eccetera. Ecco l'elenco dei piú comuni:

Aggettivi indefiniti: pochi, molti, troppi, eccetera

alcuno	(-a) ⟶	alcuni	(-e)
taluno	(-a) ⟶	taluni	(-e)
tanto	(-a) ⟶	tanti	(-e)
quanto	(-a) ⟶	quanti	(-e)
tutto	(-a) ⟶	tutti	(-e)
certo	(-a) ⟶	certi	(-e)
altro	(-a) ⟶	altri	(-e)
altrettanto	(-a) ⟶	altrettanti	(-e)
alquanto	(-a) ⟶	alquanti	(-e)

I seguenti indefiniti sono invece soltanto ed esclusivamente singolari:

ciascuno —	ciascuna
nessuno —	nessuna

Indefiniti indeclinabili

Altri ancora hanno il femminile uguale al maschile: sono dunque **indeclinabili**:

ogni	: ogni uomo, ogni donna;
qualche	: qualche libro, qualche matita;
qualunque	: qualunque spettacolo, qualunque persona;
qualsiasi	: qualsiasi gioco, qualsiasi parola;
qualsivoglia	: qualsivoglia problema, qualsivoglia idea.

L'indefinito qualche

A proposito di *qualche* — ma il discorso vale anche per *ogni*, per *qualunque*, *qualsiasi* e *qualsivoglia* — bene ha detto quel commerciante del nostro dialogo introduttivo allorché ha espresso la sua opinione con una frase non proprio storica ma grammaticalmente corretta:

« **Qualche** *milione...* **va** *bene* ».

Va bene anche per noi, perché proprio temevamo che, col solito errore nel quale cascano anche persone piú istruite del nostro commerciante, dicesse:

« **Qualche** *milione...* **vanno** *bene* ».

Abbiamo già parlato altrove (*v.* a pag. 153) della cosiddetta "costruzione a senso", quando cioè si concorda un soggetto singolare, ma con valore collettivo, con un verbo di numero plurale. Anche nel nostro esempio, *qualche milione* è piú di un milione solo, sono almeno due o tre milioni, magari quattro o cinque, e perciò logicamente sarebbe giustificato un verbo al plurale; ma, come abbiamo spiegato allora, la "costruzione a senso" deve essere evitata quando il contrasto appare stridente, come sarebbe nel caso di *qualche milione vanno bene*. Dunque, dopo *qualche*, *ogni*, *qualunque*, *qualsiasi*, *qualsivoglia*, saranno di numero singolare tanto il sostantivo del quale l'aggettivo è attributo (*qualche uomo* e non "*qualche uomini*") quanto il verbo (o meglio, come si definisce correttamente nell'analisi logica, il "predicato").

Dopo gli indefiniti il verbo sempre al singolare

Ecco un esempio con *ogni*:

Ogni *cittadino* **faccia** (e non "facciano") *il* **suo** (e non "loro") *dovere*.

Ecco un esempio con *qualunque*:

Qualunque *disgrazia* **possa** *capitarti, non* **sarà** *mai* **grave** *come la perdita della vista.*

Ecco, infine, un esempio con l'aggettivo indefinito *qualsiasi*:

Qualsiasi *uomo* **entri** *in chiesa, si* **tolga** *il cappello.*

Richiamiamo l'attenzione sulla differenza di significato tra *ogni* e *tutto*. Se diciamo:

Ogni *invitato depositi il cappotto nella guardaroba,*

Differenza tra ogni e tutto

intendiamo sí tutti gli invitati, ma considerati uno per uno. Se continuassimo il discorso:

Tutti *i presenti passeranno quindi nel salone,*

non considereremmo piú quegli adulti uno per uno, ma collettivamente; non sarebbe piú il caso di ricorrere a *ogni*, che significherebbe: ciascuno, uno per uno, singolarmente.

Quello che altra volta abbiamo spiegato (*v.* a pag. 193) a proposito del diverso valore che assume un medesimo aggettivo secondo la sua posizione rispetto al sostantivo col quale è concordato (se cioè è "anteposto" oppure "posposto") vale in particolare per i due indefiniti *qualunque* e *qualsiasi*. Qui, però, contribuisce a creare la differenza di significato anche la presenza dell'articolo indeterminativo (*un, una*). Per esempio, la frase:

Gli indefiniti qualunque e qualsiasi

Il nonno ha avuto un collasso: presto, telefonate, **qualunque medico** *troviate in casa venga subito;*

è ben diversa dalla frase:

Non è un grande medico, quello, è **un medico qualunque**.

Non occorre che vi spieghiamo la differenza tra quel *qualunque medico* e quel *un medico qualunque*. Proviamo adesso con *qualsiasi*:

Qualsiasi *festa per noi è gradita*;
(non importa quale: tutte quante).

È stata **una festa qualsiasi**;
(cioè una festa come tante altre, alla buona, mediocre).

I numeri

Forse noi stessi, quand'eravamo bambini, abbiamo imparato i numeri prima ancora dell'alfabeto. *Uno, due, tre...* Sono questi i numeri detti **cardi-**

I cardinali

nali, perché sono come il "cardine" sul quale si regola tutta la numerazione. Dai numeri cardinali si formano quegli aggettivi come *primo, secondo, terzo,* eccetera, che servono per stabilire un "ordine" e perciò si chiamano **ordinali**. Esistono inoltre i numerali **moltiplicativi**, che indicano quante volte può "moltiplicarsi" una quantità: *doppio, triplo, quadruplo,* eccetera.

Mediante l'avvicinamento di un numerale cardinale a un ordinale si formano i numeri **frazionari**, per indicare una "frazione", cioè una parte di numero: *un terzo, un quarto, due terzi, sei decimi,* eccetera.

Si riconducono pure ai numerali, con la definizione di **collettivi**, gli aggettivi *ambo, ambedue, entrambi* (questi ultimi due hanno spesso funzione di pronomi).

Ecco una sommaria sistemazione dei numerali:

Tabella dei numerali

cardinali	: *uno, due, tre, diciotto, trentamila;*
ordinali	: *primo, secondo, terzo, venticinquesimo, centesimo;*
moltiplicativi	: *doppio, triplo, quadruplo, centuplo;*
frazionari	: *un terzo, due sesti, otto sedicesimi;*
collettivi	: *ambo, ambedue, entrambi.*

Si tratta però sempre di aggettivi, anche se talvolta hanno funzione di sostantivi, come nelle seguenti proposizioni:

Nel compito di grammatica mio figlio ha meritato **quattro**;

Presso gli antichi Ebrei il numero **sette** *aveva uno speciale significato;*

Il circuito aveva la forma di un **otto**;

Se avessi qualche **miliardo** *in banca, non sarei qui, ma ad Acapulco.*

Ciò avviene anche con i numeri ordinali, che diventano, in alcuni casi, aggettivi sostantivati; per esempio:

Le **ottave** *del poema dell'Ariosto;*

Mandare in legatoria i **sedicesimi** *del volume già stampati;*

La moneta più piccola era il **centesimo**.

Queste nozioni generiche le abbiamo imparate un po' tutti a scuola, e non ci sembra il caso di insistervi. Meglio sarà invece passare all'esame di quei numeri che richiedono una particolare attenzione, per non incorrere, quando scriviamo, nei soliti errori.

Dall'una sino alle ventitré...

I numeri sono infiniti, tutti lo sanno. Per fortuna, soltanto alcuni richiedono i nostri richiami grammaticali. Altra fortunata situazione: i numeri cardinali sono invariabili, cioè sono uguali nel maschile e nel femminile. Naturalmente non hanno, dal *due* in su, il singolare: sono, necessariamente, tutti plurali. Il numero *uno*, invece, è sempre singolare. Sempre? Ma non si dice forse: *gli uni*, specialmente nell'espressione **gli uni** *e gli altri*? Ma qui non si tratta di aggettivo numerale, bensí di pronome. Qualcuno, a questo punto, citerà il noto verso manzoniano, caro ai patrioti del Risorgimento:

>*Liberi non sarem se non siam* **uni**.

Questa volta, sí, è aggettivo, ma qui *uni* significa "uniti": esiste un aggettivo *uno*, femminile *una*, che significa "unico, uno solo".

A ogni modo, si tratta pur sempre di varianti o di derivati del numero *uno*. Anche l'articolo indeterminativo *un* (*uno*), femminile *una*, è collegato con il numerale. Talvolta nemmeno si può essere del tutto sicuri se si è di fronte a un articolo o a un numerale. In una frase come la seguente non c'è dubbio, è articolo:

Uno: articolo e numero

>*Ieri ho incontrato* **un** *mio amico.*

In quest'altra è numerale:

>*La massaia aveva nella borsa due cavoli, dieci patate, e* **una** *zucca.*

Se invece la frase fosse:

>*La massaia ha comperato* **una** *zucca,*

se vuol precisare che è una zucca sola, e non due o tre, è numero; altrimenti è articolo. Tutto dipende dal senso della frase.

Sia numero, sia articolo, *uno* (come il latino *unus*, femminile *una*) diventa nel femminile *una*. Esempi:

>*Si presentarono tre ragazzi e* **una** *ragazza;*

>*Tu volevi due macchine, ma noi possiamo dartene appena* **una**.

Anche quando si vuole indicare l'ora, poiché questo nome è femminile, si dice *l'una*. Per le altre ore, invece, femminile plurale: *le due, le tre, le quattro*, eccetera.

A differenza del latino — dove *duo* diventa nel femminile *duae*, e *tres* ha il neutro *tria* — in italiano i numeri *due* e *tre* sono invariabili:

due *uomini,* **due** *donne,* **tre** *palazzi,* **tre** *case,* eccetera.

Anche i numeri successivi, come abbiamo detto, sono invariabili. Per arrivare a un altro numero declinabile bisogna salire fino a *mille*, che ha il plurale *mila*; ma di questo parleremo piú avanti, quando il nostro discorso cadrà sui numeri piú grossi.

Qualcuno si stupisce perché *diciassette* si scrive con due *s* e invece *ventisette, trentasette, quarantasette*, eccetera con una *s* sola. Dobbiamo ricorrere ancora una volta al latino, piaccia o non piaccia a quei tali che hanno in uggia il latino. Dunque, in latino "dieci" si dice *decem*: quella consonante finale (la *-m* di *decem*), unendosi con la *s-* iniziale di *sette*, la raddoppia, cioè da *ms* nasce in italiano la doppia *s*. Invece *venti, trenta, quaranta*, eccetera terminano anche in latino con vocale (*viginti, triginta, quadraginta,* eccetera) e quindi non avviene il raddoppiamento della *s*. Per la medesima ragione *diciannove* ha la *n* doppia, invece *ventinove, trentanove*, eccetera, non raddoppiano la *n*.

C'è qualcuno che preferisce scrivere *ventitre, trentatre, quarantatre*, eccetera senza l'accento sulla *-e* finale. Anche il grande Carducci, dopo aver deciso di scrivere il suo nome "Giosue" invece di *Giosuè*, per coerenza abolí quell'accento. Ma poiché quei numeri li pronunciamo accentati, la logica grammaticale vuole — con buona pace del grande poeta — che l'accento si segni sempre. Forse che scriviamo "vicere" invece di *viceré*, "poiche" invece di *poiché*, "nontiscordardime" invece di *nontiscordardimé*? E allora, siamo anche noi coerenti: se il medico ci chiede di pronunciare *trentatré*, ubbidiamogli anche nel non trascurare l'innocuo accento, quando quel *trentatré* non ci limitiamo a pronunciarlo ma, per un qualsiasi motivo, dobbiamo scriverlo.

La guerra del '48, gli anni '70...

La guerra del '48 è quella del 1848. Quando non c'è dubbio che si tratti del 1848 e non, per caso, del 1748 o del 1648, talvolta rinunciamo alle prime due cifre di quel numero in millesimi. Come quando si elide una lettera o si tronca un vocabolo togliendogli piú lettere o una sillaba, si ricorre al segno dell'apostrofo, lo stesso si fa anche con i numeri. Per esempio, invece di scrivere:

La Prima guerra mondiale durò dal **1914** *al* **1918**,

c'è chi preferisce usare l'apostrofo e scrivere:

La Prima guerra mondiale durò dal '14 al '18.

È obbligatorio l'apostrofo? Pare opportuno segnarlo, visto che non dà troppo fastidio. Quando però si scrive: *il 500* (cioè il secolo XVI) si suole fare a meno dell'apostrofo, sebbene si preferisca scrivere in lettere: *il Cinquecento*; tuttavia scrivere *il '500* non è errato, anzi serve per distinguerlo dal vero 500, quello cominciato cinque secoli dopo Cristo. *L'apostrofo nelle date*
Niente apostrofo, invece, nella frase:

*Nel **79** avvenne la distruzione di Pompei,*

perché qui si tratta proprio dell'anno 79 dopo Cristo.
Altro esempio:

*Papa Giovanni XXIII morí nel **1963**;*

ma potremmo anche scrivere *morí nel '63*, se prima avessimo detto, per esempio, che Pio XI salí al soglio pontificio nel 1922, che nel '39 gli succedette Pio XII, e che quest'ultimo morí nel '58. In questo caso, essendo ovvio il secolo, non ripeteremo piú il 19 iniziale, ma lo sostituiremo con l'apostrofo. Si deve però evitare di segnare due apostrofi consecutivi: *nell'89*, e non "nell' '89".
Da qualche tempo è venuto di moda anche in Italia un modo di dire, derivato nientemeno dal russo, come *gli anni '50, gli anni '70*, eccetera, cioè un modo per indicare con espressione velocemente sintetica il decennio tra il 1950 e il 1959, tra il 1970 e il 1979. Gli Inglesi, addirittura, dicono l'equivalente de *gli Ottanta, i Novanta*. Anche qui, se si usa il numero, è consigliabile l'apostrofo. Si scrive anche in lettere, con iniziale maiuscola:

*gli anni **Cinquanta**, gli anni **Settanta**,* eccetera.

Ottantun anni o ottantun anno?

Nel necrologio di un illustre defunto, scritto da un suo figlio, dottissimo professore, abbiamo letto:

*È morto in età di **ottantun anno** il nostro caro...*

Un giovane studente che era con noi, versatile nella matematica piú che nella conoscenza delle vetuste grammatiche, obiettò: « Se gli anni sono ottantuno, cioè veramente molti, perché il singolare? Sarà forse un errore di stampa: *anni* ottantuno, ottantun *anni*... » No, non era un errore di stampa.

Quel figlio dottissimo dell'ottuagenario defunto voleva rispettare una vecchia regola grammaticale per la quale il nome che segue un numero cardinale terminante con *uno* (come *ventuno, trentuno, quarantuno*, eccetera) si concorda non con tutto il numero ma soltanto con quell'*uno*, e perciò rimane singolare. Ecco perché il famoso libro di novelle arabe si intitola *Le mille e una notte*, e non "notti".

Anche le vecchie grammatiche, però, ammettevano le eccezioni. Sentite: se il numero è posto prima del sostantivo, sempre plurale: *cavalli quarantuno* e non "cavallo quarantuno"; se al sostantivo è unito un aggettivo o un altro nome con funzione di apposizione, ancora sempre plurale:

> *cinquantuno impiegati volonterosi;*
> *duecentosettantuno ostaggi prigionieri*, eccetera.

Infine, sempre plurale quando il numerale è preceduto dall'articolo:

> *i cinquantuno alberi*; *le novantuno colonne.*

Insomma, un tiremmolla da non finire. Veniamo perciò a una conclusione pratica, lasciando da parte questa regola ormai superata:

Seguiamo la logica

● meglio lasciare sempre il numero che termina con *uno* invariato, cioè maschile, e il nome che segue volgerlo, come vuole la logica, al plurale. Se gli invitati a un banchetto sono *ventuno*, dite *ventun invitati* o *ventuno invitati*, e non "ventun invitato". Se per i giorni di un mese che ne ha trenta dite *trenta giorni*, ragione di piú per dire *trentun giorni* e non "giorno" a proposito dei mesi che ne han trentuno. E anche per il femminile: *trentuno* (o *trentun*) *donne*, e non "trentuna donna". Lasciamo pure *Mille e una notte*, perché ormai è un titolo classico, ma non scrivete "milleuna" tutto unito, in tale caso.

Centuno o centouno? centotto o centootto?

I numeri *uno* e *otto* incominciano con vocale: quando sono attaccati a *venti, trenta*, eccetera ne vengono fuori i numeri composti *ventuno, ventotto, trentuno, trentotto*, eccetera; cioè si elide la vocale finale della parola che precede. Questo è normale nella lingua italiana. Tuttavia, quando si passa il limite di *cento*, è piú probabile che si scriva, e anche si pronunci, *centouno* anziché "centuno", *centootto* anziché "centotto" e cosí via. Non c'è però ragione per fare cosí: come si dice *ventotto* si dovrebbe dire *centotto*, come si dice *cinquantuno* sarebbe giusto dire *novecentuno*. C'è infatti chi dice cosí, ma gli amici dell'elisione sono in minoranza. Noi qui prendiamo atto della situazione, ma è nostro compito suggerire ciò che ci par meglio, anche se non confortato dalla prevalenza nell'uso. Non esiteremmo a consigliarvi:

*trecentun giorni; duecentotto bocche da fuoco;
settecentuno abitanti; novecentotto chilometri;* eccetera.

Per la medesima ragione anche *centundici, duecentundici*, eccetera sono da preferirsi a *centoundici, duecentoundici*, eccetera.

Dopo il *mille* ben pochi scrivono e dicono "milluno" e "millotto": qui piace staccare nettamente il *mille*, tanto piú che il numero composto senza l'elisione non ha suono sgradevole: *milleuno, milleotto, milleundici*, eccetera. Se poi arriviamo alle migliaia e ai milioni, il discorso cambia ancora e merita una trattazione a sé.

Quando i numeri sono troppo lunghi

Nel nostro libretto degli assegni, per colpa forse dell'inflazione, i numeri che scriviamo sono sempre piuttosto lunghi, e, perché siano validi, i banchieri li vogliono in tutte lettere: *duemilionicentounomilaottocentoundici*, oppure, secondo i buoni consigli del precedente paragrafo, *duemilionicentunmilottocentundici*, o anche, staccando dov'è possibile i numeri componenti, *due milioni centunmila ottocento undici*. Nell'assegno bancario o circolare, come nel vaglia postale e in altri analoghi documenti, si preferisce il "tutto unito", anche per scoraggiare eventuali fraudolente interpolazioni. Ma lasciamo stare le sospettose cautele dei banchieri: quando il numero supera il milione, è normale staccare la parola *milione* come un sostantivo a sé stante:

tre milioni (e non "tremilioni"); *un milione settecentomila;
sedici milioni ottocentotrentaquattromila.*

A maggior ragione con i miliardi: diremo che lo Stato ha incassato:

settanta miliardi, quattrocento milioni e novecentomila lire.

Anche *centinaio* e *migliaio* — plurale in *-a* come i neutri latini: *centinaia, migliaia* — si scrivono staccati:

due centinaia, tre migliaia, eccetera;

> Centinaio e migliaio: nomi collettivi

e questo è ovvio perché essi non sono numeri, bensí nomi collettivi, come anche *milione, miliardo* e *bilione*, che però hanno funzione di numero, e come *paio* e *dozzina*, stretto riferimento ai numerali.

Dopo questi collettivi si deve ricorrere al cosiddetto "genitivo partitivo": non si dice cioè "due centinaia soldati", come invece si dice *duecento soldati*, ma si introduce la preposizione *di* e cosí vien fuori l'espressione corretta: *due centinaia di soldati*. Non "tre migliaia cittadini", ma *tre migliaia di cittadini*. E cosí dovremo dire e scrivere:

un paio **di** cavalli; due dozzine **di** uova;
quattro milioni **di** dollari; due miliardi **di** uomini;
tre bilioni **di** anni; eccetera.

Il numerale mila

A proposito di *mila*, c'è da avvertire che questo numerale è il plurale di *mille*: deriva dal latino *milia*, che in quella lingua è il normale plurale di genere neutro del numerale *mille*. Questo *mila* in italiano è uguale nel maschile e nel femminile:

cento**mila** uomini; cento**mila** donne; eccetera.

Anche *milione*, *miliardo* e *bilione* derivano da quel *mila*. Richiamiamo qui l'attenzione sul fatto che questi nomi (abbiamo già detto che non sono aggettivi) si scrivono senza la *g*, al contrario di *migliaio*, che deriva anch'esso da *mille*, ma che ha acquistato, nel passaggio dal latino all'italiano, quella *g* prima della *l*: è il medesimo fenomeno di *consiliare* (aggettivo) e *consigliare* (verbo) e altri.

32.

QUIZ SUI NUMERALI (I)

Trascrivete in lettere, rispettando le regole, i seguenti numeri:

33	119	15.601
73	127	78.777
88	188	90.099
91	283	100.080
93	301	230.006
103	817	1.500.333
108	1.019	9.806.788
117	1.080	3.102.678.828

Soluzione a pag. 448

Numeri romani e cifre arabe

Il sistema decimale

Alla base della numerazione stanno le cinque dita della mano. Già il filosofo greco Aristotele aveva avanzato l'ipotesi che i numeri fondamentali fossero i primi dieci perché l'uomo dispone di dieci dita per contarli. Ecco perché, già presso i popoli più antichi, sarebbe nato il "sistema decimale", che poi rimase sempre ed è adesso adottato quasi in tutto il mondo.

Anche l'origine dei numeri che noi chiamiamo "romani" va ricondotta al conteggio con le dita. *Uno*: un'asticella, cioè *I*, corrisponde a un dito; *II*, due dita; *III,* tre dita; e cosí via. Il numero romano *V* voleva raffigurare la mano aperta con le sue cinque dita, stilizzata con l'abolizione delle dita intermedie. Il numero *X* (dieci) nacque dalla sovrapposizione di due *V*, saldate insieme ai rispettivi vertici (quindi il *V* inferiore rovesciato). Per i numeri *cinquanta, cento, cinquecento, mille* si ricorse a lettere dell'alfabeto: *L, C, D, M.*

Numeri romani

Tralasciamo qui la spiegazione sui modi piú o meno ingegnosi che usavano gli antichi Romani per rappresentare i numeri piú elevati, perché è argomento che non ha attinenza con la grammatica. Ricordiamo che piú tardi gli Arabi, popolo molto versato nelle matematiche, portarono in Europa quelle loro cifre che costituiscono la nostra numerazione attuale.

Cifre arabe

A noi qui interessa mettere in evidenza che, per una convenzione sorta spontaneamente, i segni romani sono usati comunemente per indicare non già i numeri cardinali: *uno, due, tre...*; ma piuttosto gli ordinali: *primo, secondo, terzo...* Perciò non si deve apporre a un numero romano quella piccola *º* in alto — oppure *ª* per i femminili — che invece va bene per i numeri arabi: *XVIII* significa "diciottesimo" e corrisponde a *18º*. Sarebbe errore scrivere *Luigi XVIIIº*, o *IIª classe* in luogo di *II classe*.

Si deve scrivere XVIII *o* 18º

Avete notato che, per esempio nelle carrozze ferroviarie, adesso si preferisce scrivere *1, 2* per indicare le rispettive classi, e non *I, II* come si faceva sino a non molti anni orsono. Ciò per una ragione visiva, essendo piú netta la differenziazione tra *1* e *2* che non tra *I* e *II*. Invece nei libri, allorché si indicano i secoli, i papi, i re, è normale l'uso dei numeri romani:

secolo **XIV**; *papa Gregorio* **VII**; *re Luigi* **XVI**; eccetera.

Negli articoli di una legge, di un regolamento si ricorre alle cifre arabe, ma ciò è normale perché non si dice "l'articolo sessantaduesimo", bensí *l'articolo sessantadue*. Se gli articoli sono pochi (come nel *Decalogo*), allora si dice: *primo, secondo,* eccetera, e tornano idonei i numeri romani.

● Ripetiamo, dunque: i numeri romani corrispondono agli aggettivi ordinali; le cifre arabe ai numeri cardinali.

Numeri in lettere o in cifre?

Mia nonna ha **ottant'**anni: non scriverete quell'*ottanta* con le cifre. È evidente che in un testo letterario, comprese le vostre lettere personali e d'ufficio, non sarebbe bello leggere:

Appena sonarono le **3**, *aprimmo tutte e* **2** *le porte del salone, ma nell'atrio c'erano appena* **5** *o* **6** *persone.*

Si deve, in tali e in altri simili casi, ricorrere alla trascrizione dei numeri in tutte lettere:

> *Appena sonarono le* **tre**, *aprimmo tutte e* **due** *le porte del salone, ma nell'atrio c'erano appena* **cinque** *o* **sei** *persone.*

Nelle date: i numeri in cifre

I numeri in cifre vanno bene quando hanno un valore chiaramente aritmetico: in un libro di matematica, in un progetto tecnico, in un'elencazione numerica precisa, anche nell'indicazione delle date, per specificare sia il giorno sia l'anno:

> *il* **12** *gennaio* **1986**.

In certi atti, per esempio notarili, si deve normalmente scrivere in tutte lettere anche i numeri delle date, ma ciò per maggior garanzia contro abusive correzioni, come già abbiamo visto a proposito degli assegni in banca.

Due esempi, tra i mille (e non "1.000") che potremo trovare in qualsiasi libro. Ma rifacciamoci ancora una volta a quella miniera di corretto stile che sono *I Promessi sposi* del Manzoni:

> *Pensino ora i miei* **venticinque** *lettori...*

Invece, trattandosi di date:

> *Quella grida per le bullette, risoluta il* **30** *ottobre, non fu stesa che il* **23** *del mese seguente.*

Talvolta, però, specialmente quando si cita il giorno senza voler fare una precisa registrazione di data, cioè senza indicare mese ed eventualmente anno, si scrive il numero in lettere:

> *Verrò forse il giorno* **nove**.

Quando poi si cita una data come riferimento a un avvenimento storico, o titolo di festività, si suole esprimere il numero in tutte lettere:

> *il* **cinque** *maggio, il* **quattro** *novembre,* eccetera;

ma più spesso, in tali casi, si ricorre alle iniziali maiuscole:

> *il* **Cinque** *Maggio, il* **Quattro** *Novembre,* eccetera.

Talvolta si ricorre ai numeri romani, specialmente in lapidi e iscrizioni solenni:

> **IV** *Novembre,* **XXIV** *Maggio,* **XXV** *Aprile,* eccetera.

A parte il fatto che sulle lapidi e sulle pergamene, sempre per amore di magnificenza, anche il numero dell'anno viene scritto spesso in caratteri romani: *MCMLXXIV*, cioè *1974*.

33. QUIZ SUI NUMERALI (II)

Abbiamo scritto tutti i numeri in cifre, ma alcuni dovrebbero essere in lettere. Quali? Sottolineate i numeri nei casi in cui vi pare che abbiamo sbagliato:

1. *Gli occhiali caddero: delle 2 lenti 1 sola si ruppe.*

2. *Con questa carretta a 4 ruote, impropriamente definita automobile, non posso fare più di 50 chilometri l'ora.*

3. *Il medico riceveva dalle 15 alle 20, e il suo onorario era di 5.000 lire.*

4. *A pagina 28 della rivista troverai segnata, con il numero 4, la soluzione del quiz.*

5. *Se la pigione che tu paghi è di 100.000 lire mensili, nel modulo del contratto per l'Ufficio del Registro devi specificare il canone annuo, che è di lire 1.200.000.*

6. *Quel negoziante aveva promesso di farmi uno sconto del 10 per cento: ho comperato non ricordo più se 5 o 6 camicie, 1 dozzina di paia di calze e 1 coperta per il letto, ma lo sconto me l'ha concesso soltanto su 1 prodotto.*

7. *Prenditi una bella vacanza: approfitta che il 12 giugno è domenica e parti sabato 11, così potrai restare in campagna sin dopo il 29 giugno, festa di san Pietro.*

8. *Il mio ragazzo a scuola ha preso un 4 in matematica: gli ho dato 2 ceffoni, sebbene io sia persuaso che la matematica non si impara con i ceffoni...*

9. *Ti aspetto a casa mia, in piazza Europa, 7, per le ore 12, al più tardi per le 12,30.*

Soluzione a pag. 448

Il Seicento e la "seicento"

Quando diciamo:

> *il* **Duecento**, *il* **Trecento**, *il* **Seicento**, *il* **Settecento**, eccetera,

tutti capiscono: il Duecento è il secolo XIII, il Trecento è il secolo XIV, eccetera.

Quando diciamo:

> *I nostri bisnonni nacquero nell'***Ottocento**;

> *Noi siamo del* **Novecento**;

il significato è altrettanto chiaro. Ma ci sono anche i mobili *stile ottocento*, *l'arte novecento*, e cosí via.

Numeri in funzione di sostantivi

C'era un cannone, molto popolare nella Prima guerra mondiale, che era detto *420* (o anche, in lettere, *quattrocentoventi*): dalle misure del calibro il nome dell'arnese. E anche per altre armi, fucili, pistole, e non solo armi, anche per attrezzi e oggetti d'altro genere, ci sono talvolta numeri, che assumono funzione di sostantivi. In questi nostri tempi di motorizzazione, i numeri si riferiscono soprattutto alle automobili. Da un dato numerico, che ha un preciso riferimento tecnico all'apparato del motore, sono derivate talune denominazioni di automobili che tutti abbiamo ripetuto e letto chissà quante volte con assoluta indifferenza, come se si trattasse di definizioni tanto evidenti da non richiedere spiegazioni, e neppure, scrivendo, quelle virgolette che pure in tali casi sarebbero normali: la "seicento", la "milletré", la "ottocentocinquanta", eccetera.

Se leggessimo una frase come questa:

> *Il Signor Giovanni possiede una modesta* **centoventisette**, *ma suo figlio, piú ambizioso, pretenderebbe una* **millesei**,

noi sapremmo benissimo il significato di quei due numeri. Tra virgolette? Oppure in corsivo? Sí, sarebbe opportuno: la "seicento", la "milletré", o la *seicento*, la *milletré*, la *milleotto*, ma ormai quelle definizioni sono tanto in uso che hanno incominciato i giornalisti a tralasciare le virgolette o il corsivo, come se scrivessero: un cane, un gatto, una sedia, una scopa: terminologia normale, della nostra lingua di ogni giorno.

Nomi derivati da numeri

Quando due persone suonano o cantano insieme costituiscono un *duetto*; tre persone formano un *terzetto*, quattro un *quartetto*, cinque un *quintetto*;

sei un *sestetto*; si salta poi all'*ottetto*, termine usato in musica e in fisica; per il sette, il nove e i numeri successivi non si son creati derivati.

Tre e i suoi derivati

La *terzina* è una strofa di tre versi, come la *quartina* di quattro, l'*ottava* di otto. C'è una febbre detta *terzana* perché ricorre ogni tre giorni (se ricorre ogni quattro, cambia il nome in *quartana*). È chiamato *terziario* chi è ascritto al terzo ordine religioso di san Francesco. Chi indovina nel gioco del lotto tre numeri ha vinto un *terno*; e ci sono anche, in quel gioco, la *quaterna* e la *cinquina*. Tre nomi, o temi o quesiti, tra i quali poi se ne sceglie uno, costituiscono una *terna*. Tutti sanno, dallo studio della religione cristiana, che cosa è la Santissima *Trinità*.

Quattro e i suoi derivati

Dal numero quattro derivano *quadro* (che tuttavia può essere anche rotondo o poligonale), *quadrante*, propriamente un quarto di cerchio, donde il nome a ognuno dei quattro settori della bussola, e per affinità alla faccia dell'orologio dove sono indicate le ore, e anche *quaderno*, perché in origine formato con fogli piegati in quattro (mentre *quinterno* è un fascicolo di cinque fogli). Il *quattrino* era una piccola moneta di quattro denari, e il nome è rimasto senza piú riferimento al numero quattro; ma del resto anche *denaro* deriva da dieci. I ballerini di un tempo ormai passato prediligevano la danza chiamata *quadriglia*, nella quale le coppie si allineavano in gruppi regolari secondo una disposizione a quattro. La *quadriga* era un gruppo di quattro cavalli aggiogati. Anche *quartiere*, sia nel significato militare sia in quello della toponomastica cittadina, deriva dal fatto che le città erano divise in quattro parti, e analogamente *sestiere*, nelle città divise in sei rioni.

Cinque e i suoi derivati

Dal numero cinque deriva la *cinquina*, cioè la paga che un tempo si distribuiva ai soldati ogni cinque giorni, e anche, come s'è visto, cinque numeri nel gioco del lotto. La *quintessenza* era l'essenza che gli antichi alchimisti ottenevano dopo aver fatto quattro distillazioni (quindi la piú pura).

Sei e i suoi derivati

Gli astronomi chiamano *sestante* l'apparecchio di cui si giovano per trovare matematicamente l'altezza o la distanza degli astri perché regolato su un arco che è la sesta parte del cerchio. La *siesta*, cioè il pisolino pomeridiano, prende il nome dall'ora "sesta", come era chiamato una volta il mezzogiorno, quando le ore si numeravano non già dalla mezzanotte ma dallo spuntar del sole.

Sette e i suoi derivati

Tutti sanno che la *settimana* si chiama cosí perché consta di sette giorni; non tutti però sanno che il mese di *settembre*, il quale è invece il nono del nostro calendario, era un tempo il settimo, quando l'anno incominciava col mese di marzo, con la primavera; per la medesima ragione *ottobre* era l'ottavo mese, *novembre* il nono, *dicembre* il decimo. Da sette deriva il nome *settentrione*: le sette stelle dell'Orsa Maggiore servono per localizzare l'Orsa Minore e la Stella Polare, che indica il Nord: *septem triones*, i "sette buoi" aggiogati al Gran Carro (altra definizione dell'Orsa Maggiore).

Otto e i suoi derivati

Il termine musicale *ottava*, e anche il piccolo flauto che si chiama *ottavino*, dipendono dal numero otto, come sa chi ha studiato anche soltanto i primi elementi della musica. Chi piú modestamente si accontenta delle gioie del parco di divertimenti sa che l'*ottovolante* è cosí chiamato perché l'aereo binario è disposto a forma di 8.

Nove e i suoi derivati

I numeri sono infiniti, e quindi c'è il pericolo che diventino infiniti anche i vocaboli che ne derivano. Terminiamo perciò la nostra rassegna in chiesa, dove si celebra una *novena*, funzione cosí chiamata perché dura nove sere, o, piú solennemente, un *novendiale*, che si svolge a nove giorni di distanza da un avvenimento che di solito è, purtroppo, un funerale.

I numerali ordinali

Gli ordinali

Da *primo* sino a *decimo* i numerali ordinali sono aggettivi derivati direttamente dal latino: *primus, secundus, tertius*, eccetera. Hanno il maschile, il femminile, il singolare, il plurale e si declinano come tutti gli aggettivi regolari della "prima classe", cioè quelli con il maschile in *-o*, il femminile in *-a*, il plurale in *-i* e in *-e*.

Ordinali con forme diverse

Per gli ordinali corrispondenti ai numeri cardinali *11, 12, 13*, e cosí avanti, esistono forme diverse: quella piú semplice, diciamo normale, con il suffisso *-èsimo*:

*undic**esimo**, dodic**esimo**, tredic**esimo**,* eccetera;

un'altra, meno comune ma considerata piú elegante, con l'ordinale delle decine, o delle centinaia, o delle migliaia, eccetera, separato — anche se talvolta scritto in una sola parola — in ordine decrescente, come sarebbero:

decimo primo o *decimoprimo; decimo secondo* o *decimosecondo; decimo terzo* o *decimoterzo; cinquantesimo sesto* o *cinquantesimosesto; centesimo quarto* o *centesimoquarto; millesimo trecentesimo settimo* o *millesimotrecentesimosettimo;* eccetera;

invece dei piú comuni:

undicesimo, dodicesimo, tredicesimo, cinquantaseiesimo, centoquattresimo, milletrecentosettesimo, eccetera.

Infine, ma soltanto per alcuni numeri, una terza forma ancor piú raffinata perché piú ostentatamente dotta e latineggiante, per esempio:

undècimo	invece di	*undicesimo*
duodècimo	invece di	*dodicesimo*
vigèsimo	invece di	*ventesimo*

Riassumendo diremo che:

- la prima forma, quella in -*èsimo*, può essere usata in ogni caso;

- la seconda forma si adotta specialmente per numerare i re e i secoli:

Luigi **decimoquinto**; *il secolo* **decimonono**; eccetera;

- la terza forma, appunto perché latineggiante, si usa specialmente per indicare i nomi dei papi:

Pio **undecimo**, *Pio* **duodecimo**, *Giovanni* **vigesimo terzo** (o **vigesimoterzo**), eccetera.

Uso degli ordinali

Da noi si è presa l'abitudine (che è propria della lingua francese) di definire re e papi con i numeri cardinali:

Luigi **quindici**, *Luigi* **sedici**, *Leone* **tredici**, eccetera.

È un errore bello e buono, da evitare anche quando si parla di stili e di mobili antichi (sono soprattutto gli antiquari che adottano questo sistema).

In alcune lingue straniere, compresa l'inglese, per i numeri dei giorni del mese, quindi per le date, si usano gli ordinali. Da noi solo per il primo giorno del mese: **I** *maggio* (cioè **primo** *maggio* e non già "uno" maggio). Per rapidità nello scrivere una data (specialmente nelle lettere commerciali, nelle fatture, nelle bollette, eccetera), noi spesso ricorriamo al numero del mese, anziché al nome: scriviamo cioè *1* invece di *gennaio*, *2* invece di *febbraio*, e così via. In tale caso potrebbero andare bene anche gli ordinali, ma si preferiscono i cardinali, sempre per amore di brevità. Così anche per le ore, mentre una volta si diceva: *l'ora* **terza**, *l'ora* **sesta**, si preferisce dire e scrivere: *le tre, le sei*.

Insomma, c'è una certa tendenza a sostituire i numeri cardinali agli ordinali anche dove questi ultimi paiono più logici e corretti. Non sempre però l'amore per la concisione, spesso più apparente che effettiva, giustifica arbitrii, non confortati dalla logica né dalla tradizione né tanto meno dall'eleganza (come nel caso del re Luigi "tredici" e del mese "sei").

Ventitreesimo, trentaseiesimo...

Si pronuncia e si scrive *ventitreesimo* e non "ventitresimo", *trentatreesimo*, *quarantatreesimo*, e così via per tutti gli aggettivi ordinali ricavati dai numeri composti con *tre*: *ventitré, trentatré, quarantatré*, eccetera. I vocaboli tronchi, cioè accentati sulla vocale finale, non possono subire l'elisione di quell'ultima vocale, a contatto con altra vocale. I due suoni, corrispon-

Osservazioni sul suffisso -èsimo

denti a quelle vocali, permangono ben distinti nella pronuncia, e quindi anche nella trascrizione. Siccome ciò avviene con tutti gli altri vocaboli, è giusto che avvenga anche con i numeri.

Qualcuno, influenzato forse da quella finale *-eesimo*, crede che si debba estenderla anche agli ordinali derivati da *ventisei*, da *trentasei*, eccetera. Ma qui c'è di mezzo una *i*, dopo la *e*, e quella *i* si fa sentire, e perciò deve rimanere anche negli ordinali:

>   *ventisei*esimo, *trentasei*esimo,
>   *quarantasei*esimo, eccetera

e non "ventiseesimo", "trentaseesimo", "quarantaseesimo", eccetera, come alcuni insistono nel dire.

Otto e mezzo

Nel noto film di Fellini che s'intitola *Otto e mezzo* il regista volle alludere al fatto che aveva girato altri otto film e che quel *mezzo* si riferiva al nono, incompiuto nella sua fantasia. Del tutto ovvio che qui *mezzo* sia di genere maschile, visto che è riferito al nome maschile *film*. E così pure tutti d'accordo in espressioni come:

>   *otto barili e* **mezzo**; *tre fiaschi e* **mezzo**;
>   *quattro chili e* **mezzo**;
>   *cinque secoli e* **mezzo**; eccetera.

Ma perché dire *otto e mezzo* anche parlando delle ore, quando *ora* è un nome femminile? Non sarebbe più logico dire *otto e mezza*?

Mezzo: aggettivo e sostantivo

Bisogna distinguere: quando *mezzo* è usato come aggettivo, giusto che si concordi nel genere e nel numero col nome a cui è riferito:

>   *mezz*o *mondo, mezz*a *luna, mezz*i *sigari,*
>   *mezz*e *maniche*, eccetera.

Ma quando è posposto a un numero cardinale e a esso unito mediante la congiunzione *e*, assume valore di frazione e funzione grammaticale di sostantivo. *Otto e mezzo* e non "mezza", perché significa: "otto e un mezzo", cioè "otto e una metà". Quando indichiamo l'ora segnata dall'orologio noi riferiamo un numero: le *quattro*, le *cinque*, le *otto*, e così via. Se sono le *8,15* diciamo: *le* **otto e un quarto**; se sono le *8,30*: *le* **otto e mezzo**; se sono le *8,45*: *le* **otto e tre quarti**.

Se invece dicessimo:

>   *Ha passato due ore e mezz*a *a studiare,*

potrebbe andare bene anche quel *mezza*, aggettivo femminile, che si riferisce al nome femminile *ora* (**mezza** *ora* o, con normale elisione, **mezz'***ora*). Tuttavia anche in tal caso si può considerare *mezzo* come sostantivo: due ore e "una metà", cioè *due ore e* **mezzo**.

Negli autori ci sono esempi sia di *mezzo* usato come sostantivo sia di *mezzo* (femminile *mezza*) concordato al nome come aggettivo. Potrete dunque scrivere anche voi:

*quattro battute e mezz***a**   ma anche   *quattro battute e mezz***o**

*una valigia e mezz***a**   ma anche   *una valigia e mezz***o**

*cinque notti e mezz***a**   ma anche   *cinque notti e mezz***o**

ma quando indicate numericamente l'ora segnata dall'orologio, o il peso o la misura di qualcosa, sempre il numero frazionario:

le due e **mezzo**; *tre tonnellate e* **mezzo**;
quattro pinte e **mezzo**; eccetera.

Altre volte quel medesimo vocabolo *mezzo* assume un valore di avverbio; per esempio, quando diciamo:

Il poveretto era **mezzo** *assiderato,*

Mezzo con valore di avverbio

è come se dicessimo che quel poveretto era assiderato *per metà*. In casi analoghi, *mezzo* rimane invariato nei due generi e nei due numeri:

	singolare	plurale
maschile	*uomo* **mezzo** *matto*	*uomini* **mezzo** *matti*
femminile	*donna* **mezzo** *discinta*	*donne* **mezzo** *discinte*

Anche qui non c'è sempre accordo fra gli scrittori classici:

Ariosto : *donna mezz***a** *morta di paura*;

Boccaccio : *due tizzoni già mezz***i** *spenti*;

Manzoni : *montagne mezz***e** *velate di nebbia*.

Sono citazioni da insigni scrittori, ma di secoli passati. Oggi è decisamente prevalente la forma avverbiale, cioè *mezzo*, immutato; e noi vi consigliamo di attenervi a quest'uso prevalente, che è anche il più pratico.

Ambo le mani, ambedue gli occhi, entrambi i piedi...

Ambo e ambedue

Tra i numerali "collettivi" bisogna tener d'occhio **ambo** e **ambedue**. Le precauzioni sono giustificate dal fatto che la loro declinazione è alquanto fluttuante.

Osservazioni su ambo

Vediamo *ambo*, un aggettivo collettivo per definire due unità considerate insieme; oggi questo aggettivo è poco comune. C'è chi per il maschile usa ancora la forma *ambi* e per il femminile *ambe*:

> **ambi** *i piedi*, **ambe** *le mani*, eccetera;

ma c'è chi preferisce *ambo* invariabile, cioè tanto per il maschile quanto per il femminile:

> **ambo** *i piedi*, **ambo** *le mani*, eccetera.

E quest'ultima è adesso la forma piú comune; e noi vi consigliamo di adottarla anche se non vi sono ragioni storiche per preferirla, ché anzi in latino *ambo* aveva il plurale femminile *ambae*.

Osservazioni su ambedue

Ambedue ci appare ancor piú variabile, addirittura incostante, con le varianti *ambidue*, *ambeduo*, *ambodue* e addirittura *ambidui*. Ma delle quattro forme quella ormai rimasta nell'uso è la prima: *ambedue*, valida tanto per il maschile quanto per il femminile:

> **ambedue** *i fratelli*, **ambedue** *le sorelle*, eccetera.

Entrambi

Piú di *ambo* e di *ambedue* si usa oggi **entrambi**. Di questo aggettivo — e anche pronome — con valore numerale collettivo è usata la forma femminile *entrambe*:

> *entramb***i** *gli occhi*, *entramb***e** *le orecchie*, eccetera.

L'uno e l'altro con valore di ambo

Piace anche, sebbene piú lungo a scriversi, l'accoppiamento di due indefiniti: *uno* e *altro*, preceduti dall'articolo determinativo, sino a formare l'espressione *l'uno e l'altro*, che ha lo stesso valore di *ambo*, *ambedue* ed *entrambi*; per esempio:

> *Il giudice, accompagnato dal cancelliere, si presentò alla casa, ma* **l'uno e l'altro** *dovettero restare fuori dell'uscio.*

Può capitare che quel collettivo si riferisca a due persone, animali o cose di genere diverso: in tal caso sarà logicamente giustificato dire *l'uno e l'altra*; per esempio:

> *Furono avvisati il padre e la madre dell'annegato;* **l'uno e l'altra** *proruppero in lacrime.*

Caratteristica dei numerali collettivi dei quali abbiamo ora parlato è che richiedono l'articolo determinativo davanti al nome al quale si riferiscono; perciò l'articolo va collocato in mezzo, tra l'aggettivo e il sostantivo:

> *ambo* **le** *sorti, entrambi* **i** *casi, ambedue* **le** *notizie,*
> *l'uno e l'altro* **i** *magistrati.*

Anche se ricorressimo all'espressione *tutti e due* (maschile), *tutte e due* (femminile) e, per elisione, *tutt'e due* (tanto maschile quanto femminile, ma sembra meglio limitare l'elisione al femminile; aggiungiamo che la forma senza la *e*, *tutti due*, *tutte due* non è piú usata), dovremmo inserire l'articolo:

L'espressione tutti e due

> *tutti e due* **i** *versanti del monte; tutt'e due* **le** *rive del fiume.*

Ma ciò è normale anche per gli altri numeri:

> *tutt'e tre* **le** *sorelle; tutti e quattro* **i** *lati;*
> *tutt'e cinque* **le** *dita;* eccetera.

Aggettivi per paragonare

Dice un proverbio che i paragoni sono odiosi. Ciò vale, naturalmente, quando si crea un paragone a bella posta tra due persone con l'intenzione di sminuirne una, esaltando l'altra. Ma se dico che il Po è meno lungo del Volga, che i pioppi sono piú alti dei frassini, che il ferro è piú duro del legno e che la camelia è meno profumata della rosa, non c'è nulla di odiosamente denigratorio: si fanno paragoni tra due oggetti. Fossero anche, invece che oggetti, persone o animali:

Il paragone

> *Carlo è piú sano di suo fratello;*
>
> *Il cane è piú robusto ma meno agile del gatto,*

ci sarebbero sempre due "termini" del confronto. Il primo termine di solito, ma non sempre, è soggetto della frase: l'altro termine si definisce, nell'analisi logica, **complemento di paragone**, ma noi lo possiamo anche considerare come "secondo termine di paragone". Per esempio, nella frase:

Primo e secondo termine di paragone

> *La* **neve** *è piú bianca dell'***avorio**,

il paragone (o comparazione) intercorre tra i due termini *neve* e *avorio*; il primo termine del paragone è la *neve*, il secondo è l'*avorio*.

Naturalmente un paragone si fa con gli aggettivi qualificativi, e anche con alcuni quantitativi; non si potrà fare il comparativo di aggettivi dimostrativi o possessivi o numerali: non esiste il concetto di "piú questo" o "piú mio", e nemmeno si potrebbe concepire un "piú uno" o "piú due" o "piú cento", né un "piú primo" o "piú secondo" o "piú ventinovesimo" e cosí via.

Il grado comparativo

Prima di soffermarci su quei soliti casi "speciali" che ci interessano in quanto colpevoli spesso dei nostri errori, prospettiamo in sintesi, con l'evidenza dei facili esempi, i tre tipi diversi del **grado comparativo**:

Tre tipi di comparativi

comparativo di maggioranza	: *La Russia è* **piú vasta** *della Germania*;
comparativo di minoranza	: *Un autocarro è* **meno veloce** *di una locomotiva*;
comparativo di uguaglianza	: *Quel palazzo era lussuoso* **come** *una reggia.*

Il "secondo termine" del paragone — nei nostri esempi, rispettivamente: *la Germania, una locomotiva, una reggia* — è introdotto, nelle comparazioni di maggioranza e di minoranza, mediante la preposizione **di** (semplice o articolata) o anche mediante la congiunzione **che**. Quando il secondo termine di paragone è un nome o un pronome, si preferisce usare *di*:

La Russia è piú vasta **della** *Germania,*

senz'altro meglio che:

La Russia è piú vasta **che** *la Germania.*

Necessaria la congiunzione *che* quando il paragone è tra aggettivi, verbi o avverbi; per esempio:

Era piú temerario **che** *audace;*

È piú salúbre camminare **che** *usare l'automobile;*

Meglio tardi **che** *mai.*

Nella comparazione di uguaglianza si ricorre di solito alle forme "correlative" **tanto... quanto, cosí... come**. Talvolta è espresso soltanto il secondo membro della correlazione, cioè *quanto, come,* sottintendendo il primo (*tanto, cosí*). Esempio:

Tu sei abile **come** *tuo padre;*

inutile, anche se non sbagliato, dire:

Tu sei **cosí** *abile* **come** *tuo padre.*

I "super" aggettivi

In questa nostra epoca di *supermercati*, in cui si parla continuamente di *superstrade*, di *superspettacoli* diretti da insigni *superregisti*, controllati da *superrevisori*, e in cui si lamentano i treni *superaffollati*, si compatiscono gli scolari *superaffaticati*, si biasimano gli atleti *superallenati*, si ammirano le *superpetroliere* che recano per le nostre automobili quella che poi i rivenditori definiranno benzina *super* (per tacere della velocità *supersonica* dei moderni *jet*), insomma, fra tante cose *super* di questa nostra epoca non sarà difficile capire perché quando una donna non è soltanto bella, ma addirittura *bellissima*, o *la piú bella* fra tutte le altre (cioè, come alcuni direbbero, fisicamente *superdotata*), quel *bellissima*, quel *la piú bella* costituiscono, rispetto all'aggettivo *bella* (che rappresenta il grado *positivo*), un "grado" che per la sua superiorità è definito dai grammatici **superlativo**. Ci sono due specie di superlativi:

Il grado superlativo

superlativo assoluto : *Quella donna è* **bellissima**;
superlativo relativo : *È la donna* **piú bella** *di tutte*.

Due specie di superlativi

Il superlativo assoluto si forma dunque con il suffisso **-íssimo**. Ci sono anche altre maniere per formare il superlativo assoluto. Si può rinforzare l'aggettivo con un avverbio accrescitivo, come *molto*, *assai*, *grandemente*, *sommamente*, *del tutto*, *affatto*, *oltremodo*, e simili:

molto *bello*, **assai** *brutto*, **del tutto** *ignorante*,
affatto *innocente*, eccetera;

oppure ripetere l'aggettivo due volte di seguito e senza pausa:

Un uomo **lungo lungo**.

Si possono considerare atti a formare il superlativo anche i prefissi **stra-**, **ultra-**, **arci-**, **sopra-** e lo stesso **super-**:

stra*ricco*, **ultra***moderno*, **arci***contento*, **sopra***ffino*,
super*leggero*, eccetera.

Adesso che vi abbiamo spiegato la ricetta per fare il superlativo, vogliamo ripetervi quel buon consiglio che gli stilisti han sempre dato ai loro lettori: non esagerate nell'usarlo. Dino Provenzal, che fu un popolare divulgatore di linguistica, assicura di aver contato i superlativi sparsi nelle opere dei piú noti poeti e di averne trovati pochi: appena diciassette nei quattordicimila versi della *Divina Commedia*; sette in tutto il *Canzoniere* del Petrarca; appena tre nei 295 versi dei *Sepolcri* di Ugo Foscolo; sedici in tutto il Leopardi; soltanto due nel Pascoli... Tuttavia, aggiunge il Provenzal, certe volte il superlativo è utile: è anzi un fatto naturale, egli sostiene, che dà significato e forza all'espressione. In ciò non va d'accordo con un altro letterato, Ugo Ojetti, il quale scrisse addirittura: "L'aggettivo al grado superlativo non è un delitto, è un vizio; e, come tutti i vizi, pericoloso prima di tutto alla salute dello scrittore..." E Alfredo Panzini, altro perspicuo letterato della prima metà del nostro secolo, ammoniva: "Coi superlativi piú adagio si va e meglio è..."

Usare il superlativo quando è necessario

Conclusione? La solita: usare anche il superlativo, quando ci vuole, ma non abusarne.

Riassumiamo i gradi dell'aggettivo in una tabella:

L'aggettivo e i suoi gradi

GRADO POSITIVO	GRADO COMPARATIVO			GRADO SUPERLATIVO	
	di maggioranza	di minoranza	di uguaglianza	assoluto	relativo
bello	piú bello	meno bello	bello come	bellissimo	il piú bello il meno bello

Maggiore e minore, minore e minimo

Comparativi derivati dal latino

In latino il comparativo di maggioranza si forma mediante l'aggiunta del suffisso **-ior**: *altus*, "alto"; *altior*, "piú alto". In italiano sono rimasti alcuni comparativi con finale **-iore**. Esempi:

> *mazz**iore**, migl**iore**, pegg**iore**, super**iore**, infer**iore**, inter**iore**,* eccetera.

Alcuni di questi comparativi hanno anche la corrispondente forma, normale per l'italiano, ottenuta con l'avverbio **piú**. Prendiamo l'aggettivo *grande*: noi possiamo dire tanto *maggiore* quanto *piú grande*:

> *Mille è* **maggiore** (oppure **piú grande**) *di cento*.

Le due forme sussistono anche per il superlativo relativo, che, come sappiamo, si forma in modo analogo al comparativo. Esempio:

> **La maggiore** (oppure **la piú grande**) *città europea è Mosca*.

Anche per il superlativo assoluto quei medesimi aggettivi hanno una duplice forma: quella normale con il suffisso *-íssimo* e l'altra, che potremmo definire speciale, intendiamo quella fatta a somiglianza del latino. L'aggettivo *grande* ha due forme di superlativo assoluto: *grandissimo* e *massimo*; per esempio:

Grandissima (oppure **massima**) *fu la nostra soddisfazione.*

Massimo, minimo, e altri superlativi che vedremo, possono essere usati con valore di superlativo relativo, come i corrispondenti latini *maximus, minimus,* eccetera, dai quali direttamente derivano. Quando, studiando la matematica, incontriamo il "massimo comune divisore" e il "minimo comune multiplo", quei due aggettivi *massimo* e *minimo* significano rispettivamente *il piú grande* — ossia il numero *maggiore* — tra i divisori comuni, e *il piú piccolo* — ossia il *minore* — tra i multipli comuni. In entrambe le definizioni si tratta evidentemente di superlativi relativi.

Per amore di chiarezza, elenchiamo in una tabella gli aggettivi che ci interessano, quelli cioè che hanno le due forme diverse di comparativo e di superlativo.

POSITIVO	COMPARATIVO DI MAGGIORANZA	SUPERLATIVO RELATIVO	SUPERLATIVO ASSOLUTO
buono	**migliore** *piú buono*	**il migliore** *il piú buono*	**ottimo** *bonissimo*
cattivo	**peggiore** *piú cattivo*	**il peggiore** *il piú cattivo*	**pessimo** *cattivissimo*
grande	**maggiore** *piú grande*	**il maggiore** *il piú grande*	**massimo** *grandissimo*
piccolo	**minore** *piú piccolo*	**il minore** *il piú piccolo*	**minimo** *piccolissimo*
alto	**superiore** *piú alto*	**il superiore** *il piú alto*	**supremo** o **sommo** *altissimo*
basso	**inferiore** *piú basso*	**l'inferiore** *il piú basso*	**infimo** *bassissimo*

Comparativi e superlativi alla latina

Che differenza passa tra le forme normali e quelle speciali (cioè alla latina) del comparativo e del superlativo? Si tratta sempre delle famose "sfumature" del discorso: la scelta dipende dalle intenzioni di chi si esprime, dal particolare aspetto che egli vuol dare al discorso. Se diciamo:

*Tuo padre è **piú buono** del suo socio,*

mettiamo piuttosto in evidenza la "bontà" dell'animo. Invece:

*Tuo padre è **migliore** del suo socio*

implica un giudizio piú vasto che, nel confronto tra i pregi delle due persone, non riguarda soltanto la bontà dell'animo. Di una merce diremo che è *pessima*, non già "cattivissima". Di due fratelli adulti, parlando del piú giovane diremo che è *minore*, non "piú piccolo". La parte *piú bassa* di una città, con riferimento all'altimetria, non sarà definita "infima", che richiama un giudizio di bassezza morale o di squallore.

Ma non sempre si presentano casi tanto evidenti; non di rado le due forme di comparativo o di superlativo si equivalgono. Esempi:

*Mi ha fatto un'**ottima** (oppure **bonissima**) impressione;*

*Il vaso fu collocato sul ripiano **superiore** (oppure **piú alto**).*

I comparativi e superlativi relativi in *-ore* si declinano come aggettivi della seconda classe, giacché terminano in *-e*: restano quindi immutati nel femminile e hanno il plurale in *-i*.

I superlativi assoluti alla latina, i quali terminano con *-o*, seguono invece la declinazione degli aggettivi della prima classe: maschile *-o*, femminile *-a*, plurale maschile *-i*, plurale femminile *-e*.

Sono veri e propri spropositi le espressioni "piú migliore", "piú peggiore", eccetera e "molto ottimo", "molto pessimo", eccetera, perché sarebbe come fare due volte il comparativo ("piú migliore" = *piú... piú buono*) o il superlativo ("molto ottimo" = *molto... molto buono*).

Il medesimo errore in cui cadono coloro che dicono: "piú meglio", "piú peggio", e altri strafalcioni di questo genere.

Aggettivi da comparativi latini

Altri aggettivi, derivati da comparativi latini come:

interiore, esteriore, anteriore, posteriore, ulteriore;

oppure da superlativi come:

ultimo, primo, estremo, postremo, intimo, prossimo,

sono ormai entrati nel nostro vocabolario come normali aggettivi, senza che sia espressa la comparazione o che sia esplicitamente messa in evidenza la funzione superlativa riguardo ad altri elementi del discorso. Esempi:

la vita **interiore** *dell'anima*; *l'aspetto* **esteriore** *delle cose*;
*l'***ultimo** *corsaro*; *la* **prima** *notte*; *un amico* **intimo**; eccetera.

L'insidioso "deteriore"

A questo punto vogliamo sostare un attimo su una forma comparativa che è venuta di moda in questi ultimi tempi e che non tutti sanno usare correttamente: è l'aggettivo comparativo *deteriore*, che vuol dir "peggiore, piú cattivo", e che perciò va usato senza nessuna aggiunta, e non come moltissimi fanno, strafalciondo gravemente, "piú deteriore" o "meno deteriore". Questo *deteriore*, solo una ventina di anni fa, in Italia erano ben pochi a conoscerlo e a usarlo, apparteneva a una ristretta cerchia di iniziati. Ma un giorno, trovato chi sa come l'uscio aperto, scappò dal nobile chiuso dov'era sempre stato, e si trovò tra la gente sprovveduto e perso. Qualcuno lo raccolse; piacque subito, perché al suono era allettante, e cosí finí sui giornali e dai giornali passò presto ai libri. In mani grossolane certe strutture delicate spesso si corrompono; e poiché oggi pochissimi sanno di latino, anche se sono giornalisti e scrittori, chi lo raccattò non pensò affatto che si trattasse di una forma comparativa, derivata da un comparativo latino *detèrior*, *deteriòris*, che significa appunto, come sopra s'è detto, "peggiore". Quando perciò leggiamo o sentiamo, come spesso accade alla radio o alla televisione, che la tale riforma *è la* **piú deteriore** *che si potesse concepire* è come se leggessimo o sentissimo dire che quella riforma *è la* **piú peggiore** *di tutte*.

Un comparativo insidioso

Come applicare il suffisso -íssimo agli aggettivi qualificativi

Applicazione normale e indolore, come direbbero i medici, nella maggior parte dei casi:

grado positivo	grado superlativo
bell-**o** ⟶	bell-**issimo**
giust-**o** ⟶	giust-**issimo**
fort-**e** ⟶	fort-**issimo**

Aggettivi terminanti in *-co* e in *-go*:

	grado positivo	grado superlativo
	simpatico - simpatic-i ⟶	simpatic-issimo
	antico - antich-i ⟶	antich-issimo

I casi che richiamano la nostra attenzione sono i seguenti:

Il superlativo degli aggettivi in -io (-ia)

● 1. gli aggettivi che nel grado positivo terminano in *-io* (femm. *-ia*). Qui bisogna distinguere se su quella *i* cade l'accento tonico (come in *pío, restío, stantío*): in tal caso si conservano le due *i*:

   piissimo, restiissimo, stantiissimo.

Quando invece la *i* non è accentata, come in:

   sàvio, vècchio, dùbbio, émpio, òvvio, súdicio, fràdicio, grígio, búio, vàrio, necessàrio, secondàrio, volontàrio, eccetera,

allora le due *i*, trovandosi a contatto, si fondono in una *i* sola:

   *sav***issimo**, *vecch***issimo**, *sudic***issimo**, eccetera,

e si potrebbe dire anche "dubbissimo" se non si preferisse la forma *molto dubbio*, e cosí pure:

   molto empio, assai vario, del tutto ovvio, eccetera.

Ampio (latino *àmplus*) preferisce la forma latineggiante *amplissimo* a quella normale *ampissimo*;

Aggettivi in -eo

● 2. gli aggettivi terminanti in *-eo*:

   *idon***eo**, *estran***eo**, *at***eo**, eccetera;

nonché:

   *cer***eo**, *terr***eo**, *ferr***eo**, *argent***eo**, eccetera,

che costituiscono il complemento di materia e che non possono, per il loro stesso significato, divenire di grado comparativo o superlativo; e gli aggettivi terminanti in *-uo*:

*arduo, proficuo, perspicuo, cospicuo, innocuo,
equo, iniquo,* eccetera,

Aggettivi in -uo

che avrebbero il superlativo con la finale normale *-eissimo, -uissimo,* se non fosse per il fatto che si preferisce evitare tali forme, le quali non hanno un buon suono, e risolvere con il solito ricorso agli avverbi:

*del tutto idoneo, affatto estraneo, completamente innocuo,
assai arduo, molto proficuo, assolutamente equo,
oltremodo iniquo,* eccetera;

● 3. gli otto aggettivi:

*benèfico, malèfico, magnifico, munifico, benèdico, malèdico,
benèvolo, malèvolo,*

composti originariamente con i verbi *fare, dire, volere,* che hanno superlativi tutti particolari:

benèfico ⟶	*beneficentissimo*
malèfico ⟶	*maleficentissimo*
magnifico ⟶	*magnificentissimo*
munifico ⟶	*munificentissimo*
benèdico ⟶	*benedicentissimo*
malèdico ⟶	*maledicentissimo*
benèvolo ⟶	*benevolentissimo*
malèvolo ⟶	*malevolentissimo*

e non già: "beneficissimo", "benevolissimo", eccetera.

Il "campionissimo" e "Canzonissima"

Domanda: si può fare il superlativo di un sostantivo? In teoria no. Una casa grande non sarà mai una "casissima"; un cavallo che supera tutti all'ippodromo non diventa per questo un "cavallissimo". Infatti, tali superlativi i grammatici piú severi non li riconoscono come legittimi. Però... Già sappiamo quel che volete obiettarci. Un celebrato campione ciclistico del passato era da tutti i giornali e dai notiziari televisivi chiamato "il campionissimo". Già molti anni prima di lui il generale supremo dell'esercito, quello che comandava anche agli altri generali, era popolarmente appellato "il generalissimo". Tutti gli autunni, alla televisione, presentavano uno spettacolo che s'intitolava "Canzonissima". Alzi la mano chi non ha mai ricevuto una cartolina o un telegramma con gli "augurissimi" e i "salutissimi". Non c'è paese o città in Italia che intorno a Capodanno non organizzi un "veglionissimo". Sí, cari lettori che forse protestate contro la nostra asserzione circa l'illegittimità dei sostantivi di grado superlativo, voi avete non solo ragione di protestare, ma addirittura "ragionissima".

Espressioni vivaci

Sono espressioni della lingua viva, né solo di oggi, visto che già il Bembo, che fu un fior di letterato di quattro secoli or sono, scriveva:

> *La vaga fanciulla, sí come quella che* **garzonissima** *era...*

E, due secoli dopo, il Baretti, che era anzi un raffinato esperto di questioni linguistiche, non si vergognò di usare il vocabolo *vergognissima*, per dir "grossa vergogna".

Tuttavia, sia nei letterati del passato sia nei giornalisti e pubblicisti d'oggi, quando si esibiscono siffatti superlativi si ha pur sempre la predisposizione ad assumere, a bella posta o magari inconsciamente, un tono di particolare spigliatezza; diremmo che c'è quasi una recondita intenzione di scherzare.

Un commerciante scrive sul cartello affisso all'uscio del suo negozio che quella vendita della merce è una "occasionissima": lo fa per amore di pubblicità, consapevole che quella è una trovata, buttata lí ad arte per attirare il compiacente interessamento del pubblico. Cosí quando si dice che un tale è non solo "in gamba" (che è già un'espressione popolaresca), ma addirittura "in gambissima", non si ha la pretesa di fare della filologia, ma si sa di usare una vivace espressione del parlar comune.

Per concludere, diremo che voi siete "padronissimi" di usare questi assurdi superlativi, sempre che li usiate con particolari intenzioni enfatiche, quando non addirittura umoristiche. Queste espressioni possono anche essere tradotte sulla carta, non importa se si tratti di libri e di giornali, o di lettere private o commerciali o, come piú spesso e piú giustificatamente avviene, di annunci pubblicitari.

-èrrimo invece di -íssimo

Tutti diciamo *celebèrrimo* invece di "celebrissimo", *salubèrrimo* e non "salubrissimo", e cosí pure *integèrrimo* anziché "integrissimo"; di *acre* e di *aspro* usiamo piú spesso i superlativi *acèrrimo* e *aspèrrimo* che non "acrissimo" e "asprissimo", e anche di *misero* c'è chi preferisce *misèrrimo* a "miserissimo". Perché? Naturalmente la causa dell'anomalía è del solito latino.

Nella nostra lingua madre gli aggettivi in -er formano, di norma, il superlativo con il suffisso -rimus invece del regolamentare -íssimus; cosí cèleber, "celebre", diventa celebèrrimus; salúber, "salubre", diventa salubèrrimus, e cosí avanti. In quella lingua anche pàuper, "povero", anche tèner, "tenero", hanno i superlativi in -rimus: paupèrrimus, tenèrrimus, mentre noi diciamo poverissimo, tenerissimo. Soltanto quei sei che abbiamo prima menzionato non hanno voluto rinunciare alla loro tradizione di aggettivi dotti, e perciò son rimasti fedeli alle costumanze della nobile matrice classica.

Non sempre, però. Già scrittori anche insigni dei secoli scorsi, fin dal trecentesco Boccaccio all'ottocentesco Niccolò Tommaseo, quando pure era maggiore che ai tempi nostri la fedeltà alle forme latine, scrissero *asprissimo*, *acrissimo* e *miserissimo*.

Questi tre superlativi ricorrono anche nel nostro discorso, non meno frequenti dei dotti fratelli *aspèrrimo*, *acèrrimo*, e *misèrrimo*: di solito ci atteniamo alle forme in -íssimo nel significato piú materiale dell'aggettivo, e a quelle in -èrrimo dove la qualità è piuttosto morale che fisica. Esempi:

Differenza tra -íssimo *e* -èrrimo

    a) *un sentiero di montagna* **asprissimo**;

    b) *un'***asperrima** *contesa di passioni*;

    a) *una famiglia* **miserissima**;

    b) *una* **miserrima** *condizione*;

    a) *un disinfettante dall'odore* **acrissimo**;

    b) *una sorte* **acerrima**.

È sempre stata la piú bella

Chi? La bandiera tricolore, come si canta nella canzonetta popolare. La piú bella, al cuore patriottico degli Italiani, "fra tutte le bandiere". Dunque, è un superlativo relativo. Il quale superlativo, come già sappiamo, vuole sempre essere preceduto dall'articolo determinativo:

    Il Po è **il piú lungo** *tra i fiumi italiani*;

    Voi siete **i migliori** *nostri amici*.

L'articolo può anche stare non proprio immediatamente a ridosso dell'aggettivo, ma intervallato dal nome a cui il superlativo si riferisce, o da altre parole logicamente collegate con quel nome:

    Il Po è **il** *fiume* **piú lungo** *d'Italia*;

> *Voi siete* **i** *nostri* **migliori** *amici.*

Mai due articoli

Quel che si deve evitare è il ripetere, come fanno certuni, per due volte l'articolo. Per esempio, scrivere: *La bandiera tricolore è* **la** *piú bella* va bene, ma sarebbe inutile, e perciò assolutamente sbagliato, scrivere: "*La bandiera la piú bella è il tricolore*".

Questa tendenza, che si trova talvolta anche in buoni scrittori del passato, è caratteristica del francese, ma non è una buona ragione perché la dobbiamo adottare anche noi: facciamone dunque a meno.

Si deve lasciare, quel secondo articolo, quando il superlativo non è direttamente unito al nome con funzione di attributo; ma è ripreso, solitamente con lo stacco di una virgola, sottintendendo il nome per evitarne la ripetizione, come in questa frase:

> *I nostri sogni,* **i** *piú belli,* **i** *piú generosi che potevamo nutrire, si sono finalmente avverati.*

E a maggior ragione quando il nome è introdotto da un articolo indeterminativo (*un, uno, una*); in tale caso sarà correttissimo dire:

> *Un ragazzetto,* **il** *piú vispo tra quelli che giocavano nel cortile, si avvicinò a noi.*

La "meglio" ragazza del paese

Ecco una frase vivace, bene intonata alla bellezza popolare di quella ragazza, ma si potrebbe dire anche: la "meglio" signora della città. E perché non: il "meglio" sacerdote dell'archidiocesi e i "meglio" giuristi della Corte Costituzionale?

Talvolta meglio e peggio invece di migliore e peggiore

Si tratta cioè di decidere se è lecito sostituire ai normali aggettivi nel grado superlativo relativo – *migliore, peggiore* – quei due avverbi *meglio, peggio,* usati anch'essi con valore di superlativo relativo. Se sottilizziamo, grammaticalmente ci pare di no. Come non si può dire: le "meno" case anziché *minori* (o *piú piccole*); come non sembra elegante dire: le articolazioni "sopra" o "sotto" per definire le articolazioni *superiori* o *inferiori* del corpo umano, altrettanto giustificata pare la diffidenza nei riguardi di questo uso degli avverbi al posto degli aggettivi. Pure ci sono esempi anche presso buoni autori né, tutto sommato, quei superlativi relativi con i due avverbi *meglio* e *peggio* invece di *migliore* e *peggiore* appaiono sgraziati, anzi, in certi casi, popolarmente vivi, rapidi ed efficaci. Non si consiglia però di generalizzarne l'uso. Citiamo un modo di dire, popolare certo, ma non sguaiato:

> *I* **meglio** *muoiono prima.*

Altra espressione del genere:

> *Non sempre i* **meglio** *la vincono sui* **peggio**.

Persino nel libro del Manzoni si legge questa frase, sia pure messa in bocca a un personaggio del romanzo:

> *Piglia con te un paio de'* **meglio**,

e si noti che nella prima stesura l'autore aveva scritto: *un paio dei* **migliori**. Dunque al Manzoni quell'avverbio usato come superlativo era parso piú vivo dell'aggettivo.

34.

QUIZ SUI GRADI DELL'AGGETTIVO (I)

Non sempre errate, tuttavia meno usate e talune ormai considerate non corrette, alcune forme di comparativo o di superlativo qui poste in alternativa. Segnate con una sbarra o una crocetta le forme migliori:

a) piú bene
b) meglio

a) il maggiore dei tre fratelli
b) il massimo dei tre fratelli

a) integerrimo
b) integrissimo

a) un ragazzo molto piccolo
b) un ragazzo minimo

a) assai arduo
b) arduissimo

a) questo chiavistello è piú buono
b) questo chiavistello è migliore

a) assai proficuo
b) proficuissimo

a) il gradino piú basso
b) il gradino infimo

a) ampissimo
b) amplissimo

a) la soluzione piú cattiva del quiz
b) la soluzione peggiore del quiz

a) magnificissimo
b) magnificentissimo

a) il dono il piú bello che ricevetti
b) il dono piú bello che ricevetti

a) clima molto cattivo
b) clima pessimo

a) non conosco cosa meglio di codesta
b) non conosco cosa migliore di codesta

Soluzione a pag. 449

QUIZ SUI GRADI DELL'AGGETTIVO (II)

Scrivete C quando è comparativo, S quando è superlativo relativo:

1. La piú grande *soddisfazione della mia vita*. ....

2. Il piú vecchio *dei miei fratelli*. ....

3. Le maggiori *imprese di Alessandro Magno*. ....

4. Ottenni il risultato con il minimo *sforzo*. ....

5. Il monte piú alto *dell'Asia*. ....

6. *L'atleta ritentò con uno sforzo* piú rabbioso. ....

7. *Aveva un baffo* piú lungo *dell'altro*. ....

8. *Se userai modi* piú urbani, *otterrai lo scopo*. ....

9. *Sei il* meno abile *dei miei operai*. ....

10. *Il diamante è il minerale* piú duro. ....

11. *Dovresti usare espressioni* meno avventate. ....

12. *La ruota* piú malandata *è quella anteriore di destra*. ....

13. *Codesta, tra le molte strade che conducono in città, è la* piú spedita. ....

14. *L'ozio è il* peggiore *dei vizi*. ....

15. *La vittoria è toccata ai* migliori. ....

16. *L'Adriatico è uno dei mari* meno profondi. ....

17. *Daremo un premio al* piú meritevole. ....

Soluzione a pag. 449

"Ossequente" e altri aggettivi ex participi

Ci sono aggettivi che terminano con *-ante* o *-ente*, i quali in origine erano participi presenti di verbi. Quelli in *-ante* provengono da verbi in *-are* (cioè della prima coniugazione), quelli in *-ente* da verbi in *-ere* (seconda coniugazione) o in *-ire* (terza coniugazione). Esempi:

Aggettivi derivati da participi

- derivati da verbi in *-are*:

    sognante, interessante, affascinante, allarmante, abbondante, allucinante, amante, toccante, scostante, ripugnante, eccetera;

- derivati da participi di verbi in *-ere*:

    piacente, dolente, ardente, credente, lucente, splendente, ridente, cadente, potente, valente, esigente, accogliente, repellente, struggente, eccetera.

Tra gli aggettivi già participi presenti di verbi in *-ire* taluni hanno la finale *-ente*, altri conservano la *i* che era nella radice del verbo originario: hanno cioè la finale *-iente*. Tra questi ultimi ci sono gli aggettivi:

esauriente, nutriente, ubbidiente, conveniente, consenziente, paziente (da *patire*), eccetera.

Mentre invece:

morente, apparente, avvilente, aderente, assorbente, deferente, seguente, sfuggente, eccetera,

pur provenendo da verbi in *-ire* (in italiano, però, non in latino), non hanno quella *i*, o perché l'hanno perduta lungo il normale logorio della lingua, come nel caso di *morente*, o perché non l'hanno mai avuta.

Un discorso a parte meritano gli aggettivi:

efficiente, sufficiente, insufficiente, deficiente,

che derivano dal verbo latino *facio*, "fare"; questo verbo ha la radice *faci-* e nella sua coniugazione latina conserva la *i* anche davanti alla vocale *e*. In italiano, però, *facente*, participio del verbo *fare*, si scrive senza *i*, e cosí pure i participi e conseguenti aggettivi derivati da verbi composti con *fare*, come per esempio:

soddisfacente, confacente, beneficente, stupefacente, eccetera.

Perché allora *efficiente, sufficiente, insufficiente, deficiente* si scrivono con la *i*? Perché sono aggettivi "dotti", meno logorati dall'uso popolare, a differenza di *soddisfacente, confacente,* eccetera, nei quali la *i* è caduta perché, tanto, nella pronuncia, essendo preceduta dalla *c*, non se ne avvertirebbe la presenza. Invece l'aggettivo *sapiente* conserva la *i* che gli viene dal verbo latino *sapio*. Infatti qui ci sarebbe una bella differenza di pronuncia tra *sapiente* e un eventuale "sapente". Caso analogo quello del sostantivo *recipiente* (dal verbo latino *recípio*).

Sono questioni che interessano piuttosto la coniugazione dei verbi e le riprenderemo a suo luogo. Qui ci siamo limitati a farne cenno in quanto interessano una particolare categoria di aggettivi. Il discorso intanto ci ha fatto incontrare un aggettivo, anch'esso di questo gruppo di ex participi, che molti (quasi tutti) sbagliano: *ossequente*, e non "ossequiente" come spesso si legge. Esso deriva dal latino *òbsequens, obsequèntis,* come *seguente* deriva da *sèquens, sequèntis.* Quella *i* non ha ragione di esistere: si è intrufolata indebitamente, a causa del vocabolo *ossèquio*; ma allora anche *eloquio* dovrebbe provocare "eloquiente" anziché *eloquente*, come per fortuna tutti dicono. Invece tanto *seguente* quanto *eloquente* stanno al loro posto, come s'addice ad aggettivi nati da participi di verbi che non hanno nella radice la vocale *i*; anche *ossequente* appartiene alla medesima famiglia di aggettivi e non c'è nessuna ragione di permettergli quel grillo di fregiarsi di una *i* che non gli spetta.

Gli aggettivi sostantivati

Il rapido, *l'*espresso, *il* diretto, *il* locale

Noi siamo alla stazione ferroviaria e ci preoccupiamo di scegliere il treno piú conveniente. Ci piacerebbe servirci di un treno *rapido,* cioè "veloce", o almeno *espresso,* che procede direttamente senza fermarsi nelle stazioni secondarie; ma l'impiegato della ferrovia ci avverte che per il *rapido* occorre la prenotazione (e noi non l'abbiamo); ci sediamo allora nella sala in attesa dell'*espresso,* ma un voce sinistra dall'altoparlante proclama che l'*espresso* è in ritardo di due ore e dovremo accontentarci del *diretto* o di un *locale,* già detto *accelerato,* come era eufemisticamente definito dall'amministrazione un treno che ignorava la celerità e séguita a ignorarla anche dopo aver cambiato nome. Per ingannare l'attesa, riflettiamo su quei quattro aggettivi — *rapido, espresso, diretto, locale* — che ormai hanno assunto valore di sostantivo, non solo nel gergo dei ferrovieri ma anche nella lingua corrente, tanto che si dice *il rapido, il diretto, il locale,* senza premettere il nome *treno.*

Gli aggettivi sostantivati

Questi aggettivi che assumono funzioni e struttura di sostantivo si definiscono **aggettivi sostantivati**. Non sono pochi i sostantivi che in origine erano aggettivi. Quando diciamo: *Ho paura del* **buio**, ormai quel *buio* è nome, non aggettivo. *Il* **bello** *verrà dopo,* si suol dire; ma chi è codesto *bello*? È un aggettivo divenuto sostantivo. Quando diciamo:

il vero, il falso, il giusto, il mezzo, eccetera,

noi usiamo gli aggettivi con valore di sostantivo, come se dicessimo:

la verità, la falsità, la giustizia, la metà, eccetera.

Quanti sostantivi, anche di uso comune, che noi consideriamo tali, erano in origine aggettivi: *automobile, onomastico, aperitivo, siesta, ristorante, purgante*; persino i nomi dei mesi: *gennaio, febbraio, marzo*, eccetera. Si possono considerare aggettivi sostantivati i numerali, allorché sono usati indipendentemente da un nome e preceduti normalmente da un articolo: *il cinque* (numero matematico), *le otto* (ore), *il Settecento* (secolo XVIII), *un quarto* (di pollo, per esempio).

Da aggettivi a sostantivi

Il nome *domenica*, un sostantivo insospettabile, fratello, anzi sorella, degli altri sei giorni della settimana: eppure ci fu un tempo in cui era aggettivo e si diceva, in latino, *dies domínica*, cioè "giorno del Signore"; poi rimase l'aggettivo da solo: *domínica*, cioè *domenica*.

Da quel medesimo *dies* latino è venuto fuori il nostro *giorno*, ma attraverso l'aggettivo *diurnus*. Poi si è fatto l'aggettivo dell'aggettivo: *giornale*. E ora noi compriamo il *giornale*, sostantivo e non aggettivo (in compenso ci siamo trovati davanti un altro aggettivo: *giornaliero*, che sarebbe dunque figlio di *giornale*, nipote di *giorno* e pronipote di *dies*; ma anche *giornaliero* assume funzione di sostantivo, per definire un lavoratore pagato a giornata).

Altro termine riguardante il *giorno* è *quotidiano*. Nato come aggettivo (= che si pubblica ogni giorno), è ormai usato anche come sostantivo:

Ho acquistato un **quotidiano**;

Quanti **quotidiani** *si pubblicano in questa città?*

Anche quando diciamo: *i giovani, i vecchi, i grandi*, oppure indichiamo gli abitanti di un paese, città, nazione, eccetera: *i Francesi, gli Inglesi, i Milanesi, i Romani, gli Africani*, e così via, ci serviamo di altrettanti aggettivi con funzione di sostantivo.

Chi sono i Tifernati? e gli Eporediesi?

Diciamolo subito: sono rispettivamente gli abitanti di Città di Castello, nell'Umbria, e di Ivrea, nel Piemonte, che quando vogliono darsi un po' di legittima importanza sfoderano gli antichi nomi latini delle loro cittadine e in tal guisa mettono in bella mostra le glorie di famiglia. Ci sarebbe materia per un trattatello sugli aggettivi – e conseguenti sostantivati, come abbiamo spiegato nel precedente paragrafo – in uso per definire abitanti e cose delle città, dei paesi, delle regioni, delle nazioni e dei continenti; noi, però, ci limiteremo a ricordare che:

molti, forse la maggior parte, si formano con la desinenza *-ese*:

*milan*ese, *torin*ese, *franc*ese, *ingl*ese, eccetera;

- o con la desinenza *-ano* oppure *-iano*, *-igiano*, *-itano* (quest'ultima con la variante *-etano*):

    *ital*iano, *rom*ano, *venez*iano, *march*igiano, *cagliar*itano, *napol*etano, eccetera;

- numerosi anche con la desinenza *-ino* (con la variante *-eno*):

    *parig*ino, *fiorent*ino, *triest*ino, *alessandr*ino, *cil*eno, *madril*eno, eccetera;

Aggettivi per definire abitanti

- in talune zone, specialmente nell'Italia settentrionale, con la desinenza *-asco*:

    *bergam*asco, *com*asco, *crem*asco, eccetera;

- altre desinenze:

    -ate   : *assisi*ate, *ravenn*ate, *urbin*ate, eccetera;

    -atico   : *asi*atico;

    -olo   : *spagn*olo, *brianz*olo, *romagn*olo, eccetera;

    -eo   : *europ*eo, *etn*eo, *ragus*eo, eccetera;

    -ita   : *vietnam*ita, *annam*ita, *moscov*ita, eccetera;

    -ota   : *cipri*ota, *rodi*ota, eccetera;

e altre ancora, che potrete trovare nell'elenco che conclude questo capitolo.

Gli sportivi sanno che la squadra di calcio di Reggio nell'Emilia si chiama *Reggiana*, quella di Reggio di Calabria *Reggina*: cosí infatti si distinguono anche gli abitanti di queste due città che hanno nome uguale. Parimenti gli abitanti di Ragusa in Sicilia sono detti *Ragusani*, quelli di Ragusa in Dalmazia *Ragusei*. I cittadini del Granducato di Monaco sono *Monegaschi*, mentre *Monacensi* sono quelli di Monaco di Baviera. Gli abitanti di Nizza in Francia sono *Nizzardi*, quelli di Nizza Monferrato sono *Nizzesi*.

Inutile tentare una sistemazione: gli aggettivi geografici sono troppi e alcuni tanto originali da apparire quasi bizzarri, quali appunto gli *Eporediesi* e i *Tifernati* che abbiamo posto in vetrina nel titolo di questo paragrafo, ma avremmo potuto metterci anche gli *Apontini*, i *Poliziani*, i *Bordigotti*, i *Nisseni*, i *Camerti*, i *Teatini*, i *Brissinesi*, e via discorrendo. Chi sono costoro? Per appagare la vostra giustificata curiosità, senza costringervi a ricorrere ai grossi vocabolari — che spesso le ignorano con il pretesto che si tratta di geografia piú che di linguistica — vi offriamo qui un elenco, necessariamente incompleto, di quelle definizioni linguistico-geografiche che sono meno note.

Definizioni linguistico-geografiche

	singolare	plurale
Abano	*Apontino*	*Apontini*
Abbiategrasso	*Abbiatese*	*Abbiatesi*
Adria	*Adrese*	*Adresi*
Angora	*Ancirano*	*Ancirani*
Anzio	*Anziate*	*Anziati*
Arezzo	*Aretino*	*Aretini*
Assisi	*Assisiate*	*Assisiati*
Asti	*Astigiano*	*Astigiani*
Bordighera	*Bordigotto*	*Bordigotti*
Bra	*Braidese*	*Braidesi*
Bressanone	*Brissinese*	*Brissinesi*
Buenos Aires	*Bonaerense*	*Bonaerensi*
Busto Arsizio	*Bustese* e *Bustocco*	*Bustesi* e *Bustocchi*
Càdice	*Gaditano*	*Gaditani*
Caltagirone	*Calatino* e *Caltagironese*	*Calatini* e *Caltagironesi*
Caltanissetta	*Nisseno*	*Nisseni*
Camerino	*Camerte* e *Camerinese*	*Camerti* e *Camerinesi*
Campobasso	*Campobassano*	*Campobassani*
Caràcas	*Carachegno*	*Carachegni* →

	singolare	plurale
Chiavenna	*Chiavennasco*	*Chiavennaschi*
Chieti	*Teatino* e *Chietino*	*Teatini* e *Chietini*
Chioggia	*Chioggiotto* e *Clodiense*	*Chioggiotti* e *Clodiensi*
Cipro	*Cipriota*	*Ciprioti*
Ciriè	*Cirianese*	*Cirianesi*
Città di Castello	*Tifernate*	*Tifernati*
Como	*Comasco*	*Comaschi*
Congo	*Congolese*	*Congolesi*
Corfú	*Corcirese, Corfiota* e *Corfioto*	*Corciresi* e *Corfioti*
Cosenza	*Cosentino*	*Cosentini*
Costantinopoli	*Costantinopolitano*	*Costantinopolitani*
Cuorgnè	*Cuorgnetese*	*Cuorgnetesi*
Danzica	*Gedanese* e *Danzicano*	*Gedanesi* e *Danzicani*
Domodossola	*Domense*	*Domensi*
Eboli	*Ebolitano*	*Ebolitani*
Este	*Estense*	*Estensi*
Faenza	*Faentino*	*Faentini*
Fiandra	*Fiammingo*	*Fiamminghi*
Forlí	*Forlivese*	*Forlivesi*
Gaeta	*Gaetano*	*Gaetani*
Garda	*Gardesano*	*Gardesani*
Gerusalemme	*Gerosolimitano*	*Gerosolimitani*
Guatemala	*Guatemalteco*	*Guatemaltechi*

	singolare	plurale
Gubbio	*Eugubino*	*Eugubini*
Ischia	*Ischitano* e *Isclano*	*Ischitani* e *Isclani*
Ivrea	*Eporediese*	*Eporediesi*
L'Aquila	*Aquilano*	*Aquilani*
La Spezia	*Spezzino*	*Spezzini*
Liegi	*Leodiese*	*Leodiesi*
Lodi	*Lodigiano*	*Lodigiani*
Londra	*Londinese*	*Londinesi*
Lonigo	*Leoniceno*	*Leoniceni*
Loreto	*Loretano* e *Lauretano*	*Loretani* e *Lauretani*
Madagascàr	*Malgascio*	*Malgasci*
Madrid	*Madrileno*	*Madrileni*
Mondoví	*Monregalese*	*Monregalesi*
Monferrato	*Monferrino*	*Monferrini*
Montepulciano	*Poliziano*	*Poliziani*
Monza	*Monzese* e *Monzasco*	*Monzesi* e *Monzaschi*
Mosca	*Moscovita*	*Moscoviti*
Nemi	*Nemorense*	*Nemorensi*
New York	*Novaiorchese*	*Novaiorchesi*
Nuova Zelanda	*Neozelandese*	*Neozelandesi*
Oderzo	*Opitergino*	*Opitergini*
Odessa	*Odessita*	*Odessiti*
Oporto	*Portuense*	*Portuensi*

→

	singolare	plurale
Pantelleria	*Pantesco*	*Panteschi*
Piove di Sacco	*Piovesano*	*Piovesani*
Poggibonsi	*Bonizese* e *Poggibonsese*	*Bonizesi* e *Poggibonsesi*
Potenza	*Potentino*	*Potentini*
Pozzuoli	*Puteolano* e *Pozzolano*	*Puteolani* e *Pozzolani*
Quito	*Quiteno*	*Quiteni*
Ravenna	*Ravennate*	*Ravennati*
Rho	*Rhodense*	*Rhodensi*
Rieti	*Reatino*	*Reatini*
Rio de Janeiro	*Carioca*	*Carioca*
Rio della Plata	*Rioplatense*	*Rioplatensi*
Rodi	*Rodioto* e *Rodiota*	*Rodioti*
Rovigo	*Rodigino*	*Rodigini*
Salò	*Salodiano* e *Salodiese*	*Salodiani* e *Salodiesi*
San Salvador	*Salvadoregno*	*Salvadoregni*
S. M. Capua Vetere	*Sammaritano* e *Sammarese*	*Sammaritani* e *Sammaresi*
Santhià	*Santagatino*	*Santagatini*
Sciacca	*Sciacchitano*	*Sciacchitani*
Susa	*Segusino*	*Segusini*
Termini Imerese	*Termitano*	*Termitani*
Tivoli	*Tiburtino*	*Tiburtini*
Todi	*Tudertino*	*Tudertini*
Tokio	*Edochiano*	*Edochiani*

NON BASTA IL NOME, CI VUOLE ANCHE L'AGGETTIVO

	singolare	plurale
Urbino	*Urbinate*	*Urbinati*
Vibo Valentia	*Vibonese*	*Vibonesi*
Viú	*Viucese*	*Viucesi*
Zante	*Zacintio*	*Zacintii*
Zara	*Zaratino*	*Zaratini*

36.
QUIZ SUGLI ABITANTI DELLE CITTÀ

Ripassate attentamente (tempo: due minuti) il nostro elenco da pag. **249**, poi cercate di azzeccare le definizioni che vi proponiamo. Se risponderete esattamente a tutte le domande, meritate il "voto" di 10 decimi. Un punto di meno per ogni errore. Quindi, per meritare la "sufficienza" non dovrete fare piú di quattro errori.

Loreto ....

Bordighera ....

Potenza ....

Camerino ....

Rovigo ....

Assisi ....

Caltanissetta ....

Buenos Aires ....

Liegi ....

Tivoli ....

Soluzione a pag. 449

253

Capitolo XIV

IL PRONOME: LICENZA DI SOSTITUIRE IL NOME

Se non ci fossero i pronomi

Il pronome

Il **pronome** è il "vicenome" (come il prosindaco è il "vicesindaco" e il proconsole è il "viceconsole"). Si potrebbe farne a meno? Facciamo la prova e vedremo le conseguenze.

Giosuè Carducci pronunciò a Reggio Emilia, nel 1897, un discorso per celebrare il primo centenario della bandiera tricolore italiana. Ecco un brano di quel discorso:

> *Subito il popolo cantò alla sua bandiera ch'***ella** *era la piú bella di tutte e che sempre voleva* **lei** *e con* **lei** *la libertà: ond'è che* **ella**, *come là dice la scritta, "piena di fati mosse alla gloria del Campidoglio".*
> **Noi** *che l'adorammo ascendente in Campidoglio,* **noi** *negli anni della fanciullezza avevamo imparato ad amar***la** *e ad aspettar***la** *dai grandi cuori degli avi e dei padri* **che ci** *narravano le cose oscure ed alte preparate, tentate, patite, su le* **quali tu** *splendevi in idea, piú che speranza, piú che promessa, come un'aureola di cielo a' morienti e a' morituri, o santo tricolore...*

Adesso proviamo a eliminare i pronomi, cioè le parole che abbiamo scritto in grassetto, mettendo al loro posto i nomi che quei pronomi sostituivano. Ecco come diventerebbe il brano della solenne orazione carducciana:

> *Subito il popolo cantò alla sua bandiera che* **la bandiera** *era la piú bella di tutte e che sempre voleva* **la bandiera** *e con* **la bandiera** *la libertà: ond'è che* **la bandiera**, *come là dice la scritta, "piena di fati mosse alla gloria del Campidoglio", eccetera.*

Un vero disastro linguistico! Perciò è evidente che non si potrebbe fare a meno dei pronomi, salvo che ci si accontenti di parlare come fanno certi bambini, nell'età in cui hanno appena imparato a cincischiare un periodo. Infatti un piccino di nome, poniamo, Ciccillo, invece di dire: « **Io** ho il mal di pancia », dice: « **Ciccillo** ha il mal di pancia ». Il concetto del pronome personale non rientra ancora nella logica linguistica di Ciccillo. Ma il bambino ha appena compiuto i due anni d'età...

I pronomi personali

I piú frequenti e importanti sono i pronomi **personali**, quelli cioè che si usano in sostituzione del nome di persona. Essi possono indicare la persona che parla o scrive, cioè **io**, plurale **noi** (prima persona), o quella a cui si parla o si scrive: **tu**, plurale **voi** (seconda persona), o quella di cui si parla o si scrive: **egli**, **esso**, con i femminili **ella**, **essa**, e i plurali rispettivamente **essi**, **esse** (terza persona).

Poniamo qui una tabella riassuntiva dei pronomi personali, che ci consentirà di passare subito ai problemi concreti, interessanti la nostra pratica linguistica di ogni giorno.

	singolare		plurale	
Prima persona	soggetto *io*	complementi *me, mi*	soggetto *noi*	complementi *noi, ci, ce*
Seconda persona	soggetto *tu*	complementi *te, ti*	soggetto *voi*	complementi *voi, vi, ve*
Terza persona	soggetto masch.: *egli, esso*	complementi masch.: *lui, lo, gli, sé, si, se*	soggetto masch.: *essi*	complementi masch.: *loro, li, sé, si, se*
	femm.: *ella, essa*	femm.: *lei, la, le, sé, si, se*	femm.: *esse*	femm.: *loro, le, sé, si, se*

Tabella riassuntiva dei pronomi personali

Il padrone sono "me"!

In un romanzo di Alfredo Panzini, che appunto s'intitola *Il padrone sono me!*, si narra di un contadino, un certo Mingón, che ai tempi della prima guerra mondiale si arricchí parecchio, sí che poteva vantarsi dicendo: « Il padrone sono *me*! » Secondo la norma della grammatica che Mingón, "molto bravo per le patate" ma non altrettanto in materia di filologia, indubbiamente ignorava, il pronome di prima persona è *io*, mentre *me* si usa come complemento. E cosí per il pronome di seconda persona: *tu* quand'è soggetto, *te* complemento. Lo stesso sarebbe, ma non sempre avviene nella pratica, per la terza persona: *egli, esso* (maschile), *ella, essa* (femminile) con funzione di soggetto; *lui, lei* con funzione di complemento; e anche per il plurale: *essi* (*églino* ormai non si usa piú), *esse* (*élleno* sonerebbe oggi ridicolmente antiquato) con funzione di soggetto; *loro* (che vale sia per il maschile sia per il femminile) con funzione di complemento.

Abbiamo detto che nella pratica non sempre cosí avviene. Dapprima soltanto nel linguaggio familiare, poi anche in quello con pretesa di eleganza letteraria, *lui* e *lei* si sono imposti con funzione di soggetto. Perciò in buoni scrittori può capitare di leggere:

Lui *era l'uomo piú docile ch'io conoscessi.*

Lei *apparve sulla soglia.*

Loro *fecero tutto il possibile per apparir cortesi.*

Lui, lei e loro

Cioè si usano *lui, lei, loro* anche con funzione di soggetto e posti prima del verbo.

È obbligatorio usare *lui* e *lei* (e nel plurale *loro*) quando sono posti, anche con funzione di soggetto, in fondo alla frase, o comunque dopo il verbo:

È stato **lui***;*

Verrà anche **lei***;*

Quando lo sapranno **loro***!*

Inoltre si usano *lui, lei, loro* quando sono preceduti da: *pure, neppure, nemmeno, piú, come, tanto, quanto,* eccetera:

Pure **lui** *fu invitato;*

Nemmeno **lei** *era persuasa;*

Come **loro***, molti altri ci credettero.*

Per i pronomi di prima e di seconda persona non si può usare altrettanta indulgenza. Soltanto quando si riportano vive espressioni popolaresche, cioè nel discorso diretto, sono ammesse frasi come quella del contadino Mingón. Nella traduzione italiana del *Cucciolo* di M.K. Rawlings possono essere tollerate, in bocca al ragazzo Jody, in quanto espressioni spontanee, irregolarità come queste:

« **Te** *me l'hai tradito...* »

« *Glie l'hai detto* **te** *di ucciderlo!* »

Ma, ripetiamo, qui si tratta di uso volutamente scorretto. Quando voi volete scrivere corretto, seguite la regola e usate sempre *tu* come soggetto:

Glie l'hai detto **tu***!*

Andremo io e **tu** *(e non "io e te" come molti dicono).*

Nelle consuete esclamazioni:

> *Povero* **me**!; *Evviva* **lei**!;
>
> *Oh,* **te** *felice!*; *Beati* **loro**!

è giustificato l'uso di quei pronomi, come se si trattasse di un complemento; anche in latino per simili esclamazioni si ricorre al caso accusativo, cioè a quel caso della declinazione che è normale per il complemento oggetto: *Me miserum!*, "o me misero!"

Cosí pure quando si tratta di complemento di paragone:

> *Nessuno è piú tranquillo di* **me**;
>
> *Ostinato come* **te** *non c'è nessuno*;
>
> *Io sono alto almeno quanto* **lui**.

Egli ed esso; ella ed essa

Egli, e il suo femminile **ella**, derivano da *ille*, che in latino significa "quello". **Esso**, e il suo femminile **essa**, da *ipse*, "stesso". Ma ormai in italiano hanno assunto la precisa funzione di pronome personale di terza persona. *Egli* ed *ella* si riferiscono soltanto a persona, rispettivamente maschile e femminile; *esso* ad animale o cosa di genere maschile, invece *essa* si riferisce, nel discorso comune, anche a persona di sesso femminile, oltre che ad animale o cosa (s'intende sempre di genere femminile).

L'uso di *esso* nel significato di "stesso" appartiene al passato. **Esso** *tiranno*, si legge nelle tragedie dell'Alfieri, nel significato di "il tiranno stesso, il tiranno in persona". Proprio l'Alfieri intitolò la sua autobiografia *La Vita di Vittorio Alfieri scritta da Esso*. È nota la storiella di quel rilegatore di libri che, dovendo scrivere il nome dell'autore e il titolo dell'opera sulla costola del volume, vi impresse a caratteri dorati, come faceva con gli altri libri, l'iscrizione: *Esso - La Vita di Vittorio Alfieri*, convinto che quell'*Esso* fosse il nome dell'autore.

Uso di esso

Ai tempi dell'Alfieri, cioè nel Settecento, il pronome *esso* era usato, piú che oggi, anche come complemento, riferito a persona, e con significato affine all'originario latino *ipse*. Anche ora, specialmente nell'Italia meridionale, *esso* ed *essa* sono spesso usati anche per le persone, oltre che per animali o cose inanimate. Noi, per animali e cose, usiamo *esso* ed *essa* con funzione di soggetto, ma quando si tratta di complemento preferiamo *quello, quella*:

Quello, quella, al posto di esso, essa

> *Ti ricordi del mio cane? Hanno scelto proprio* **quello** *(anche* **esso**, *ma non "lui") per l'esposizione canina;*

> *Preferisco la scala a pioli: con* **quella** *(anche* **essa***) mi sento piú sicuro.*

Uso di ella, essa, lei *e* lui

Il femminile *ella* ha perduto terreno. Non è frequente il suo uso, anche se alcuni insegnanti ancora lo raccomandano. Nel parlare comune d'ogni giorno si preferisce *essa* anche per le persone. In verità, anche *essa*, e il suo maschile *esso*, vanno sempre piú lasciando il posto ai piú brevi *lei* e *lui*, che a rigore dovrebbero servire, come s'è visto, soltanto come complementi.

Fra queste tre proposizioni:

> **Ella** *è una donna perbene*;
>
> **Essa** *è una donna perbene*;
>
> **Lei** *è una donna perbene*,

non c'è chi non s'avvede che la prima espressione è quella letterariamente piú dignitosa, ma delle tre è ormai la meno usata, suona addirittura antica; la seconda espressione è già normale, ma la terza, quella del *lei*, è la piú frequente, anche se grammaticalmente discutibile.

Uso di essi *ed* esse

Nel plurale, poi, *essi* ed *esse*, tanto per le persone quanto per gli animali e le cose, sono rimasti i soli padroni del campo. Ormai da oltre un secolo sono definitivamente e irrevocabilmente soppiantati i vecchi *églino* ed *élleno* (che si usavano per le persone, non per gli animali e le cose, che anche allora richiedevano *essi* ed *esse*). È noto l'episodio del Carducci, giovane professore nei primi anni del suo insegnamento, cioè poco dopo la metà dell'Ottocento,

Forme antiquate: églino, élleno

che esordí in una lezione davanti a una classe di giovinette infarcendo il suo dire con tanti *églino* ed *élleno* che le ragazze (moderne, ai tempi loro!) proruppero in un'istintiva risata. Dunque già oltre un secolo fa quelle forme erano antiquate, sí da sembrar buffe. Un altro scrittore ottocentesco, sul finire del secolo, Edmondo De Amicis, nel suo libro *L'idioma gentile*, dopo aver dato atto del declino di *églino* ed *élleno*, tentava un salvataggio delle forme sostitutive *essi* ed *esse* e dichiarava polemicamente: "Ma non si può sostituire *essi* ed *esse*, che sono pur sempre dell'uso comune, invece di quello sfacciato *loro*?"

Il pronome loro

Sfacciato o no, quel deprecato *loro* è ormai entrato nell'uso; tuttavia vi consigliamo di limitarlo al solito "parlar familiare".

In una lettera scriverete:

> *Gli impiegati e gli operai hanno chiesto di adottare l'orario unico:* **essi** *(e non "loro") si sono dichiarati disposti a iniziare il lavoro alle otto. Per le donne, avendo* **esse** *espresso l'opinione che preferirebbero incominciare alle nove...*

E ora cerchiamo di meglio chiarire, con un breve riepilogo, la funzione dei pronomi di terza persona, come è attualmente nella lingua viva:

IL PRONOME: LICENZA DI SOSTITUIRE IL NOME

La funzione dei pronomi

egli, ella	: esclusivamente per persone, con funzione di soggetto;
lui, lei	: esclusivamente per persone, con funzione di complemento (ma anche di soggetto nel parlar familiare);
esso	: per animali o cose (ma talvolta anche per persone), con funzione normalmente di soggetto, ma anche di complemento;
essa	: tanto per persone quanto per animali o cose, con funzione normalmente di soggetto, ma anche di complemento;
essi, esse	: tanto per persone quanto per animali o cose, con funzione normalmente di soggetto, ma anche di complemento;
loro	: esclusivamente per persone, con funzione di complemento (nel parlar familiare anche di soggetto);
églino, élleno	: non piú in uso, cioè morti e seppelliti.

Si può dire "gli" invece di "a loro"?

Osserviamo attentamente le seguenti proposizioni:

Osservazioni sul pronome loro

a) *Manderemo una lettera* **a loro**;

b) *Manderemo* **loro** *una lettera*;

c) **Gli** *manderemo una lettera.*

Ai nostri lettori chiediamo: quale delle tre espressioni è la migliore? Prima però di impegnarvi con una risposta, vogliamo discutere insieme:

● nella frase *a)* il "complemento di termine", come si definisce nell'analisi logica, del pronome personale di terza persona di numero plurale, cioè *essi*

259

(femminile *esse*), è espresso con la preposizione *a* e con la forma *loro*, che è quella normale, come abbiamo visto nel precedente paragrafo;

Loro
o
a loro?

● nella frase *b)* c'è già una semplificazione: si è abolita la preposizione *a* (*loro* invece di *a loro*). È consentito ciò? Sí, è consentito quando il pronome è situato dopo il verbo; se fosse posto prima, non si potrebbe eliminare quella preposizione (cioè non si potrebbe dire: "loro manderemo");

● la terza soluzione *c)* è indubbiamente la piú agile, ma contraddice al paradigma della declinazione del pronome personale che, in tutte le grammatiche, e con particolare insistenza in quelle scolastiche che sono le piú dogmatiche, distingue *gli*, che significa "a lui", e *le*, che significa "a lei", da *loro*, *a loro*, che sarebbero pertanto le sole forme legittime per il plurale.

La forma *loro* per *a loro* presenta il vantaggio di non essere ambigua come *gli*, che infatti significa anche "a lui". Ma nella nostra lingua di ambiguità create da parole bivalenti o trivalenti ce n'è a bizzeffe. La forma *gli* ha il merito di essere piú rapida e di rendere l'espressione meno pesante. Provate per esempio a dire:

> *Nostro padre e nostra madre sono vecchi: noi staremo* **loro** (o **a loro**) *sempre vicini,*

e poi cambiate cosí:

> *Nostro padre e nostra madre sono vecchi: noi* **gli** *staremo sempre vicini.*

È evidente che la seconda espressione corre assai meglio.

Gli "avvocati" del *gli* aggiungono: forse che già non si usano, con il consenso anche dei grammatici, *glie lo* e *glie ne* anche per il plurale? Esempi:

> *Erano in troppi:* **glie** *l'avevamo detto che la barca non li avrebbe contenuti tutti;*

> *Recate i doni per gli invitati:* **glie ne** *daremo sinché saranno paghi.*

Dunque, se *glie*, che è poi *gli*, va bene là, perché non dovrebbe andare bene anche qua?

Poi vi tirano in ballo i "testimoni", cioè gli autori che usarono o usano *gli* invece di *a loro*. Nel passato un po' remoto quel *gli* si usava con discrezione, ma con tutta tranquillità. Per esempio, dal Boccaccio:

> *Ma poi che con* **loro** *in piacevoli ragionamenti entrata fu... assai piacevolmente donde fossero e dove andassero* **gli** *domandò.*

Un balzo di secoli e, pure in un'epoca in cui i letterati andavano a gara a chi fosse piú ossequioso alla dittatura delle regole grammaticali confezionate a tavolino, ecco il Manzoni, scrittore diligentissimo ma per i tempi suoi felicemente spregiudicato, usare il *gli* o il *loro* secondo che alla sua coscienza di artista meglio sembrasse. Infatti, possiamo trovare nei *Promessi sposi* casi come questo:

> *Chi si cura di* **costoro** *a Milano? Chi* **gli** *darebbe retta?*

Il gli *nel Manzoni*

Ancora nel romanzo del Manzoni:

> *La legge l'hanno fatta* **loro**, *come* **gli** *è piaciuto...*

> *...andavano, non solo curvi, per il peso, ma sopra doglia, come se* **gli** *fossero state peste l'ossa.*

Nei piú moderni, specialmente tra i giornalisti, l'uso di *gli* invece del piú corretto ma piú pesante *loro, a loro*, si va sempre piú imponendo. E si può credere che questa come altre innovazioni, troverà alla fine buona accoglienza, non soltanto nel cosiddetto "parlar familiare", ma anche in quello letterario.

Qual è il nostro consiglio in merito alla questione? Ve lo daremo con le parole di un grande linguista, oltre che uomo di fine gusto, Francesco D'Ovidio, il quale diceva che l'uso di *gli* "si rende poco men che necessario dovunque *loro* o *lor* ci riesce piú pesante del solito".

Il gli *se necessario*

Quelle diaboliche "particelle"

Vengono chiamate "particelle", perché sono piccoline:

mi, ci, ti, vi, lo, la, gli, le, ne, si.

Le particelle pronominali

Anzi, **particelle pronominali**, perché, a ben guardare, non sono altro che pronomi. Quando poi si fondono fra loro, o semplicemente si accostano, ne vengono fuori delle combinazioni che fanno tribolare assai piú di certi verbi e avverbi chilometrici. Cosí piccole, ma cosí insidiose.

Le combinazioni avvengono tra: *mi, ci, ti, vi, gli, si,* da una parte (con valore logico di "complemento di termine"), e *lo, la, li, le,* dall'altra parte (con valore di "complemento oggetto"); oppure *ne,* che significa: "di loro, di essi o esse, di quelli o quelle" (ha cioè valore di "complemento di specificazione").

Primo effetto della combinazione: *mi* diventa *me, ti* diventa *te,* e cosí tutte le altre particelle che costituiscono la prima parte della combinazione vanno a terminare con *-e* invece che con *-i. Gli* diventa *glie.*

**Me lo,
ce lo,** *ecc.*

Invece di dire: "*Lo* diede a *me*", si dice anche, e piú speditamente: **Me lo** *diede*. E similmente:

te lo *diede* (= lo diede a te);

glie lo *diede* (= lo diede a lui, a lei, a loro);

se lo *diede* (= lo diede a sé);

ce lo *diede* (= lo diede a noi);

ve lo *diede* (= lo diede a voi).

Naturalmente *lo* ha il femminile *la*, i plurali *li* (maschile) e *le* (femminile). La particella *ne* (= di essi, di esse, di loro, di quelli, di quelle) resta invariata:

**Me ne,
ce ne,** *ecc.*

me **ne**, *ce* **ne**, *te* **ne**, *ve* **ne**, *glie* **ne**, *se* **ne**.

Sorge subito una questione: le due parolette devono essere scritte unite o staccate? Cioè: *melo* oppure *me lo*? *Tela* oppure *te la*? *Velo* oppure *ve lo*? *Gliene* oppure *glie ne*, eccetera?
Ecco la risposta:

● 1. quando la prima componente è *me, ce, te, ve, se,* scrivete sempre staccato:

me lo *disse*; **te la** *farò vedere*; **ve li** *mostrerò*;
se li *portò a casa*; eccetera.

Dunque, non scrivete mai: "melo, telo, celo, velo, vene, sene" e altre consimili amenità;

**Glie lo,
glie ne,** *ecc.*

● 2. quando la prima componente è *glie*, sono ammesse entrambe le forme:

glielo o *glie lo*; *gliene* o *glie ne*; eccetera.

Ma quale preferire? La maggior parte delle grammatiche consiglia la forma unita: *glielo, gliene,* e cosí via. Altri, indubbiamente con maggior logica, obiettano: perché *me, ce, te, ve, se* staccati e invece *glie* attaccato, come un bimbo alla gonnella d'una mamma d'altri tempi, come se fosse incapace di reggersi da solo? Citiamo da un trattatello di Amerindo Camilli, intitolato *Pronuncia e grafia dell'italiano*: "La grafía da consigliare è *glie lo, glie ne,* eccetera, che si conforma a *me lo, te ne,* eccetera". Secondo i fautori di tale grafía, le forme *gliene, gliele,* e cosí via, sono "eccezioni ingiustificate".

IL PRONOME: LICENZA DI SOSTITUIRE IL NOME

Attenti all'errore!

Liberi dunque di attenervi all'una o all'altra grafía: entrambe sono corrette e confortate da buoni scrittori. Sono gli errori piú grossi che dovete evitare: chiamiamoli pure "madornali", senza tema d'esagerare. Come quando si sente dire, da gente che ha la pretesa di "parlare in italiano": "*Ce l'ho detto*" invece di: **Glie** *l'ho detto*; costoro usano cioè, a sproposito, la particella *ci*, che significa "noi, a noi", invece di *gli*. Altre "perle" semidialettali di questo genere:

> *Io* **ci** *ho dato un bacio* (a lei, s'intende, non certo a noi!);

> *Mi chiese in prestito un martello e io* **ce** (= *glie*, forma corretta) *lo mandai*;

> *Se non vogliono intendere le nostre ragioni,* **ce** (= *glie*, forma corretta) *le faremo capire con la forza*.

In tema di particelle pronominali, un ultimo richiamo: evitate quelle sfilze di parolette male accozzate, anche se grammaticalmente non errate, ma esteticamente non apprezzabili, del tipo di: *me ce ne, te ce ne, ve ce le*, e peggio, come usano certi scrittori. Citiamo, per esempio, Renato Fucini, uno scrittore toscano che pure di buon gusto linguistico era ben dotato:

Accostamenti sgradevoli

> *Per ogni maglia* **gli se ne** *strappava due*.

Un "lo" che può dar fastidio

Spesse volte viene usato, parlando o scrivendo, un particolare *lo* che nel discorso ci sta da intruso. Questo *lo* non è il normale pronome personale che sostituisce "lui" con funzione di complemento oggetto: **lo** *vidi* (= vidi lui), e nemmeno con valore neutro di "ciò": **lo** *sappiamo* (= sappiamo ciò). Si tratta di quello speciale **lo** usato come predicato in unione con una forma del verbo *essere* o anche con un verbo passivo. Come in questi periodi:

Un lo *particolare*

> *Era un bel ragazzo; non altrettanto* **lo** *era suo fratello*;

> *Molti erano stati invitati, ma io non* **lo** *fui*.

Si potrebbe dire piú semplicemente:

> *Era un bel ragazzo; non altrettanto suo fratello*;

> *Molti erano stati invitati, ma non io*.

263

O anche si potrebbe dire, ripetendo il verbo ma senza farlo precedere dal *lo*:

Era un bel ragazzo; non altrettanto **era** *suo fratello;*

Molti erano stati invitati, ma io non **fui invitato**.

Tuttavia, non di rado, si ha la fondata sensazione che, togliendo quella paroletta, qualcosa venga a mancare. Quel *lo*, cosí posto, corrisponde per il significato a:

tale (tali); siffatto (siffatti); questo (questi); quello (quelli); eccetera.

Di qui l'opportunità di non dare sempre e troppo drasticamente l'ostracismo al *lo* quando esso esercita, bene o male, una funzione, come nei seguenti esempi:

Volevi sapere se io sono preparato? Sí, **lo** *sono;*

Gli abitanti di quell'isola godevano fama di essere cannibali: certo **lo** *furono* (= furono tali) *sino al secolo scorso.*

"L'amo... non l'amo..." "l'odio... non l'odio..."

Per la normale elisione, *lo* e il suo femminile *la* diventano *l'* davanti a vocale. Tanto *lo* quanto *la* (e anche *le* e *gli*), come è noto, sono, oltre che pronomi, anche articoli. Non c'è differenza tra pronomi e articoli in fatto di elisione: tutti "possono" (non "devono" necessariamente) perdere la vocale finale e sostituirla con il segno dell'apostrofo, quando sono seguiti da parole che incominciano con vocale (o con *h*). Esempi:

l'(*lo*)onore	(art.)	l'(*lo, la*)onorarono	(pron.)
l'(*la*)udienza	(art.)	l'(*lo, la*)udimmo	(pron.)
l'(*le*)erbe	(art.)	l'(*le*)espressero	(pron.)
gl'(*gli*)inni	(art.)	gl'(*gli*)inflissero	(pron.)
l'(*lo*)hôtel	(art.)	l'(*lo*)hanno visto	(pron.)

Non esiste una tassativa prescrizione, ma, nella pratica, c'è la tendenza a non ricorrere all'elisione, cioè all'apostrofo, con i pronomi *li, le* e *gli* nemmeno davanti a parole che incomincino còn *e-* e con *i-* (del resto anche gli articoli *gli* e *le* ormai non si usa più eliderli, come abbiamo spiegato a suo tempo). Quasi sempre si scrive:

le e*vitammo,* **le** e*misero,* **gli** i*nviammo,* **gli** i*mposero,* eccetera.

Invece *lo* e *la* preferiscono (non esigono obbligatoriamente!) l'apostrofo anche quando sono pronomi:

l'*avvisammo,* **l'***espulsero,* **l'***introdussero,* **l'***obbligarono,* **l'***urtarono,* eccetera.

Come appare in questi esempi, tuttavia, l'elisione presenta un inconveniente: *l'* significa *lo* oppure *la*? Di qui l'opportunità, quando si vuole bene porre in evidenza che il pronome è femminile e non maschile, di rinunciare all'elisione e scrivere:

la *avvisammo,* **la** *espulsero,* **la** *introdussero,* eccetera.

Sempre per evitare ipotetiche, anche se nella pratica non probabili, confusioni di significato, si consiglia di lasciare senza elisione tanto il *lo* maschile quanto il *la* femminile quando la parola che vien dopo potrebbe causare equivoco. Esempio: *l'amo* può significare: amo "lui"; oppure: amo "lei" e persino... l'amo per pescare. Ma è evidente che se l'amante che sfoglia romanticamente la margherita è un giovanotto, quell'*elle* apostrofata vuol dire *la*; se è una donzella vuol dire *lo*; mentre il dubbio quasi amletico se debba attaccare l'amo con l'esca alla bava della sua canna o qualche altro arnese per prendere il pesciolino riguarda, meno romanticamente, il pescatore. Forse *l'odio* è più pericoloso: odio "lui" (**lo** *odio*), oppure odio "lei" (**la** *odio*), o si tratta del nome *odio* preceduto dall'articolo? Consigliamo:

l'*odio*   = articolo + nome;
lo *odio* = pronome personale + verbo;
la *odio* = pronome personale + verbo.

Meglio non elidere i pronomi lo *e* la

Per concludere sull'argomento dell'apostrofo, anche le particelle pronominali *mi, ti, vi, si* accettano (non però d'obbligo) l'elisione con relativo apostrofo. **T'***amo, pio bove...,* come canta il poeta; ma in prosa anche gli innamorati, pur con oggetto assai più poetico per il loro amore, preferiscono dire: **ti** *amo.* Il soldato che *si arrende* (o *s'arrende*) dice: **mi** *arrendo,* ma potrebbe anche dire: **m'***arrendo.* Il carabiniere dice: **ti** *arresto* oppure **t'***arresto.* **Si** *incominciò* uno spettacolo, o anche *s'incominciò.* Un monte **si** *ergeva* o **s'***ergeva,* e via di questo passo.

Per *ci* vale la solita norma: l'elisione è possibile soltanto davanti a parola che incomincia con *i-* o con *e-*; per *gli* soltanto davanti a *i-*:

c'*incontrò*, **c'***entra*, **c'è**; **gl'***intimarono*, **gl'***indicò*, eccetera;

ma sempre ed esclusivamente:

ci a*ma*, **ci** o*bbliga*, **ci** u*rta*; **gli** a*ssestò*, **gli** e*ressero*, **gli** u*rlava*, eccetera;

e questo perché *c* e *gl* assumerebbero davanti alle vocali *a*, *o*, *u* un suono ovviamente gutturale: scrivendo **c'***andai* si deve leggere "candai", scrivendo **gl'***altri* non si può leggere che "glaltri"! Intesi?

La faccenda del "lei"

Cioè del "dare del lei". Stando alla logica grammaticale, si dovrebbe parlare a un'altra persona sempre dandole del *tu*. Io parlo, tu sei il mio interlocutore, lui o lei non c'entra. Gli antichi, Greci, Romani e tutti gli altri, non conoscevano, con tale funzione di discorso diretto, né il *lei* né il *voi*. Un servo si rivolgeva all'imperatore con il *tu*, e non per questo gli mancava di rispetto. Sembra però che già in tempi relativamente remoti si cominciasse a dare del *voi* ai superiori. Poco logica anche questa soluzione, ma almeno ci si accontentava di cambiare il "numero" (come se una persona importante valesse due o tre o magari mille volte di piú che un sempliciotto). Poi, a furia di ossequi e di riverenze, si prese a dire e a scrivere: *la signoria vostra, l'eccellenza vostra*, eccetera, e la terza persona venne a sostituirsi alla seconda, e per di piú femminile, perché i nomi *signoria, eccellenza* sono femminili. Si contorse l'espressione, come se si dicesse:

La signoria vostra **è invitata**: **ella** (o **essa** o **lei**, cioè la signoria. l'eccellenza) **potrà** essere **accompagnata** *dalla* **sua** (sua della signoria, dell'eccellenza) *gentile consorte.*

Poco popolari l'*ella* e l'*essa*, rimase il breve *lei*. Molto rispettoso, forse, ma per niente logico: terza persona quando ci vorrebbe la seconda; femminile anche quando si tratta di maschi.

Uso del voi

Già nei secoli scorsi ci fu chi notò l'assurdità di tale maniera, ma ormai l'uso si era affermato. Il *voi* sopravvisse nelle campagne; fu da alcuni ripreso per affettazione, alla moda di Francia; è talvolta usato — altra contraddizione — o per interlocutori molto solenni, altissimi addirittura, come nelle preghiere, per esempio:

Maria Santissima, **aiutatemi Voi**;

o per rivolgersi a dipendenti, con tono di superiorità, quasi di degnazione:

Presto, Battista, **preparate** *le valigie e* **strigliate** *i cavalli.*

Fate *una spesa abbondante, Rosa, ché domani tutti i negozi rimarranno chiusi.*

Non molti anni or sono, per ordine governativo, si tentò di proibire il *lei* e di sostituirlo col *voi*. Nonostante l'onnipotenza di quel governo, il *lei* non fu sradicato e, quando il governo cadde, molti lodarono, per spirito polemico, quel perseguitato pronome, quasi fosse un benemerito della democrazia. Ma in realtà quell'assurdo parlare in terza persona femminile non era piaciuto nemmeno a fior di filologi e letterati del tempo passato. Già Annibal Caro, nel Cinquecento, aveva definito "cosa stranissima e stomacosa" questo modo di "parlare con uno come se fosse un altro". Giacomo Leopardi, quasi tre secoli dopo, ne disse corna. Giuseppe Baretti, il letterato "fustigatore" del Settecento (egli era infatti il redattore di una rivista ai suoi tempi famosa, che s'intitolava *La Frusta letteraria*), ne fece una diagnosi cosí esauriente, che vogliamo qui riportare quasi per intero, perché le argomentazioni del letterato settecentesco non peccano né di sciovinismo né di demagogia, ma sono fondate solo sul buonsenso.

Sentiamo dunque il Baretti: "Gl'Italiani hanno tre maniere di scrivere nei loro reciproci carteggi: l'una chiamata signorile, amichevole l'altra e compagnesca la terza. La maniera prima, cioè la signorile, sarebbe forse meglio non si fosse trovata mai, poi che il solo inveterato costume può toglierle quell'apparenza, anzi pure quella sostanza d'assurdo che trae con sé. In quella maniera, l'uomo non scrive all'altro uomo come la semplicità del vero chiederebbe, ma scrive alla signoria dell'altro uomo, vale a dire indirizza il suo parlare ad una cosa non formata dalla natura ma dall'immaginativa; cosicché, volendo domandare ad uno come sta di salute, non gli dice: «Come stai tu di salute?», che sarebbe il modo naturale di fare una simile domanda; ma gli dice: «Come sta ella di salute, come sta di salute la signoria vostra, o vostra eccellenza, eccetera?»; e tutto il discorso corre a quella foggia, quasi che la signoria o l'eccellenza fosse un ente femminile e non un'idea fantastica e vana. La maniera seconda del nostro scrivere, cioè l'amichevole, corre nella seconda persona del plurale, come se l'uomo a cui si scrive non fosse uno, ma due o piú, e questa si chiama dar del *voi*. Resta la maniera terza, cioè la compagnesca, che chiamano dar del *tu*; la quale si adopera dai buoni compagni, vale a dire da quelli che sono legati fra di sé da un affetto cordiale... Fatto sta che delle tre maniere nostre quella del *tu* è la sola che s'ha diritto legale di domicilio nel nostro Paese. Le altre due non s'hanno quel diritto che per un mero privilegio accordato loro senza un buon perché. Il *tu* è stato trasmesso a noi dai nostri antichi, e noi dovremmo averlo conservato puro e intatto; ma l'*ella* sen venne tra noi dagli Spagnoli e il *voi* dai Francesi, allora che quei due popoli bazzicavano piú in Italia che non oggi".

Lei è buono (non "buona"), signor colonnello...

Conseguenza del *lei* rispettosamente elargito al nostro interlocutore: il verbo (nei tempi composti, per i quali si ricorre al participio) finisce anch'esso al femminile; se poi al *lei* è accordato un aggettivo, anche questo "dovrebbe" essere femminile. Infatti, facendo degli esempi con il verbo, come si dice:

La signoria vostra è **invitata**,

si deve di conseguenza dire:

Lei è **invitata**;

Lei ieri è **arrivata** *tardi.*

E sin qui, dunque, le cose vanno cosí: il participio della voce verbale, sia passiva come nel primo esempio, sia attiva come nel secondo, è di genere femminile. Quando c'è un aggettivo con funzione di predicato si dovrebbe, per coerenza, dire:

Lei è **buona** *e* **generosa**;

Oggi lei sembra un po' **stanca**.

Con l'aggettivo in funzione di attributo:

Lei, di solito cosí **buona** *e* **generosa**, *non ci deluderà.*

Nella pratica, per fortuna, le cose non vanno cosí. Per qualche tempo, finché era ancor vivo il senso di quei sottintesi soggetti femminili "signoria" o "eccellenza", non parve strano attribuire aggettivi femminili a interlocutori maschili, ma già negli scrittori dell'Ottocento, Manzoni compreso, la "costruzione a senso" — che in questo caso è del "buonsenso" — prevalse su quella rigidamente grammaticale. Oggi parrebbe quasi buffo e magari anche piuttosto irrispettoso se noi ci rivolgessimo a un marziale, baffuto colonnello dicendogli:

Costruzione a... "buonsenso"

Lei è **buona**, *signor colonnello...*

A meno che quel colonnello sia una donna (non baffuta, si spera, e comunque la frase sarebbe altrettanto stonata).

Invece rimangono femminili, anche se attribuite a un uomo, le particelle pronominali:

Signor colonnello, **la** *aspettiamo a casa nostra;*

Egregio colonnello, l'(la)abbiamo **ammirata** *per la sua energia.*

In quest'ultimo esempio il participio che costituisce la seconda parte della forma verbale composta (cioè: *ammirata*) è femminile, perché attratto dalla particella pronominale femminile (*la*).

Dunque, per concludere con le solite norme sinteticamente rapide e di pronta consultazione:

Norme pratiche per l'uso del lei

- 1. quando c'è la costruzione del *lei* "allocutivo" o di cortesia, verbi e aggettivi al maschile se l'interlocutore è maschio, ma pronomi personali al femminile. Qualche esempio:

    Signor professore, lei è **giusto** *ma* **severo**;

    *Siamo venuti, caro cavaliere, per invitar***la** *al ricevimento*;

    Signor Teodoro, **la** *aspetteremo alla stazione*;

- 2. quando ci si rivolge a piú persone, il *lei* diventa *loro*:

    Egregi signori, almeno **loro** *siano cosí gentili di pazientare.*

In tale caso, rimane in piedi la costruzione della terza persona (*loro* invece di *voi*), ma, chissà perché, non il femminile. Dunque: con il plurale *loro* con funzione allocutiva, s'intende se il discorso è rivolto a individui maschili, sia aggettivi sia verbi sia pronomi vanno al maschile. Ecco alcuni esempi, il primo dei quali è tolto dal primo capitolo dei *Promessi sposi*, in cui don Abbondio si rivolge ai due bravacci con ossequioso timore:

    Ma **lor** *signori son troppo* **giusti**, *troppo* **ragionevoli**...

    Entrino pure, ma non possiamo assicurare **loro** *che saranno bene* **accolti**;

- 3. anche quando si dà del *voi*, se ci si rivolge a una persona sola (non quindi a una ditta commerciale, che va intesa collettivamente, cioè plurale), verbi e pronomi risultano sí plurali, ma gli aggettivi e i participi passati nelle forme composte dei verbi restano nel singolare:

    Voi siete **forte** *e* **robusto**, *giovanotto: non abbiate timore di essere* **danneggiato** *dall'esercizio fisico*;

● 4. quando invece si fa ricorso alla cerimoniosa perifrasi della *Signoria Vostra*, di *Sua* o *Vostra Eccellenza* o *Eminenza* o addirittura *Altezza* (prerogativa dei príncipi) o *Maestà* (riservata ai re) o *Santità* (che spetta soltanto al Papa), allora tutti femminili, verbi, aggettivi e pronomi. Ecco un esempio di questo solenne discorrere:

> *La Signoria Vostra, sempre tanto* **magnanima** *e* **comprensiva**, **è stata riconosciuta** *da tutti i presenti veramente* **benemerita** *e* **degna** *di quella stima che non potrà venir***Le** *mai meno*.

Se gli illustri corrispondenti sono piú di uno, si moltiplicano di conseguenza anche le signorie e le eccellenze e tutta quella solenne chiacchierata passa al plurale, sempre naturalmente femminile:

> *Le Loro Signorie, sempre tanto* **magnanime** *e* **comprensive**, **sono state riconosciute** *da tutti i presenti veramente* **benemerite** *e* **degne** *di quella stima che non potrà venir* **Loro** *mai meno*.

La "di lei" lettera

Collegata con l'uso del *lei* "allocutivo" di cui abbiamo parlato nei due precedenti paragrafi è questa formula che non di rado si trova negli scritti epistolari, specialmente burocratici e commerciali. Il quesito si prospetta cosí: è corretto scrivere frasi come le seguenti: *Rispondo alla* **di lei** *lettera...*; *La ringrazio per i* **di lei** *auguri*?

Noi sappiamo che, al posto degli aggettivi possessivi (*v*. a pag. 208) si può ricorrere alla specificazione del pronome personale: *di lui, di lei* invece di "suo", "sua" e rispettivi plurali, come anche *di me, di te, di noi, di voi* invece di "mio", "tuo", "nostro", "vostro". Sappiamo anche che a tali specificazioni si ricorre quando dall'uso del possessivo può nascere ambiguità. Ma nel caso della **di lei** lettera non c'è possibilità di confusione: chi altri può essere quel tale *lei* se non il nostro corrispondente o interlocutore? Grammaticalmente quel *di lei* non è sbagliato, è soltanto brutto; si può infatti dire: *la casa di lei*, come si dice: *la casa di Giovanni*. Però non si dice "la di Giovanni casa". Dunque la costruzione con la specificazione prima del nome, anzi nel bel mezzo tra l'articolo e il nome, è, se non altro, bislacca, e perciò sconsigliabile. Dite e scrivete: *la* **sua** *lettera*, cosí come direste: *la* **tua** *lettera*, e non: "la *di te* lettera". Nella corrispondenza commerciale, dove è norma usare il *voi*, la formula corretta è: *la* **vostra** *lettera*.

Peggio ancora la specificazione plurale: *la* **di loro** *lettera*. Infatti, qui il semplice *loro* è già per sé stesso possessivo: quel "di" è dunque pleonastico, cioè inutile. E, come se non bastasse, suona male.

QUIZ SUL "LEI" MASCHILE

a) Immaginiamo che gli interlocutori delle frasi sotto riportate siano tutti di sesso maschile. Rispondete se è giusta la forma *a* o la forma *b*.

a) Non le facciamo colpa per il fatto che lei, sempre così premurosa e puntuale, sia arrivata in ritardo.
b) Non le facciamo colpa per il fatto che lei, sempre così premuroso e puntuale, sia arrivato in ritardo.

a) Credendola ammalata, non l'abbiamo disturbata.
b) Credendola ammalato, non l'abbiamo disturbato.

a) Lei è troppo impetuoso: cerchi di essere più pacato.
b) Lei è troppo impetuosa: cerchi di essere più pacata.

a) Mi stupisco che lei, così severa con tutti, sia stata invece tanto benevola nei miei riguardi.
b) Mi stupisco che lei, così severo con tutti, sia stato invece tanto benevolo nei miei riguardi.

a) Lei non sarà noioso, però è alquanto prolisso.
b) Lei non sarà noiosa, però è alquanto prolissa.

b) Le tre maniere: "tu", "lei", "voi"; volgete ciascuna frase nelle altre due rimanenti maniere che si usano per il discorso diretto:

1. *Non ti ho mandato l'invito credendoti troppo occupato per le incombenze del tuo ufficio.*

2. *Invitandola a casa mia, non sono io che faccio un piacere a lei, ma è lei che lo fa a me.*

3. *State attento, giacché siete stato citato come teste, alle domande che i giudici vi rivolgeranno e non dite nulla di vostra iniziativa se non sarete stato interrogato.*

4. *Se tu mi lasciassi consultare un vocabolario di quelli che sono così numerosi a casa tua, forse potrei aiutarti a interpretare il significato di codesto articolo che hai ritagliato dal giornale.*

5. *Lei, che ha studiato il latino, mi insegni il significato del motto che è inciso nello stemma della sua famiglia.*

Soluzione a pag. 449

Il "plurale di maestà"

Quante volte avrete sentito il Papa, nelle sue allocuzioni, dire:

Noi impartiamo *la benedizione...*;

Noi siamo lieti *di accogliervi...*;

La vostra visita rallegra il **nostro** *cuore...*

Cioè, il Pontefice parla in prima persona plurale, anziché singolare: non dice *io*, dice *noi*. Non solo i papi, anche i re, e talvolta i prefetti, i sindaci e gli importanti magistrati (s'intende, nei discorsi ufficiali, perché privatamente parlano come tutti i comuni mortali). Nel testo delle leggi, quando l'Italia era retta a monarchia, si leggeva:

Noi, *Vittorio Emanuele III...* **abbiamo** *decretato e* **decretiamo**...

Appunto perché propria dei sovrani, quest'altra anomalia grammaticale nell'uso del numero si suol definire **plurale di maestà**.

Il noi *degli scrittori*

Simile al plurale di maestà, anche se qui i re non c'entrano, è quell'uso del plurale invece del singolare cui ricorrono spesso gli scrittori non tanto per darsi importanza quanto, al contrario, per associare amichevolmente al discorso i loro lettori, per farli quasi compartecipi, spettatori diretti e vicini, di ciò che nel contesto si narra o si descrive.

Un esempio di questo tipo di plurale — chiamiamolo, per intenderci, "letterario" — lo troviamo nel Manzoni:

Ci siamo messi *a frugar nelle memorie di quel tempo, per chiarirci se veramente il mondo camminasse allora a quel modo. Una tale indagine dissipò tutti i* **nostri** *dubbi: a ogni passo* **ci abbattevamo** *in cose consimili, e in cose piú forti: e, quello che* **ci** *parve piú decisivo,* **abbiam** *perfino ritrovati alcuni personaggi de' quali non avendo mai avuto notizia fuor che dal* **nostro** *manoscritto,* **eravamo** *in dubbio se fossero realmente esistiti.*

Dipende dal buonsenso dello scrittore evitare certi inconvenienti che potrebbero derivare da un uso inopportuno di questo plurale. Per esempio, riuscirebbe umoristica, perché... al di fuori delle umane possibilità, una narrazione al plurale come questa:

Entriamo *nella squallida stanzetta e* **sediamoci** *sull'unica seggiola...*

È evidente che, su quell'*unica* seggiola, al plurale, ci staremmo scomodi.

Questo e quello

Non si può dire, parafrasando il verso del popolare melodramma, che "questo o quello per me pari sono..." Sono ben diversi, e già l'abbiamo appreso discutendo insieme di quegli aggettivi che là abbiamo definito "dimostrativi" o "indicativi" e che qui si presentano in veste di pronomi: **questo, quello, codesto, stesso, medesimo**.

Pronomi dimostrativi

Diremo subito che non ha grande importanza pratica la differenza tra aggettivo e pronome, ma è bene conoscerla. Del resto, bastano alcuni esempi per farla intendere. Se diciamo:

Differenza tra aggettivo e pronome

    Quell'*uomo è il mio miglior amico*,

quello è aggettivo perché indica il nome "uomo"; se diciamo:

    Quello *è il mio miglior amico,*

quello è pronome perché sta per "quell'uomo", cioè fa le veci del nome "uomo", che resta sottinteso.

Ciò vale anche per *questo* e *codesto*; per esempio:

    Questo   (= agg.)   *uomo è il mio migliore amico;*

    Questo   (= pron.) *è il mio migliore amico;*

    Codesto (= agg.)   *uomo è il mio migliore amico;*

    Codesto (= pron.) *è il mio migliore amico.*

Stesso e **medesimo**, per assumere natura di pronome, devono essere preceduti dall'articolo (a bene analizzarli, sarebbero "aggettivi sostantivati"). Vediamo un paio di esempi:

    Venne ancora **il medesimo***;*

    Fa' quel che vuoi: per me è **lo stesso***.*

Colui, costui e **ciò** sono sempre pronomi.

Già conosciamo la differenza di significato tra *questo, quello* e *codesto* (*v*. a pag. 202): vale per i pronomi come per gli aggettivi. Se un ufficiale ha davanti a sé un soldato e vuole esaminare il fucile che quel soldato imbraccia, deve dire: « *Fammi vedere* **codesto** », e non "quello" come molti, sbagliando, dicono: infatti egli si riferisce a cosa (il fucile) che è tra le mani della persona a cui rivolge il suo discorso. Ma sul significato di *codesto*, sia aggettivo sia pronome, ben differenziato da *questo* e da *quello*, ripetiamo per l'ennesima volta, a costo di apparir noiosi, la raccomandazione:

---

questo : vicino a chi parla o scrive;

codesto : vicino a chi ascolta o riceve lo scritto;

quello : separato da tutti e due gli interlocutori.

Questi e quegli

I pronomi: questi, quegli

Accanto alle normali forme *questo* e *quello*, esistono due forme speciali: **questi** e **quegli**. Sono anch'esse maschili e singolari. Esempi:

Questi *è un brav'uomo;*

Quegli *crede di ingannarci.*

Ma attenzione: queste due forme speciali si possono usare soltanto come soggetto; sarebbe sbagliato dire: "La colpa è di *questi*" o "di *quegli*", invece che: *di* **questo**, *di* **quello**. Inoltre possono riferirsi soltanto ed esclusivamente a *persona*, non ad animale (a meno che sia personificato, come nelle favole), né a cosa. Sono dunque errate le due frasi seguenti:

Nella mia villa c'è un balcone: **questi** *si affaccia sulla valle;*

È scappato il mio cane: **quegli** *ha scelto la libertà.*

Il balcone non può essere che *questo*, il cane *quello*. Invece non sarebbe errore *questo* e *quello* anche riferiti a persone:

Quello (oppure **quegli**) *è un uomo semplice,* **questo** (oppure **questi**) *è assai piú scaltro.*

Uso di colui, colei, coloro

Colui, femminile **colei** e plurale **coloro** (sia maschile sia femminile), è usato di solito in coppia con il pronome relativo **che** (*il quale, la quale, i quali, le quali*):

Colui che (o **il quale**) *lavora;*

Colei che (o **la quale**) *mi ha messo al mondo;*

Coloro che (o **i quali**) *arrivarono per i primi.*

Quando è usato da solo ha, talvolta, un sapore leggermente spregiativo:

Chi è **colui***?*

Chi ha invitato **colei***?*

Coloro *che ci stanno a fare?*

Questa forma sta tuttavia cadendo in disuso. Piú spiccatamente spregiativo **costui**, femminile **costei** e plurale **costoro** (maschile e femminile):

Uso di costui, costei, costoro

Costui *esca subito di qui;*

Non vogliamo avere a che fare con **costei***;*

Costoro *s'illudono che io rinunci al mio proposito.*

Concludiamo la rapida rassegna dei pronomi dimostrativi ricordando che alcune tra le "particelle pronominali" servono anche a surrogare questa categoria di pronomi, sempre con funzione di complementi:

ne	= di questo, di quello, di ciò;
ci, vi	= a questo, a quello, a ciò;
lo	= quello, ciò;
la	= quella;
li	= quelli;
le	= quelle.

Alcuni esempi:

Ne (= di questo, di quello, di ciò) *sono sazio;*

Non **ci** (= a questo, a quello, a ciò) *penso;*

Lo (= ciò) *dici senza convinzione;*

Anche tu **li** (= quelli) *hai visti.*

Norme pratiche sull'uso di alcuni pronomi indefiniti

Pronomi indefiniti

Molte osservazioni che a suo luogo si son fatte a proposito degli aggettivi indefiniti (*v.* a pag. 211) valgono anche per i pronomi che nelle classificazioni dei manuali di grammatica sono parimenti chiamati **indefiniti**. In fondo, i pronomi indefiniti altro non sono che i medesimi aggettivi i quali, non uniti a nomi, assumono, comparendo da soli nel discorso, la funzione dei pronomi, fanno cioè le veci dei nomi. Se diciamo:

C'erano **pochi** *invitati;*

Altri *amici del padrone nemmeno si fecero vivi,*

abbiamo usato due aggettivi indefiniti. Se diciamo invece:

Pochi *vennero;*

Altri *nemmeno si fecero vivi,*

allora non si tratta piú di aggettivi, bensí di pronomi indefiniti.

Incominciamo intanto col togliere dal novero dei pronomi alcuni indefiniti che possono essere soltanto aggettivi, e mai pronomi: *ogni, qualunque, qualche, qualsiasi, qualsivoglia.* Questi, infatti, hanno ragione di esistere solo se accompagnati a sostantivi.

Al contrario, ci sono altri indefiniti che sono soltanto pronomi, non possono cioè essere aggettivi: *uno, qualcuno, qualcheduno, ognuno, chiunque, chicchessia, checché, altri* (quando è usato come singolare). E veniamo ora all'esame dei pochi problemi che ci pongono alcuni pronomi indefiniti.

Uso di uno, qualcuno, ognuno, ecc.

Uno, qualcuno, qualcheduno, ognuno, ciascuno, nessuno: si possono usare soltanto nel singolare. Esempi:

Venga *avanti* **qualcuno**;

Ciascuno esponga *la* **sua** *opinione,*

non mai: "qualcuni, ciascuni", eccetera. Non esiste ovviamente il plurale "nessuni". Questi pronomi hanno invece il genere femminile, s'intende sempre singolare:

Nessuna *venne;*

Ciascuna *fece la sua parte;*

Qualcuna *obiettò;*

Ognuna *al proprio posto.*

Invece si può fare il plurale di **certuno** (**certuni**) e di **taluno** (**taluni**). Anch'essi hanno il femminile, ma di solito si tratta di aggettivi, che assumono la funzione di pronome perché il sostantivo è sottinteso:

Uso di certuno, taluno

> **Certune** *credevano di poter essere ammesse*;

> *A* **talune** *fu rifiutato l'accesso alla sala.*

È sottinteso il nome *donne, ragazze*, eccetera.
Chiunque, chicchessia possono essere riferiti soltanto a persona. Non si potrà dire *chiunque* parlando di un paese, di una casa, di un cane. Inoltre questi due pronomi sono sempre di numero singolare:

Uso di chiunque, chicchessia

> **Chiunque venga** (e non "vengano");

> **Chicchessia osi** *presentarsi* (e non "osino").

Hanno forme uguali per il maschile e per il femminile.
Checché, alcunché invece si riferiscono soltanto a cose. Anche questi sono sempre di numero singolare e invariabili:

Uso di checché, alcunché

> **Checché accada**;

> **Sarà capitato alcunché.**

Altri è pronome indefinito usato anche come singolare, ed esclusivamente riferito a persona:

Uso di altri

> **Altri crederà** *che la colpa sia vostra.*

Hanno valore di pronome indefinito neutro gli avverbi **niente** e **nulla** (= nessuna cosa). Per la loro natura di avverbi, sono invariabili.
Dalla fusione dell'aggettivo indefinito *qualche* con il nome *cosa* (*qualche cosa*) è nato il vocabolo **qualcosa**, che ha valore di pronome indefinito. Un esempio tratto dal Pascoli:

Uso di qualcosa

> *C'è* **qualcosa** *di nuovo oggi nel sole.*

Sempre singolare e maschile:

> **Qualcosa è accaduto** (e non "accaduta");

> **Un qualcosa** *di brutto* (e non "una qualcosa").

Non richiedono particolari notazioni, perché di uso regolare, i pronomi indefiniti **molti, pochi, parecchi, troppi, tanti, quanti, tutti, certi.** Come pro-

Uso di molti, pochi, ecc.

nomi essi sono soltanto plurali, mentre come aggettivi possono essere tanto singolari quanto plurali.

Un tale
*in funzione
di pronome
indefinito*

● **Un tale**, con l'articolo indeterminativo e non accompagnato a un nome, ché allora sarebbe aggettivo, ha funzione di pronome indefinito:

Un tale *comparve sulla soglia.*

Anche preceduto da *quel*, in espressioni come:

È venuto **quel tale** *dell'assicurazione;*

ma qui si tratta propriamente di un aggettivo sostantivato.

38.

QUIZ SUI PRONOMI

Sottolineate gli errori contenuti nelle seguenti frasi:

1. *Molti avrebbero diritto di entrare, ma tutti non possono e qualcuni dovremo lasciarli fuori.*

2. *Ecco i due proiettili del delitto: quello era uscito dalla scapola destra, questi invece si era incastrato nell'addome.*

3. *Qualcosa di quel che avevo visto mi era sembrata tremenda: qualcosa di tenebroso contro la quale non avremmo potuto resistere.*

4. *Codesto è un pazzo o un incosciente: guarda come si agita laggiú.*

5. *Questa è grossa! Ma poiché sei tu che la riferisci, devo prestarti fede.*

6. *Chiunque chiedano di essere introdotti, specialmente donne e bambini, non lasciateli entrare.*

7. *Ci fu un grande scompiglio nel branco: due animali furono colpiti, uno cadde nel burrone, altri tentò di fuggire nel bosco.*

Soluzione a pag. 450

Un pronome invadente e faccendone: "che"

Se apriamo un libro, o registriamo un discorso, possiamo star certi d'incontrare un discreto numero di pronomi, e tra questi è improbabile che non ci sia qualche *relativo*. I **pronomi relativi** sono: **il quale** (femminile: **la quale**; plurale: **i quali, le quali**), **che, cui, chi.** Facciamo la prova, cerchiamo i pronomi relativi in tre brani assai brevi: il primo è di Marino Moretti, il secondo di Antonio Baldini, il terzo di Riccardo Bacchelli. Abbiamo messo in evidenza i pronomi relativi con il grassetto.

Pronomi relativi

> *Beati i morti* **che** *non hanno visto questo, non hanno visto quest'altro,* **che** *non sono stati nei rifugi,* **che** *non hanno sofferto la fame, non hanno avuto un'idea delle case distrutte, non hanno saputo delle rapine, delle deportazioni, delle fucilazioni, delle torture e del lungo martirio.*

> *Sopra un ritmo di tempesta* **che** *s'avvicina e s'allontana senza posa è uno spiraglio di suoni in tutte le direzioni, cornette fischietti campanelli, suoni* **che** *si lamentano e si cercano, si rispondono e si sopraffanno. Ma quella* **che** *non si sente quasi affatto è la voce umana.*

> *Era l'ora della stagione già calda e laboriosa, in* **cui** *i contadini prendono un po' di riposo diurno... Si scorgeva qualcuno, solitario o in piccola compagnia,* **che** *rifugiato su qualche rilievo del terreno e sui sentieri degli arginelli o sugli alberi, faceva gesti di disperato, scorgendosi imprigionato d'ogni parte, coll'acqua* **che** *cresceva intorno inesorabile.*

Avrete notato la prevalenza del *che*, a tutto scapito del piú preciso, ma meno agile, *il quale, la quale*. Perché piú preciso? Ve lo dimostriamo con un esempio:

> *Il castello di questa città,* **che** *già esisteva nel secolo XII, è mèta dei turisti.*

Chi già esisteva nel secolo XII, il castello o la città? Se la frase fosse stata:

> *Il castello di questa città,* **la quale** *già esisteva nel secolo XII, è mèta dei turisti,*

si sarebbe capito subito che si parlava della città anziché del castello. Se invece la frase fosse stata:

> *Il castello di questa città,* **il quale** *già esisteva nel secolo XII, è mèta dei turisti,*

allora il riferimento sarebbe stato al castello. Veramente, se invece di *città* ci fosse *paese*, che è maschile come castello, oppure invece di *castello* ci fosse *fortezza*, che è femminile come *città*, il gioco non riuscirebbe: in tali casi, a voler chiarire a ogni costo l'attribuzione di quel pronome relativo, si dovrebbe "imbottirlo" cosí:

il qual *castello* o **la quale** *città* o **il quale** *paese*
o **la quale** *fortezza*.

Però, sempre *il quale, la quale*, non il succinto e svelto *che*.

Il pronome che

Tanto svelto quel *che* da conquistarsi la simpatia non soltanto di chi ha fretta nel parlare, come nelle nostre comunicazioni d'ogni giorno, ma anche degli scrittori. È un pronome comodo: vale tanto per il singolare maschile (*l'uomo* **che** *apparve...*) quanto per il femminile (*la donna* **che** *apparve...*), sia per il plurale maschile (*gli uomini* **che** *apparvero...*) sia per il plurale femminile (*le donne* **che** *apparvero...*). Dunque: invariabile, breve, etimologicamente a posto — viene dal latino *quem* —; dovrebbe essere però usato soltanto come soggetto o come complemento oggetto. Possiamo cioè dire:

La sedia **che** *ho comperato*,

ma sarebbe invece errato dire: "La sedia *che* mi sono seduto".
Come complemento, invece di *che*, si ricorre a *il quale* (naturalmente anche al suo femminile, ai suoi plurali) e piú volentieri al breve e indeclinabile **cui**:

La sedia **sulla quale** (o **su cui**) *mi sono seduto*.

In realtà il pronome *che*, invadente e faccendone, talvolta occupa anche il campo del fratellino *cui* e del piú solenne e composto *il quale*. Né solo nel rapido e spregiudicato parlare moderno; potremmo risalire addietro nella letteratura e sempre lo troveremmo. Ecco alcuni esempi che, come si vede, son tratti da alcuni dei nostri maggiori scrittori:

Dante	: *...Io dí* **che** *han detto a' dolci amici addio;*
Petrarca	: *Era il giorno* **che** *al sol si scoloraro / per la pietà del suo fattore i rai;*
Ariosto	: *Dal giorno* **che** *mandato fui da lei;*
Leopardi	: *Tempo forse verrà* **che** *alle ruine / delle italiche moli / insultino gli armenti;*
Foscolo	: *Dal dí* **che** *nozze e tribunali ed are / diero alle umane belve esser pietose;*

Tommaseo : *Ci custodisca Iddio per ogni via* **che** *andiamo.*

Non parliamo poi dei contemporanei, dove il *che* la fa da padrone, come è ovvio che avvenga perché i moderni prosatori (specialmente i narratori) amano uniformare il loro eloquio a quello comune. Se, tanto per addurre un esempio, nella prima pagina del suo romanzo *Gli onesti* lo scrittore Bonaventura Tecchi, anziché scrivere, come ha scritto:

Un giorno **che** *aveva poco piú di due anni...,*

avesse scritto:

Un giorno **nel quale** *aveva poco piú di due anni...,*

sarebbe riuscito indubbiamente meno agile ed efficace. Invece, nel brano di Riccardo Bacchelli che abbiamo riportato a pag. 279 avete letto:

Era l'ora della stagione già calda e laboriosa, **in cui** *i contadini...*

ciò perché lo stile di questo illustre scrittore indulge piú volentieri al periodare ben composto, solenne e pacato, che non a quello vivace e popolaresco.

Nel discorso familiare sono preferite frasi come le seguenti:

Il giorno **che** (= in cui, nel quale) *io nacqui;*

Non è la prima volta **che** *ti trovo qui;*

Tempo verrà **che** *mi darai ragione;*

Paese **che** *vai usanze che trovi.*

Il che *familiare*

Sono tutte espressioni correttissime; quando però dovete scrivere lettere d'ufficio, resoconti ufficiali, relazioni tecniche o amministrative, dove si richiedono massima correttezza formale e precisione, attenetevi alle costruzioni regolari, anche se meno vivaci, dei pronomi *il quale* o *cui*. Facciamo alcuni esempi:

Nei giorni e nelle ore **in cui** *è consentita l'uscita anticipata delle maestranze...;*

In questa circostanza, **nella quale** *è richiesto a tutti il massimo impegno...;*

All'ora precisa **in cui** (o **nella quale**) *dovrà sostare il treno...*

Un pronome che non ama la briglia: "cui"

Il pronome **cui** presenta anch'esso il vantaggio di essere invariabile, cioè di servire sia come singolare sia come plurale, tanto maschile quanto femminile. Esempi:

L'uomo **cui** *(= al quale) abbiamo fatto l'elemosina;*

La donna di **cui** *(= della quale) parlavi;*

I ragazzi con **cui** *(= con i quali) avete giocato;*

Le ragazze da **cui** *(= dalle quali) abbiamo avuto l'omaggio.*

Anch'esso deriva direttamente dal latino *cui*, "al quale". Appunto perché in latino si fa parco ricorso alle preposizioni, anche l'italiano *cui* ama liberarsi, quando può, di quelle briglie, caratteristiche della nostra lingua e di altre lingue moderne, che sono le preposizioni. Perciò, allorché sorge il dubbio se sia lecito dire:

Cui invece di a cui

L'uomo **cui** *desti l'elemosina,*

invece di:

L'uomo **a cui** *desti l'elemosina,*

la risposta è affermativa: sí, *cui* può fare a meno della preposizione *a*. Invece di "a cui", semplicemente *cui*.

Farebbe volentieri a meno anche della preposizione *di*: infatti, invece delle brutte espressioni "la *di cui* casa", "i *di cui* figli", "il *di cui* comando", e simili, piú sveltamente direte: **la cui** *casa*, **i cui** *figli*, **il cui** *comando*. Si abolisce dunque la preposizione *di* quando il pronome *cui* è posto tra l'articolo e il nome.

Talvolta, specialmente presso i poeti, il pronome *cui* si arroga il privilegio di far da complemento oggetto. Si legge in Dante:

Il ciel **cui** *tanti lumi fanno bello,*

mentre in tal caso sarebbe normale il *che*. Ricordate certamente i versi del Pascoli:

Romagna solatía, dolce paese,
cui *regnarono Guidi e Malatesta,*
cui *tenne pure il Passator cortese...*

Il primo di questi *cui* sottintende la preposizione *su* ("su cui, sul quale":

complemento di luogo), il secondo è invece complemento oggetto.

Altra intemperanza del *cui*: quando ruba il mestiere a *ciò* o a *che* o a *la qual cosa* nelle espressioni *di cui, da cui, per cui* con valore neutro. Per esempio:

> *Mangiò troppo,* **per cui** *fece indigestione;*
>
> *Giungemmo in ritardo,* **di cui** *molto ci dispiacque,*

sono forme scorrette, da sostituire cosí:

> *Mangiò troppo,* **per la qual cosa** (oppure **per ciò**) *fece indigestione;*
>
> *Giungemmo in ritardo,* **di che** (o **della qual cosa** o **e di ciò**) *molto ci dispiacque.*

Per la stessa ragione è esatto dire:

> **A chi** *pensi?* (riferito a persona) invece di "Cui pensi?"
>
> **A che** *pensi?* (riferito a cosa)   invece di "Cui pensi?"

39.
QUIZ SUI PRONOMI "CHE" E "CUI"

a) In tre delle seguenti frasi il pronome *che* è bene usato, nelle altre due è fuori d'uso. Sapreste indicare le proposizioni in cui l'uso è corretto?

1. *Nell'ora* che *immediatamente precede la notte, si diffonde una gran pace nella campagna.*

2. *La grande città,* a che *voi mirate con tante speranze, vi ripagherà con amare disillusioni.*

3. *Nel paese* che *nacque Rodolfo Valentino, è stato eretto un monumento al famoso attore.*

4. *È ora* che *vi mettiate al lavoro.*

5. *Tempo verrà* che *anche di questi superbi monumenti non rimarrà pietra su pietra.*

b) Nelle seguenti frasi è invece il pronome *cui* che è stato usato talvolta a sproposito. Ma ormai dovreste essere senz'altro in grado di stabilire: in quali frasi c'è l'errore?

1. *Quale è il lutto,* per cui *tanto piangi e ti disperi?*

2. *La tua forza fisica,* di cui *tanto ti compiaci, altro non è se non una dote materiale che anche un animale potrebbe possedere.*

3. *Questo fanciullo,* cui *tolsi dal brefotrofio, è cresciuto insieme con i miei figlioli.*

4. *La donna* cui *era stato rubato il portafogli, accusò un giovane che le stava seduto accanto.*

5. Cui *provvederete voi, con i vostri mezzi?*

Soluzione a pag. 450

I tre mestieri del pronome "chi"

Chi, come pronome relativo, ha il valore di "colui che", o "quello che"; femminile: "colei che", "quella che". È molto frequente nel discorso:

Chi lavora sarà compensato;

L'avvenire è di chi sa conquistarselo;

Per chi ha compiuto il suo dovere ci sarà un premio.

Chi:
pronome relativo

Cosí nei proverbi:

Chi vuol far l'altrui mestiere fa la zuppa nel paniere;

Chi tardi arriva male alloggia;

Ride bene chi ride ultimo.

Qui ci viene in mente un altro proverbio:

Dimmi con chi vai e ti dirò chi sei,

Chi:
pronome interrogativo

ma questo *chi* non è relativo, bensí interrogativo. Potremmo rivolgere in forma diretta la domanda: « Con chi vai? », e anche nella risposta è implicita un'interrogazione: « Chi sei? » (te lo dirò io...).

Dunque, abbiamo visto due diversi *chi*, pur uguali nell'aspetto, ma con diversa funzione: uno è pronome relativo, l'altro interrogativo. Ma c'è un terzo *chi*, con una terza funzione. Vediamolo al lavoro nel periodo seguente:

Chi:
pronome indefinito

Chi portava i massi, chi lavorava sulle impalcature, chi aiutava a tenere sgombro il terreno; c'era anche chi stava semplicemente a guardare.

In questo esempio, *chi* ha funzione di pronome indefinito, come se in realtà ci fosse scritto:

Alcuni portavano i massi, altri lavoravano sulle impalcature, eccetera.

Veniamo agli aspetti pratici dell'uso di *chi* in queste sue tre funzioni.
Chi tanto relativo quanto interrogativo è sempre di numero singolare. Esempio di relativo:

Il chi vuole sempre il verbo al singolare

Chi non si preoccupa troppo della sua salute talvolta sta meglio di chi vive sempre tra medici e medicine;

non si potrebbe dire: "*Chi* non *si preoccupano... chi vivono...*". Se proprio si vuole il plurale, bisogna rinunciare al *chi* e sostituirlo con "coloro che", "quelli che":

Quelli che *non* **si preoccupano... stanno... vivono...**

Esempio di interrogativo:

Chi è venuto? (e non "sono venuti?").

Riguardo al genere, può essere maschile o femminile. Esempio di relativo:

Venga avanti **chi** *è entrata per prima,*

ma di solito si preferisce mettere in evidenza quel femminile, dicendo: "quella che" o "colei che". Esempio di interrogativo:

Chi *è stata la piú svelta?* ("quale?", s'intende femminile).

Anche il *chi* indefinito rimane sempre singolare, perciò non si può dire:

    chi *lavorano*   ma **chi lavora**

    chi *passeggiano*   ma **chi passeggia**

    chi *riposano*   ma **chi riposa**

Anche qui il genere, cioè maschile o femminile, si capisce dal predicato che vien dopo:

Eran tutte belle ragazze: **chi** *bionda,* **chi** *bruna,* **chi** *alta e formosa,* **chi** *graziosa e piccolina...*

Due ultime osservazioni pratiche: una interessa l'interrogativo, l'altra quella variante dell'interrogativo che si definisce **esclamativo**.

L'interrogativo neutro (cioè riferito a cosa) non è assolutamente "chi", ma **che** oppure **che cosa**:

Che?
Che cosa?

Che (oppure **Che cosa**) *dici?*

Che (oppure **Che cosa**) *vuoi fare?*

Quando si ricorre all'espressione *che cosa*, il *che* non è pronome, ma aggettivo. È invalso l'uso di ridurre la domanda "che cosa?" a un semplice "cosa?": "*Cosa* vuoi?", "*Cosa* ha detto?" Se manca l'aggettivo *che*, con funzione interrogativa, quel "cosa" da solo non è in regola con la logica.

Ma nel discorso si ama andar per le spicce: sono abbreviazioni consentite, anche se talvolta illogiche, nel parlare alla buona. Non c'è ragione di scandalizzarsi se si usano, ma nemmeno di estenderle a ogni costo, anzi forzatamente, anche nella dignitosa espressione quand'essa vuol essere letterariamente forbita e non sbracatamente popolare. Scrisse infatti il Panzini che c'è chi accoglie gli ospiti a casa sua in abito da società e chi in maniche di camicia. Tutto dipende, aggiungiamo noi, dal tipo di ospiti. Il Manzoni usò tanto la forma regolamentare quanto quella, diciamo, tollerata:

> *E se non sapete questo,* **che cosa** *predicate?*

> **Cosa** *avete pensato?*

L'ultima osservazione, quella che si riferisce all'esclamativo, parte anch'essa dalla particolare funzione di aggettivo che assume il *che* nelle espressioni esclamative. Mentre è corretto dire:

> **Che** *bella festa!*

> **Che** *onore!*

> **Che** *disgrazia!*

perché in tali espressioni il *che* esclamativo è unito a sostantivi, non altrettanto legittime sono le espressioni, in uso specialmente nell'Italia settentrionale, simili a queste:

> *che* bello! invece di **come** *è bello!*

> *che* bravo! invece di **come** *è bravo!*

> *che* buono! invece di **come** *è buono!*

Se, invece, si vuole salvare il *che*, bisognerà scrivere:

> **Che bello** *spettacolo!*

> **Che brav'***uomo!*

> **Che buon** *formaggio!*

Capitolo XV

IN PRINCIPIO FU IL "VERBO"...

Facciamo conoscenza con chi già conosciamo

Il verbo: la parte principale del discorso

Il "verbo" di cui parla la Bibbia è la "parola", la parola per eccellenza, nella sua piú alta accezione, espressione dello spirito e supremo dono di Dio all'uomo. Per noi oggi, secondo le definizioni della grammatica, il **verbo** è una delle nove "parti del discorso", ma è di tutte la piú importante, e perciò è a essa riconosciuta la definizione piú impegnativa: verbo, cioè parola, espressione. È infatti il verbo parte del discorso indispensabile per esprimere l'esistenza (*essere, vivere, morire*, eccetera), l'azione (*mangiare, lavorare, studiare*, eccetera), il modo di essere (p. es.: *essere* ricco, povero, felice, eccetera) e di stare (*abitare, essere, stare, trovarsi* in qualche luogo).

Con l'impiego di un solo verbo si può anche realizzare un periodo:

dormo, vive, è fuggito, partiamo, eccetera.

Potremmo da un periodo, sia pure falsandone o mortificandone il significato, togliere le altre parti del discorso, ma non i verbi. Facciamone una prova. Ecco il periodo compiuto:

Egli **entrò cantando***, sí che noi* **capimmo** *subito che* **aveva vinto** *la gara.*

Mutiliamo il periodo dei verbi:

Egli ... sí che noi ... subito ... la gara

e ne risulta una accozzaglia di parole senza senso.
Lasciamo adesso solamente i verbi:

Entrò cantando*,* **capimmo** *che* **aveva vinto**

e la frase resta monca, d'accordo, ma il significato si intuisce.

Per rinsaldare la nostra conoscenza con questa parte del discorso, che del resto tutti conosciamo molto bene sin da quando abbiamo imparato a parlare, prendiamo un qualsiasi libro dal nostro scaffale. Ci è capitato tra le mani il romanzo di Giuseppe Tomasi di Lampedusa che s'intitola *Il Gattopardo*. Apriamo alla prima pagina e leggiamo:

La recita quotidiana del Rosario **era finita***. Durante mezz'ora la voce pacata del principe* **aveva ricordato** *i "Misteri Gloriosi*

> *e Dolorosi"; durante mezz'ora altre voci,* **frammiste,** **avevano tessuto** *un brusio* **ondeggiante** *sul quale* **si erano distaccati** *i fiori d'oro di parole inconsuete: amore, verginità, morte; e durante quel brusio il salone rococò* **sembrava aver mutato** *aspetto; financo i pappagalli che* **spiegavano** *le ali iridate sulla seta del parato* **erano apparsi intimiditi***; perfino la Maddalena, fra le due finestre,* **era sembrata** *una penitente anziché una bella biondona,* **svagata** *in chissà quali sogni come la* **si vedeva** *sempre. Adesso,* **taciutasi** *la voce, tutto* **rientrava** *nell'ordine, nel disordine, consueto. Dalla porta attraverso la quale* **erano usciti** *i servi, l'alano Bendicò,* **rattristato** *dalla propria esclusione,* **entrò e scodinzolò***. Le donne* **si alzavano** *lentamente, e l'oscillante* **regredire** *delle loro sottane* **lasciava** *a poco a poco* **scoperte** *le nudità mitologiche che* **si disegnavano** *sul fondo latteo delle mattonelle...*

Avrete osservato come i verbi (scritti in carattere grassetto) si presentano diversi gli uni dagli altri: diversi nelle *persone* cui si riferiscono; diversi nei *tempi*. Alcune forme verbali, poi, non sono attribuite esplicitamente a persone (*aver mutato, regredire*); altre sono concordate con i rispettivi nomi, nel numero e nel genere, come se fossero aggettivi (*frammiste, ondeggiante, intimiditi, svagata, taciutasi, rattristato, oscillante, scoperte*).

Non si fa quindi dello sterile nozionismo se, per mettere un po' d'ordine nel bosco e nel sottobosco dei verbi, si espone, sia pure in sintesi, una classificazione di *modi* e di *tempi*, di *forme*, di *persone* e *numeri*: sono cose che sanno di grammatica imparata a scuola (ma poi forse dimenticata), indispensabili però per mettere in pratica la **coniugazione dei verbi.**

La coniugazione dei verbi

I modi

Queste frasi rappresentano quattro "modi" di restare a casa:

> *Oggi voi* **restate** *a casa;*
>
> *Non sono sicuro che voi oggi* **restiate** *a casa;*
>
> *Voi oggi* **restereste** *a casa, se...;*
>
> *Oggi,* **restate** *a casa!*

Negli esempi considerati sono proprio i verbi, con la loro coniugazione, a rendere evidenti queste diversità. Esaminiamole una per una.

● Nella prima si enuncia un fatto reale, certo: sappiamo che *voi* **restate** *a*

Il modo indicativo casa ed enunciamo questa realtà ricorrendo al modo **indicativo**.
Altri esempi di modo indicativo:

> **Era** *una bella giornata;*
>
> *Domenica* **verrò** *a casa tua;*
>
> *Quelli che* **erano rimasti** *fuori* **protestavano**;
>
> *Giuseppe Mazzini* **morí** *nel 1872.*

Il modo congiuntivo
● Nella seconda frase quel fatto — che *voi* **restiate** *a casa* — è possibile, non certo: perciò è espresso con un verbo di modo **congiuntivo**. Potrebbe anche essere un'azione che si desidera che accada (o non accada), o che si teme, o si vuole. Esempi:

> *Spero che tu* **guarisca**;
>
> *Temevamo che la porta* **fosse** *chiusa;*
>
> *Voglio che tu* **sia** *piú energico.*

Come avete visto negli esempi, il congiuntivo si trova spesso in proposizioni che dipendono da altre, alle quali sono unite mediante le congiunzioni *che, se, perché, affinché,* eccetera. Esempi:

> *Credevo* **che** *ormai l'***avessero catturato**;
>
> **Se arrivasse** *il principale, avvisatemi;*
>
> *Era troppo bello* **perché fosse** *vero;*
>
> *Gli permettemmo di uscire subito,* **affinché giungesse** *a casa prima che annottasse.*

● Nel terzo esempio — *Voi oggi* **restereste** *a casa, se...* — abbiamo interrotto il periodo con i puntini; completiamolo adesso: *...se venisse a nevicare.* È espressa una "condizione": a condizione che venisse a nevicare. Quel *restereste* è una forma verbale del modo **condizionale**. Altri esempi:

Il modo condizionale

> **Sarei** *piú tranquillo se tu usassi la ferrovia;*
>
> *Se fosse davvero indisposto, non* **mangerebbe** *tanto;*
>
> *Con una macchina piú veloce, a quest'ora* **saremmo** *già* **arrivati** *a destinazione.*

● Quando si impartisce un comando, come nella frase: *Oggi,* **restate** *a casa!* — non è necessario naturalmente che ci sia il punto esclamativo, si può dire semplicemente: *Restate a casa* — c'è un modo apposta per quella funzione e questo modo si chiama **imperativo**. Esempi:

Il modo imperativo

> **Fa'** *sempre il tuo dovere;*
>
> **Sii** *forte e coraggioso;*
>
> *Se vai in città,* **ricordati** *di passare in quel negozio.*

Questi quattro modi, che abbiamo sinora menzionato, cioè l'*indicativo*, il *congiuntivo*, il *condizionale*, l'*imperativo*, si possono coniugare secondo le varie persone (*io, tu, egli, noi, voi, essi*); l'imperativo è però usato soltanto nelle seconde persone (*tu, voi*), mentre per le altre persone si ricorre al congiuntivo presente, con funzione "esortativa". Esempi:

> **Esca** *quell'uomo!*
>
> *Gli estranei* **sgombrino** *l'aula;*
>
> **Facciamoci** *avanti!*

I modi che si possono coniugare secondo le persone sono detti **finiti**.
Ci sono altri tre modi nei quali invece non è definita la persona che fa l'azione: questi modi sono perciò detti **indefiniti** (o **infiniti**). Riprendiamo gli esempi con quell'azione del "restare in casa" con la quale abbiamo dato l'avvio all'argomento.
In questa frase:

I modi finiti

I modi indefiniti

> **Restare** *a casa sarebbe la cosa migliore,*

l'azione viene espressa dal verbo posto nel modo **infinito**.
Altri esempi:

Il modo infinito

> *Vi piacerebbe* **fare** *una gita?*
>
> *Non sapeva di* **avere sbagliato***;*
>
> *Vorrei* **essere** *al tuo posto.*

Un altro modo di verbo indefinito (o infinito) è il **gerundio**:

Il modo gerundio

> **Restando** *a casa, non vi annoiereste.*

Anche qui non è espressa la persona che sta a casa (è sottintesa e lo si capisce dal resto del discorso). Ecco ora alcuni altri esempi:

> *Durante la partita di caccia,* **passando** *in un bosco, abbiamo visto le tracce delle volpi;*

> *Molti operai, pur* **avendo lavorato** *per tutta la vita, giungono alla vecchiaia con una pensione insufficiente.*

Il modo participio

Infine, il modo **participio**:

> *Noi,* **rimasti** *a casa, non sapemmo quel che era successo.*

Anche qui non è espressa la persona, tuttavia chiaramente sottintesa, ma la forma verbale si "declina" come se fosse un aggettivo. Questo modo si chiama appunto participio perché "partecipa" tanto della natura del verbo quanto di quella dell'aggettivo.

Esempio di participio presente:

> *Agli* **accorrenti** *cavalieri in mezzo...*

Raggruppiamo in un prospetto sintetico i modi dei verbi:

Tabella dei modi finiti e infiniti

modi finiti:	modi infiniti:
indicativo	*infinito*
congiuntivo	*participio*
condizionale	*gerundio*
imperativo	

I tempi

I tempi composti

In tutti gli esempi che vi abbiamo dato nei due paragrafi sinora dedicati al verbo, avrete notato che le varie voci verbali, col mutar delle desinenze o mediante ricorso ai cosiddetti **tempi composti** — cioè formati con l'aiuto dei verbi *essere* o *avere* — si adeguano alle esigenze di "tempo". Il cane Bendicò, nella pagina dal romanzo del Tomasi di Lampedusa, *entrò, scodinzolò* (allora, in un determinato momento della narrazione che è passato, ormai del tutto trascorso); nella medesima pagina le donne *si alzavano*, i pappagalli *spiegavano* le ali, eccetera (azioni passate anche queste, ma contemporanee ad altre, e continuate); la recita del Rosario *era finita*, la voce del principe *aveva*, prima, *ricordato*... (azioni non solamente passate, ma altresí anteriori ad altre, anch'esse passate).

Quando l'azione descritta dal verbo è contemporanea rispetto a chi parla o scrive, si ha un tempo che è detto **presente**. Questo tempo esiste nei seguenti modi:

Il tempo presente

indicativo	: *Oggi* **sono** *stanco*;
congiuntivo	: *Credo che lo sport ti* **piaccia**;
condizionale	: **Farei** *volentieri una passeggiata*;
imperativo	: **Ritorna** *subito qui*;
infinito	: *Aprile, dolce* **dormire**;
participio	: *I nostri soldati,* **anelanti** *alla conquista...*;
gerundio	: *Si fece male* **lavorando**.

Il tempo **imperfetto** indica un'azione avvenuta nel passato, ma continuata, come potrebbe essere una consuetudine, un'azione che si svolge gradualmente, o contemporaneamente a un'altra, o anche una descrizione.

Il tempo imperfetto

Questo tempo esiste soltanto nei due seguenti modi:

indicativo	: **Sorgeva** *il sole, quando...*;
congiuntivo	: *Se* **piovesse**, *sarebbe meglio*.

Il **passato**, che serve naturalmente per indicare un'azione avvenuta nel passato, esiste in tutti i modi verbali (escluso l'imperativo, perché non si può comandare un'azione passata):

Il tempo passato

indicativo	: *Il treno* **giunse** *in ritardo*; **È caduto** *un masso*;
congiuntivo	: *Temo che tu* **abbia frainteso**;
condizionale	: **Sarebbe guarito**, *se si fosse curato meglio*;
infinito	: *Ci rammarichiamo di* **aver deluso** *i nostri ammiratori*;
participio	: *Gli operai* **licenziati** *si rivolsero al sindacato*;
gerundio	: *Non vedemmo la fine della partita,* **essendo usciti** *dieci minuti prima*.

I tempi passato prossimo e passato remoto

Nel modo indicativo ci sono due tempi passati: il **passato prossimo** e il **passato remoto**; di questi tratteremo in un paragrafo a parte, perché l'uso dell'uno anziché dell'altro dei due tempi è causa spesso di dubbi e di errori.

I tempi trapassato prossimo e trapassato remoto

Anche il tempo **trapassato** si distingue in **prossimo** e **remoto**, nel modo indicativo, mentre nel congiuntivo esiste un solo trapassato. Questo tempo riferisce un'azione avvenuta nel passato prima di un'altra, come appunto nella citazione dal romanzo *Il Gattopardo*, dove abbiamo letto che la recita del Rosario *era finita* quando si svolgevano le altre azioni narrate in quel brano. Ed ecco invece un esempio di trapassato remoto, tratto dal poema di Dante:

> *Quand'***ebbe detto** *ciò, con gli occhi torti*
> *riprese 'l teschio misero co' i denti.*

Un altro esempio, a caso:

> *Dopo che* **fu entrato***, si guardò attorno.*

Ed ecco ora un esempio di trapassato congiuntivo, anch'esso tratto dal poema dantesco:

> *Se 'l pastor di Cosenza... /* **avesse** *in Dio ben* **letta** *questa faccia...*

Il tempo futuro

Il nome stesso del **futuro** esprime qual è la funzione di questo tempo. Si suol definirlo **futuro semplice** per distinguerlo dal **futuro anteriore**, che indica un'azione anch'essa futura, ma che avverrà prima di un'altra (quest'ultima espressa col futuro semplice).

I tempi futuro semplice e futuro anteriore

Nella medesima frase possono trovarsi sia il futuro semplice sia il futuro anteriore. Per esempio:

> *Quando tu* **verrai** *(futuro semplice), io* **sarò** *già* **uscito** *(futuro anteriore).*

Il futuro, sia semplice sia anteriore, esiste propriamente nel solo modo indicativo; ma il futuro semplice può essere usato anche con valore imperativo:

> **Farai** *sempre il tuo dovere;*

> **Resterai** *in casa ad attendermi,*

e per questo motivo nelle grammatiche si trova solitamente classificato un "imperativo futuro".

Nella tabella della pagina accanto, riepiloghiamo schematicamente i tempi, semplici e composti.

Tabella dei tempi semplici e composti

	tempi semplici	tempi composti
	modo indicativo:	
	presente	**passato prossimo**
	imperfetto	**trapassato prossimo**
	passato remoto	**trapassato remoto**
	futuro semplice	**futuro anteriore**
	modo congiuntivo:	
	presente	**passato**
	imperfetto	**trapassato**
	modo condizionale:	
	presente	**passato**
	modo imperativo:	
	presente	
	(futuro)	
	modo infinito:	
	presente	**passato**
	modo participio:	
	presente	**passato**
	modo gerundio:	
	presente	**passato**

Il presente storico

Certe volte anche noi, parlando, usiamo il presente pur riferendo azioni passate. Vi sarà capitato di dire, specialmente nel calore di un'esposizione vivace, personale:

> *Io* **entro**, **faccio** *finta di niente, e chi ti* **vedo**? *Un tale che* **si nasconde**, *o* **tenta** *di nascondersi, alla mia vista. Lo* **inseguo**, *lo* **agguanto**...

Questo tempo presente usato invece del passato si suol definire **presente storico**. Anche gli scrittori spesso vi ricorrono, e non solo i moderni: c'è sempre stato. Potete aprire il *De Bello Gallico* di Giulio Cesare e vedrete che anche duemila anni fa si scriveva:

> **Sono mandati** *ambasciatori a Cesare; egli* **ordina** *che* **siano consegnate** *le armi e* **prende** *posto su una trincea davanti al campo: colà* **sono condotti** *i capi. Vercingetorige* **si arrende**; *le armi* **sono gettate**...

Prendiamo i soliti *Promessi sposi* manzoniani:

> *I contadini* **balzano** *a sedere sul letto; i giovinetti sdraiati sul fienile* **tendon** *l'orecchio*, **si rizzano**...

Chiudiamo l'esemplificazione con un narratore del tempo nostro, Vasco Pratolini:

> *Corrado* **aziona** *il mantice; il ferro* **si arroventa** *fino a diventare malleabile. Allora egli lo* **serra** *fra le lunghe pinze, lo* **porta** *sull'incudine e vi* **picchia** *sopra col martello per rimetterlo a nuovo... Con le pinze che egli* **impugna** *nella sinistra*, **tormenta** *il ferro e lo* **fa** *scorrere sull'incudine in tutta la sua circonferenza: lo* **volta** *e lo* **gira**, *lo* **allenta** *e lo* **riafferra** *e ogni volta lo* **raggiunge**, *lo* **abbatte**, *lo* **schiaccia**, *con un colpo del martello che* **tiene** *nella destra...*

"Qui nasceva..."

Si legge talvolta, nelle lapidi affisse alle case dove nacque qualche persona divenuta famosa, questo inizio di iscrizione: *Qui nasceva...*, seguito dal nome dell'illustre personaggio. Oppure, giacché le lapidi ricordano anche gli avvenimenti tristi: *Qui moriva...* L'uso del tempo imperfetto, in tali casi, non è corretto. Questo tempo serve per esprimere azioni continuate, o contemporanee ad altre, mentre la nascita, la morte e altri avvenimenti che si concludono in un determinato periodo sono azioni ben definite: non si deve usare il tempo imperfetto, ma il passato remoto:

nacque, morí, scrisse, fu arrestato, eccetera.

Passato prossimo e passato remoto

Non lasciamoci ingannare da quei due aggettivi *prossimo* e *remoto.* Non dobbiamo cioè credere che, se un fatto avvenne cento o mille anni fa, ci vuole necessariamente il passato remoto; se invece avvenne questa mattina, il passato prossimo. Può anche succedere il contrario.

Leggiamo in un libro di storia:

Questo passaggio **è stato aperto** *ai naviganti sin dai tempi di Magellano;*

dice un nostro coinquilino:

Ieri sera, avendo dimenticato le chiavi, il portello mi **fu aperto** *dal portinaio.*

Magellano visse piú di quattro secoli or sono; il provvidenziale intervento del portinaio è di qualche ora fa: tuttavia nelle frasi precedenti i verbi sono coniugati, rispettivamente, al passato prossimo e al passato remoto.

La differenza consiste in questo: quell'apertura del passaggio marino da parte di Magellano ebbe sí inizio piú di quattro secoli fa, ma nel discorso interessa soprattutto il fatto che il passaggio è aperto anche adesso: cioè se ne risentono le conseguenze. Invece l'apertura del portello di ieri sera è un fatto ormai concluso: allora fu aperto quel portello, non interessa se adesso sia ancora aperto o, come piú probabile, prontamente richiuso a suo tempo dal solerte portinaio.

Ecco un esempio di passato prossimo usato a sproposito:

La lupa **ha allattato** *i gemelli Romolo e Remo,*

perché non si può pensare che quell'inverosimile allattamento avvenuto ventisette secoli fa si prolunghi con conseguenze che interessino direttamente anche il presente. Se invece dicessimo:

Romolo e Remo **hanno fondato** *Roma,*

non sbaglieremmo, interessandoci quell'avvenimento (anche se remoto nel tempo) non come un fatto del tutto passato e staccato dal presente, in quanto

Uso del passato prossimo e del passato remoto

297

che la fondazione di Roma è collegata con l'attuale esistenza di quella città.

Si nota questo fenomeno: nell'Italia settentrionale il passato remoto è poco usato e nel parlar comune è preferito il passato prossimo, dicendosi magari: *Il mio bisnonno* **è morto** *nel 1850* (mentre si deve dire: **morí**). Nell'Italia meridionale, avviene il contrario: un Siciliano, per esempio, dice: *Or ora mi* **alzai**, *mia figlia mi* **accompagnò** *e qui finalmente mi* **sedetti**... Invece, in tale discorso, dovrebbe essere usato il passato prossimo.

Concludiamo dunque con la norma pratica:

Una norma pratica

● il *passato prossimo* esprime un'azione avvenuta nel passato, ma ancora in relazione, nei suoi effetti o per altri riferimenti, con il presente;

● il *passato remoto* esprime un'azione avvenuta nel passato, senza piú relazione di effetti con il presente.

40.
QUIZ SUL PASSATO PROSSIMO E REMOTO

Non sempre è facile la scelta, ma voi cercate di effettuarla seguendo la norma: *passato prossimo* se v'è relazione con il momento presente; *passato remoto* se tale relazione non v'è.

1. *Ieri mattina mio padre* incontrò *o* ha incontrato *il suo vecchio maestro.*

2. *Mio padre* è nato *o* nacque *con questo carattere impetuoso.*

3. *Il sole* si alzò *o* si è alzato: *alziamoci anche noi.*

4. *Chi* mentí *o* ha mentito, *pagherà il fio.*

5. *La guerra* finí *o* è finita: *esponiamo le bandiere.*

6. *Perché* avete abbattuto *o* abbatteste *quest'albero?*

7. *Adesso che mi* hai mostrato *o* mostrasti *la via, accompagnami.*

8. *Di quante città che* scomparvero *o* sono scomparse *rimane soltanto il ricordo.*

9. *Quello spettacolo* fu *o* è stato *indimenticabile.*

Soluzione a pag. 450

I verbi ausiliari

Per formare i tempi composti, come sapete dall'uso quotidiano e come avete visto negli esempi che vi abbiamo ammannito con tanta dovizia nei precedenti paragrafi, si ricorre a due verbi: **essere** oppure **avere**. Poiché "aiutano", appunto per formare i tempi composti, questi due verbi sono detti **ausiliari** (dal latino *auxilium*, "aiuto").

Gli ausiliari essere e avere

Quando si ricorre a *essere*, quando ad *avere*? La risposta non è categorica, come spesso nelle faccende linguistiche. Si può, in linea di massima, asserire che il verbo *avere* serve per formare i tempi composti dei verbi transitivi attivi. Sapete certamente che i grammatici definiscono **transitivi** quei verbi che possono avere un complemento oggetto sul quale passa, cioè "transita", l'azione compiuta dal soggetto. Invece i verbi **intransitivi** — come *andare, venire, entrare, uscire, nascere, morire, dormire, abbaiare, miagolare*, eccetera — dove l'azione compiuta dal soggetto non passa direttamente su un complemento, vogliono alcuni l'ausiliare *essere* (*sono nato, siamo venuti*, eccetera), altri l'ausiliare *avere* (*ha dormito, aveva abbaiato*, eccetera).

Verbi transitivi e intransitivi

Ci sono poi alcuni verbi che ora vogliono *essere* ora vogliono *avere*, come il verbo *convenire*:

Verbi intransitivi con due ausiliari

> *La folla* **era convenuta** *nella piazza*;

> **Abbiamo convenuto** *di partir domani*;

ai cui differenti significati — nel primo caso: "adunarsi"; nel secondo: "decidere" — corrispondono i due diversi ausiliari. Altri esempi:

correre	:	*Il campione* **ha corso** *molto bene*; **Siamo corsi** *alla stazione*;
saltare	:	*Quel ragazzo* **ha saltato** *tutto il pomeriggio*; **Sono saltato** *fin qui per avere tue notizie*;
soffiare	:	*Quell'alito sinistro mi* **era soffiato** *fin sul volto*; *Il vento* **aveva soffiato** *per tre dí consecutivi*;
sonare	:	*Le campane* **hanno sonato** *festosamente per la Pasqua*; **È sonato** *il mezzogiorno all'orologio della torre*;
volare	:	*L'uccello era stanco per* **aver volato** *a lungo sul mare*; **Era volato** *qualche scappellotto*;
zampillare	:	*Questa fontana non* **ha** *mai* **zampillato**; *L'acqua* **era zampillata** *limpida e veemente dalla fonte*.

Come si può vedere dagli esempi riportati, il verbo *sonare* vuole come ausiliari sia *essere* sia *avere* perché usato intransitivamente.

Nessun dubbio infatti che, quando è transitivo, richieda l'ausiliare *avere*; per esempio:

*Non **ho** mai **sonato** il pianoforte*;

*Chi **ha sonato** il campanello?*

In questi casi, come in altri analoghi, si può imbastire la seguente norma:

● quando il verbo intransitivo esprime un'azione continuata, non condizionata da particolari indicazioni di simultaneità o da riferimenti di luogo di arrivo o di provenienza, si usa l'ausiliare *avere* invece di *essere*.
Per esempio:

*Quel capitano **ha naufragato** tre volte.*

Osservazioni sul verbo vivere

Un cenno a parte per il verbo *vivere*. Il suo ausiliare, come è attestato dai migliori scrittori di ogni tempo, è *essere*. Eppure si legge spesso:

*Quell'uomo **ha** bene **vissuto***;

*Morí senza **aver** mai veramente **vissuto**.*

In tali espressioni è implicito, diciamo sottinteso, il complemento oggetto "la vita, una vita", come se fosse:

Quell'uomo ha bene vissuto la sua vita;

Morí senza avere vissuto una vera vita.

Soltanto in tali casi, anche se il verbo è intransitivo, è consentito l'ausiliare *avere*.

In mancanza di norme precise, dobbiamo limitarci a un consiglio, che forse non soddisferà qualcuno, ma che, in ogni caso, è il solo che siamo in grado di offrirvi; eccolo:

● la consultazione, nei casi dubbi, di un dizionario, l'osservazione della lingua usata dai buoni scrittori, la sensibilità personale che nasce dall'innato buon gusto e dalla consuetudine vi siano di guida.

Del resto, forse che voi direste: "Il mio gatto *è miagolato*"? No, di certo, e nemmeno: "Questa notte *sono dormito* bene", o: "Il sole *ha sorto* all'orizzonte". Come si vede, nella maggior parte dei casi l'orecchio è di per sé stesso il piú valido degli aiuti.

Coniugazione del verbo ESSERE

MODO INDICATIVO

Presente		**Passato prossimo**		
io	sono	io	sono	stato
tu	sei	tu	sei	stato
egli	è	egli	è	stato
noi	siamo	noi	siamo	stati
voi	siete	voi	siete	stati
essi	sono	essi	sono	stati

Imperfetto		**Trapassato prossimo**		
io	ero	io	ero	stato
tu	eri	tu	eri	stato
egli	era	egli	era	stato
noi	eravamo	noi	eravamo	stati
voi	eravate	voi	eravate	stati
essi	erano	essi	erano	stati

Passato remoto		**Trapassato remoto**		
io	fui	io	fui	stato
tu	fosti	tu	fosti	stato
egli	fu	egli	fu	stato
noi	fummo	noi	fummo	stati
voi	foste	voi	foste	stati
essi	furono	essi	furono	stati

→

Futuro semplice		Futuro anteriore		
io	sarò	io	sarò	stato
tu	sarai	tu	sarai	stato
egli	sarà	egli	sarà	stato
noi	saremo	noi	saremo	stati
voi	sarete	voi	sarete	stati
essi	saranno	essi	saranno	stati

MODO CONGIUNTIVO

Presente		Passato		
che io	sia	che io	sia	stato
che tu	sia	che tu	sia	stato
che egli	sia	che egli	sia	stato
che noi	siamo	che noi	siamo	stati
che voi	siate	che voi	siate	stati
che essi	siano	che essi	siano	stati

Imperfetto		Trapassato		
che io	fossi	che io	fossi	stato
che tu	fossi	che tu	fossi	stato
che egli	fosse	che egli	fosse	stato
che noi	fossimo	che noi	fossimo	stati
che voi	foste	che voi	foste	stati
che essi	fossero	che essi	fossero	stati

MODO CONDIZIONALE

Presente

io sarei
tu saresti
egli sarebbe
noi saremmo
voi sareste
essi sarebbero

Passato

io sarei stato
tu saresti stato
egli sarebbe stato
noi saremmo stati
voi sareste stati
essi sarebbero stati

MODO IMPERATIVO

Presente

sii (tu)
siate (voi)

MODO INFINITO

Presente

essere

Passato

essere stato

MODO PARTICIPIO

Presente   **Passato**

(ente)   stato

MODO GERUNDIO

Presente   **Passato**

essendo   essendo stato

Coniugazione del verbo AVERE

MODO INDICATIVO

Presente

io ho
tu hai
egli ha
noi abbiamo
voi avete
essi hanno

Passato prossimo

io ho avuto
tu hai avuto
egli ha avuto
noi abbiamo avuto
voi avete avuto
essi hanno avuto

Imperfetto

io avevo
tu avevi
egli aveva
noi avevamo
voi avevate
essi avevano

Trapassato prossimo

io avevo avuto
tu avevi avuto
egli aveva avuto
noi avevamo avuto
voi avevate avuto
essi avevano avuto

Passato remoto

io ebbi
tu avesti
egli ebbe
noi avemmo
voi aveste
essi ebbero

Trapassato remoto

io ebbi avuto
tu avesti avuto
egli ebbe avuto
noi avemmo avuto
voi aveste avuto
essi ebbero avuto

Futuro semplice		Futuro anteriore		
io	avrò	io	avrò	avuto
tu	avrai	tu	avrai	avuto
egli	avrà	egli	avrà	avuto
noi	avremo	noi	avremo	avuto
voi	avrete	voi	avrete	avuto
essi	avranno	essi	avranno	avuto

MODO CONGIUNTIVO

Presente		Passato		
che io	abbia	che io	abbia	avuto
che tu	abbia	che tu	abbia	avuto
che egli	abbia	che egli	abbia	avuto
che noi	abbiamo	che noi	abbiamo	avuto
che voi	abbiate	che voi	abbiate	avuto
che essi	abbiano	che essi	abbiano	avuto

Imperfetto		Trapassato		
che io	avessi	che io	avessi	avuto
che tu	avessi	che tu	avessi	avuto
che egli	avesse	che egli	avesse	avuto
che noi	avessimo	che noi	avessimo	avuto
che voi	aveste	che voi	aveste	avuto
che essi	avessero	che essi	avessero	avuto

→

MODO CONDIZIONALE

Presente

io   avrei
tu   avresti
egli avrebbe
noi   avremmo
voi   avreste
essi avrebbero

Passato

io   avrei   avuto
tu   avresti   avuto
egli avrebbe   avuto
noi   avremmo   avuto
voi   avreste   avuto
essi avrebbero avuto

MODO IMPERATIVO

Presente

abbi (tu)
abbiate (voi)

MODO INFINITO

Presente

avere

Passato

avere avuto

MODO PARTICIPIO

Presente	**Passato**
avente	avuto

MODO GERUNDIO

Presente	**Passato**
avendo	avendo avuto

"È piovuto" o "ha piovuto"?

Il discorso ci porta sui verbi detti **impersonali** perché non hanno la "persona" che gli faccia da soggetto. Quando diciamo: *piove, nevica, tuona, grandina*, non c'è nessuno che faccia l'azione di piovere o di nevicare, di tonare o di grandinare. Perciò questi e altri verbi del genere si coniugano sempre come se fossero di terza persona singolare, oltre che nei modi infiniti, s'intende, dove non c'è persona. Non solo i verbi che indicano il clima sono impersonali, ma anche certe forme verbali assai frequenti, come:

I verbi impersonali

> *accade, avviene, succede, basta, bisogna, sembra, pare, importa, conviene, occorre, piace, dispiace,* eccetera.

Con tali verbi impersonali l'ausiliare è normalmente *essere*; per esempio:

> *è successo, era bastato, sarà sembrato,* eccetera.

Ma con gli impersonali, chiamiamoli cosí, "meteorologici", nasce talvolta una certa perplessità. Si deve dire:

> è *piovuto* o **ha** *piovuto*? **era** *nevicato* o **aveva** *nevicato*? **avrà** *tonato* o **sarà** *tonato*? **avrebbe** *grandinato* o **sarebbe** *grandinato*?

Se ci attenessimo alla norma che gli impersonali vogliono l'ausiliare *essere*, la risposta sarebbe immediata:

> è *piovuto*; **era** *nevicato*; **sarà** *tonato*; **sarebbe** *grandinato*.

Però si legge anche nei migliori scrittori:

> **ha** *piovuto*; **aveva** *nevicato*; **ha** *grandinato*; eccetera.

Per risolvere la faccenda, vi rimandiamo al paragrafo precedente, dove abbiamo visto che certi verbi, come *correre, saltare, volare*, prendono l'ausiliare *avere* invece di *essere* quando esprimono un'azione continuata. Lo stesso avviene anche con questi verbi "meteorologici". Se intendiamo dire: "È venuto a piovere", diremo:

> **È** *piovuto*;

se invece intendiamo: "La pioggia ha continuato a cadere", diremo:

> **Ha** *piovuto*.

E ciò che diciamo per la pioggia vale anche per la neve, per la grandine, per il tuono e per tutti gli altri accidenti che il clima ci largisce.

"È potuto" o "ha potuto"?

È potuto *venire*, perché *venire* vuole l'ausiliare *essere* (si dice: *è venuto*, non "ha venuto").

Ha potuto *dormire*, perché *dormire* vuole l'ausiliare *avere* (si dice: *ha dormito*, non "è dormito").

I verbi servili

Troppo chiaro, anzi troppo semplice. La faccenda interessa i cosiddetti verbi **servili**: *dovere, volere, potere*, tre verbi che, messi davanti ai modi infiniti di altri verbi, sono a loro "servizio", cioè invece di reggere qualche complemento per conto proprio, come fanno in altri casi, per esempio:

Io **devo** *mille lire al negoziante*;

Tutti mi **voglion** *bene*;

Che cosa non **può** *quel dittatore?*

hanno la funzione di dare un significato particolare a quei verbi alla cui dipendenza prestano servizio:

devo andare, vorrei mangiare, potrebbe cadere, eccetera.

Forse per questa loro situazione di sudditanza si è inventata la regola:

● un verbo servile, nei suoi tempi composti, assume l'ausiliare — *essere* oppure *avere* — che assumerebbe il suo "padrone", che è poi quel tale verbo con cui è accoppiato. *Cantare* vuole l'ausiliare *avere*; perciò: **Abbiamo potuto** *cantare*. *Fuggire* vuole l'ausiliare *essere*; perciò: **Era voluto** *fuggire*.

Tuttavia, non sempre succede cosí. Nello stesso Manzoni:

Essa **ha dovuto** *partir di nascosto dal suo paese.*

Ho voluto *venire anch'io a vedere i fatti miei.*

Negli scrittori piú moderni, come anche nel discorso comune, si ha l'impressione che l'*avere* piaccia di piú che non l'*essere*. Contraddicono la norma, ma non per questo sono errate, le seguenti espressioni:

non **ho potuto** *venire*; *non* **ha voluto** *uscire*;

non **abbiamo dovuto** *corner troppo*; eccetera.

Noi però, giacché non ci pare che costi piú fatica, e nemmeno che l'orecchio ne patisca, siamo dell'opinione che convenga seguire una norma. Perciò vi consigliamo, in eventuali vostre lettere, di esprimervi cosí:

Mi dispiace che ieri io non **sia potuto intervenire** *alla festa del tuo ventesimo compleanno* (invece di "io non abbia potuto intervenire");

Sono voluto essere *anch'io* **partecipe** *della vostra letizia* (invece di "ho voluto essere partecipe");

Sarei dovuto passare *da casa tua...* (invece di "avrei dovuto passare").

Avete comperato i libri, ma li avete letti?

Impostiamo subito il quesito: nei tempi composti — verbo *essere* oppure *avere* + participio passato — come si concorda il participio? Quando c'è *essere*, nessun dubbio: si concorda in numero e in genere col soggetto:

Il nostro **amico** *è partito*   *I nostri* **amici** *sono partiti*

La nostra **amica** *è partita*   *Le nostre* **amiche** *sono partite*

Concordanze nei tempi composti

Ma quando il verbo ausiliare è *avere*? Si deve dire: *Ho lasciato gli amici*, oppure: *Ho lasciati gli amici?*; *Abbiamo accompagnato l'amica*, oppure: *Abbiamo accompagnata l'amica?*

Questa volta gli esempi degli autori non ci aiutano. E si capisce il perché. I tempi composti mediante l'ausiliare *avere*, che nel latino classico non esistevano, sono nati cosí: invece di dire: *Aprimmo la finestra* (passato remoto), se la finestra è tuttora aperta, in conseguenza di quell'atto, si è formato il tempo passato prossimo, come dicendo: "Ho la finestra *aperta*", e quindi: *Ho* **aperta** *la finestra*. Poi quel significato originario di participio strettamente collegato con il complemento si è andato perdendo e si è preferito dire, come ormai quasi tutti diciamo: *Ho* **aperto** *la finestra*. Ma agli autori di qualche secolo fa tale concordanza (che pur già allora si faceva) sembrava illogica. Per questo nell'esempio tolto da Dante che vi abbiamo precedentemente citato avrete notato:

Se 'l pastor di Cosenza... / avesse in Dio ben **letta** *questa faccia...*

letta (concordando con "faccia") e non *letto*, come noi oggi diremmo.

Qualche glottologo ha stabilito come norma che, quando il complemento oggetto è posto prima del verbo, il participio dei tempi composti si accordi con quel complemento. Che si debba cioè dire:

Questa nostra patria *noi sempre abbiamo* **amata** (e non "amato") *piú d'ogni altra cosa.*

309

Norma tuttavia che non ha valore assoluto giacché, se c'è chi dice: *Tali idee noi abbiamo sempre* **professate** *sin dalla gioventú* (né sbaglia perché l'espressione è corretta), c'è anche chi (e nemmeno questi sbaglia) dice invece: *Tali idee noi abbiamo sempre* **professato**...

Quando il complemento oggetto è un pronome relativo — *che, il quale*, eccetera — e per sua natura ha posto prima del verbo, c'è chi preferisce concordare il participio con quel pronome-complemento, ma altri (forse la maggioranza) sono propensi a lasciare invariato il participio, nella forma singolare maschile che vale per tutti. Esempi:

---

*L'acqua che abbiamo bevut***a** ma piú spesso *L'acqua che abbiamo bevut***o**;

*I fiori che abbiamo raccolt***i** ma piú spesso *I fiori che abbiamo raccolt***o**.

Finalmente un obbligo: quando il complemento oggetto è espresso con pronomi personali, i quali anzi, trovandosi collocati prima del verbo, assumono forma di "particelle pronominali" (cioè *mi, ti, ci, vi, lo, li, la, le, ne*), allora e soltanto allora il participio *deve* concordarsi con il complemento e non restare invariato. Esempi:

Vi *abbiamo seguit***i** (e non "seguito");

Le *avevamo salutat***e** (e non "salutato");

Ti *ho chiamat***a** (e non "chiamato") *con il vezzeggiativo Lulú*;

Ci *hanno abbandonat***i** (e non "abbandonato");

Li *ho indirizzat***i** (e non "indirizzato") *a casa vostra*.

Un discorso a parte, sempre a proposito di questa faccenda della concordanza dei participi nei tempi composti, bisognerà fare per le forme "riflessive", ma lo faremo a suo luogo, quando cioè accenneremo alla forma riflessiva dei verbi.

Adesso dobbiamo pur concludere con le solite norme pratiche. Prima, però, anche la solita avvertenza: non pretendete da noi regole rigide, nei casi in cui tali regole non esistono, o non hanno ragione di esistere, e specialmente quando l'uso, talvolta anche da parte di eccellenti scrittori, è contraddittorio.

Ecco le norme, in sintesi:

Norme sulle concordanze

● nei tempi verbali composti mediante l'ausiliare *avere* il participio di solito resta invariato, cioè maschile singolare con finale -*o*, ma può anche essere accordato in numero e genere con il complemento oggetto, specialmente se questo è collocato prima del verbo. Ecco alcuni altri esempi:

*Ho lasciat**o** la casa*	meglio che	*Ho lasciat**a** la casa;*
*I libri che avete comperat**o***	meglio che	*I libri che avete comperat**i**;*
*Abbiamo vist**o** i soldati*	meglio che	*Abbiamo vist**i** i soldati;*

● concordate invece il participio con il complemento oggetto quando quest'ultimo è espresso con pronomi personali divenuti nel discorso "particelle pronominali": *mi, ti, ci, vi, li, le,* e come tali collocati prima del verbo. Esempi:

Ci *avevano ingannat**i***	e non	**Ci** *avevano ingannat**o**;*
Li *abbiamo aspettat**i***	e non	**Li** *abbiamo aspettat**o**;*
Cara Tina, **ti** *avevo invitat**a***	e non	**ti** *avevo invitat**o**.*

41.
QUIZ SULLE CONCORDANZE NEI VERBI COMPOSTI

Nelle seguenti frasi, sottolineate il participio, posto fra parentesi, che vi sembra piú appropriato:

1. *Gli affetti che ho* (cercati - cercato) *e* (desiderati - desiderato), *finalmente li ho* (trovati - trovato) *in questa casa.*

2. *Vi ho* (chiamate - chiamato) *piú volte, care ragazze, ma voi la mia voce non l'avete* (sentita - sentito).

3. *Tante buone norme vi hanno* (impartite - impartito): *voi le avete* (dimenticato - dimenticate) *e* (considerato - considerate) *inutili.*

4. *Una notte come quella che abbiamo* (passata - passato) *all'addiaccio, l'ho* (considerata - considerato) *come una meravigliosa esperienza.*

Soluzione a pag. 450

Le tre coniugazioni

E ora proviamo a fare il censimento dei verbi che si trovano in un brano. Prendiamo in esame questo di Alfredo Panzini:

> *Per* **dormire** *bene,* **bisogna spegnere,** *come* **fa** *il sacrestano nelle chiese che* **smorza** *tutte le candele dell'altare maggiore:* **spegnere** *tutte le idee. Ma quando con lo spegnitoio della volontà si* **soffoca** *un'idea, e poi si* **vede** *che se ne* **accende** *un'altra da sé, e le fiammelle* **risplendono,** *si* **levano, ondeggiano** *come fuochi fatui e non si* **possono raggiungere** *con lo spegnitoio, oh, allora* **è** *un gran brutto* **voltarsi** *nel letto!*

Abbiamo contato 15 verbi diversi; eccoli elencati, nel modo infinito (che è quello che si cerca quando si fa uso del vocabolario): *dormire, bisognare, spegnere, fare, smorzare, soffocare, vedere, accendere, risplendere, levare, ondeggiare, potere, raggiungere, essere, voltare.* Tutti questi verbi terminano, nel modo infinito, o con la desinenza *-are,* o con *-ere,* o con *-ire.* In linea di massima (perché poi ci sono le eccezioni) i verbi in *-are* appartengono alla **prima coniugazione,** quelli in *-ere* alla **seconda,** quelli in *-ire* alla **terza.**

Verbi in -are -ere -ire

Tra i verbi della seconda coniugazione, ossia quelli in *-ere*, alcuni hanno l'accento tonico sulla penultima sillaba, sono cioè vocaboli "piani" come: *temére, volére, possedére*; altri, invece, hanno l'accento sulla terzultima sillaba, sono cioè vocaboli "sdruccioli" come: *lèggere, córrere, spègnere.* In italiano si considerano tutti della seconda coniugazione, indipendentemente dall'accento tonico, a differenza del latino dove si hanno due coniugazioni distinte. In latino pertanto le coniugazioni sono quattro: *-are, -ere* accentato, *-ere* non accentato, *-ire.*

Il verbo *essere* non si può classificare tra gli altri in *-ere* della seconda coniugazione: esso ha una coniugazione "propria" e infatti come tale ve l'abbiamo già presentato. È una coniugazione molto irregolare e solo chi sa il latino capisce le ragioni del misterioso ingranaggio.

Fare e dire appartengono alla seconda coniugazione

Invece *fare*, nonostante la sua desinenza *-are*, segue la seconda, e non la prima coniugazione: esso infatti, nell'infinito italiano, altro non è che la contrazione del latino *fà[ce]re* e la sua coniugazione, pur con molte irregolarità, si ricollega a quel *fàcere*: indicativo imperfetto *facevo*, congiuntivo presente *faccia*, congiuntivo imperfetto *facessi*, participio presente *facente*, gerundio *facendo*, eccetera.

Anche *dire* non è della terza, bensí della seconda coniugazione, perché è forma contratta del latino *dí[ce]re* (indicativo imperfetto *dicevo*, congiuntivo *dica* e *dicessi*, eccetera).

Verbi sovrabbondanti

Ci sono certi verbi che hanno due forme distinte, appartenenti a due diverse coniugazioni, come:

> *dimagrare* e *dimagrire, intorbidare* e *intorbidire, starnutare* e *starnutire, cómpiere* e *compire*, eccetera.

I grammatici in genere concordano nel definirli **verbi sovrabbondanti**. Talvolta però questi verbi mutano significato, o assumono differenti sfumature, secondo l'appartenenza a una invece che a un'altra coniugazione. Tali sono, tra i piú frequenti:

Verbi sovrabbondanti con due significati

abbrunare = mettere il segno di lutto

abbrunire = diventare bruno

arrossare = far diventare rosso

arrossire = diventare rosso

assordare = far diventare sordo

assordire = diventare sordo

attristare = render triste

attristire = diventar triste

fallare = sbagliare

fallire = non riuscire in un'impresa

imbiancare = render bianco

imbianchire = diventar bianco

scolorare = togliere il colore

scolorire = perdere il colore

sfiorare = toccare lievemente

sfiorire = perdere la freschezza del fiore

I coniugazione: verbo AMARE

MODO INDICATIVO

Presente

io am-*o*
tu am-*i*
egli am-*a*
noi am-*iamo*
voi am-*ate*
essi am-*ano*

Imperfetto

io am-*avo*
tu am-*avi*
egli am-*ava*
noi am-*avamo*
voi am-*avate*
essi am-*avano*

Passato remoto

io am-*ai*
tu am-*asti*
egli am-*ò*
noi am-*ammo*
voi am-*aste*
essi am-*arono*

Passato prossimo

io ho amato
tu hai amato
egli ha amato
noi abbiamo amato
voi avete amato
essi hanno amato

Trapassato prossimo

io avevo amato
tu avevi amato
egli aveva amato
noi avevamo amato
voi avevate amato
essi avevano amato

Trapassato remoto

io ebbi amato
tu avesti amato
egli ebbe amato
noi avemmo amato
voi aveste amato
essi ebbero amato

Futuro semplice

io am-*erò*
tu am-*erai*
egli am-*erà*
noi am-*eremo*
voi am-*erete*
essi am-*eranno*

Futuro anteriore

io avrò amato
tu avrai amato
egli avrà amato
noi avremo amato
voi avrete amato
essi avranno amato

MODO CONGIUNTIVO

Presente

che io am-*i*
che tu am-*i*
che egli am-*i*
che noi am-*iamo*
che voi am-*iate*
che essi am-*ino*

Passato

che io abbia amato
che tu abbia amato
che egli abbia amato
che noi abbiamo amato
che voi abbiate amato
che essi abbiano amato

Imperfetto

che io am-*assi*
che tu am-*assi*
che egli am-*asse*
che noi am-*assimo*
che voi am-*aste*
che essi am-*assero*

Trapassato

che io avessi amato
che tu avessi amato
che egli avesse amato
che noi avessimo amato
che voi aveste amato
che essi avessero amato

→

MODO CONDIZIONALE

Presente

io   am-*erei*
tu   am-*eresti*
egli   am-*erebbe*
noi   am-*eremmo*
voi   am-*ereste*
essi   am-*erebbero*

Passato

io   avrei   amato
tu   avresti   amato
egli   avrebbe   amato
noi   avremmo   amato
voi   avreste   amato
essi   avrebbero amato

MODO IMPERATIVO

Presente

am-*a* (tu)

am-*ate* (voi)

MODO INFINITO

Presente

am-*are*

Passato

avere am-*ato*

MODO PARTICIPIO

Presente   **Passato**

am-*ante*   am-*ato*

MODO GERUNDIO

Presente   **Passato**

am-*ando*   avendo am-*ato*

II coniugazione: verbo TEMERE

MODO INDICATIVO

Presente

io tem-*o*
tu tem-*i*
egli tem-*e*
noi tem-*iamo*
voi tem-*ete*
essi tem-*ono*

Imperfetto

io tem-*evo*
tu tem-*evi*
egli tem-*eva*
noi tem-*evamo*
voi tem-*evate*
essi tem-*evano*

Passato remoto

io tem-*ei*
tu tem-*esti*
egli tem-*é*
noi tem-*emmo*
voi tem-*este*
essi tem-*erono*

Passato prossimo

io ho temuto
tu hai temuto
egli ha temuto
noi abbiamo temuto
voi avete temuto
essi hanno temuto

Trapassato prossimo

io avevo temuto
tu avevi temuto
egli aveva temuto
noi avevamo temuto
voi avevate temuto
essi avevano temuto

Trapassato remoto

io ebbi temuto
tu avesti temuto
egli ebbe temuto
noi avemmo temuto
voi aveste temuto
essi ebbero temuto

→

Futuro semplice	Futuro anteriore
io tem-*erò*	io avrò temuto
tu tem-*erai*	tu avrai temuto
egli tem-*erà*	egli avrà temuto
noi tem-*eremo*	noi avremo temuto
voi tem-*erete*	voi avreste temuto
essi tem-*eranno*	essi avranno temuto

MODO CONGIUNTIVO

Presente	Passato
che io tem-*a*	che io abbia temuto
che tu tem-*a*	che tu abbia temuto
che egli tem-*a*	che egli abbia temuto
che noi tem-*iamo*	che noi abbiamo temuto
che voi tem-*iate*	che voi abbiate temuto
che essi tem-*ano*	che essi abbiano temuto

Imperfetto	Trapassato
che io tem-*essi*	che io avessi temuto
che tu tem-*essi*	che tu avessi temuto
che egli tem-*esse*	che egli avesse temuto
che noi tem-*essimo*	che noi avessimo temuto
che voi tem-*este*	che voi aveste temuto
che essi tem-*essero*	che essi avessero temuto

MODO CONDIZIONALE

Presente

io	tem-*erei*
tu	tem-*eresti*
egli	tem-*erebbe*
noi	tem-*eremmo*
voi	tem-*ereste*
essi	tem-*erebbero*

Passato

io	avrei	temuto
tu	avresti	temuto
egli	avrebbe	temuto
noi	avremmo	temuto
voi	avreste	temuto
essi	avrebbero	temuto

MODO IMPERATIVO

Presente

tem-*i* (tu)

tem-*ete* (voi)

MODO INFINITO

Presente

tem-*ere*

Passato

aver tem-*uto*

MODO PARTICIPIO

Presente	**Passato**
tem-*ente*	tem-*uto*

MODO GERUNDIO

Presente	**Passato**
tem-*endo*	avendo tem-*uto*

III coniugazione: verbo VESTIRE

MODO INDICATIVO

Presente

io	vest-*o*
tu	vest-*i*
egli	vest-*e*
noi	vest-*iamo*
voi	vest-*ite*
essi	vest-*ono*

Passato prossimo

io	ho	vestito
tu	hai	vestito
egli	ha	vestito
noi	abbiamo	vestito
voi	avete	vestito
essi	hanno	vestito

Imperfetto

io	vest-*ivo*
tu	vest-*ivi*
egli	vest-*iva*
noi	vest-*ivamo*
voi	vest-*ivate*
essi	vest-*ivano*

Trapassato prossimo

io	avevo	vestito
tu	avevi	vestito
egli	aveva	vestito
noi	avevamo	vestito
voi	avevate	vestito
essi	avevano	vestito

Passato remoto

io	vest-*ii*
tu	vest-*isti*
egli	vest-*í*
noi	vest-*immo*
voi	vest-*iste*
essi	vest-*irono*

Trapassato remoto

io	ebbi	vestito
tu	avesti	vestito
egli	ebbe	vestito
noi	avemmo	vestito
voi	aveste	vestito
essi	ebbero	vestito

Futuro semplice	**Futuro anteriore**
io vest-*irò*	io avrò vestito
tu vest-*irai*	tu avrai vestito
egli vest-*irà*	egli avrà vestito
noi vest-*iremo*	noi avremo vestito
voi vest-*irete*	voi avrete vestito
essi vest-*iranno*	essi avranno vestito

MODO CONGIUNTIVO

Presente	**Passato**
che io vest-*a*	che io abbia vestito
che tu vest-*a*	che tu abbia vestito
che egli vest-*a*	che egli abbia vestito
che noi vest-*iamo*	che noi abbiamo vestito
che voi vest-*iate*	che voi abbiate vestito
che essi vest-*ano*	che essi abbiano vestito

Imperfetto	**Trapassato**
che io vest-*issi*	che io avessi vestito
che tu vest-*issi*	che tu avessi vestito
che egli vest-*isse*	che egli avesse vestito
che noi vest-*issimo*	che noi avessimo vestito
che voi vest-*iste*	che voi aveste vestito
che essi vest-*issero*	che essi avessero vestito

→

MODO CONDIZIONALE

Presente

io vest-*irei*
tu vest-*iresti*
egli vest-*irebbe*
noi vest-*iremmo*
voi vest-*ireste*
essi vest-*irebbero*

Passato

io avrei vestito
tu avresti vestito
egli avrebbe vestito
noi avremmo vestito
voi avreste vestito
essi avrebbero vestito

MODO IMPERATIVO

Presente

vest-*i* (tu)
vest-*ite* (voi)

MODO INFINITO

Presente

vest-*ire*

Passato

avere vest-*ito*

MODO PARTICIPIO

Presente   **Passato**

vest-*ente*   vest-*ito*

MODO GERUNDIO

Presente   **Passato**

vest-*endo*   avendo vest-*ito*

Verbi in -iare

Da *baciare* deriva il futuro *bacerò* e non "bacierò"; il condizionale *bacerei* e non "bacierei".

Da *lasciare* derivano *lascerò*, *lascerei*, eccetera, e non "lascierò", "lascierei", e cosí via.

Da *mangiare*: *mangerò*, *mangerei*, eccetera.

Dunque la *i* cade, scompare, quando è inutile: infatti quei suoni *ce*, *sce*, *ge* restano sempre uguali, ci sia o non ci sia la *i*. Ricordiamo che, per la medesima ragione, cade nel plurale la *i* dei nomi in *-cia* e in *-gia*, come *man**cia***, *goc**cia*** e *piog**gia***, che diventano: *man**ce***, *goc**ce*** e *piog**ge*** (*v.* a pag. 124).

La i nei verbi in -iare

Se invece di *c* o *g* c'è, prima di quella *i*, una diversa consonante, o anche una vocale, per esempio:

> stu*di*are, sof*fi*are, conci*li*are, pre*mi*are, ini*zi*are,
> abba*ia*re, eccetera;

ma il discorso vale anche per certi verbi della seconda coniugazione, in *-iere*, come:

> sce*gli*ere, scio*gli*ere, to*gli*ere, eccetera;

allora necessariamente la *i* rimane:

> *studierò, soffierei, concilierete, premieranno, inizierà,
> abbaierebbero, sceglereste, scioglieranno, togliererete.*

Quando però la *i*, da qualunque lettera sia preceduta, viene a trovarsi a contatto con un'altra *i*, le due *i* si fondono in una sola:

> *tu stud**i*** (e non "studii"); *che egli man**gi*** (e non "mangii");
> *che essi ini**zi**no* (e non "iniziino"); eccetera.

Talvolta, per non creare equivoci, si lasciano le due *i* come, per esempio, nei seguenti verbi:

da *variare*	avremo	*che io varii, che essi vàriino*
da *varare*	avremo	*che io vari, che essi vàrino*
da *alleviare*	avremo	*che io allevii, che essi allèviino*
da *allevare*	avremo	*che io allevi, che essi allèvino*

Anche del verbo *principiare* si legge spesso *principii* invece di *princípi*, sempre per il timore di un'improbabile confusione con il plurale del nome *principe*.

Quando però su quella *i* cade l'accento tonico, come in talune voci dei verbi *inviare* (*io invío, tu invíi*), *obliare, espiare, sciare*, eccetera, allora la *i* non può scomparire, altrimenti il suono risulterebbe falsato. Esempi:

tu oblíi; che il colpevole espíi; affinché i ragazzi scíino; eccetera.

Ma se le desinenze sono *-iamo* o *-iate*, poiché in tali casi l'accento tonico va a collocarsi sulla *a* della desinenza, non c'è piú ragione che sopravvivano le due *i*, e si scrive allora:

noi inviamo; affinché voi obliate, eccetera.

Ecco come si coniuga il verbo *espiare* nel presente congiuntivo:

che io espíi	*che noi espiàmo*
che tu espíi	*che voi espiàte*
che egli espíi	*che essi espíino*

In sintesi:

● la *i* dei verbi terminanti con *-ciare, -giare* non ha ragione di essere scritta davanti a desinenze che cominciano con *-e*: *bacerete, lasceranno, mangerà*, e cosí via;

● quando nella coniugazione si incontrano due *i*, se la prima di queste *i* non è accentata, rimane una sola *i*: *tu studi* e non "tu studii". Invece: *tu oblíi*, ma: *noi obliamo*.

"Guadagniamo" con la "i"

La i nei verbi in -gnare, -gnere e -gnire

Veramente non guadagniamo niente perché anche scrivendo "guadagnamo" senza la *i* la pronuncia è pressappoco uguale. Tanto che alcuni sostengono (un po' semplicisticamente in verità, perché se dovessimo sempre ragguagliare la grafia alla pronuncia, che rivoluzione nella nostra ortografia!): giacché quella *i* è inutile, facciamone a meno e scriviamo *guadagnamo*. Ciò vale per numerosi verbi in **-gnare** (I coniugazione) come per pochi in **-gnere** (II coniugazione) e in **-gnire** (III coniugazione). La desinenza dell'indicativo presente è *-iamo* per la prima persona plurale (*am-iamo*), *-ate* per la seconda persona plurale e *-ano* per la terza plurale (*am-ate*; *am-ano*); perciò è logico che si scriva *guadagniamo* con la *i*; ma poi, naturalmente, *guadagnate*, *guadàgnano* senza la *i*. Noi vi consigliamo di scrivere in questo modo senza dare nessuna importanza al fatto che quella *i* dopo *gn* si senta o non si senta.

E questa regola è tanto piú necessario rispettarla nel presente congiuntivo, dove le due desinenze plurali che ci interessano sono *-iamo* e anche *-iate* (*che noi am-iamo, che voi am-iate*); di conseguenza scriverete, e di solito si cerca di far sentire anche nella pronuncia quella *i* distinta:

> *che noi guadagn**iamo**; che voi guadagn**iate**.*

Lo stesso diremo per i verbi in *-gnere*, come *spegnere*, e per quelli in *-gnire*, come *insignire* e *grugnire*.

Un esempio con varietà di applicazioni:

> *Voi ci **insegnate** che quando noi **sogniamo** non **spegniamo** del tutto i nostri sensi.*

Un altro esempio, per introdurre anche il congiuntivo:

> ***Insigniamo*** *con le onorificenze i migliori soldati affinché anche voi giovani **pugniate** con valore e **agogniate** di imitare le imprese degli anziani;*

in questo periodo l'abolizione della *i* in *pugniate* e *agogniate* falserebbe addirittura il senso del discorso.

Fare, disfare, rifare e soddisfare

Già l'abbiamo detto: *fare* non è un verbo della prima coniugazione in *-are* come gli altri, ma, essendo l'adattamento del latino *fàcere*, fa parte della seconda coniugazione italiana. Questo verbo noi l'usiamo mille volte ogni giorno e non ci preoccupa poi tanto: pensate però agli stranieri che, se vogliono usarlo senza strafalcioni, devono per forza mandare a memoria le strane voci, per esempio, del suo presente indicativo:

Osservazioni sul verbo fare

io faccio	*noi facciamo*
tu fai	*voi fate*
egli fa	*essi fanno*

Fare e i suoi composti

Poi, per complicare le cose, c'è anche la forma *io fo* invece di "io faccio". È lecita codesta forma? Lecitissima: è infatti usata nel parlar comune specialmente in Toscana, e si trova anche nei migliori autori (come *io vo* al posto di "io vado" nel verbo *andare*).

Se il verbo *fare* non ci dà preoccupazioni perché lo conosciamo troppo bene per il continuo uso, sono invece causa di grattacapi i suoi figlioli, quei composti mediante un prefisso, come:

> **dis**fare, **ri**fare, **soddis**fare, **lique**fare, **contraf**fare, **stra**fare, **sopraf**fare, eccetera.

Disfare

Il futuro di *disfare* è *dis***farò** o *dis***ferò**? Il presente congiuntivo di *soddisfare* è *soddis***fi** o *soddis***faccia**? Sono permessi i congiuntivi imperfetti "rifassi", "disfassi" e "soddisfassi" invece di *rifacessi, disfacessi, soddisfacessi*? Tutte piccole ma noiose questioni, che non sarebbero nemmeno nate se non si fosse perso d'occhio che si trattava pur sempre del verbo *fare*, soltanto allungato con l'aggiunta di un prefisso, e quindi si sarebbe dovuto seguire esclusivamente la coniugazione di *fare*, senza intrufolarsi nella coniugazione dei normali verbi in *-are* (come *amare*). Perciò:

*io dis***faccio** (o *disfò*)	*noi dis***facciamo**
*tu dis***fai**	*voi dis***fate**
*egli dis***fà**	*essi dis***fanno**

Soddisfare, all'imperfetto indicativo, fa *soddis***facevo** e non "soddisfavo"; al congiuntivo, *soddis***facessi** e non "soddisfassi", e cosí via.

Tutto risolto, ma... La lingua viva non si lascia impastoiare: nell'uso del verbo *soddisfare* e, in minor misura anche di *disfare*, sono andate affermandosi forme come *soddis***ferò** e *dis***ferò**, nel futuro, invece dei piú legittimi *soddis***farò** e *dis***farò**, e anche nel presente indicativo *soddís***fo** e *dís***fo**, con tutto il seguito sino alle terze plurali *soddís***fano** e *dís***fano**, che nel discorso comune sono oggi addirittura prevalenti, come anche nel congiuntivo presente *soddis***fi** e *dis***fi**, che vorrebbero scalzare *soddisfaccia* e *disfaccia*. Non ha invece avuto successo "soddisfassi", e nemmeno "rifassi", "disfassi" eccetera, al posto dei legittimi *soddisfacessi, rifacessi, disfacessi*, e cosí via. Non stupisce piú una frase come questa:

> *Certi spettacoli* **soddisfano** *gli istinti del popolo*,

mentre a rigor di grammatica dovrebbe in realtà dirsi *soddis***fanno**.

Come al solito, concludiamo raccomandando le forme legittime, cioè quelle che ripetono la coniugazione del verbo componente *fare*, ma chiediamo tolleranza per le forme che si sono imposte spontaneamente, tra le quali in prima linea: *disferò* e *soddisferò* (con tutte le altre voci di questo tempo futuro) accanto ai migliori *disfarò* e *soddisfarò*; *soddísfo* (piú raro *dísfo*) in tutte le sei voci del presente indicativo invece di *soddisfaccio* eccetera (specialmente nelle terze plurali si sono imposte le forme *soddísfano* e *dísfano*); *soddisferei* e *disferei* nel condizionale, che tuttavia non si sono imposte sui piú corretti *soddisfarei* e *disfarei*. Con tali e altre simili forme, giustificate dall'uso popolare e, talune, da una maggior facilità di pronuncia, non andiamo però oltre i limiti dell'indulgenza. Non tolleriamo forme come "disfavo", "soddisfavo", "soddisfassi" e... peggio.

Speriamo che questa conclusione vi soddisfaccia (o preferite "soddisfi"?)

Perché "dessi"? perché "stessi"?

Se l'imperfetto congiuntivo di *amare* è *amassi*, di *lodare* è *lodassi*, di *cantare* è *cantassi*, eccetera, perché di *dare* non è "dassi" e di *stare* non è "stassi"? Infatti qualche facilone dice e scrive cosí. Invece no:

L'imperfetto congiuntivo di dare *e di* stare

dessi	e non	"dassi"
stessi	e non	"stassi"

sono gli unici imperfetti congiuntivi corretti rispettivamente di *dare* e di *stare*. Naturalmente non per un capriccio, ma per una valida ragione etimologica.

L'imperfetto congiuntivo italiano discende da un tempo latino che si definisce "piuccheperfetto" e che corrisponde al trapassato. *Amassi* deriva dal latino *amavissem*; *lodassi* da *laudavissem*; *cantassi* da *cantavissem*. Ma i piuccheperfetti latini di *dare* e di *stare* sono *dedissem* e *stetissem*: perciò in italiano *dessi* e non "dassi", *stessi* e non "stassi".

Del resto, anche il passato remoto di *dare* è *diedi*, di *stare* è *stetti*: con la *e*, perché in latino il "perfetto", che corrisponde al nostro passato, è *dedi* per il verbo *dare*, *steti* per il verbo *stare*.

È inutile recriminare: l'italiano è figlio del latino ed è naturale che un figlio rassomigli al padre e, soprattutto, che non lo rinneghi.

Le strane anomalie del verbo "andare"

Piú sono usati, i verbi, e piú sono irregolari, anzi "anòmali", per dirla con un termine scientifico, ma anche piú severo. Lo sapete quel che succede a un uomo che manifesti delle "anomalie": il men che gli possa capitare è di finire in una clinica neurologica. Abbiamo già visto le anomalie del verbo piú usato di tutti, cioè *essere*. Poi quelle di *fare*. Qualcuna anche di *dare* e di *stare*, verbi che ci escon di bocca o di penna piú di frequente che tutti gli altri messi insieme. Adesso ci imbattiamo in **andare**, un altro verbo che, in fatto di anomalie, non se la lascia dire da nessuno.

Il verbo andare

Vediamolo coniugato in alcuni modi e tempi:

indicativo presente:	*io vado*	*noi andiamo*
	tu vai	*voi andate*
	egli va	*essi vanno*
indicativo futuro:	*io andrò*	*noi andremo*
	tu andrai	*voi andrete*
	egli andrà	*essi andranno*
congiuntivo presente:	*che io vada*	*che noi andiamo*
	che tu vada	*che voi andiate*
	che egli vada	*che essi vadano*
imperativo:	*va'* (o *va*)	*andate*

Coniugazione insolita, tutto per via di un verbo latino — *vàdere* — che era usato soltanto in qualche voce e che dai grammatici è catalogato tra quei verbi che, essendo privi, cioè "difettando", di alcune o addirittura di molte forme, sono chiamati **difettivi**. I Latini avevano come surrogato un altro verbo, *ire*, ma nel passaggio all'italiano quell'*ire* cosí piccolo è scivolato via e al suo posto s'è installato un suo derivato, *ambitare*, intensivo a sua volta di *ambire*, "andare attorno". E cosí, dalla coabitazione di quei due verbi — *vàdere* e *ambitare* — è venuto fuori l'apparente guazzabuglio di questo nostro tanto importante, perché tanto frequente, verbo *andare*.

Verbi difettivi

Prendiamolo cosí com'è: stiamo attenti però a non dire "vadi" e "vàdino" invece di *vada* e *vàdano*, come diceva quel tale ciarlatano, che però diceva anche "venghi" e "vènghino". Perché anche *venire*, verbo della terza coniugazione, ha le sue brave anomalie: *io vengo, tu vieni*, eccetera.

Vadi, vadino: forme errate

Ma siamo tanto avvezzi a tali irregolarità che nemmeno piú ci stupiscono troppo. Pare che a stare insieme con i matti non ci si allarmi piú tanto per le loro pazzie, specialmente se sono ereditarie.

Imperativi molto corti

Come l'imperativo di *amare* è *ama* (plurale *amate*), è giusto che l'imperativo di *stare* sia *sta* (plurale *state*). *Sta* con l'apostrofo o senza apostrofo? Gli autori non ci aiutano nemmeno questa volta: chi scrive *sta*, chi scrive *sta'*, chi si rifugia nel piú popolaresco *stai*, che ripete la seconda persona singolare dell'indicativo, usata con funzione imperativa come quando diciamo: *Tu oggi passi a casa mia e poi mi accompagni alla stazione...* Anche quelli che scrivono *sta'* si riferiscono a *stai* e l'apostrofo segna la caduta di quella lettera finale. Ma la forma *sta* senza apostrofo è la preferibile. Né questa volta, a differenza di *fa'*, di *va'* e di *di'*, si tira in ballo il latino: anche in questa lingua l'infinito è *stare* e l'imperativo è *sta*. Scrivete dunque:

Gli imperativi sta e dà

Sta *fermo*, **sta** *buono*, **sta** *a casa*, eccetera.

Altro verbo corto con l'imperativo in proporzione: *dare*. Anche per questo sono in uso il *dai* popolaresco e il *da'* apostrofato:

Forza, **dai**: *metticela tutta!*

Dai *qui codesto arnese;*

Da' *retta a chi ne sa piú di te.*

Ma anche qui l'apostrofo non è giustificato etimologicamente: in latino dal verbo *dare* abbiamo l'imperativo *da*. In italiano la voce verbale *dà* (presente indicativo) si scrive con l'accento, per distinguerla dalla preposizione *da*. Dunque sembrerebbe meglio scrivere anche il *dà* imperativo con l'accento e non con l'apostrofo:

Dà *a Cesare quel che è di Cesare.*

Bisogna però convenire che, per differenziare l'imperativo dalla terza persona singolare del presente indicativo, si preferisce ricorrere all'apostrofo. Ma forse che per gli altri verbi non si scrive *ama, canta, balla*, sia indicativo sia imperativo, senza segno distintivo? E certamente mai nessuno ha equivocato per la mancanza di quel segno.

Invece gli imperativi *fa'*, del verbo *fare*, e *va'*, del verbo *andare*, possono a buon diritto fregiarsi dell'apostrofo. Infatti, come abbiamo già detto, questi due verbi sono nella matrice latina *fàcere* e *vàdere* e i rispettivi imperativi sono *fac* e *vade* (*fac* a sua volta era già un troncamento di *face*): quindi

Gli imperativi fa' e va'

sono giustificati gli apostrofi. Ma poiché sono centinaia, forse migliaia, i vocaboli italiani formatisi da troncamenti di vocaboli latini, e non hanno la pretesa di andare sempre intorno con il distintivo dell'apostrofo, lo stesso potrebbero *fa* e *va*. È sempre per lo scrupolo di distinguere dalle voci gemelle dell'indicativo che si ricorre al segno dell'apostrofo. Dunque, scrivete pure *va'* e *fa'*, se vi par meglio, oppure *va* e *fa*:

Fa' (o **fa**) *sempre il tuo dovere*;

Va' (o **va**), *pensiero, su l'ali dorate...*

L'imperativo di'

Anche un verbo in *-ire*, cioè *dire*, il quale però, come abbiamo già accennato, appartiene propriamente alla seconda coniugazione, e non alla terza, perché è forma contratta del latino *dícere*, ha il suo imperativo *di'*, dove la presenza dell'apostrofo è giustificata sempre per il troncamento dell'originario verbo latino (da un imperativo *dice* la prima riduzione a *dic*, già nel latino classico, e quindi *di'*). Si può anche per questo accontentarsi dell'accento (*dí*), per distinguere la voce verbale dalla preposizione *di* (ma qui poi c'è di mezzo anche il nome *dí*, "giorno"). Ecco perché quasi tutti scrivono *di'* e non *dí*:

Di' *la verità*; **Di'** *quel che è successo*.

Riassumiamo dunque cosí:

sta meglio che *sta'*,	*stai*	(sbagliato "stà")
dà meglio che *da'*,	*dai*	(sbagliato "da")
fa' meglio che *fa*,	*fai*	(sbagliato "fà")
va' meglio che *va*,	*vai*	(sbagliato "và")
di' meglio che *dí*		(sbagliato "di")

"Èbbimo" e "sèppimo"

Forme legittime: avemmo, sapemmo

Sono due forme ammesse ma non certo raccomandabili. Il fatto che siano frequenti in Toscana e che anche certi scrittori le abbian fatte passare per buone ci autorizza ad accoglierle generosamente nel nostro discorso, ma proprio non c'è ragione perché questi figli naturali la faccian da padroni nella famigliola del passato remoto indicativo di quei due casati tanto importanti che sono i verbi *avere* e *sapere*, scacciandone i figli legittimi **avemmo** e **sapemmo**.

Esponiamo le ragioni della nostra opposizione: nella coniugazione italiana, e ciò si avverte nei verbi irregolari, èsiste un collegamento radicale tra la prima persona singolare, la terza singolare e la terza plurale da una parte; le altre persone (cioè la seconda singolare, la prima e la seconda plurali) dall'altra. Esaminiamo il passato remoto del verbo *mettere*:

io **misi**	*noi* **mettemmo**
tu **mettesti**	*voi* **metteste**
egli **mise**	*essi* **misero**

Come possiamo osservare, la radice *met-* appare nella seconda singolare, nella prima e nella seconda plurali; sarebbe errato dire: noi "misimo" invece di *mettemmo*, come sarebbero errati — anche se s'incontrano in taluni dialetti e furono usati in altri secoli — noi "lèssimo", noi "scríssimo", noi "vídimo", eccetera, invece di *leggemmo, scrivemmo, vedemmo*, eccetera. Analogamente perciò: *avemmo*, non "èbbimo"; *sapemmo*, non "sèppimo".

"Giaccio", "piaccio" e "taccio"

Con due *c*, nonostante che le radici dei verbi *giacere, piacere* e *tacere* siano rispettivamente *giac-, piac-* e *tac-*. Non però in tutte le voci di questi tre verbi della seconda coniugazione:

Come si coniuga giacere

GIACERE		
INDICATIVO PRESENTE	*io giaccio*	*noi giacciamo*
	tu giaci	*voi giacete*
	egli giace	*essi giacciono*
CONGIUNTIVO PRESENTE	*che io giaccia*	*che noi giacciamo*
	che tu giaccia	*che voi giacciate*
	che egli giaccia	*che essi giacciano*

Negli altri tempi rimane una sola *c*: *giacevo, giacerò, giacessi, giaciuto, giacendo*, eccetera.

Come si coniuga piacere

PIACERE

INDICATIVO PRESENTE	io piaccio	noi piacciamo
	tu piaci	voi piacete
	egli piace	essi piacciono
CONGIUNTIVO PRESENTE	che io piaccia	che noi piacciamo
	che tu piaccia	che voi piacciate
	che egli piaccia	che essi piacciano

Negli altri tempi la *c* non raddoppia: *piaceva, piacesse, piacerebbe, piacente, piaciuto,* eccetera.

Come si coniuga tacere

TACERE

INDICATIVO PRESENTE	io taccio	noi tacciamo
	tu taci	voi tacete
	egli tace	essi tacciono
CONGIUNTIVO PRESENTE	che io taccia	che noi tacciamo
	che tu taccia	che voi tacciate
	che egli taccia	che essi tacciano

Negli altri tempi la *c* non raddoppia: *taceva, tacerà, tacessi, tacerei, tacendo, taciuto,* eccetera.

Inutile cercare esatte giustificazioni, che poi sarebbero smentite da altri fatti grammaticali. Va piuttosto tenuta presente la tendenza dell'italiano, specialmente nelle regioni meridionali, al raddoppio della consonante nella pronuncia. Nell'Italia settentrionale, invece, — e tale fenomeno fonetico è soprattutto assai rilevante nel Veneto — è meno avvertito il suono delle consonanti doppie.

Per maggior chiarezza, ricordiamo che questi tre verbi, che presentano il problema del raddoppiamento o meno della *c*, sono riportati anche nell'"Elenco dei verbi irregolari piú frequentemente usati", a pag. 422.

I participi in -uto

Non soltanto alle anomalie ci si abitua, grazie alla convivenza quotidiana, ma anche alla bruttezza. Il participio passato della seconda coniugazione con la desinenza -**uto** ci sembra piuttosto brutto finché torna di rado nel discorso, come in *risplenduto, spanduto, fenduto, soccombuto, penduto, striduto, mesciuto*, eccetera, mentre ci sembra normalissimo quando ricorre frequente, come in *perduto, caduto, bevuto, piovuto, riflettuto, giaciuto, piaciuto, taciuto* e cento altri.

Dunque, se vogliamo scrivere e parlare con garbo, cerchiamo di evitare quelle forme che, oltre a essere insolite, suonano ostiche al nostro orecchio. C'è tanta mai varietà nel vocabolario italiano, che anche tra i verbi non mancano certo i sinonimi; e poi c'è sempre la possibilità di "girare" diversamente una frase. Per esempio:

---

invece che : *Il sole* **ha risplenduto** *tutto il giorno,*

potremmo dire: *Il sole* **ha brillato** *tutto il giorno;*

---

invece che : *La torre* **ha penduto**,

potremmo dire: *La torre* **si è inclinata**;

---

invece che : *Il fulmine* **ha fenduto** *il tronco della quercia,*

potremmo dire: *Il fulmine* **ha spaccato** *il tronco della quercia;*

---

invece che : *Il liquido* **si è spanduto** *in terra,*

potremmo dire: *Il liquido* **si è sparso** (o **spanto**) *in terra;*

---

invece che : *I gabbiani* **hanno striduto** *tutta la mattina,*

potremmo dire: *I gabbiani* **hanno emesso** (o **levato**) *i loro stridi*
(o **hanno strillato**) *tutta la mattina;*

---

invece che : *Dopo la lunga malattia, quel poveretto* **è soccombuto**,

potremmo dire: *Dopo la lunga malattia, quel poveretto* **è morto**;

---

invece che : *L'oste* **ha mesciuto** *il vino nel bicchiere,*

potremmo dire: *L'oste* **ha versato** *il vino nel bicchiere.*

Ma ci sono casi dove il participio in *-uto* ha la sua ragion d'essere, e non può proprio sostituirsi, anche se, per caso, vi sonasse male all'orecchio:

riguarda in particolare i verbi *riflettere*, *provvedere* e *succedere*.

I participi riflettuto, provveduto, succeduto

Accanto a *riflettuto* c'è anche il participio *riflesso*. Ma usiamo quest'ultimo per rappresentare il fatto materiale di un raggio, o della luce, o di qualche altra cosa concreta che si "rifletta"; invece *riflettuto* lo riserviamo alla riflessione mentale. Esempi:

> Ho **riflettuto** *a lungo sulla tua proposta*;

> *Il raggio del sole giungeva* **riflesso** *dalla vetrata*.

Provvisto e *provveduto* sono collegati rispettivamente con *visto* e *veduto*, che sono i due participi, entrambi ammessi e senza particolare differenza di significato, del verbo *vedere*; ma quando il verbo *provvedere* è usato come intransitivo, allora va bene soltanto il participio *provveduto* e non "provvisto":

> Ho **provveduto** *affinché non manchi l'occorrente*;

mentre come transitivo si possono usare entrambe le forme:

> *Gli organizzatori avevano* **provveduto** (o **provvisto**) *l'esploratore delle necessarie attrezzature*.

Succeduto, participio del verbo *succedere* (come del resto anche nel passato remoto *succedei* o *succedetti*, *succedette*, *succedettero* invece di *successi*, *successe*, *successero*), è preferito al participio *successo* quando si vuol significare una successione vera e propria, come nella frase:

> *A Carlo Alberto, appartenente al ramo dei principi di Carignano, che era* **succeduto** *a Carlo Felice,* **succedette** *nel 1849 il figlio Vittorio Emanuele*.

Invece si potrà benissimo dire o scrivere soltanto:

> *Che è* **successo**?

dove *succedere* ha il significato di "accadere, avvenire, capitare".

"Esigere", "redigere" e "transigere" con i loro participi

Dal verbo latino *àgere* è disceso l'italiano *agire*, della terza coniugazione, che come tale ha il participio passato *agito*. Ma i dotti figlioli di questo verbo, cioè *esigere*, *redigere*, *transigere* sono della seconda coniugazione e il loro participio passato devono cercarselo nella galleria di famiglia del classico genitore *àgere*: poiché il participio passato del latino *àgere* è *actus*, quello di *esigere* non può essere che **esatto** (e non "esigito", come qualche volta succede di sentire anche in bocca di persone istruite!), e degli altri due verbi rispettivamente **redatto** e **transatto**.

Il quale *transatto* non si dovrà confondere con *transato*, che è participio del verbo *transare*, frequente negli ambienti dei tribunali e degli uffici distrettuali delle imposte nel significato di "giungere a una transazione", cioè a un compromesso, a un accordo. Non sarà un bel verbo, ma fa comodo agli interessati.

I participi esatto, redatto, transatto

"Benedire" e "maledire"

Quel vecchio **maledivami**... lasciamolo dire a Rigoletto, nel melodramma verdiano, per esigenze di metrica e di ritmo. Anche in poesia, sempre per esigenze di metrica e di rima, troviamo:

Ludovico Ariosto : *...e* **benedillo** *il semplice eremita*;

Luigi Pulci : *Il* **benedí** *pietosamente...*

Ma non c'è ragione di ritmo e di metrica quando noi diciamo, commettendo dei veri e propri errori di grammatica:

Il prete li benediva	invece che	*Il prete li* **benediceva**;
Io lo prevenii	invece che	*Io lo* **prevenni**;
Intervenirono *in molti*	invece che	**Intervennero** *in molti*;
Tutti convenirono *che...*	invece che	*Tutti* **convennero** *che...*

Si ripete un caso analogo a quello (da noi già affrontato a pag. 325) dei verbi *disfare*, *soddisfare*, eccetera. Anche *benedire*, *maledire*, *indire*, *contraddire* non sono altro che il verbo *dire* con aggiunti avverbi o preposizioni; e *prevenire*, *provenire*, *intervenire*, *convenire*, *sovvenire*, eccetera, nascono dall'unione di preposizioni con il verbo *venire*. Se potranno essere tollerati, nel solito parlar familiare, qualche volta l'imperfetto "benedivo" eccetera, invece del piú lungo ma piú corretto *benedicevo*, o anche "benedí", "benedirono", e simili, al posto di *benedisse*, *benedissero*, eccetera, non per questo dovete accogliere tali forme spurie in uno scritto con giuste pretese di eleganza formale. E peggio ancora "intervení" e "intervenirono", e gli altri simili, dove nemmeno vale il pretesto della brevità o della facilità di pronuncia rispetto a *intervenne*, *intervennero*.

Come dire anche benedire, maledire, e gli altri composti

"Venente" o "veniente"?

Nella tavola della terza coniugazione (*v.* a pag. 320), dove noi abbiamo scelto il verbo *vestire* quale modello, risulta come participio presente la voce *vestente*. Se invece di *vestire* avessimo scelto *dormire, nutrire, esaurire*, come avremmo dovuto scrivere: *dormente* o *dormiente*? *nutrente* o *nutriente*? *esaurente* o *esauriente*? E del verbo irregolare *venire*: *venente* o *veniente*?

Quando il participio presente vuole la i

In latino, dove, come abbiamo già detto, i verbi in *-ire* costituiscono una quarta coniugazione, il participio presente vuole la vocale *i* subito prima della *e* (*dòrmiens, nutriens, vèniens...*). In italiano la desinenza normale è invece *-ente*, per la terza come per la seconda coniugazione:

vestente, ammonente, morente, bollente, uscente, eccetera.

Sono rimaste però vive le forme, più vicine alle corrispondenti latine:

veniente, dormiente, esauriente, nutriente, eccetera;

ma esse sono proprie, più che del participio usato nella sua funzione di verbo, degli aggettivi e sostantivi derivati da quel participio. Così si dirà:

Osservo quel battello venente (verbo: "che viene") *verso il porto*;

Lo scultore raffigurò la lupa nutrente (verbo: "che nutre") *i due gemelli*;

La settimana veniente (aggettivo) *sarò in campagna*;

Il latte è un alimento sano e nutriente (aggettivo).

Se volessimo ricorrere al participio per esprimere il detto popolare: *Non svegliare il can che dorme*, dovremmo dire:

Non svegliare il can **dormente**,

meglio che "dormiente", forma che, invece, andrebbe bene nella frase:

I **dormienti** *erano stati sorpresi dall'incendio*.

La forma passiva

Se invece di dire: *Cristoforo Colombo scoperse l'America*, dicessimo: *L'America fu scoperta da Cristoforo Colombo*, avremmo espresso il medesimo concetto ricorrendo alla **forma passiva**. Ciò è troppo noto perché noi insistiamo a spiegarvi il meccanismo del sovvertimento di una voce verbale — s'intende, di verbi transitivi, ché degli intransitivi non si può logicamente fare il passivo — per cui si passa dalla forma attiva alla passiva, il complemento oggetto diventa soggetto e il soggetto diventa complemento di agente, o di "causa efficiente", come dicono i testi di analisi logica, quando invece di persona o animale si tratta di cosa.

Forma passiva

L'ausiliare che si adopera per volgere un verbo transitivo al passivo è *essere*. Talvolta si ricorre anche a *venire*:

Uso di essere e venire

> *L'albero* **venne** *tagliato.*

È consigliabile l'uso di *venire* invece di *essere*? No, non è consigliabile. Anzi, c'è chi lo considera una bruttissima improprietà. Qualche grammatico, meno severo, si limita a raccomandare: usatelo il meno possibile. Noi possiamo ammetterlo soltanto nel caso che si voglia esprimere un'azione (s'intende passiva) che è in atto, che non è ancora conclusa. Nella frase:

> *La città* **viene** *distrutta: correte a difenderla,*

l'opera di distruzione è tuttora in corso; se l'annuncio, invece, fosse:

> *La città* **è** *distrutta,*

sarebbe inutile correre. Tuttavia si continua a dire impunemente:

> *Giulio Cesare* **venne** *ucciso nel 44 a.C.;*

> *Tu* **verrai** *castigato;*

> **Vennero** *abbattute due torri;*

> *Se* **verrò** *invitato...*

Pessimo uso del verbo *venire*, che ha un suo significato ben definito: io *vengo* a casa tua, ci *vengo* a piedi o in automobile o con altri mezzi, ma non "vengo" invitato, né tu "verrai" da me ringraziato, né la tua signora consorte "verrà" festeggiata: provate a sostituire tutte quelle malcombinate voci del verbo *venire*, che abbiamo posto tra virgolette, con le corrispondenti del verbo *essere* e vedrete che il discorso filerà liscio e chiarissimo, e con sommo vantaggio della logica e della proprietà linguistica.

Fatte queste premesse sulle indebite funzioni del verbo *venire* nei panni, a lui non sempre adatti, di "ausiliare", collochiamo qui una breve tabella della coniugazione passiva, limitandoci a un solo verbo, perché tanto lo schema vale per tutti: basta unire la voce dell'ausiliare *essere* al participio passato del verbo transitivo che si intende coniugare nella forma passiva.

Verbo passivo: ESSERE LODATO

MODO INDICATIVO

Presente	io sono		lodato
Imperfetto	io ero		lodato
Passato remoto	io fui		lodato
Futuro semplice	io sarò		lodato
Passato prossimo	io sono	stato	lodato
Trapassato prossimo	io ero	stato	lodato
Trapassato remoto	io fui	stato	lodato
Futuro anteriore	io sarò	stato	lodato

MODO CONGIUNTIVO

Presente	che io sia		lodato
Imperfetto	che io fossi		lodato
Passato	che io sia	stato	lodato
Trapassato	che io fossi	stato	lodato

MODO CONDIZIONALE

Presente	io sarei		lodato
Passato	io sarei	stato	lodato

MODO IMPERATIVO

Presente sii lodato (tu)

MODO INFINITO

Presente	essere	lodato
Passato	essere stato	lodato

MODO PARTICIPIO		MODO GERUNDIO	
Presente	——	*Presente* essendo	lodato
Passato	stato lodato	*Passato* essendo stato	lodato

La forma riflessiva

Il ragioniere **si lava**, cioè: *Il ragioniere lava* **sé stesso**; l'azione del soggetto si "riflette" (ovvero si rivolge, si ripiega) sul soggetto stesso: tipico esempio di **forma riflessiva**. Ma ecco un'altra azione mattutina del nostro ragioniere: *Il ragioniere* **si rade** *la barba*.

Qui non vogliamo dire che egli "rade sé stesso", ma rade "a sé stesso" la barba: in altre parole, rade la sua barba. I grammatici chiamano quest'altra forma **riflessiva apparente** (o *impropria*).

Ma ecco il ragioniere che, ben lavato e ben rasato, **si affretta** all'ufficio. Affretta "sé stesso"? No, certo. Affretta l'ufficio a sé stesso? Meno che mai. In questo terzo caso si deve parlare di una forma **riflessiva pronominale** o anche di una forma *intransitiva pronominale*. Se poi, in ufficio, il ragioniere e i suoi colleghi **si scambiano** cordiali saluti, per tale azione reciproca è ovvia la definizione grammaticale di **riflessiva reciproca**. Altri esempi:

Forma riflessiva vera e propria:

I negozianti **si erano armati** *per poter* **difendersi** *dai rapinatori*;

Non è bello che tu **ti lodi** *così immodestamente*;

Ci siamo abbonati *agli spettacoli del teatro*;

Quel disgraziato **si uccise** *in un momento di sconforto*.

Forma riflessiva

Forma riflessiva apparente:

Il commendatore **si mise** *il cappello*;

La signora **si era truccato** *il viso*;

Mi sono macchiata *la giacca*;

Scrollatevi *di dosso il fango*;

Finalmente **mi sono preso** *un po' di svago*.

Forma riflessiva apparente

Forma riflessiva pronominale:

Io **mi vergogno** *per quanto accaduto*;

Forma riflessiva pronominale

Gli esclusi **si lamentarono**;

Tutti **si erano pentiti**;

Il cervo **si avvicinò** *alla fonte*;

Ti ricordi *delle belle giornate trascorse?*

Forma riflessiva reciproca:

Noi **ci confortiamo** *a vicenda*;

Quei due **si odiano**;

Ci spartimmo *la torta in parti uguali*;

Si davano *amichevoli manate sulle spalle*.

Forma riflessiva reciproca

Le particelle pronominali nei verbi

Per i tempi composti, avete visto negli esempi che si ricorre sempre al verbo ausiliare *essere*.

Le particelle pronominali sono: *mi, ti, si, ci, vi*. Naturalmente nel corso delle coniugazioni quelle particelle si trasformano passando da una persona all'altra secondo il procedimento dell'azione riflessiva; per esempio:

io **mi** *lavo*	*noi* **ci** *laviamo*
tu **ti** *lavi*	*voi* **vi** *lavate*
egli **si** *lava*	*essi* **si** *lavano*

Talvolta, invece di essere poste prima del verbo, le particelle pronominali sono unite a questo, formando una sola parola; ciò avviene raramente (e, di solito, in poesia) nei modi indicativo, congiuntivo, condizionale; per esempio:

*reca***si**   : *si reca*

*svegliòs***si**   : *si svegliò*

*dica***si**   : *si dica*

*crederèbbe***si** : *si crederebbe*

È invece normale nell'imperativo, nell'infinito presente e nel gerundio presente; per esempio:

*tògli***ti**, *alza***tevi**; *lavar***si**, *uccider***si**; *vestendo***si**, *interessando***si**.

Nell'infinito passato e nel gerundio passato le particelle pronominali si uniscono con l'ausiliare *essere*:

*esser**si** alzato, esser**si** lavato; essendo**si** alzato, essendo**si** lavato.*

Attenti alla concordanza!

Il participio passato, nei tempi composti, si concorda con il soggetto nei riflessivi veri e propri (dove del resto il soggetto coincide con il complemento oggetto) e nei riflessivi pronominali (dove non esiste complemento oggetto, perché si tratta sempre di verbi intransitivi). Ma nei riflessivi apparenti il complemento oggetto c'è sempre, e nei riflessivi reciproci può esserci (come nell'esempio: *Ci spartimmo* **la torta** *in parti uguali*); e può non esserci (*Noi ci confortiamo a vicenda; Quei due si odiano*). Sorge allora il problema: come si concorda il participio, con il soggetto: *Io mi sono lavat**o** le mani;* o con il complemento: *Io mi sono lavat**e** le mani?* Nella forma riflessiva reciproca: *Gli amici si sono scambiat**i** vigorose strette di mano;* o invece: *Gli amici si sono scambiat**e** vigorose strette di mano?* Questa volta la grammatica è di manica larga: sono ammesse entrambe le forme. Quale è preferibile? A noi sembra migliore la concordanza col complemento, sia per ragioni logiche sia per analogia con quel che avviene nella coniugazione attiva, dove il participio si concorda col complemento quando questo è espresso da particella pronominale posta prima del verbo. Tuttavia, ripetiamo, non sbaglierete se direte che lo spericolato motociclista nell'incidente si è *rotto* oppure si è *rotta* la testa; o che la povera farfalla si è *bruciata* oppure si è *bruciate* le ali. Questione di preferenza personale.

Come concordano i participi riflessivi

Affittasi, affittansi - véndesi, véndonsi

I proprietari di casa si lamentano che, per i vincoli legislativi, non sono piú liberi di fare quel che vogliono a casa propria. Perciò alcuni di loro, non potendo disobbedire alle leggi dello Stato, disobbediscono a quelle della grammatica. Ecco perché, oltre al D'AFFITTARE di cui abbiamo già parlato a pag. 69 (che però non è un grosso errore), ogni tanto espongono cartelli cosí formulati: AFFITTASI CAMERE - VENDESI APPARTAMENTI - SI CEDE LOCALI AMMOBILIATI. Ma anche gli inquilini non vogliono essere da meno e fanno pubblicare nell'inserzione sul giornale: **Cercasi** *due camere con servizi*; **Comprasi** *tre camere con cucina*; e il buon artigiano scrive sul cartoncino appeso all'uscio: **Lavasi** *pavimenti*; **Si ripara** *mobili vecchi*; e il commerciante: **Offresi** *macchine nuove e usate* o **Si vende** *articoli casalinghi*. C'è anche l'improvvisato professore che sollecita le ansiose mamme di rampolli vittime di infauste pagelle ad approfittare della sua valentia didattica, se non della discutibile sapienza filologica, col biglietto incollato sulla vetrata della latteria sotto casa: **Si dà** *ripetizioni di tutte le materie.*

Questi verbi preceduti dalla particella *si* hanno tutto l'aspetto di riflessivi, ma in realtà riflessivi non sono, bensí *passivi.* Se dico: **Si uccisero** *molti vitelli al mattatoio,* è evidente che non si tratta di vitelli suicidi: quei giovani bovini non "uccisero sé stessi", ma *furono uccisi* dal cruento macellaio. Questa costruzione è detta dai grammatici del **si passivante**. Ecco altri esempi:

Il si passivante

Si tolsero (= furono tolti) *gli steccati;*

Si scopava (= era scopata) *la cucina;*

Si chiuderà (= sarà chiuso) *lo stabilimento;*

Si arrestarono (= furono arrestati) *i piú facinorosi.*

Correggiamo dunque gli incriminati cartelli e le scorrette inserzioni cosí:

Affittansi (o *si affittano*) *camere;*

Vendonsi (o *si vendono*) *appartamenti;*

Cedonsi (o *si cedono*) *locali ammobiliati;*

Cercansi (o *si cercano*) *due camere con servizi;*

Compransi (o *si comprano*) *tre camere con cucina;*

Lavansi (o *si lavano*) *pavimenti;*

Si riparano *mobili vecchi;*

Offronsi (o *si offrono*) *macchine nuove e usate;*

Si vendono *articoli casalinghi;*

Si danno *ripetizioni di tutte le materie.*

Invece è corretto dire:

Qui **si mangia** *discretamente;*

In questo negozio **si compera** *bene;*

In autunno **si viaggia** *volentieri;*

A Carnevale **si balla**;

Si stava *chiacchierando, quando...*

In tali casi *si* è un pronome impersonale di terza persona, di numero singolare, usato per indicare un soggetto che si vuol lasciare a bella posta indefinito; per es.: *Qui* **la gente** *mangia discretamente; In questo negozio* **il cliente** *compera bene;* **La gente** *viaggia, balla, sta chiacchierando,* e cosí via.

L'assurdo "suicidarsi"

Per un'azione assurda, come rifiutare violentemente la vita che Dio ci ha dato, abbiamo l'abitudine in Italia di usare un verbo anch'esso assurdo: *suicidarsi*. Ecco com'è nato il mostriciattolo linguistico: in latino *sui* significa "di sé", perciò *suicidio* vuol dire "uccisione di sé stesso". Esistono i vocaboli affini *eccidio, omicidio, infanticidio, genocidio, uxoricidio,* eccetera. Ma, mentre da questi vocaboli nessuno, per quanto barbaro parlatore, ha mai osato foggiare i verbi "eccidiare", "omicidiare", eccetera, qualche facilone ha detto per primo "suicidare", e altri hanno aggravato il delitto "linguistico" creando addirittura un verbo riflessivo *suicidarsi*, cioè "dare a sé stesso il suicidio", che è come uccidersi due volte.

Ha forse contribuito ad affrettare il successo del brutto verbo il malvezzo di usare il riflessivo apparente *uccidersi* o *ammazzarsi* a proposito di chi muore in un incidente: *Il tale* **si è ammazzato** *ieri in quell'incidente automobilistico*, invece di dire, che sarebbe stato altrettanto doloroso ma piú semplice e corretto, e anche assai piú chiaro perché inequivocabile: *Il tale è morto o è rimasto ucciso*, eccetera.

La partita inizia...

La partita non inizia niente: sono i giocatori (o l'arbitro) che iniziano la partita. Sí, perché il verbo *iniziare* è soltanto transitivo: gli operai *iniziano* il lavoro, non già il lavoro "inizia" a una data ora. Perciò, se proprio non si vuole usare il verbo *cominciare* (o *incominciare*) e dire, come è corretto:

La partita **comincia** (o **incomincia**) *alle ore 15*,

usate il verbo *iniziare* nella forma del *si passivante*, cioè *iniziarsi*, e dite, o scrivete nei manifesti o nei giornali:

La partita **si inizia** (oppure **ha inizio**) *alle ore 15*.

Iniziarsi, forma corretta

Lo sappiamo: ormai questa forma scorretta la usano anche gli scrittori di cartello: padronissimi, costoro, di sbagliare; ma questa non è una buona ragione perché sbagliate anche voi; e ravvedersi in tempo fa parte della buona educazione, anche linguistica.

Al contrario, il verbo *sbagliare* si usa meglio nella forma attiva: noi *sbagliamo*, meglio che "ci sbagliamo"; egli *sbaglia*, meglio che "si sbaglia", eccetera. Qui però esiste una giustificazione etimologica a favore della forma riflessiva *sbagliarsi*: il verbo deriva da un disusato *bagliare*, sostituito dal composto *abbagliare*; quando uno commette un errore, una svista, "abbaglia sé stesso", cioè *si sbaglia*.

Altri verbi, tra i quali il piú noto è *usare*, nel significato di "essere in uso, essere di moda", compaiono sia nella forma attiva:

A quei tempi **usava** *la crinolina,*

sia nella forma passiva:

Adesso non **si usano** *piú tanto le giarrettiere.*

42.
QUIZ SULLE FORME VERBALI

In ogni frase scegliete la forma verbale corretta:

1. *Affinché tu* studi *o* studii *meglio.*
2. *Purché non* vari *o* varii *troppo.*
3. *Bada che le macchine non* devino *o* deviino.
4. *Noi* insegnamo *o* insegniamo *la verità.*
5. *A meno che voi* sogniate *o* sognate.
6. *Non* disfarò *o* disferò *ciò che voi avete fatto.*
7. *Quella soluzione non mi* soddisfaceva *o* soddisfava.
8. *Se* stesse *o* stasse *piú attento.*
9. Sta *o* sta' *ora attento.*
10. *Mi farò sentire dai sordi e dagli* udenti *o* udienti.
11. Si noleggia *o* noleggiano *barche e zattere.*
12. *Quand'*ebbimo *o* avemmo *capito, tacemmo.*
13. Giacciamo *o* giaciamo *in terra.*
14. *Quest'anno le lezioni* inizieranno *o* si inizieranno *regolarmente.*
15. *Non* taciamo *o* tacciamo*, né taceremo.*
16. *Si è* riflettuto *o* riflesso *un raggio di sole.*
17. *Nessuno provvederà, o qualcuno ha già* provvisto *o* provveduto?
18. *Nulla esigiamo da voi, come nulla abbiamo sinora* esatto *o* esigito.
19. *Il vescovo* benediceva *o* benediva *la folla.*

Soluzione a pag. 450

Quando il verbo diventa sostantivo

Sentiamo il tuo **parere**, cioè come a te "pare". *Fa' il tuo* **dovere**, cioè quello che "devi" fare. *Sarà per me un* **piacere**, cioè cosa che a me "piace". *Dimostrò il suo* **potere**, cioè quello che "poteva". *Ci incontreremo dopo* **desinare**, cioè dopo che avremo "desinato".

Parere, dovere, piacere, potere, desinare erano infiniti di verbi, in origine, ma poi sono diventati sostantivi, tanto ormai partecipi delle caratteristiche della parte del discorso nella quale si sono trasformati da passare anche al plurale seguendo la declinazione dei sostantivi in *-e: pareri, doveri, piaceri,* eccetera. Si tratta dunque di **verbi sostantivati**. *Verbi sostantivati*

Anche i participi, anzi specialmente i participi, dei quali abbiamo detto a suo luogo che per la loro natura di vocaboli "declinabili" diventano spesso aggettivi, facilmente assumono natura e funzione di sostantivo. Ciò accade tanto ai participi presenti quanto ai participi passati.

Pensiamo al nome *studente*: altro non era in origine se non il participio presente del verbo latino *studère*, "studiare". *Sapiente* deriva da *sapere* (in latino *sapio*, ecco perché è rimasta quella *i*). *Agente* da *agire*; *reggente* da *reggere*; *sovrintendente* da *sovrintendere*. La *corrente* di un fiume, sostantivo femminile, già participio presente del verbo *correre*. E anche *affluente, sorgente, spiovente, torrente* (da un verbo latino *torrère*, "essere secco"). Altro sostantivo femminile la *tangente*, termine noto sia ai geometri sia agli automobilisti sia agli speculatori commerciali, dal latino *tàngere*, "toccare". Vocaboli che sono frequentissimi nel nostro discorso: *esercente, presidente, possidente, corrispondente, utente, incidente, accidente, occorrente,* persino *tenente* e *sergente,* in origine anche *serpente,* vengono da participi presenti di verbi latini o italiani. Naturalmente abbiamo anche vocaboli, già participi, appartenenti alla prima coniugazione, come: *gitante, purgante, pulsante, ristorante, rappresentante, comandante, governante,* e così via. *Sostantivi ex participi*

Il comandante il (o del) reparto?

Conseguenza della funzione oscillante tra il verbo e il sostantivo di qualcuno di questi nomi ex participi è il dubbio che sorge nel modo di usarli; si deve dire: *il componente* **il** *consiglio* ovvero *il componente* **del** *consiglio?*; *il comandante* **il** *reparto* o **del** *reparto?*; *il dirigente* **lo** *stabilimento* o **dello** *stabilimento?* Risposta: *Come si usano i nomi derivati dai participi*

● quando quei vocaboli sono usati come sostantivi, va bene il complemento di specificazione, introdotto con la preposizione *di*: **un componente del** *consiglio*, vale a dire: "un membro del consiglio";

● quando, invece, sono usati come verbi, non vogliono la preposizione *di*: *il signor Tale,* **componente il** *consiglio,* cioè "che compone il consiglio".

Ed ecco qui sotto qualche altro esempio:

Il comandante del *reparto aveva ordinato il fuoco;*

Il colonnello **comandante** (= che comanda o comandava) **il** *reparto aveva ordinato il fuoco;*

Il dirigente (direttore) **dello** *stabilimento;*

L'ing. Rossi, **dirigente** (= che dirige) **lo** *stabilimento.*

Non pongono invece particolari problemi i sostantivi già participi passati; ma è bene sapere che esistono: un *deputato* è tale perché è stato "deputato", cioè incaricato dai suoi elettori a rappresentarli al Parlamento; lo *stato,* sia lo stato di salute sia quello che di solito si scrive con l'iniziale maiuscola per definire l'organizzazione politica della Nazione, altro non è che il participio passato del verbo *essere* (e di *stare,* che è tutt'uno).

E così sono ex participi passati: lo *stellato* e l'*infinito* nell'astronomia; il *quesito,* il *risultato,* il *postulato* nella matematica; il *tributo* nell'economia e lo *statuto* nella giurisprudenza; il *significato* e l'*attributo* nella grammatica; i *caduti* e i *defunti* nel camposanto; il *prevosto* (= preposto) in chiesa; l'*avvocato* e il suo cliente *imputato* nel tribunale; l'*impiegato* nell'ufficio e il *commesso* nella bottega; il *seminato* nell'agricoltura; lo *scantinato,* il *condotto* e il *porticato* nell'edilizia; lo *stampato,* il *comunicato,* la *raccomandata,* l'*espresso,* la *ricevuta* nella tipografia o nell'ufficio; una *battuta,* non importa se di caccia, nel discorso, nell'orchestra o nella macchina per scrivere; il *bollito* e lo *stufato* nella gastronomia; infine, per non deludere i ghiottoni, il *gelato,* il *frullato,* i *biscotti,* la *spremuta,* e altri cento (o mille) vocaboli vengono da participi di verbi oggi più o meno usati. E anche nomi femminili, come, oltre a quelli già menzionati, la *cantata,* la *ballata,* l'*armata,* l'*avanzata,* la *ritirata* e persino l'*insalata.*

I verbi in -izzare e il linguaggio "vàndalo-burocratico"

Già si lamentava, più di un secolo fa, il letterato e uomo politico piemontese Massimo D'Azeglio perché negli atti d'ufficio i buròcrati usavano un linguaggio che del vero italiano conservava ben poco: era un linguaggio degno dei barbari, egli scriveva, e richiamandosi ai Vàndali, che tra i barbari erano stati i più rozzi distruttori, lo definiva, in modo azzeccato, "vàndalo-burocratico".

Un suffisso moderno: -izzare

Il letterato e statista ottocentesco se la prendeva in particolare col vocabolo *centralizzazione,* che a sua volta era nato da un verbo *centralizzare,* oggi comune ma un secolo fa ancora ai primi passi. Accanto a *centralizzare* quanti altri verbi con quel suffisso *-izzare* hanno fatto in questo secolo una bella carriera, e non soltanto burocratica!

Economizzare, legalizzare, capitalizzare, ammortizzare, lottizzare, statalizzare, eccetera. I letterati *idealizzano*, i filosofi *ipotizzano*, i giornalisti *sensibilizzano* l'opinione pubblica, gli agronomi *fertilizzano* i campi, gli industriali *standardizzano* la produzione che poi i pubblicisti *reclamizzano* (e più *traumatizzano* il pubblico più *realizzano* vendite), e via "izzando" all'infinito.

Il nostro tempo è anche, più modestamente, *caratterizzato* dai pagamenti "a rate", ed ecco il verbo trionfatore della nostra piccola economia familiare: *rateizzare* (da non confondere naturalmente con *derattizzare*, che vuol dire liberare la casa dai "ratti": il diabolico suffisso serve dunque anche per i roditori).

Durante l'ultima guerra, una disgraziata città inglese, di nome Coventry, fu quasi distrutta dai bombardamenti aerei: come perdere l'occasione di coniare il verbo *coventrizzare*? Finita la guerra, poiché cadde il fascismo (che già aveva abbondantemente *fascistizzato* l'Italia), gli uomini politici si misero con entusiasmo a *democratizzare* la vita nazionale. Non tutti però d'accordo sul modo: chi la vuole *socialistizzare*, chi *comunistizzare*, chi *democristianizzare*, chi *liberalizzare*: ma sul suffisso, tutti d'accordo.

Quei pochi che non sono d'accordo continueranno a "tener pulita" la lingua, come "tengono pulita" la casa; gli altri forse (chi vivrà vedrà) la... "pulitizzeranno".

Atterrare, allunare e via dicendo

Cioè, diremo "ammartare" quando si andrà sul pianeta Marte, e "avvenerare", "aggiovare", "assaturnare" quando si andrà su Venere, Giove, Saturno. A noi sembra eccessivo, diciamo pure ridicolo. Dobbiamo usare, dunque, il verbo *atterrare* anche per gli altri pianeti, i quali non si chiamano *Terra*? Tutto sta nell'intendersi sul significato che ha comunemente il verbo *atterrare*. Per noi questo verbo significa transitivamente "buttare, far cadere a terra" e intransitivamente "scendere, calare a terra", dove *terra* ha, a sua volta, il significato di "suolo, superficie solida su cui si sta, si cammina". Quando, in un incontro di pugilato, un atleta va a terra, finisce sul legno del palco, non c'entra il concetto astronomico del pianeta Terra. Si può *atterrare* sul pavimento di casa, sull'asfalto della via, sulla banchisa di ghiaccio, sul tetto di una casa, su un materasso. Quindi, il verbo *atterrare* può servire benissimo anche per gli astronauti che toccano il suolo lunare. Del resto, noi usiamo il verbo *arrivare*, che in origine significava "avvicinarsi alla riva", anche senza riferimenti nautici; e lo stesso per *accostare*, che non significa soltanto "avvicinarsi alla costa". Un idrovolante può *ammarare* anche su un lago e su un fiume (nessuno s'è mai sognato di dire "affiumare" o "allagare").

Atterriamo anche sulla Luna

Con questo, non crediate che noi si voglia sparare a zero su questo neologismo, se non altro perché esso segna nel campo linguistico una data eccezionale delle grandi conquiste dell'uomo. Il verbo *allunare*, e il sostantivo *allunaggio*, possono dunque anch'essi avere una ragione di esistere, ma solo nel significato strettamente tecnico di concreto riferimento a un'operazione, con termini precisi, non generici (come quando un costruttore dice *inchiavardare* invece dei piú generici "unire", "collegare"):

L'astronave **ha allunato**;

*Le manovre per l'***allunaggio**.

Con tale precisa e limitata intenzione di linguaggio tecnico si può dire *allunare* e ammettere, per la fantascienza, anche qualche sprazzo di "fantalinguistica".

Elenco dei verbi irregolari piú frequentemente usati

Verbi irregolari

andare (*ausiliare* essere):

INDICATIVO - *pres.*: vado (vo), vai, va, andiamo, andate, vanno;

fut.: andrò, andrai, andrà, *ecc.*

CONGIUNTIVO - *pres.*: vada, andiamo, andiate, vadano.

CONDIZIONALE - *pres.*: andrei, andresti, andrebbe, *ecc.*

IMPERATIVO - *pres.*: va' (va, vai), andate.

apparire (*ausiliare* essere):

INDICATIVO - *pres.*: appaio (apparisco), appari (apparisci), appare (apparisce), appariamo, apparite, appaiono (appariscono);

pass. rem.: apparvi (apparíi, apparsi), aparisti, apparve (apparí, apparse), apparimmo, appariste, apparvero (apparirono, apparsero).

CONGIUNTIVO - *pres.*: appaia (apparisca), appariamo, appariate, appaiano (appariscano).

IMPERATIVO	- *pres.*: appari (apparisci), apparite.
PARTICIPIO	- *pass.*: apparso.

Seguono la medesima coniugazione comparire, scomparire, sparire.

applaudire (*ausiliare* avere):

INDICATIVO	- *pres.*: applaudo (applaudisco), *ecc.*
CONGIUNTIVO	- *pres.*: applauda (applaudisca), *ecc.*

aprire (*ausiliare* avere):

INDICATIVO	- *pass. rem.*: aprii (apersi), apristi, aprí (aperse), aprimmo, apriste, aprirono (apersero).
PARTICIPIO	- *pass.*: aperto.

assístere (*ausiliare* avere):

INDICATIVO	- *pass. rem.*: assistei (assistetti), assistesti, assisté (assistette), assistemmo, assisteste, assisterono (assistettero).
PARTICIPIO	- *pass.*: assistito.

assòlvere (*ausiliare* avere):

INDICATIVO	- *pass. rem.*: assolsi (assolvei, assolvetti), assolvesti, assolse (assolvé, assolvette), assolvemmo, assolveste, assolsero (assolvettero, assolverono).
PARTICIPIO	- *pass.*: assolto.

bére (*ausiliare* avere):

INDICATIVO	- *pass. rem.*: bevvi (bevei, bevetti), *ecc.*; →

fut.: berrò, *ecc.*

CONDIZIONALE - *pres.*: berrei, berresti, berrebbe, *ecc.*

Le altre forme regolari derivano da bévere.

---

cadére (*ausiliare* essere):

    INDICATIVO - *pass. rem.*: caddi, cadesti, cadde, cademmo, cadeste, caddero;

    fut.: cadrò, cadrai, cadrà, *ecc.*

    CONDIZIONALE - *pres.*: cadrei, cadresti, cadrebbe, *ecc.*

    PARTICIPIO - *pass.*: caduto.

Seguono la medesima coniugazione i composti come: accadére, decadére, scadére, *eccetera*.

---

cèdere (*ausiliare* avere):

    INDICATIVO - *pass. rem.*: cedetti (cedei), cedesti, cedette (cedé), cedemmo, cedeste, cedettero (cederono).

    PARTICIPIO - *pass.*: ceduto.

---

chièdere (*ausiliare* avere):

    INDICATIVO - *pass. rem.*: chiesi, chiedesti, chiese, chiedemmo, chiedeste, chiesero.

    PARTICIPIO - *pass.*: chiesto.

---

cògliere (*ausiliare* avere):

    INDICATIVO - *pres.*: colgo, cogli, coglie, cogliamo, cogliete, colgono;

    fut.: coglierò (corrò), *ecc.*

CONGIUNTIVO - *pres.*: colga, cogliamo, cogliate, colgano.

CONDIZIONALE - *pres.*: coglierei (*poetico* correi), *ecc.*

PARTICIPIO - *pass.*: còlto.

---

cómpiere
o
compíre (*ausiliare* avere):

    INDICATIVO - *pres.*: compio (compisco), compi (compisci), *ecc.*;

    imperf.: compivo (*raro* compievo), *ecc.*

    CONGIUNTIVO - *pres.*: compia (compisca), *ecc.*;

    imperf.: compissi (*raro* compiessi), *ecc.*

    IMPERATIVO - *pres.*: compi (compisci), *ecc.*

    PARTICIPIO - *pass.*: compiuto (compíto).

Anche adémpiere *o* adempíre *hanno le medesime forme.*

---

condurre (*ausiliare* avere):

    INDICATIVO - *pass. rem.*: condussi, conducesti, condusse, conducemmo, conduceste, condussero;

    fut.: condurrò, condurrai, condurrà, *ecc.*

    PARTICIPIO - *pass.*: condótto.

Le altre forme regolari derivano da condúcere. *Anche* addurre, dedurre, produrre, *eccetera, seguono la medesima coniugazione.*

---

conóscere (*ausiliare* avere):

    INDICATIVO - *pass. rem.*: conobbi, conoscesti, conobbe, conoscemmo, conosceste, conobbero.

    PARTICIPIO - *pass.*: conosciuto.

→

Uguale coniugazione per i composti, come: misconóscere, riconóscere, *eccetera.*

---

córrere (*ausiliari* essere *o* avere):

    INDICATIVO - *pass. rem.*: corsi, corresti, corse, corremmo, correste, corsero.

    PARTICIPIO - *pass.*: córso.

Uguale coniugazione per i composti, come: accórrere, discórrere, percórrere, ricórrere, soccórrere, *eccetera.*

---

créscere (*intransit. ausiliare* essere; *transit.* avere):

    INDICATIVO - *pass. rem.*: crebbi, crescesti, crebbe, crescemmo, cresceste, crebbero.

    PARTICIPIO - *pass.*: cresciuto.

Uguale coniugazione per i composti, come: accréscere, decréscere, rincréscere, *eccetera.*

---

cucire (*ausiliare* avere):

    INDICATIVO - *pres.*: cucio, cuciono.

    CONGIUNTIVO - *pres.*: cucia, *ecc.*

Le forme cucisco, cucisci, *ecc.;* cucisca, *ecc., sono dialettali, e perciò da non usare.*

---

cuòcere (*ausiliare* avere):

    INDICATIVO - *pres.*: cuocio, cuoci, cuoce, cociamo, cocete, cuociono;

                    pass. rem.: cossi, cocesti, cosse, cocemmo, coceste, cossero.

CONGIUNTIVO	- *pres.*: cuocia, cuociano.
PARTICIPIO	- *pass.*: còtto (*in senso proprio*: La vivanda è cotta); cociuto (*in senso figurato*: Questa rinuncia mi è cociuta).

Segue la regola del dittongo mobile.

---

dare (*ausiliare* avere):

    INDICATIVO - *pres.*: do, dài, dà, diamo, date, danno;

        pass. rem.: diedi (detti), desti, diede (dette), demmo, deste, diedero (dettero).

    CONGIUNTIVO - *pres.*: dia, diamo, diate, diano;

        imperf.: dessi, dessi, desse, dessimo, deste, dessero.

    IMPERATIVO - *pres.*: dà (da', dai), date.

Invece il composto circondare *segue la coniugazione regolare*: circondano; circondai; circondavo; circondi; circondassi; *eccetera*.

---

decídere (*ausiliare* avere):

    INDICATIVO - *pass. rem.*: decisi, decidesti, decise, decidemmo, decideste, decisero.

    PARTICIPIO - *pass.*: deciso.

---

dire (*ausiliare* avere):

    INDICATIVO - *pres.*: dico, dici, dice, diciamo, dite, dicono;

        pass. rem.: dissi, dicesti, disse, dicemmo, diceste, dissero;

        fut.: dirò, dirai, dirà, *ecc*.

→

CONGIUNTIVO - *pres.*: dica, diciamo, diciate, dicano.

CONDIZIONALE - *pres.*: direi, diresti, direbbe, *ecc.*

IMPERATIVO - *pres.*: di', dite.

PARTICIPIO - *pass.*: détto.

Le forme regolari derivano da dícere. Per i composti benedire, contraddire, disdire, maledire, predire, *eccetera*, v. a pag. 335.

---

dolére (*ausiliare* essere):
(dolérsi)

INDICATIVO - *pres.*: mi dolgo, ti duoli, si duole, ci doliamo (*meglio che* dogliamo), vi dolete, si dolgono;

pass. rem.: mi dolsi, ti dolesti, si dolse, ci dolemmo, vi doleste, si dolsero;

fut.: mi dorrò, ti dorrai, si dorrà, *ecc.*

CONGIUNTIVO - *pres.*: mi dolga, ti dolga, si dolga, ci doliamo (*meglio che* dogliamo), vi doliate (*meglio che* dogliate), si dolgano.

CONDIZIONALE - *pres.*: mi dorrei, ti dorresti, si dorrebbe, *ecc.*

IMPERATIVO - *pres.*: duoliti, doletevi.

PARTICIPIO - *pass.*: dolutosi.

---

dovére (*ausiliari* essere o avere):

INDICATIVO - *pres.*: devo (debbo), devi, deve, dobbiamo, dovete, devono (debbono);

pass. rem.: dovei (dovetti), dovesti, dové (dovette), dovemmo, doveste, dovettero (doverono);

fut.: dovrò, dovrai, dovrà, *ecc.*

CONGIUNTIVO	- *pres.*: deva (debba), *ecc.*
CONDIZIONALE	- *pres.*: dovrei, dovresti, dovrebbe, *ecc.*
PARTICIPIO	- *pass.*: dovuto.

eccèllere (*ausiliare* avere):

    INDICATIVO — *pass. rem.*: eccelsi, eccellesti, eccelse, eccellemmo, eccelleste, eccelsero.

    PARTICIPIO — *pass.*: eccèlso.

emèrgere (*ausiliare* essere):

    INDICATIVO — *pass. rem.*: emersi, emergesti, emerse, emergemmo, emergeste, emersero.

    PARTICIPIO — *pass.*: emèrso.

empire, *meno comune* **émpiere** (*ausiliare* avere):

    INDICATIVO — *pres.*: empio, empi, empie, empiamo, empite, empiono;

    pass. rem.: empíi, empisti, empí, *ecc.* (*meno comuni* empiei, empiesti, empié, *ecc.*).

    PARTICIPIO — *pass.*: empíto (empiuto).

Le forme empisco, empisci, *ecc.;* empisca, *ecc. sono dialettali, e perciò da non usare.*
Segue la medesima coniugazione anche riempire.

espèllere (*ausiliare* avere):

    INDICATIVO — *pass. rem.*: espulsi, espellesti, espulse, espellemmo, espelleste, espulsero.

    PARTICIPIO — *pass.*: espulso.

→

fare   (*ausiliare* avere):

    INDICATIVO   - *pres.*: faccio (fo), fai, fa, facciamo, fate, fanno;

        pass. rem.: feci, facesti, fece, facemmo, faceste, fecero;

        fut.: farò, farai, farà, *ecc.*

    CONGIUNTIVO - *pres.*: faccia, *ecc.*;

        imperf.: facessi, facessi, facesse, *ecc.*

    CONDIZIONALE - *pres.*: farei, faresti, farebbe, *ecc.*

    IMPERATIVO - *pres.*: fa' (fa, fai), fate.

    PARTICIPIO - *pres.*: facènte;

        pass.: fatto.

Le altre forme regolari derivano da fàcere. *Per i composti come*: disfàre, rifàre, soddisfàre, *eccetera*, v. *a pag. 325.*

---

fóndere   (*ausiliare* avere):

    INDICATIVO   - *pass. rem.*: fusi, fondesti, fuse, fondemmo, fondeste, fusero.

    PARTICIPIO   - *pass.*: fuso.

Seguono la medesima coniugazione i composti come: confóndere, diffóndere, rifóndere, *eccetera.*

---

giacére   (*ausiliari* essere, *talvolta* avere):

    INDICATIVO   - *pres.*: giaccio, giaci, giace, giacciamo, giacete, giacciono;

        pass. rem.: giacqui, giacesti, giacque, giacemmo, giaceste, giacquero.

CONGIUNTIVO	- *pres.*: giaccia, giacciamo, giacciate, giacciano.
PARTICIPIO	- *pass.*: giaciuto.

Per il raddoppio della c, v. a pag. 331.

---

giúngere (*ausiliare* essere):

INDICATIVO	- *pass. rem.*: giunsi, giungesti, giunse, giungemmo, giungeste, giunsero.
PARTICIPIO	- *pass.*: giunto.

Seguono la medesima coniugazione i composti come: aggiúngere, congiúngere, raggiúngere, soggiúngere, *eccetera*.

---

indúlgere (*ausiliare* avere):

INDICATIVO	- *pass. rem.*: indulsi, indulgesti, indulse, indulgemmo, indulgeste, indulsero.
PARTICIPIO	- *pass.*: indulto.

---

lèggere (*ausiliare* avere):

INDICATIVO	- *pass. rem.*: lessi, leggesti, lesse, leggemmo, leggeste, lessero.
PARTICIPIO	- *pass.*: lètto.

Medesima coniugazione anche per elèggere *e* rilèggere.

---

méttere (*ausiliare* avere):

INDICATIVO	- *pass. rem.*: misi, mettesti, mise, mettemmo, metteste, misero.
PARTICIPIO	- *pass.*: mésso.

→

mòrdere	(*ausiliare* avere):	
	INDICATIVO	- *pass. rem.*: morsi, mordesti, morse, mordemmo, mordeste, morsero.
	PARTICIPIO	- *pass.*: mòrso.

morire	(*ausiliare* essere):	
	INDICATIVO	- *pres.*: muoio, muori, muore, moriamo, morite, muoiono;
		fut.: morrò (morirò), morrai (morirai), morrà (morirà), *ecc.*
	CONGIUNTIVO	- *pres.*: muoia, moriamo, moriate, muoiano.
	PARTICIPIO	- *pass.*: mòrto.

Segue la regola del dittongo mobile.

muòvere	(*ausiliare* avere):	
	INDICATIVO	- *pass. rem.*: mossi, movesti, mosse, movemmo, moveste, mossero.
	PARTICIPIO	- *pass.*: mòsso.

Segue la regola del dittongo mobile.

nàscere	(*ausiliare* essere):	
	INDICATIVO	- *pass. rem.*: nacqui, nascesti, nacque, nascemmo, nasceste, nacquero.
	PARTICIPIO	- *pass.*: nato.

nuòcere	(*ausiliare* avere):	
	INDICATIVO	- *pres.*: nuoccio (noccio), nuoci, nuoce, no-

ciamo, nocete, nuocciono (nocciono);

pass. rem.: nocqui, nocesti, nocque, nocemmo, noceste, nocquero.

CONGIUNTIVO - *pres.*: nuoccia, nociamo, nociate, nuocciano.

PARTICIPIO - *pass.*: nociuto.

Segue la regola del dittongo mobile.

---

offrire (*ausiliare* avere):

INDICATIVO - *pass. rem.*: offríi (offersi), offristi, offrí (offerse), offrimmo, offriste, offrirono (offersero).

PARTICIPIO - *pres.*: offrente (offerente);

pass.: offèrto.

---

parére (*ausiliare* essere):

INDICATIVO - *pres.*: paio, pari, pare, pariamo (paiamo), parete, paiono;

pass. rem.: parvi, paresti, parve, paremmo, pareste, parvero;

fut.: parrò, parrai, parrà, *ecc.*

CONGIUNTIVO - *pres.*: paia, pariamo (paiamo), pariate (paiate), paiano.

CONDIZIONALE - *pres.*: parrei, parresti, parrebbe, *ecc.*

PARTICIPIO - *pres.*: parvente;

pass.: parso.

→

pèrdere (*ausiliare* avere):

INDICATIVO - *pass. rem.*: perdei (perdetti, persi), perdesti, perdé (perdette, perse), perdemmo, perdeste, perderono (perdettero, persero).

PARTICIPIO - *pass.*: pèrso (perduto).

piacére (*ausiliare* essere):

INDICATIVO - *pres.*: piaccio, piaci, piace, piacciamo, piacete, piacciono;

pass. rem.: piacqui, piacesti, piacque, piacemmo, piaceste, piacquero.

CONGIUNTIVO - *pres.*: piaccia, piacciamo, piacciate, piacciano.

PARTICIPIO - *pass.*: piaciuto.

Per il raddoppio della c, v. a pag. 332. Seguono la medesima coniugazione i composti come: compiacére, dispiacére, *eccetera.*

piàngere (*ausiliare* avere):

INDICATIVO - *pass. rem.*: piansi, piangesti, pianse, piangemmo, piangeste, piansero.

PARTICIPIO - *pass.*: pianto.

pòrgere (*ausiliare* avere):

INDICATIVO - *pass. rem.*: porsi, porgesti, porse, porgemmo, porgeste, porsero.

PARTICIPIO - *pass.*: pòrto.

pórre (*ausiliare* avere):

    INDICATIVO - *pres.*: pongo, poni, pone, poniamo, ponete, pongono;

    pass. rem.: posi, ponesti, pose, ponemmo, poneste, posero;

    fut.: porrò, porrai, porrà, *ecc.*

    CONGIUNTIVO - *pres.*: ponga, poniamo, poniate, pongano.

    CONDIZIONALE - *pres.*: porrei, porresti, porrebbe, *ecc.*

    PARTICIPIO - *pass.*: pósto.

Le forme regolari derivano da pónere. *Seguono la medesima coniugazione i composti come:* antepórre, compórre, depórre, dispórre, oppórre, propórre, suppórre, *eccetera*.

---

potére (*ausiliari* essere *o* avere):

    INDICATIVO - *pres.*: posso, puoi, può, possiamo, potete, possono;

    fut.: potrò, potrai, potrà, *ecc.*

    CONGIUNTIVO - *pres.*: possa, possiamo, possiate, possano.

    CONDIZIONALE - *pres.*: potrei, potresti, potrebbe, *ecc.*

    PARTICIPIO - *pass.*: potuto.

---

prèndere (*ausiliare* avere):

    INDICATIVO - *pass. rem.*: presi, prendesti, prese, prendemmo, prendeste, presero.

    PARTICIPIO - *pass.*: préso.

Seguono la medesima coniugazione i composti come: apprèndere, comprèndere, intraprèndere, riprèndere, sorprèndere, *eccetera*.

→

redígere (*ausiliare* avere):

    INDICATIVO - *pres.*: redigo, redigi, *ecc.*;

    pass. rem.: redassi, redigesti, redasse, redigemmo, redigeste, redassero (*meno comune ma corretto*: redigei, redigesti, redigé *o* redigette).

    PARTICIPIO - *pass.*: redatto.

retrocèdere (*ausiliari* essere *o* avere):

    INDICATIVO - *pass. rem.*: retrocedetti (retrocessi, retrocedei), retrocedesti, retrocedette (retrocesse, retrocedé), retrocedemmo, retrocedeste, retrocedettero (retrocessero, retrocederono).

    PARTICIPIO - *pass.*: retrocèsso (retroceduto).

riflèttere (*ausiliare* avere):

    INDICATIVO - *pass. rem.*: riflettei (riflessi), riflettesti, rifletté (riflesse), riflettemmo, rifletteste, rifletterono (riflessero).

    PARTICIPIO - *pass.*: riflèsso (riflettuto).

Per la differenza tra riflesso e riflettuto v. a pag. 334.

rimanére (*ausiliare* essere):

    INDICATIVO - *pres.*: rimango, rimani, rimane, rimaniamo, rimanete, rimangono;

    pass. rem.: rimasi, rimanesti, rimase, rimanemmo, rimaneste, rimasero;

    fut.: rimarrò, rimarrai, rimarrà, *ecc.*

    CONGIUNTIVO - *pres.*: rimanga, rimaniamo, rimaniate, rimangano.

CONDIZIONALE - *pres.*: rimarrei, rimarresti, rimarrebbe, *ecc.*

PARTICIPIO - *pass.*: rimasto.

rómpere (*ausiliare* avere):

INDICATIVO - *pass. rem.*: ruppi, rompesti, ruppe, rompemmo, rompeste, ruppero.

PARTICIPIO - *pass.*: rótto.

Seguono la medesima coniugazione i composti come: corrómpere, interrómpere, irrómpere, *eccetera.*

salire (*ausiliari* essere, *talvolta* avere):

INDICATIVO - *pres.*: salgo, sali, sale, saliamo, salite, salgono;

pass. rem.: salíi, salisti, salí, *ecc.*

CONGIUNTIVO - *pres.*: salga, saliamo, saliate, salgano.

Seguono la medesima coniugazione assalire, risalire, trasalire.

sapére (*ausiliare* avere):

INDICATIVO - *pres.*: so, sai, sa, sappiamo, sapete, sanno;

pass. rem.: seppi, sapesti, seppe, sapemmo, sapeste, seppero;

fut.: saprò, saprai, saprà, *ecc.*

CONGIUNTIVO - *pres.*: sappia, *ecc.*

CONDIZIONALE - *pres.*: saprei, sapresti, saprebbe, *ecc.*

IMPERATIVO - *pres.*: sappi, sappiate.

PARTICIPIO - *pres.*: sapiente (*usato solo come aggettivo o nome*);

→

pass.: saputo.

scégliere (*ausiliare* avere):

    INDICATIVO - *pres.*: scelgo, scegli, sceglie, scegliamo, scegliete, scelgono;

    pass. rem.: scelsi, scegliesti, scelse, scegliemmo, sceglieste, scelsero.

    CONGIUNTIVO - *pres.*: scelga, scegliamo, scegliate, scelgano.

    PARTICIPIO - *pass.*: scélto.

scéndere (*ausiliari* essere, *talvolta* avere):

    INDICATIVO - *pass. rem.*: scesi, scendesti, scese, scendemmo, scendeste, scesero.

    PARTICIPIO - *pass.*: scéso.

Seguono la medesima coniugazione ascéndere *e* discéndere.

sciògliere (*ausiliare* avere):

    INDICATIVO - *pres.*: sciolgo, sciogli, scioglie, sciogliamo, sciogliete, sciolgono;

    pass. rem.: sciolsi, sciogliesti, sciolse, sciogliemmo, scioglieste, sciolsero.

    CONGIUNTIVO - *pres.*: sciolga, sciogliamo, sciogliate, sciolgano.

    PARTICIPIO - *pass.*: sciòlto.

scrívere (*ausiliare* avere):

    INDICATIVO - *pass. rem.*: scrissi, scrivesti, scrisse, scrivemmo, scriveste, scrissero.

| | | PARTICIPIO | - *pass.*: scritto. |

soffrire (*ausiliare* avere):

        INDICATIVO   - *pass. rem.*: soffríi (soffersi), soffristi, soffrí (sofferse), soffrimmo, soffriste, soffrirono (soffersero).

        PARTICIPIO   - *pres.*: soffrente *o* sofferente (*piú usati come aggettivi e nomi*);

                          pass.: soffèrto.

sopprímere (*ausiliare* avere):

        INDICATIVO   - *pass. rem.*: soppressi, sopprimesti, soppresse, sopprimemmo, sopprimeste, soppressero.

        PARTICIPIO   - *pass.*: sopprèsso.

sórgere (*ausiliare* essere):

        INDICATIVO   - *pass. rem.*: sorsi, sorgesti, sorse, sorgemmo, sorgeste, sorsero.

        PARTICIPIO   - *pass.*: sórto.

Seguono la medesima coniugazione insórgere *e* risórgere.

spàndere (*ausiliare* avere):

        INDICATIVO   - *pass. rem.*: spandei (*meno comune* spandetti *o anche poetico* spansi), spandesti, spandé (spandette, spanse), spandemmo, spandeste, spanderono (spandettero, spansero).

        PARTICIPIO   - *pass.*: spanso (*rari* spanduto, spanto).

Segue la medesima coniugazione espàndere.

→

spègnere (*ausiliare* avere):
o **spèngere**

    INDICATIVO   - *pres.*: spengo, spegni (spengi), spegne (spenge), spegniamo (spengiamo), spegnete (spengete), spengono.

                          Cosí in tutti gli altri tempi semplici, accanto alle forme in spegn-, *si usano, specialmente in Toscana, le forme in* speng-.

    PARTICIPIO   - *pass.*: spènto.

---

stare   (*ausiliare* essere):

    INDICATIVO   - *pres.*: sto, stai, sta, stiamo, state, stanno;

                        pass. rem.: stetti, stesti, stette, stemmo, steste, stettero.

    CONGIUNTIVO   - *pres.*: stia, *ecc.*;

                        imperf.: stessi, stesse, stessimo, steste, stessero.

    IMPERATIVO   - *pres.*: sta (sta', stai), state.

    PARTICIPIO   - *pass.*: stato.

Ricordiamo che i verbi restare *e* contrastare *seguono la coniugazione regolare.*

---

succèdere   (*ausiliare* essere):

    INDICATIVO   - *pass. rem.*: successi (succedetti, succedei), succedesti, successe (succedette, succedé), succedemmo, succedeste, successero (succedettero, succederono).

    PARTICIPIO   - *pass.*: succèsso (succeduto).

Per la differenza tra succèsso *e* succeduto *v. a pag. 334.*

tacére   (*ausiliare* avere):

    INDICATIVO - *pres.*: taccio, taci, tace, tacciamo, tacete, tacciono;

    pass. rem.: tacqui, tacesti, tacque, tacemmo, taceste, tacquero.

    CONGIUNTIVO - *pres.*: taccia, tacciamo, tacciate (*errate le forme* taciamo, taciate), tacciano.

    PARTICIPIO - *pass.*: taciuto.

Per il raddoppio della c, v. a pag. 332.

tògliere   (*ausiliare* avere):

    INDICATIVO - *pres.*: tolgo, togli, toglie, togliamo, togliete, tolgono;

    pass. rem.: tolsi, togliesti, tolse, togliemmo, toglieste, tolsero;

    fut.: toglierò (torrò), toglierai (torrai), toglierà (torrà), *ecc.*

    CONGIUNTIVO - *pres.*: tolga, togliamo, togliate, tolgano.

    CONDIZIONALE - *pres.*: toglierei (torrei), toglieresti (torresti), toglierebbe (torrebbe), *ecc.*

    PARTICIPIO - *pass.*: tòlto.

trarre   (*ausiliare* avere):

    INDICATIVO - *pres.*: traggo, trai, trae, traiamo (tragghiamo), traete, traggono;

    pass. rem.: trassi, traesti, trasse, traemmo, traeste, trassero;

    fut.: trarrò, trarrai, trarrà, *ecc.*

→

CONGIUNTIVO - *pres.*: tragga, traiamo (tragghiamo), traiate (tragghiate), traggano.

CONDIZIONALE - *pres.*: trarrei, trarresti, trarrebbe, *ecc.*

IMPERATIVO - *pres.*: trai, traete.

PARTICIPIO - *pass.*: tratto.

Le altre forme regolari derivano da un infinito latineggiante: tràere. *Seguono la medesima coniugazione i composti* attrarre, contrarre, detrarre, protrarre, *eccetera.*

udire (*ausiliare* avere):

INDICATIVO - *pres.*: odo, odi, ode, udiamo, udite, odono;

fut.: udirò (udrò), udirai (udrai), udirà (udrà), *ecc.*

CONGIUNTIVO - *pres.*: oda, udiamo, udiate, odano.

CONDIZIONALE - *pres.*: udirei (udrei), udiresti (udresti), udirebbe (udrebbe), *ecc.*

IMPERATIVO - *pres.*: odi, udite.

PARTICIPIO - *pres.*: udente (udiente);

pass.: udito.

uscire (*ausiliare* essere):

INDICATIVO - *pres.*: esco, esci, esce, usciamo, uscite, escono.

CONGIUNTIVO - *pres.*: esca, usciamo, usciate, escano.

IMPERATIVO - *pres.*: esci, uscite.

Si conserva cioè la e *iniziale quando è accentata. Segue la medesima coniugazione* riuscire.

valére   (*ausiliare* essere):

        INDICATIVO - *pres.*: valgo, vali, vale, valiamo, valete, valgono;

        pass. rem.: valsi, valesti, valse, valemmo, valeste, valsero;

        fut.: varrò, varrai, varrà, *ecc.*

        CONDIZIONALE - *pres.*: varrei, varresti, varrebbe, *ecc.*

        PARTICIPIO - *pass.*: valso.

vedére   (*ausiliare* avere):

        INDICATIVO - *pass. rem.*: vidi, vedesti, vide, vedemmo, vedeste, videro;

        fut.: vedrò, vedrai, vedrà, *ecc.*

        CONDIZIONALE - *pres.*: vedrei, vedresti, vedrebbe, *ecc.*

        PARTICIPIO - *pass.*: visto (veduto).

Medesima coniugazione per i composti come: intravedére, prevedére, provvedére, *eccetera. Per la differenza tra* provvisto *e* provveduto *v. a pag. 334.*

venire   (*ausiliare* essere):

        INDICATIVO - *pres.*: vengo, vieni, viene, veniamo, venite, vengono;

        fut.: verrò, verrai, verrà, *ecc.*

        CONGIUNTIVO - *pres.*: venga, veniamo, veniate, vengano.

        CONDIZIONALE - *pres.*: verrei, verresti, verrebbe, *ecc.*

        IMPERATIVO - *pres.*: vieni, venite.

        PARTICIPIO - *pres.*: venente (veniente);

→

pass.: venuto.

Seguono la medesima coniugazione i composti come: addivenire, avvenire, convenire, intervenire, provenire, sovvenire, *eccetera*.

---

víncere   (*ausiliare* avere):

    INDICATIVO   - *pass. rem.*: vinsi, vincesti, vinse, vincemmo, vinceste, vinsero.

    PARTICIPIO   - *pass.*: vinto.

---

vívere   (*ausiliari* essere *e* avere):

    INDICATIVO   - *pass. rem.*: vissi, vivesti, visse, vivemmo, viveste, vissero;

                    fut.: vivrò, vivrai, vivrà, *ecc.*

    CONDIZIONALE - *pres.*: vivrei, vivresti, vivrebbe, *ecc.*

    PARTICIPIO   - *pass.*: vissuto.

---

volére   (*ausiliari* essere *o* avere):

    INDICATIVO   - *pres.*: voglio, vuoi, vuole, vogliamo, volete, vogliono;

                    pass. rem.: volli, volesti, volle, volemmo, voleste, vollero;

                    fut.: vorrò, vorrai, vorrà, *ecc.*

    CONGIUNTIVO - *pres.*: voglia, *ecc.*

    CONDIZIONALE - *pres.*: vorrei, vorresti, vorrebbe, *ecc.*

    IMPERATIVO   - *pres.*: voglia, vogliate.

    PARTICIPIO   - *pass.*: voluto.

> **vòlgere** (*ausiliare* avere):
>
> INDICATIVO - *pass. rem.*: volsi, volgesti, volse, volgemmo, volgeste, volsero.
>
> PARTICIPIO - *pass.*: vòlto.

Capitolo XVI

LE ALTRE RUOTE DELL'INGRANAGGIO

L'avverbio

Nella complessa macchina del discorso tutto funziona a meraviglia; ma basterebbe togliere una rotella e quella macchina s'incepperebbe. Le quattro parti del discorso che non si declinano né si coniugano, non hanno dunque singolare e plurale, maschile e femminile, sono cioè *invariabili*, anche se meno vistose delle altre cinque parti delle quali abbiamo sinora parlato, hanno ciascuna una propria funzione: se non ci fossero, la macchina girerebbe talvolta a vuoto, sarebbe un aggeggio incompleto e rudimentale.

Incominciamo dall'**avverbio** (definizione derivata dal latino *ad verbum*, per significare che si colloca accanto ad altra parola per conferire un particolare significato all'espressione). Andiamo a cercare gli avverbi in alcune righe di un brano d'Ippolito Nievo:

L'avverbio

> *Il buon capitano confondeva* **assai facilmente** *le date; ma* **non** *dimenticava* **mai** *ogni primo del mese di farsi pagare dal fattore venti ducati* **come** *comandante delle Cernide. Quel giorno era la sua festa. Mandava* **fuori** *all'alba due tamburi, i quali fino a mezzanotte strepitavano ai quattro cantoni della giurisdizione.* **Poi** *nel dopopranzo...*

Avrete notato come i sette avverbi, che abbiamo trascritto in carattere grassetto, abbiano funzioni logiche diverse: di quantità (*assai*), di modo (*facilmente, come*), di negazione (*non*), di tempo (*mai, poi*), di luogo (*fuori*). Ma esistono anche altri tipi di avverbi: gli affermativi (*sí, certo, appunto,*

Specie di avverbi

eccetera); i dubitativi (*forse, magari, probabilmente*, eccetera); gli aggiuntivi (*anche, inoltre, altresí*, eccetera).

Gli avverbi derivano talvolta direttamente da analoghe forme, quasi sempre latine:

bene, male, contro, qui, invece, magari (quest'ultimo dal greco);

altri hanno la finale **-mente**:

*atten**ta**mente, len**ta**mente, certa**mente**,* eccetera;

o la finale **-oni**:

*car**poni**, ciondol**oni**, tas**toni**,* eccetera;

o altre finali meno comuni:

volentieri, assai, eccetera.

Parecchi avverbi sono formati da un aggettivo, che rimane invariato come se fosse singolare maschile:

molto, poco, forte, piano, certo, eccetera.

Gli avverbi in -mente

Gli avverbi con finale *-mente* si sono formati unendo un aggettivo con il nome latino *mente*: *attenta* **mente** significa in latino "con mente attenta"; *lenta* **mente** "con mente lenta", eccetera; donde poi il significato di "modo" oltre che di "mente": *celer***mente** (= in modo celere); *certa***mente** (= in modo certo); eccetera.

Gli avverbi in -oni

Con gli avverbi in *-oni* è inutile aggiungere la preposizione *a*:

Procedemmo **carponi** (e non "a carponi");

Camminava **gattoni** (e non "a gattoni").

Talvolta si ricorre a **locuzioni avverbiali** come: *a cavalcioni* (dove è implicito il concetto "essere, stare a cavalcioni") e popolarmente anche:

a tastoni, a tentoni, a ruzzoloni, a ciondoloni, eccetera;

meglio, però, usare semplicemente: *tastoni, tentoni, ruzzoloni, ciondoloni,* e cosí via.

Avverbi derivati da aggettivi

Quando l'avverbio è semplice trasformazione di un aggettivo, quest'ultimo non importa se riferito a parola singolare o plurale, maschile o femminile, rimane sempre come se fosse singolare maschile. Può capitare che invece dell'avverbio si voglia a bella posta usare l'aggettivo, come quando si dice:

> *Quei ragazzi camminavano* **lesti**;

> *Le donne si agitavano e piangevano* **scomposte**,

o, come si udiva in un motto pubblicitario alla radio-televisione:

> *Il liquore che si beve* **facile**.

Ma in tali casi non si tratta di avverbi, bensí di aggettivi, che si concordano con i nomi ai quali sono riferiti.

Qui, costí e lí; qua, costà, là e colà

Sono avverbi di luogo e la differenza di significato tra **qui**, **costí** e **lí** è la medesima, già piú volte spiegata in questo libro, che intercorre tra *questo*, *codesto* e *quello*. Cioè:

Gli avverbi di luogo qui, costí, e lí

qui	= in *questo* luogo	(cioè vicino a chi parla o scrive);
costí	= in *codesto* luogo	(cioè dove si trova l'interlocutore o destinatario);
lí	= in *quel* luogo	(distinto sia da chi parla o scrive sia da chi ascolta o riceve lo scritto).

Se dunque scrivete, o telefonate, a un vostro conoscente in Sicilia e volete avere notizie del clima che c'è in quell'isola, la vostra domanda, per essere corretta, dovrà essere espressa cosí:

> *Che tempo avete* **costí**?

e non già *lí*, come invece tanti impropriamente dicono e scrivono.

Quegli avverbi di luogo, tanto comuni nel nostro discorso, talvolta appaiono nelle forme **qua**, **costà**, **là** e **colà**. La differenza tra il gruppo con finale *-i* e il gruppo con finale *-a* è minima e non sempre osservata anche dagli scrittori: originariamente *qui*, *costí* e *lí* indicavano un luogo piú strettamente determinato; *qua*, *costà*, *là* e *colà* erano usati per un riferimento di luogo meno precipuamente determinato, cioè un po' piú vago:

Gli avverbi di luogo qua, costà, là e colà

> **Siediti qui** (e non "qua") *vicino a me*;

> *Resta fermo* **costí** (meglio che *costà*);

Come trascorri il tuo tempo **costà**?

L'automobile ci aspetterà **lí** (= in un determinato punto);

Mi piacerebbe vivere ancora **là** (= in quel luogo).

L'avverbio quivi

L'avverbio **quivi**, che non deriva da *qui* bensí dal latino *ibi*, significa "in quel luogo": è dunque simile piuttosto a *lí* e a *colà* che non a *qui*.

Ovunque

Ovunque, dovunque, dappertutto

Ovunque, o **dovunque**, non deve essere usato con il medesimo valore assoluto di *dappertutto*: questo avverbio, come del resto anche il pronome *chiunque* e l'aggettivo *qualunque*, serve per collegare due proposizioni — assume perciò anche valore di "congiunzione" — nel periodo:

Lo troverò, **dovunque** (= in qualunque luogo dove) *io vada*.

Non direte: *Gente buona e misericordiosa esiste* "dovunque", bensí: **dappertutto** (oppure: **dovunque** *voi andiate*, o qualcosa di simile).

Bene, piú bene o meglio

Comparativi e superlativi

Come da *buono* si hanno il comparativo *migliore* (= piú buono) e il superlativo assoluto *ottimo* (= bonissimo), cosí dall'avverbio **bene** si hanno il comparativo **meglio** (= piú bene) e il superlativo **ottimamente** (= benissimo). Discorso che vale anche per:

male	*peggio*	*pessimamente*
grandemente	*maggiormente*	*massimamente* o *grandissimamente*
molto	*piú*	*plurimamente* (però non nell'uso)
poco	*meno*	*minimamente*
sopra	*superiormente*	*supremamente* o *sommamente*
sotto	*inferiormente*	*infimamente*

A noi interessa, dato il fine di questo libro, decidere quale forma sia da preferirsi: quella normale, cioè con il *piú* per il comparativo e la finale *-issimamente* per il superlativo, o quell'altra che, a proposito dei corrispondenti aggettivi, definimmo "alla latina"?

La risposta è questa: per i comparativi è piú frequente, e forse per questo appare piú elegante, la forma alla latina: *meglio, peggio, maggiormente, piú, meno*, mentre *piú sopra, piú sotto* sono parimenti usati come *superiormente* e *inferiormente*. Certe forme come "piú bene" e "piú male" sono da evitare; addirittura un grave errore "piú molto". Soltanto quando *bene* o *male* hanno valore di sostantivo si ricorre al comparativo con il *piú*:

Ha fatto **piú bene** *lui alla patria che non tutti gli altri;*

Hai fatto **piú male** *tu con il tuo intervento che gli altri con la loro noncuranza.*

Tra i superlativi, mentre *massimamente* prevale sul troppo lungo *grandissimamente*, e *ottimamente* e *benissimo* si pareggiano nell'uso, per gli altri prevalgono le forme normali: *malissimo, moltissimo, pochissimo* (tuttavia, in certi casi, si preferisce *minimamente*); infine, degli avverbi *sopra* e *sotto* non esistono altri superlativi se non quelli alla latina: *supremamente* (o *sommamente*) e *infimamente*.

Potrà sembrare inutile, ma per un eccesso di scrupolo vogliamo concludere il paragrafo raccomandando ai distratti e ai meno ferrati nell'ortografia di stare bene attenti a non cadere in svarioni del genere "piú meglio" e "molto ottimo". Non occorre spiegare perché non sono soltanto errori, ma addirittura strafalcioni.

Avverbi al rimorchio

Se "agganciamo" (come fa il camionista o il ferroviere) l'avverbio *sopra* al verbo *venire*, ne risulta il verbo *sopravvenire*. Avete notato che da una sola *v* ne sono saltate fuori due.

Adesso invece uniamo l'avverbio *sotto* con il verbo *valutare*: si forma il verbo *sottovalutare*, con una sola *v*.

Da chi dipende il fatto contraddittorio? Non dal verbo: se avessimo unito *valutare* all'avverbio *sopra* il raddoppiamento della *v* ci sarebbe stato: *sopravvalutare*, e non "sopravalutare".

Dipende proprio dalla natura dell'avverbio. Diamo qui una piccola norma pratica:

● dopo *sopra* e *contra* (forma latina, quest'ultima) se la parola che segue incomincia con una sola consonante, questa consonante si raddoppia.

Ciò vale anche quando *sopra* e *contra* sono preposizioni e non avverbi,

Avverbi che raddoppiano

come avremo modo di vedere quando parleremo delle preposizioni.
Esempi di verbi formati con l'avverbio *sopra*:

*sopra**gg**iungere, sopra**nn**ominare, sopra**ss**edere.*

Invece *sopravanzare* con una sola *v* perché la fusione è avvenuta tra *sopra* e il verbo *avanzare*.
Esempi di verbi formati con l'avverbio latino *contra*:

*contra**bb**andare, contra**cc**ambiare, contra**dd**ire.*

Anche dopo *sovra* (che è lo stesso di *sopra*) e dopo *infra* (che in latino ha il significato di "sotto" e nello stesso tempo anche di "in mezzo") la consonante deve raddoppiarsi. Per esempio:

*sovra**cc**aricare, sovra**ff**aticare, sovra**pp**orre, infra**mm**ettere, infra**mm**ischiare, infra**pp**orre,* eccetera;

Avverbi che non raddoppiano

● quando invece gli avverbi (o preposizioni) iniziali sono: *contro, sotto, ante* (= davanti), *intra, intro* (= dentro), normalmente non avviene il raddoppiamento della consonante. Esempi:

*contro**b**attere, sotto**m**ettere, ante**p**orre, intra**v**edere, intro**d**urre.*

Come abbiamo detto, la questione riguarda piú spesso le preposizioni che non gli avverbi. Ci sono anche fusioni in una sola parola di avverbi tra loro, come per esempio in:

quaggiú, lassú, giammai, piuttosto, viepiú;

oppure di avverbi con altre parti nel discorso, come:

almeno, inoltre, ancóra, tuttora, talora, neanche, nemmeno, neppure, eccetera.

Avverbi composti

In linea di massima il raddoppiamento della consonante in tali avverbi composti avviene quando la vocale che precede è accentata (*giammai, costaggiú*), oppure quando la prima componente è un monosillabo (*semmai, seppure*), o, come abbiamo visto nella fusione con i verbi, è *sopra* o *contra* (*sopracciglio, soprappiú, contrabbasso, contraccolpo*). Per tale ragione la forma corretta è **viepiú** e non "vieppiú" (*vie+piú*).
Per alcuni avverbi cosí composti esiste spesso incertezza se sia meglio scrivere unito o separato:

press'a poco o *pressappoco, tutt'al piú* o *tuttalpiú, per lo meno* o *perlomeno, per di piú* o *perdipiú.*

Sono tutte forme corrette, e potrete scegliere quella che piú vi piace.

È piú usata, e perciò consigliabile, la forma *tuttora* rispetto a *tutt'ora*, anche per affinità con *ancora*, *talora*, che tutti scrivono con parola unita. Anche *insomma* prevale nettamente su *in somma*, che oggi sonerebbe antiquato, come *a posta* e *a pena*, che ormai piú nessuno scrive.

"A gratis", bruttissimo errore!

Il piacevole avverbio **gratis** non è propriamente un derivato del latino, è latino autentico; perciò c'è chi lo scrive in corsivo e chi lo pone tra virgolette. Ma non occorre, perché è ormai passato nel linguaggio italiano comune e, a differenza di tante altre parole latine che ne sono uscite perché considerate erudite o pedantesche, vi è rimasto gradito da tutti, al posto del piú lungo *gratuitamente*.

Ma attenzione: non dite, ché sarebbe grosso errore, "a gratis". Chi dice cosí (e non sono pochi, purtroppo) s'è lasciato ingannare dalle espressioni "a buon mercato, a sbafo", eccetera; ma qui è ben diverso: *gratis*, in latino, è la contrazione di *gràtiis* e vuol dire: "per le grazie", "per i favori" e simili. Perciò bisogna lasciarlo immutato; il suo significato è chiaro: le "grazie" sono del negoziante, del padrone, di quello insomma che offre "graziosamente" le buone cose che non costan niente. Diciamo dunque:

Oggi si mangia **gratis**;

Siamo entrati **gratis** *a teatro*;

Viaggeremo **gratis**.

Mai e giammai

Finché è solo, quel **mai** è molto energico nel rifiutare. « Quando farai ciò? » Risposta molto breve ma altrettanto esplicita: « *Mai* ». Qualche volta il terribile avverbio si presenta scortato da un suo socio, l'avverbio *già*, e cosí rinforzato incute ancora piú rispetto: **giammai**. Quando proprio è di cattivo umore, è capacissimo di rincarare la dose cosí: *mai e poi mai*. Ma se lo metti insieme con un verbo, se lo confondi nel contesto di una frase, diventa debole e addirittura ambiguo. *Entreremo* **mai** *in quella casa*: si sente che manca qualcosa, quel povero *mai* non si regge bene in piedi. Aggiungiamo l'avverbio negativo *non*; allora la frase diventa: **Non** *entreremo* **mai** *in quella casa*. Oppure, per ridonare al solo *mai* tutta la sua baldanza, bisogna isolarlo in principio, metterlo insomma prima del verbo: **Mai** *entreremo in quella casa*. Dunque:

Uso di mai

● in italiano l'avverbio *mai*, per esplicare la sua funzione negativa nel discorso, deve essere accompagnato dall'avverbio *non*, (a meno che, per dare un particolare tono all'espressione, il *mai* sia collocato prima del verbo).

Aggiungiamo che talvolta si usa *mai* addirittura con senso affermativo, come nella frase:

Quando **mai** *ho detto ciò?*

che equivale a:

Ho detto ciò qualche volta?

Oppure anche:

Sei **mai** *stato in America?*

che equivale a:

Sei stato qualche volta in America?

L'espressione *mai sempre* nel significato affermativo di "qualche volta, spesso" è ormai caduta in disuso.

Mica, punto e affatto

Quante volte la severa maestra elementare dei nostri lontani anni verdi ci sgridò: « Basta con codesto *mica*! », e poi magari aggiungeva: « Qui non sei *mica* in istrada... qui non si parla *mica* in dialetto! » La rigida maestra aveva ragione quando raccomandava di non abusare delle espressioni popolaresche; esagerava però nel considerare dialettale, anzi addirittura volgare, l'avverbio cosí aspramente incriminato, e poi da lei stessa istintivamente, nella concitazione della repressione, incautamente usato.

Uso di mica

Infatti **mica** è propriamente un sostantivo latino che significa "briciola" (da cui la lombarda "michetta" cioè il "panino"); quando noi l'usiamo come avverbio dicendo: *Non è* **mica** *vero*, è come se dicessimo: "Non è vero una briciola", cioè: non è minimamente vero, non è per nulla vero. Avendo tale significato, deve però essere accompagnato dalla negazione *non*; infatti se dicessimo (come spesso si dice): *È* **mica** *vero*, oppure: **Mica** *sono stato io*, sarebbe come dire: è vero un pochino, in minima parte sono stato io. Per la medesima ragione etimologica non si può accettare in uno scritto con pretesa di correttezza formale quell'espressione oggi tanto diffusa: **mica** *male*. « *Come stai?* » « **Mica** *male* »: cioè una "briciola" di male ce l'ho; l'amico affettuoso avrebbe ragione di preoccuparsene.

Un po' meno popolaresco di *mica*, forse perché diffuso solo in Toscana, dove al dialetto, a buon diritto, si dà importanza di lingua, è un altro avverbio di analogo significato: **punto**. *Non sono* **punto** *soddisfatto di te* significa che non sono "per nulla" soddisfatto. Perciò anche *punto* deve stare in compagnia di *non*; errato dire: "Sono *punto* soddisfatto". In Toscana, sua dimora prediletta, è usato anche come aggettivo: **punta** *volontà*, cioè pochissima, quasi nulla. Poiché *punta* come sostantivo vuol dire anche "chiodo", si riferisce scherzosamente questo scambio di domanda e risposta tra un venditore di chiodi e un passante. Domanda: « **Punte** *punte?* » risposta: « **Punte***!* » (cioè: « Non volete nessun chiodo? » « Nessuno! »)

Uso di punto

Affatto è il piú misconosciuto tra gli avverbi. Significa "completamente, interamente, del tutto", ma è quasi sempre usato col significato opposto. Molti dicono, per esempio: *Questo vino è* **affatto** *buono*, volendo intendere che quel vino è cattivo, e invece si viene a dire che è veramente buono, che è "del tutto" buono. L'equivoco è nato dall'espressione *niente affatto*, cioè: "niente del tutto"; poi si è tralasciato il *niente* ed è invalsa l'abitudine di limitarsi all'*affatto* con funzione negativa. Se quel vino è cattivo, diremo dunque che **non** *è* **affatto** *buono*, cioè: "per nulla buono".

Uso di affatto

Solo, soltanto e solamente

Solo approfitta un po' troppo del fatto che è piccolino, e perciò a tutti simpatico e facilmente perdonabile, per prendersi certe confidenze che ai grammatici piú severi danno invece molto fastidio. Già in mezzo ai suoi fratelli avverbi fa un po' troppo l'invadente:

Uso di solo

Sono venuti **solo** *quelli che avevo invitato;*

oppure anche:

In questa città gli abitanti sono **solo** *diecimila.*

Va bene che quel *solo* è un avverbio, e come tale invariabile e che, essendo l'adattamento a uso avverbiale di un aggettivo, rimane nella forma maschile singolare, come *molto* e *poco*, come *forte* e *piano*, ma in considerazione del suo speciale significato (*solo* è ovviamente "uno solo") sarebbe bene usarlo soltanto quando è riferito a singolare:

Solo *tuo padre ha avuto successo;*

Siamo venuti a stare qui **solo** *l'anno scorso;*

Non capisco **solo** *perché tu insista tanto.*

Negli altri casi, pare piú opportuno ricorrere agli altri due avverbi di uguale significato: *soltanto* — dove predomina l'origine del *tantum* latino, che meglio esprime il concetto avverbiale — oppure *solamente*. Vediamo qualche esempio:

C'erano **soltanto** *sei o sette persone;*

Solamente *con questi arnesi riusciremo a compiere il lavoro.*

La locuzione **solo piú** (o **solamente piú**), quale appare in certe espressioni di formazione dialettale dell'Italia settentrionale, particolarmente del Piemonte e della Lombardia, come in questi esempi:

Ho **solo piú** *due mesi da trascorrere qui;*

Gli restavano **solamente piú** *mille lire,*

deve essere assolutamente evitata come scorretta e sostituita con altre ammesse dalla lingua, come:

Non gli restavano **che** *mille lire;*

Ho **appena** (anche **soltanto** semplicemente, ma senza l'inutile *piú*) *due mesi da trascorrere ancora qui.*

QUIZ SUGLI AVVERBI

43.

In queste venti frasi, dieci volte l'avverbio è usato a sproposito o è ortograficamente errato. In quali?

1. Verrò a visitarti costà.

2. Se non ti piace abitare costí, puoi andartene e ci rimarrò io solo.

3. D'inverno, piú o meno, fa freddo dovunque.

4. Piú male di cosí non poteva farmi.

5. Peggio di cosí non poteva andare.

6. Inferiormente metti il vasellame, piú sopra l'argenteria.

7. È pressapoco corrispondente al vero quel che tu hai detto.

8. Talvolta fummo ingannati, tal'ora delusi, ma piú spesso restammo soddisfatti.

9. Almeno i ragazzi lasciateli entrare a gratis.

10. Vado mai a teatro nei giorni festivi.

11. Giammai ti permetterò di insolentirmi.

12. Chi mai l'avrebbe creduto?

13. Era robusto, ma non era mica un colosso.

14. Simili errori mica piú li ripeterei.

15. Tale versione dei fatti era per me affatto nuova.

16. Non sei affatto una persona cortese.

17. Questa macchina sgangherata è affatto idonea per un viaggio lungo.

18. Sei stato punto attento alla mia spiegazione e perciò non l'hai capita.

19. Eravamo soltanto in cinque: come avremmo potuto resistere?

20. Alla fine della merenda, restarono nella dispensa solo piú alcuni pasticcini.

Soluzione a pag. 451

Le preposizioni

Un filologo americano, R.A. Hall jr, in un suo studio sulla nostra lingua, dice di aver letto nell'insegna di un negozio italiano questa espressione: VASTO ASSORTIMENTO UOMINI DONNE E BAMBINI. In quel negozio si vendevano scarpe **per** *uomini*, **per** *donne* e **per** *bambini*. La cosa parve strana al buon anglosassone perché la lingua del suo Paese, sebbene sia piú concisa e telegrafica della nostra, alle preposizioni di solito non rinuncia o, se vi rinuncia, provvede con acconci surrogati.

Veramente, non la lingua italiana autorizza a buttar via le preposizioni: siamo noi che, succubi della fretta dei tempi moderni, ci prendiamo tali licenze. Nei telegrammi c'è la scusa del risparmio: meno parole ci sono, meno quattrini spendiamo. Perciò non ci stupiamo piú nel leggere, per esempio, un dispaccio come questo: "Sarò ore nove stazione arrivo treno Bologna ripartirò dieci trenta Torino". Chiaro? Forse sí, anche se non elegante; ma dai telegrammi non si pretende eleganza. Negli altri scritti, invece, specialmente quando ci arroghiamo una certa dignità letteraria, dobbiamo andar cauti prima di buttar nel cestino o di lasciare nella penna le incolpevoli, anche perché poco ingombranti, ma ingiustamente neglette preposizioni.

Espressioni tollerate

In talune circostanze, specialmente nei cartelli, nelle targhe, negli avvisi pubblicitari, talvolta nei sommari, nelle elencazioni, quando non vi siano possibilità di equivoco (come invece c'era nel cartello di quella calzoleria che stupí l'Americano), sono tollerate le indicazioni sintetiche del tipo: INGRESSO OPERAI, SCALO MERCI, DEPOSITO IMMONDIZIE, RACCOLTA INDUMENTI, ACCETTAZIONE TELEGRAMMI, VERSAMENTO CONTRIBUTI, ELENCO ABBONATI, eccetera. Non sono forme corrette, ma possono essere giustificate perché non sono inserite in un discorso, bensí espresse in sintesi mediante la semplice indicazione dei nomi che bastan da sé soli a rendere immediata l'intelligenza dell'indicazione; cosí come si scrive, abolendo in tali casi alcune voci verbali: VIETATO FUMARE, ATTENTI AL CANE, PERICOLOSO SPORGERSI, OMBRELLI IN ANTICAMERA, eccetera. Ma siffatta indulgenza non deve mutarsi nella licenza di scrivere: "Prego venire" anziché: *Prego* **di** *venire*, oppure: "Credo aver torto" invece di: *Credo* **di** *aver torto*; e cosí in dipendenza di altri verbi: "Minacciava piovere"; "Si chiede bere" (che pure abbiamo trovato in una novella di Bruno Cicognani, messo però in bocca a un personaggio che era, fra l'altro, un fanciullo); "Mi pregio comunicare"; "Mi permetto osservare"; "Mi consenta significarle i miei auguri"; "Mi autorizzi entrare"; "Temeva esser riconosciuto"; "Sperava ottenere l'impiego"; "Dimenticavo dirti"; e simili. La preposizione — solitamente *di* — in casi apparentemente analoghi si può sopprimere soltanto quando il verbo di modo infinito funge da soggetto della proposizione. Esempi:

Quando si può sopprimere la preposizione

È vietato fumare (cioè il fumare è vietato);

Sarà opportuno rimanere in casa;

Non mi piacque soggiornare in quella città.

Tuttavia anche con gli infiniti con funzione di soggetto si preferisce talvolta, per particolari ragioni di espressione, ricorrere all'aggiunta della preposizione *di*. Càpita di leggere sui tram o sugli autobus, accanto ai normali cartelli: *È vietato parlare al manovratore*, altri cosí formulati: *È vietato al manovratore **di** parlare* (parrebbe cioè che i viaggiatori siano autorizzati a parlare al manovratore, ma questi non debba rispondere: sottigliezze filologiche per uno strano divieto).

Nelle date, invece, si può fare a meno delle preposizioni: il *18 **di** agosto **del** 1947* diventa, piú sveltamente, il *18 agosto 1947*. Ormai la locuzione piú lunga sopravvive soltanto negli atti notarili.

Persino la preposizione *a*, che è piú corta di tutte, non di rado è tralasciata come ingombrante: "giacca vento" invece di *giacca **a** vento*; "radio transistor" invece di *radio **a** transistor*, e soprattutto nelle locuzioni come:

poco a poco	invece di	**a** *poco* **a** *poco*
palmo a palmo	invece di	**a** *palmo* **a** *palmo*
mano a mano	invece di	**a** *mano* **a** *mano*
due a due	invece di	**a** *due* **a** *due*

Elenco delle preposizioni: *Preposizioni proprie*

di, a, da, in, con, su, per, tra, (fra)

Queste sono le **preposizioni semplici** o **proprie**; infatti esistono anche altre preposizioni, definite **improprie**, le quali sono variamente conformate: esse sono sostantivi o aggettivi o avverbi o forme verbali che vengono ad assumere valore di preposizione; per esempio:

Preposizioni improprie

> *avanti (davanti), dietro, dentro, fuori, contro, lungo, oltre, secondo, mediante, nonostante, malgrado, vicino, lontano,* eccetera.

Quando sono raggruppate insieme due o piú preposizioni, oppure alle preposizioni si aggiungono, quasi a formare un'unica espressione, altre parti del discorso, tali raggruppamenti con funzione di preposizione sono dai grammatici definiti **locuzioni prepositive**; per esempio:

Locuzioni prepositive

> *per mezzo di, a causa di, alla volta di, di fronte a, in cima a, di qua di, di là da, a favore di, a seconda di,* eccetera.

Preposizioni articolate

Come abbiamo fatto con le altre parti del discorso, vogliamo ora vedere le preposizioni nel contesto di un brano di prosa. Questo è di Giovanni Verga:

> **Verso** *sera, allorché il sole tramontava rosso come il fuoco, e la campagna si velava* **di** *tristezza, si incontravano le lunghe file* **degli** *aratri* **di** *Mazzarò che tornavano, adagio adagio,* **dal** *maggese, e i buoi che passavano il guado lentamente,* **col** *muso* **nell'***acqua scura; e si vedevano* **nei** *pascoli lontani* **della** *Canziria,* **sulla** *pendice brulla, le immense macchie biancastre* **delle** *mandre* **di** *Mazzarò; e si udiva il fischio* **del** *pastore echeggiare* **nelle** *gole, e il campanaccio che risuonava ora sí e ora no, e il canto solitario perduto* **nella** *valle.*

Avrete notato che assai spesso le preposizioni si fondono in un'unica parola con gli articoli che le seguono: **degli** *aratri,* **dal** *maggese,* **col** *muso,* **nell'***acqua,* **nei** *pascoli,* **della** *Canziria,* eccetera. Ciò avviene quando gli articoli sono determinativi; davanti agli articoli indeterminativi le preposizioni semplici rimangono separate (**di un** *campo,* **da una** *collina,* **in uno** *stagno,* eccetera). Le preposizioni quando sono unite insieme con gli articoli si chiamano **preposizioni articolate**.

Preposizioni articolate

Le preposizioni articolate, appunto perché caratterizzate dall'articolo determinativo che ne è la seconda componente, hanno una funzione determinativa. Durante le discussioni diplomatiche tra gli Stati arabi e Israele, una proposta di accordo fu respinta dagli Arabi perché chiedeva a Israele di ritirarsi "*da* territori occupati": non *da* territori, esigevano gli Arabi, ma *dai* territori. Quel *da* semplice pareva significare "da alcuni", invece "*dai* territori" avrebbe significato "da tutti": non una semplice precisazione grammaticale, dunque, ma una questione di fondo messa in luce da una preposizione.

Ecco schematicamente le preposizioni semplici, e a fianco gli articoli determinativi con i quali possono fondersi, e le preposizioni articolate che ne nascono:

di, a, da, in, su	+ il =	**del, al, dal, nel, sul**
	+ lo =	**dello, allo, dallo, nello, sullo**
	+ la =	**della, alla, dalla, nella, sulla**
	+ i =	**dei, ai, dai, nei, sui**
	+ gli =	**degli, agli, dagli, negli, sugli**
	+ le =	**delle, alle, dalle, nelle, sulle**

Anche la preposizione *con* si può fondere con l'articolo *il* (plurale *i*) formando la preposizione articolata **col** (plurale **coi**); tuttavia qualcuno preferisce scrivere: **con il, con i**. Ormai poco usate (anzi, da rifiutare) sono le brutte preposizioni articolate *collo, colla, cogli, colle*.

Preposizioni articolate da evitare

La preposizione *per* raramente si articola diventando *pel* e nel plurale *pei*: si preferiscono le forme **per il, per i**. Da evitare risolutamente *péllo, pélla, pégli, pélle*.

Le altre preposizioni non diventano mai articolate:

> **tra il** *popolo*, **fra i** *nemici*, **sotto il** *monte*,
> **dietro il** *muro*, eccetera.

Si legge talvolta, specialmente in poesia, *da la, ne le, a gli, su lo*, eccetera, cioè preposizioni separate dagli articoli invece delle normali articolate; ma in prosa, oggi, è un uso del tutto abbandonato.

Di e da

Ogni tanto la preposizione **da** ruba il mestiere a *di* e quest'ultima si vendica come può. Non si dovrebbe dire "biglietto *da* visita" bensí *biglietto* **di** *visita*, non "festa *da* ballo" ma *festa* **di** *ballo*, non "messa *da* requiem" ma *messa* **di** *requiem*; infatti, fra le altre sue funzioni, la preposizione *da* ha quella del complemento di fine o scopo, per cui è giusto dire *sala* **da** *ballo* o *sala* **da** *pranzo*, perché si indica la sala predisposta per andarci a ballare o a pranzare, ma una festa non è fatta per ballare: qui c'è una specificazione, cioè si specifica che quella è una festa *di* ballo (e non d'altro genere). E cosí la "visita" non è lo scopo del biglietto: si specifica che quello è un biglietto *di* visita, cosí come esistono i biglietti di banca o di condoglianze o di una lotteria o di un aereo o di prima o seconda classe in ferrovia: sono tutti complementi di specificazione, non di fine. Né il suffragio funebre è lo scopo della messa, bensí la specificazione del particolare aspetto di quella funzione religiosa. Erra naturalmente anche chi dice "carta *da* bollo", perché il bollo non è lo scopo di quella carta: dovrà dire *carta* **con** *bollo* o, meglio, *carta bollata*.

Uso delle preposizioni di e da

Abbiamo detto però che **di** si prende la rivincita a tutto danno della consorella preposizione *da*, quando diciamo, come spesso accade:

> *uscir* **di** *senno*; *fuggire o cacciare* **di** *casa*; *venir* **di** *Francia*;
> *va' fuori* **d'***Italia*; **di** *palo in frasca*; *scevro* **di** *colpa*; *sbucar*
> **di** *sotto il tavolo*; eccetera.

Spetterebbe a *da* il compito di preposizione quando si indica moto da luogo oppure provenienza; invece si ricorre volentieri al *di*, e quella usurpazione non è biasimata dai grammatici, anzi da alcuni stilisti è considerata elegante, tant'è vero che incontra favore specialmente in Toscana, dove il buon gusto linguistico non fa certo difetto. Ricordate nel Giusti, poeta toscano: *li spinge* **di** *Croazia e* **di** *Boemme...* In Toscana si dice normalmente: *Vengo* **di** *casa*; ma altrove sempre: *Vengo* **da** *casa.* In nessun caso però *di* può sostituire *da* quando assume forma di preposizione articolata: *uscire* **dalla** *casa,* e non "*uscire della casa*" e analogamente:

> *cadere* **dal** *terzo piano*; *fuggire* **dalla** *Russia*;
> *discendere* **dagli** *antichi Romani*; eccetera.

Le locuzioni prepositive di là, di qua

Nella locuzione prepositiva **di là** (o **di qua**) è preferibile usare la preposizione *da*:

di là **dal** *fiume*	meglio che	*di là* **del** *fiume*;
di qua **dal** *monte*	meglio che	*di qua* **del** *monte*;

e soprattutto vi raccomandiamo di non aggiungere all'inizio quel solito *al* come invece, sbagliando, quasi tutti fanno ricalcando il francese *au delà de* o *en deçà de*: "*al di là del fiume*", "*al di qua del monte*"; ripetiamo: si deve dire correttamente *di là* **dal** *fiume*; *di qua* **dal** *monte*.

Attenti all'apostrofo

Altre osservazioni su di e da

Sempre a proposito di queste due sorelline (non gemelle) **di** e **da**, aggiungeremo che esse ci tengono a differenziarsi. Poiché, in caso di elisione — cioè di perdita della vocale finale, con relativo apostrofo, davanti a parola che incomincia con vocale: *v.* a pag. 69 —, esse diventerebbero perfettamente identiche nella forma **d'**, si è venuti a una specie di convenzione, che già a suo tempo abbiamo avuto occasione di spiegare: solo la preposizione *di* può avere l'elisione, invece *da* deve rimanere intera. Per questo abbiamo già detto che si deve scrivere: DA AFFITTARE e non "D'AFFITTARE". Dunque anche: *Partí* **da** *Ancona*, e non "*Partí d'Ancona*"; *garzone* **d'***osteria* va bene, ma non "*canzone d'osteria*", bensí *canzone* **da** *osteria*; *desiderio* **d'***ascoltare* perché vuol dire "*desiderio di ascoltare*", invece *discorso* **da** *ascoltare*, cioè discorso "*che si deve ascoltare*". Questa convenzione, tuttavia, è relativamente recente e non assoluta. Prima di tutto, non c'è l'obbligo di elidere la preposizione *di*: possiamo sempre dire *garzone* **di** *osteria*, *desiderio* **di** *ascoltare*, eccetera. Anzi, l'uso moderno tende sempre piú a non elidere. Ci sono professori a scuola che segnano, con riga sempre piú pallida di lapis rosso, la mancata elisione nell'intestazione *compito* **di** *italiano* dei loro alunni, con evidente nostalgia per il *compito* **d'***italiano* dei loro anni verdi, ma sono smentiti mille volte ogni giorno dagli scrittori e dai giornalisti, che sono al riparo dalle matite rosse e blu dei professori e scrivono non solo **di** *italiano*, ma anche: **di** *americano*, **di** *inglese*, **di** *olandese*, **di** *Udine* e **di** *Empoli*. Quanto all'incriminata elisione del *da*, è frequentissima in poesia e frequente anche in prosa, specialmente negli autori del passato (i moderni ovviamente, che nemmeno elidono il *di*, a maggior ragione non elidono il *da*); sono inoltre sempre saldamente in vita le espressioni costruite col *da*:

L'uso moderno evita l'elisione

> **d'**altra parte, **d'**altronde, **d'**ora in avanti, **d'**ora in ora, **d'**ogni dove, eccetera.

In nome della buona lingua

Incominciamo a (o, se preferite: incominciamo *con*; ma non mai: incominciamo "per"...), incominciamo dunque noi a non sbagliare nel titolo: *in nome di...*, e non "*a nome di...*" Uno studioso e divulgatore di problemi linguistici, Leo Pestelli, in un suo scritto intitolato *Prepotenze contro i piccoli* (dove i "piccoli" sono le preposizioni), dice tra l'altro: "Si veda la preposizione **a**, che anche come prima lettera dell'alfabeto meriterebbe un certo riguardo. È forse la voce piú maltrattata del vocabolario..." In effetti, anche nelle citazioni che il Pestelli adduce, la "piccola" **a** non tanto appare vittima quanto piuttosto colpevole dei soprusi: "corse *al* trotto"; "sacca *a* pane"; "spada *alla* mano"; "uno *alla* volta"; e cosí via. In buon italiano (e qui il Pestelli invoca l'autorità dei filologi ottocenteschi Fanfani e Rigutini) si deve dire rispettivamente:

Uso della preposizione a

> *corse* **di** *trotto*; *sacca* **per** *pane*; **con** *la spada* **in** *mano*; *uno* **per** *volta*; eccetera.

I casi di infrazione sono troppi e non potremmo elencarli tutti: la logica deve aiutarvi. Noi però non saremo tanto severi, come quei filologi invocati dal Pestelli, contro certe definizioni di gergo gastronomico, o piuttosto cucinario, quali: "uova *al* burro" o "*al* tegame"; "gelato *alla* crema", "*alla* panna" o "*al* pistacchio"; "bistecca *ai* ferri"; "cappone *allo* spiedo"; "bove *alla* casseruola"; "risotto *al* pomodoro" e "spaghetti *al* sugo": d'accordo che le uova sono **col** *burro* o **nel** *tegame*; il gelato è **di** *crema*, **di** *panna* o **di** *pistacchio*; la bistecca **sui** *ferri*; il cappone **sullo** *spiedo* e la carne bovina **nella** *casseruola*, il risotto è **con** *il pomodoro* (o **con** *lo zafferano*) e gli spaghetti **con** *il sugo*, ma quei bravi cuochi intendono riferirsi a un "modo" di cucinare e l'oggetto materiale (burro, ferri, spiedo, eccetera) non tanto indica una collocazione o una materia, quanto una maniera, che può esprimersi anche con la preposizione *a*, come quando si dice:

> *abito* **alla** *marinara*; *pantaloni* **alla** *zuava*; *cravatta* **a** *farfalla*,

che non sono l'abito di un marinaio, né i pantaloni di uno zuavo, né tanto meno la cravatta di una farfalla.

Piatti "a" farsi

Altre osservazioni sull'uso della preposizione a

Invece si deve senza esitazione estromettere l'intrusa **a** e riportare le legittime titolari in quelle espressioni con verbi di modo infinito del tipo: "terreno *a* vendere"; "piatti *a* farsi"; "gustoso *a* mangiare"; "difficile *a* sciogliere"; "somma *a* riportare"; e simili; si dovrà dire:

> *terreno **da** vendere; piatti **da** farsi; gustoso **da** mangiare;*
> *difficile **da** sciogliere; somma **da** riportare;* eccetera.

Attenti però a non usare la preposizione *da* con un infinito di valore attivo, rispetto al quale la cosa che è designata ha funzione di soggetto, come nelle tanto diffuse, ma errate, espressioni: "macchina *da* cucire"; "macchina *da* scrivere"; "matita *da* disegnare"; "ferro *da* stirare"; eccetera; poiché la macchina serve per cucire o per scrivere, la matita per disegnare e il ferro per stirare, la preposizione da usare è *per*:

> *macchina **per** cucire; macchina **per** scrivere;*
> *matita **per** disegnare; ferro **per** stirare;* eccetera.

Si potrà, invece, dire:

> *matita **da** disegno; ferro **da** stiro,*

perché si tratta di complementi di fine o scopo espressi mediante sostantivi. Naturalmente vanno bene le consuete espressioni:

> *casa **da** affittare; fossa **da** riempire; campo **da** arare;*
> *albero **da** abbattere;* eccetera,

perché in tali casi il verbo ha valore passivo: "casa che è da affittare"; "fossa che deve essere riempita", e cosí via.

Insieme con, insieme a

Ancora sulla preposizione a

Un altro uso della preposizione **a** poco gradito ai linguisti piú severi: "insieme *a*", invece di *insieme* **con**. Trattandosi di complemento di compagnia, è evidente che la preposizione *con* è meglio qualificata per tale funzione.

Nemmeno piacciono agli stilisti piú rigidi quelle espressioni che sono invece sulla bocca di tutti: "cento chilometri *all'*ora"; "novanta lire *al* chilo"; "due volte *al* giorno"; eccetera. Essi consigliano di dire, e sarà opportuno seguirli, che l'automobile va a cento chilometri *l'*ora, che ormai è ben difficile trovare al mercato qualcosa che costi appena novanta lire **il** *chilo*, che tutti mangiano almeno due volte **il** *giorno*, e cosí via.

Anche nelle date e in altre indicazioni di tempo l'espressione corretta è:

Ci incontreremo **il** *15 marzo* (e non "al 15 marzo");

Io **la** *notte dormo* (o *di notte*, e non "alla notte");

Non esco mai **la** *sera* (o *di sera*, e non "alla sera");

Passava una volta **la** *settimana* (e non "alla settimana").

La prepotente *a* merita poi di essere spietatamente buttata fuori dal discorso quando si presenta nelle goffe espressioni: "un tale *a* nome Paolo" (in buon italiano: *un tale* **di** *nome Paolo*); "moglie *a* Carlo, marito *a* Laura" (*moglie* **di**... *marito* **di**...); e anche in quella locuzione che tanto usiamo: "*a* mezzo di": una lettera, un pacco si mandano **per** *mezzo del* fattorino o *della* posta, e non "a mezzo".

Vestirsi "in" rosa

Vediamo ora le magagne della preposizione **in**. Una signora vestita "*in* rosa", un ufficiale "*in* borghese", un commerciante "*in* preziosi", nemmeno uno studente "*in* lettere" sono accolti nella casa del buon parlatore. "Sconcio neologismo", dice il già citato Pestelli: quella signora sarà vestita **di** *rosa*, quel militare **da** *borghese*, quell'altro signore ammesso nel salotto dell'austero purista è commerciante **di** *preziosi* e il dotto giovinotto è studente **di** *lettere*.

In quella casa ammodo non ci sono letti "*in* ferro" o "*in* ottone" e nemmeno "*in* legno" e, se ci sono statue, esse sono **di** *marmo* o **di** *bronzo*, e non "*in* marmo" o "*in* bronzo", e cosí avanti con tutti gli altri oggetti, perché il complemento di materia si introduce con la preposizione *di* e non con la preposizione *in*. Tutti questi cattivi usi ci sono stati regalati dai Francesi, che hanno, per la loro lingua, i loro usi e le loro leggi non sempre validi anche per la nostra.

Nella corrispondenza epistolare non usiamo sempre a proposito la preposizione *in* quando si ricorre, come quasi sempre accade, alle espressioni convenzionali, piú o meno burocratiche: "*in* riferimento..."; "*in* risposta..."; "*in* evasione...". Secondo logica, noi scriviamo: **con** *riferimento* a qualcosa; **per** *risposta* o **come** *risposta*; **come** *evasione*, che potrebbe anche essere **a** *evasione* (con valore, in tal caso, di complemento di fine).

Uso della preposizione in

"Con" piú studi...

Uso della preposizione con

Continuiamo il processo alle preposizioni. Rinfacciamo risolutamente a **con** il modo di dire: "*con* domani verrò..."; "*con* l'anno prossimo cambieremo"; eccetera.

Si deve dire:

da *domani verrò*; **dall'***anno prossimo cambieremo*; eccetera.

Dobbiamo inoltre assolutamente evitare l'espressione dialettale lombarda: "*Con* piú studi e meno impari", la quale sarà sostituita dall'altrettanto vivace: *Piú studi e meno impari*, o dalla piú togata: *Quanto piú studi tanto meno impari.*

Uso della preposizione per

Anche **per** non è usato a dovere, per il solito influsso francese; quando si dice, per esempio: "*I Promessi sposi per* Alessandro Manzoni" o "*Lo zibaldone per* Giacomo Leopardi", l'italiano corretto vuol che si dica: *I Promessi sposi* **di** *Alessandro Manzoni; Lo zibaldone* **di** *Giacomo Leopardi.* Evitate anche i modi di dire popolareschi: "È troppo bello *per essere* vero" (forma corretta: *È troppo bello* **perché sia** *vero*); "Finirò *per* dargli ragione" (forma corretta: *Finirò* **col** *dargli ragione*). È pure sbagliata l'espressione "*per* la regia di" (forma corretta: **con** *la regia di*).

Alla preposizione **su** il buon parlatore rinfaccia una sola marachella: quando, specialmente nelle carte ufficiali, per l'eccessiva condiscendenza dei soliti burocrati, ha il malvezzo di intrufolarsi nelle espressioni: "*su* domanda, *su* proposta, *su* richiesta, *su* denuncia", eccetera, dove le formule corrette sono: **per** *domanda* (o **in seguito a**), **per** *proposta*, eccetera.

Il superstite "ad" e il defunto "sur"

Quando la preposizione *a* appare nella forma **ad**, ciò è accaduto perché all'orecchio del parlatore, o scrittore, è sembrato che sonasse male la vicinanza di due vocali: la *a* che costituisce la preposizione e una vocale (di solito, anch'essa una *a*) con la quale ha inizio la parola successiva. Esempi:

ad *amare*	invece di	**a** *amare*
ad *Ancona*	invece di	**a** *Ancona*
ad *oggi*	invece di	**a** *oggi*
ad *esempio*	invece di	**a** *esempio*

Quella *d* cosí interpolata per staccare i suoni di due vocali è dai grammatici definita "eufonica", aggettivo derivato dal greco che significa: "dal buon suono", cioè che rende migliore il suono. È obbligatoria la *d* eufonica? No assolutamente: lo stesso Manzoni, piú di un secolo fa, allorché riscrisse con scrupolosa diligenza il suo romanzo (cioè per l'edizione del 1840), eliminò quasi tutti gli *ad* e gli *ed* (congiunzione, quest'ultima) della precedente edizione. Gli scrittori piú moderni, poi, mostrano di preferire le forme senza la *d* eufonica. Soltanto davanti ad *a* (qui davvero sonerebbe male se dicessimo: davanti a *a*) si ricorre volentieri alla forma *ad* — e alla forma *ed* davanti alla congiunzione *e*, come anche talvolta alla forma *od* davanti alla congiunzione *o* — ma non sempre. Abbiamo letto, in una poesia del Pastonchi: "*torna a azzurreggiare*", dove le *a* consecutive sono addirittura tre.

La d eufonica

Regolatevi dunque come l'orecchio meglio vi suggerisce:

Nacque **ad** *Aiaccio*;

Abito **a** *Arona*;

Verrò **ad** *Aosta*;

Troviamoci **a** *Ascoli*;

Cambiò treno **ad** *Alessandria*;

Fu trasferito **a** *Asti*.

Non è obbligatoria

Certamente eviterete di dire, giacché in tali casi la *d* anziché dare buon suono ne darebbe uno cattivo: "*ad* Adamo, *ad* Adria, *ad* Iddio, *ad* Odessa, *ad* Udine, *ad* odio, *ad* udire, *ad* educare, *ad* addizionare", eccetera. Sbagliereste addirittura dicendo: "*ad* ieri", dove la *i* iniziale ha valore semiconsonantico, come a suo tempo abbiamo spiegato.

Ormai è del tutto scomparsa anche una *r* eufonica che una volta si soleva aggiungere alla preposizione *su* quando era seguita da una parola incominciante con *u*: "*sur* un albero", "*sur* una panca". Il Manzoni per tutto il suo romanzo fu fedele a questo *sur*:

Sur: una consuetudine decaduta

...mi leggerebbe in viso, come **sur** *un libro...* (*cap. VII*);

...dove la strada era **sur** *un rialto,* **sur** *un ciglione...*
(*cap. XXIV*).

Ma si tratta di una consuetudine che è ormai del tutto decaduta.

Cosí va anche diradandosi la consuetudine, che una volta era norma, di evitare il contatto delle consonanti finali della preposizione *in* e *per* con la consonante *s* seguita da altra consonante (la "*s* impura"), per cui si scriveva, una volta obbligatoriamente, e anche adesso talvolta si scrive in certe espressioni rimaste attuali, nonostante l'evolversi del linguaggio:

in I*spagna*	invece di	in *Spagna*
in i*storia*	invece di	in *storia*
per i*strada*	invece di	per *strada*
per i*sbaglio*	invece di	per *sbaglio*

Conclusione: accettate l'aggiunta delle lettere eufoniche solamente quando il vostro orecchio ve lo consiglia; meglio, in ogni caso, usarne moderatamente che usarne in modo eccessivo.

Tra e fra

Uso delle preposizioni tra e fra

Di queste due preposizioni la piú usata è **tra**; anche per ragioni etimologiche è giusto che cosí sia. Infatti *tra* deriva da *intra*, che in latino significa "dentro, in mezzo", e **fra** da *infra* che, sempre in latino, vuol dire "sotto, in basso". In partenza esisteva dunque tra le due varianti quella differenza che notò il Tommaseo nel suo *Dizionario*: "L'origine di *fra* dovrebbe tenerlo chiaramente distinto da *tra*, essendo il luogo interiore tutt'altro dall'inferiore...": differenza che potrebbe apparire in esempi come: **fra** *l'erbe e* **fra** *le fessure della terra si nascosero le bestiuole* (cioè viste da una posizione superiore); invece: **tra** *il monte e la valle*; **tra** *le mura domestiche*.

C'è chi consiglia di usare *tra* per indicare posizione intermedia tra due oggetti (**tra** *casa e ufficio*), *fra* quando gli oggetti sono in quantità (**fra** *tanti nemici non so quale affrontare*). Distinzioni sottili, che tuttavia non corrispondono all'odierna realtà, né sono sufficientemente confortate da attestazioni letterarie, né tanto meno dalla pratica del parlar quotidiano. Ormai il solo criterio discriminante è quello del miglior suono: usiamo perciò come norma *tra*, che è forma piú legittima, e ricorriamo a *fra* solo quando segua subito dopo un vocabolo che incomincia col gruppo *tr-* per evitare i suoni *tra-tra, tra-tre, tra-tri*, e cosí via. Per esempio, e anche in questo caso, come in molti altri, il nostro orecchio sarà la guida migliore, scriveremo:

> **fra** *Trani e Bari*, **fra** *traditori*, **fra** *treni*,
> **fra** *tribolazioni*, eccetera.

Invece scriveremo:

> **tra** *Francia e Italia*, **tra** *frodi*, **tra** *frutti*, eccetera,

per evitare i suoni *fra-fra, fra-fro, fra-fru*, piuttosto sgradevoli, e cosí via.

QUIZ SULLE PREPOSIZIONI

44.

È corretta la forma *a* oppure la forma *b*?

a) *prego tacere*
b) *prego di tacere*

a) *a poco a poco*
b) *poco a poco*

a) *a mano a mano*
b) *mano a mano*

a) *a due a due*
b) *due a due*

a) *con lo studio*
b) *collo studio*

a) *colla colla*
b) *con la colla*

a) *per le amiche*
b) *pelle amiche*

a) *ferro da cavallo*
b) *ferro di cavallo*

a) *sala di tè*
b) *sala da tè*

a) *di là del muro*
b) *di là dal muro*

a) *d'affittare*
b) *da affittare*

a) *entrerà in vigore col 1990*
b) *entrerà in vigore dal 1990*

a) *in nome della legge*
b) *a nome della legge*

a) *un domestico di nome Carlo*
b) *un domestico a nome Carlo*

a) *sposa a Giuseppe*
b) *sposa di Giuseppe*

a) *piacevole a leggere*
b) *piacevole da leggere*

a) *macchina per scrivere*
b) *macchina da scrivere*

a) *un uomo vestito in grigio*
b) *un uomo vestito di grigio*

a) *studente in medicina*
b) *studente di medicina*

a) *tavolino di mogano*
b) *tavolino in mogano*

a) *eseguito per ordinazione*
b) *eseguito su ordinazione*

a) *nato a Iesi*
b) *nato ad Iesi*

a) *tra Frascati e Tivoli*
b) *fra Frascati e Tivoli*

a) *tra tram e autobus*
b) *fra tram e autobus*

Soluzione a pag. 451

"Davanti San Guido"

Uso di davanti, dinanzi, innanzi

Naturalmente il Carducci non ha sbagliato (e nemmeno il tipografo della nostra antologia della scuola media): il titolo *Davanti San Guido* della nota poesia va benissimo; tuttavia andrebbe bene anche: **Davanti a** *San Guido*. **Davanti a** *lui tremava tutta Roma...*: anche la Tosca del melodramma non sbagliava. Dunque, la preposizione impropria **davanti** può anche fare a meno di *a*, ma normalmente è usata nella forma **davanti a**. La qual cosa vale anche per **dinanzi** (**dinanzi alla** *chiesa*, ma anche, sebbene meno frequente: **dinanzi la** *chiesa*), mentre con **innanzi** è necessario il legame della preposizione *a*: **innanzi alla** *folla*. Anche **dietro**, che è l'opposto di *davanti*, preferisce fare a meno della preposizione *a*: **dietro il** *muro*, piú usato che **dietro al** *muro*.

Uso di avanti, prima, dopo

La forma dotta **avanti** (comune come avverbio, ma non come preposizione) è usata piuttosto per indicazioni di tempo e non vuole la preposizione *a*:

avanti *Cristo*, **avanti** *notte*.

Se però si ricorre a **prima**, allora ci vuole la preposizione *di*:

prima di *Cristo*, **prima di** *notte*.

Invece l'opposto di *prima*, cioè **dopo**, si costruisce meglio senza aggiunta di preposizione:

dopo la *battaglia*, **dopo** *Cristo*.

Uso di sopra, sotto, su, dentro, contro, senza

Anche **sopra, sotto, su, dentro, contro, senza** si uniscono direttamente ai sostantivi:

sopra la *panca*, **sotto il** *pavimento*, **sul** *tavolo*, **dentro la** *cassa*, **contro il** *nemico*, **senza** *famiglia*;

invece **fuori** è sempre seguito dalla preposizione *di*:

fuori della *città*, **fuori delle** *mura*;

che diventa *da* nei casi in cui indica moto da luogo:

Fu spinto **fuori dalla** *stalla*.

Tutto quello che abbiamo sinora detto a proposito dell'inserimento di una preposizione propria (solitamente *a*, *di*) dopo quegli avverbi usati con funzione di preposizione — cioè preposizioni improprie —, come sarebbero **davanti, dietro, prima, dopo, sopra, sotto, dentro, contro**, eccetera, non ha piú valore quando segue un pronome personale: in tal caso si deve sempre aggiungere la preposizione:

davanti a *lui,* **davanti a** *noi,* **dietro a** *lui,* **dietro a** *noi,* eccetera;

prima di *lui,* **prima di** *lei,* **dopo di** *lui,* **dopo di** *lei,* eccetera;

sopra di *voi,* **sopra di** *loro,* **sotto di** *voi,* **sotto di** *loro,* eccetera;

dentro di *noi,* **dentro di** *voi,* **contro di** *noi,* **contro di** *voi,* eccetera.

Anche le preposizioni proprie **su** e **tra** si completano con *di* quando segue un pronome personale:

su di *noi,* **tra di** *voi,* **tra di** *loro.*

Ma c'è, tuttavia, chi preferisce unirle direttamente:

su te, su lui, su noi, su voi, tra voi, tra noi, tra loro.

Oltre si collega direttamente al sostantivo, cioè senza preposizione intermedia, quando ha significato di luogo (**oltre il** *fiume*) o di tempo (**oltre un** *anno*); vuole invece la preposizione *a* quando significa: "in aggiunta, in piú di": *Uso di oltre*

oltre alle *beffe anche il danno;* **oltre a** *ciò anche il resto.*

Ne "I Promessi sposi" o nei "Promessi sposi"?

Quando si deve trascrivere il titolo di un libro, di un'opera d'arte, teatrale o cinematografica, oppure l'intestazione di un giornale, di una ditta, eccetera, e questo titolo, o intestazione, incomincia con un articolo, sorge un piccolo ma fastidioso problema nel caso, molto probabile, che sia preceduto da una preposizione. Si deve scrivere: "Ho letto *nei Promessi sposi*" o "*ne I Promessi sposi*"?; "Ho assistito alla rappresentazione *del Barbiere di Siviglia*" o "*de Il Barbiere di Siviglia*"?; "Ho ritagliato un articolo *dalla Domenica del Corriere*" o "*da La Domenica del Corriere*"?

Tale problema, si capisce, ci preoccupa solo quando si voglia conservare il titolo, l'intestazione nella sua piena integrità formale, come avviene per le citazioni bibliografiche, per i titoli nei manifesti, per certi indirizzi, e simili, dove la trascrizione deve essere precisa, esatta; negli altri casi è invece piú facile e sbrigativo scrivere il titolo come si pronuncia a voce:

nei *Promessi sposi;*

> **del** *Barbiere di Siviglia*;
>
> **dalla** *Domenica del Corriere*.

Nelle citazioni piú severe, invece, dove, come s'è detto, bisogna rispettare il titolo nella sua piena integrità formale, c'è una sola possibilità per risolvere il problema: separare la preposizione articolata nei suoi elementi costitutivi, tanto piú che questa separazione è tutt'altro che estranea al nostro uso linguistico, ed è anzi ancor viva, come abbiamo visto, in poesia; useremo quindi, secondo il bisogno, le forme staccate:

> **de** *lo*, **de** *la*, **de** *i*, **de** *gli*, **de** *le*; **a** *lo*, **a** *la*, **a** *i*, **a** *gli*, **a** *le*;

e cosí analogamente:

> **da** *lo*, **da** *la*, **da** *i*, **da** *gli*, eccetera;
> **ne** *lo*, **ne** *la*, **ne** *i*, **ne** *gli*, eccetera.

Rimane un solo ostacolo: quello della preposizione seguita dall'articolo *il*:

> **de** *il*, **a** *il*, **da** *il*, **ne** *il*;

ma anche qui pensiamo che tutto si ridurrebbe a un po' di tolleranza iniziale che presto sparirebbe con l'uso. In conclusione, consigliamo di scrivere:

Forme staccate nelle citazioni

> *Le vicende narrate* **ne I** *Miserabili*;
>
> *I negozi* **de La** *Rinascente*;
>
> *Un articolo tolto* **da La** *Domenica del Corriere*;
>
> *Note* **a I** *Promessi sposi*;

e cosí anche:

> *Marlon Brando* **ne Il** *Padrino*;
>
> *Ultima replica* **de Il** *berretto a sonagli, di Pirandello*;
>
> *Un verso* **da Il** *Giorno, del Parini*.

Preposizioni che raddoppiano

Già abbiamo trattato l'argomento (*v.* a pag. **375**) occupandoci degli avverbi, ed è inutile che ci ripetiamo, dacché le preposizioni improprie che qui ci interesserebbero sono pur sempre adattamenti a funzione di preposizione di quei medesimi avverbi. Perciò qui basterà convergere la nostra attenzione sulle composizioni di preposizioni proprie con vocaboli incomincianti con consonante. Vale quel che già abbiamo detto allora:

Preposizioni che raddoppiano

● si ha raddoppiamento della consonante quando la prima componente è una delle preposizioni *a, da, su, fra*. Esempi:

> *a**gg**iornare, a**rr**ivare, a**pp**rodo, a**bb**uono*, eccetera;
>
> *da**pp**oco, da**cc**apo, da**vv**ero, da**pp**rima*, eccetera;
>
> *su**dd**etto, su**cc**into, su**rr**iscaldamento, su**vv**ia*, eccetera;
>
> *fra**pp**orre, fra**mm**isto, fra**mm**ezzo, fra**tt**empo*, eccetera.

Invece *di* non raddoppia:

> *di**g**ià, di**p**iú, di**s**opra, di**s**otto, di**d**ietro, di**r**impetto*, eccetera.

Perciò è meglio *dinanzi* che "dinnanzi", giustificato tuttavia anche quest'ultimo come fusione tra *di* e *innanzi*.
Anche *tra* non raddoppia:

> *tra**b**allare, tra**b**occare, tra**d**urre, tra**f**iggere, tra**f**orare, tra**p**asso, tra**v**aso*, eccetera.

Solo *trattenere* ha due *t*, forse perché si è incrociato con il verbo *trattare*, di tutt'altra origine.

Il condirettore, il coautore e il "cosegretario"

La preposizione semplice *con*, quando si unisce con un altro vocabolo, o resta immutata:

Osservazioni su con

> **con**dòmino, **con**corrente, **con**fratello, **con**federazione, **con**catenare, **con**chiudere, eccetera;

o ridiventa *com-* qual era in origine (latino *cum*), e ciò avviene allorché seguono le lettere *b, p* o un'altra *m*:

> **com**baciare, **com**memorare, **com**mutare, **com**paesano, **com**panatico, eccetera;

oppure, quando seguono *l* o *r*, assimila la *n* con quelle consonanti:

>**coll**ocare, **coll**aborare, **coll**audare, **coll**asso, **coll**oquio, **coll**uttazione, **corr**esponsabile, **corr**eo, **corr**egionale, eccetera;

o, infine, davanti a vocale, perde la *n* e si riduce alla forma tronca *co-*:

>**coi**nquilino, **coe**taneo, **coe**rede, **cou**tente, **coa**bitare, **coa**diuvare, **coo**perare, eccetera.

Proprio non si capisce perché mai, in una situazione tanto chiara e cosí ben definita, qualcuno abbia coniato parole-mostro come *coproduzione* e *coproduttore*, che si sono imposte nel gergo dell'industria cinematografica, e poi altri abbiano rincarato la dose buttando in pasto agli arrendevoli cronisti dei giornali e della radio-televisione altri mostriciattoli della medesima famiglia:

>*cosegretario, copilota, codirigenza* e *codirigente, cogerenza* e *cogerente, corevisore, coregista.*

È probabile, anzi certo, che il primo sdrucciolone sia stato quello di una pedissequa traduzione (dovuta, dobbiamo dirlo, a ignoranza) del termine anglo-americano *cobelligerent*, diventato *cobelligerante*, donde anche l'astratto *cobelligeranza*. Ma in italiano, come nel linguaggio ecclesiastico si parla correttamente di sacerdoti **concel**ebranti una messa, cosí si sarebbe dovuto parlare di **comb**elligeranti e di **comb**elligeranza; come c'è da sempre il **cond**irettore, ci sarebbe stato benissimo anche il **cons**egretario e il *copresidente* sarebbe dovuto essere a giusto titolo **compr**esidente; né si dovrebbe straparlar piú di *coproduzioni* e di *coproduttori*, ma di **compr**oduzioni e di **compr**oduttori, tanto piú che quel sorprendente *copro-* iniziale ci richiama maledettamente ad altri composti italiani come *coprofagia, copròliti*, eccetera, dove quel prefisso, derivato dal greco, significa "sterco". Invece diremo benissimo *coautore*, perché *autore* incomincia con vocale.

45.

QUIZ SUI RADDOPPIAMENTI

Quando si raddoppia la consonante nei vocaboli composti seguenti? Quando non si raddoppia? Rispondete *a* o *b*.

a) *soprammobile*
b) *sopramobile*

a) *dabasso*
b) *dabbasso*

a) *intravedere*
b) *intravvedere*

a) *difilato*
b) *diffilato*

a) *tramezzo*
b) *trammezzo*

a) *contravenzione*
b) *contravvenzione*

a) *disossare*
b) *dissossare*

a) *sucitato*
b) *succitato*

a) *sovraproduzione*
b) *sovrapproduzione*

a) *anaspare*
b) *annaspare*

a) *contracambiare*
b) *contraccambiare*

a) *sottoporre*
b) *sottopporre*

a) *alunaggio*
b) *allunaggio*

a) *sopraluogo*
b) *sopralluogo*

a) *sopranaturale*
b) *soprannaturale*

a) *daffare*
b) *dafare*

a) *soprattutto*
b) *sopratutto*

a) *sottomesso*
b) *sottommesso*

a) *contrabbando*
b) *contrabando*

a) *sopratassa*
b) *soprattassa*

a) *contrabbasso*
b) *contrabasso*

a) *sopraveste*
b) *sopravveste*

a) *soprannome*
b) *sopranome*

a) *contraccolpo*
b) *contracolpo*

a) *anaffiare*
b) *annaffiare*

a) *inalzare*
b) *innalzare*

a) *assommare*
b) *asommare*

a) *asecondare*
b) *assecondare*

a) *adivenire*
b) *addivenire*

a) *oltrettutto*
b) *oltretutto*

Soluzione a pag. 451

Le congiunzioni

Non soltanto nei telegrammi, ma anche nelle normali comunicazioni, e persino negli scritti letterari, c'è chi fa scarso uso delle congiunzioni, cioè di quelle parole che servono a "congiungere" tra loro elementi di una medesima proposizione oppure una proposizione con un'altra. Quando mandò il famoso messaggio *Veni, vidi, vici* (in italiano "Venni, vidi, vinsi"), Giulio Cesare riuscí senza dubbio piú efficace con quei tre verbi in fila e senza congiunzioni. Ma nei suoi libri anche Cesare usava le congiunzioni. Prendete qualsiasi pagina, di qualsiasi autore e di qualsiasi epoca, e vedrete che le congiunzioni, piú o meno numerose, sempre ci sono. Se le eliminate, è bravo poi chi ci capisce. Vogliamo fare la prova, con poche righe di una descrizione di Alfredo Oriani; abbiamo messo le congiunzioni in grassetto; provate poi a rileggere il brano omettendole e vi persuaderete che sono necessarie.

> **Mentre** il cielo sotto le vampe del sole s'arroventa come il metallo **e** diviene quasi bianco, il deserto assume tutti i toni dell'oro, liquido **e** vaporante dove il vento agita lieve le sabbie lontane, unito **e** caldo nelle distese inerti, opaco nei seni delle ondulazioni, **e** vecchio addirittura entro l'orma stampata dall'ambio del cammello **o** dai salti del leone.

Le congiunzioni

Le **congiunzioni** piú frequenti sono: **e, o, ma, che**.
La prima, cioè **e**, serve semplicemente per unire due termini; analoga funzione hanno altre congiunzioni: **anche, inoltre, altresí, né** (che significa: "e non"), **neanche, neppure, nemmeno**, eccetera. Queste congiunzioni si dicono **copulative**.

Copulative

Disgiuntive

Funzione opposta hanno invece **o, ossia, oppure, ovvero**, eccetera, e appunto per definire tale loro funzione si chiamano **disgiuntive**.

Avversative

Una funzione ancora diversa è quella della congiunzione **ma**, insieme con la quale si raggruppano **tuttavia, però, peraltro, nondimeno**, eccetera. Si definiscono **avversative**.

Gli usi di **che** sono molteplici: naturalmente non bisogna confondere *che* congiunzione con *che* pronome (= il quale).

Ci sono altre categorie di congiunzioni, che le grammatiche scolastiche elencano diligentemente. Noi, come al solito, non ripetiamo qui classificazioni teoriche, che si trovano in qualsiasi grammatica, ma ci limitiamo a esaminare le conseguenze pratiche che derivano dall'uso di questa parte invariabile del discorso, come già si è fatto con le altre.

E, ed; o, od

Vi rimandiamo a pag. 390: là si parlava della preposizione *a*, ma il discorso cadde, per analogia, anche sulle congiunzioni **e, o**. Si concluse che la cosiddetta "*d* eufonica", già in declino fin dai tempi del Manzoni, è oggi del tutto in disgrazia e che l'aggiunta di quella *d* avviene ormai quasi soltanto quando si voglia evitare il contatto di due vocali tra loro identiche: cioè, come *a* dopo la preposizione *a*, cosí *e* dopo la congiunzione *e, o* dopo la congiunzione *o*.

Osservazioni su e, o

Non è quindi il caso di scrivere: "Carlo *ed* Antonio; fiori *ed* alberi; Francia *ed* Italia; ieri *ed* oggi; primi *ed* ultimi", quando sembrano di miglior suono le espressioni:

> *Carlo* **e** *Antonio; fiori* **e** *alberi; Francia* **e** *Italia; ieri* **e** *oggi; primi* **e** *ultimi;* eccetera.

Il discorso vale anche per *o*:

> *Carlo* **o** *Antonio; fiori* **o** *alberi;* eccetera.

Si potrebbe invece (a giudizio dell'orecchio di chi parla o scrive) ricorrere alla *d* eufonica nelle espressioni:

> *Carlo* **ed** *Ermanno; fiori* **ed** *erbe; Francia* **ed** *Europa;* eccetera;
> *Carlo* **od** *Oreste; fiori* **od** *ortaggi; Francia* **od** *Oceania;* eccetera.

Si potrebbe, abbiamo detto: ma non c'è obbligo.

La virgola prima della congiunzione

Il maestro della scuola elementare, che ci ammoniva di "non mettere mai la virgola prima della congiunzione", esagerava un tantino nel suo cattedratico divieto, ma era costretto a far cosí perché poteva capitare che i ragazzini, ancora alle prime armi nella costruzione del periodo e nella collocazione dei segni d'interpunzione, scrivessero: "Ieri sono venuti lo zio, e la zia a farci visita ma il babbo, e la mamma erano usciti". Ci sono però certi casi nei quali una virgola può benissimo accompagnarsi, standole davanti o didietro, anche con la congiunzione *e* (copulativa) o con la congiunzione *o* (disgiuntiva) e naturalmente con *ma* (avversativa) e con tutte le altre congiunzioni. Infatti non sempre la congiunzione sostituisce la virgola. In una frase come questa: *Il padrone, e con lui sua moglie, erano assenti*, la virgola apre un inciso e svolge la sua funzione tanto all'inizio quanto al termine. Oppure la frase potrebbe essere: *Quante belle cose abbiamo veduto, e quante altre ancora ne vedremo*; la seconda parte del periodo è, piuttosto che congiunta, aggiunta; in tal caso, prima della congiunzione è opportuna la virgola.

Ciò vale anche per altre congiunzioni, non soltanto per la copulativa. *Venga il direttore, o il suo segretario*; questa frase assumerebbe un significato diverso se non ci fosse quella virgola prima della congiunzione *o*: *Venga il direttore o il suo segretario*. Nella prima frase si parla dapprima del direttore, e solo nell'eventualità che il direttore non possa o non voglia venire, si propone il segretario; nella seconda frase, quella dove non c'è la virgola, s'intende: venga o l'uno o l'altro, non importa quale.

Ci sono altri casi, anche diversi da quelli dei nostri esempi: dipende dall'intenzione di chi scrive decidere se la virgola debba esserci o no e in quale posizione.

Sia... sia; tanto... quanto

Le correlative

La correlazione, cioè la relazione reciproca tra due proposizioni coordinate, si esprime in italiano con varie parolette, dette appunto **correlative**. Ma il loro uso non può farsi a casaccio, giacché esse formano coppie fisse che non è lecito disgiungere o diversamente accoppiare.

Uso di sia... sia

Una delle correlazioni più comuni è quella creata con **sia... sia** (e non, come invece si usa forse più frequentemente, con "sia... che"):

> *Potremmo ospitare nel nostro albergo* **sia** *clienti isolati* **sia** *grosse comitive*.

Tuttavia, già nel dizionario del Tommaseo si ammette come legittimo l'uso della congiunzione *o* come secondo termine della correlazione in corrispondenza con *sia* ("il *sia* si ripete — afferma quel filologo ottocentesco — ma può anche usarsi il *sia* la prima volta e la seconda il semplice *o*"); la qual cosa, aggiungiamo noi, potrebbe essere giustificata dal fatto che *sia* è originariamente congiuntivo del verbo *essere* con valore concessivo e quindi potrebbe essere considerato sottinteso nella ripetizione dopo la congiunzione *o*:

> **Sia** *lui* **o** (sottinteso: **sia**) *un altro, per noi fa lo stesso*.

Invece il *che* non trova altra giustificazione se non nell'analogia con altre correlazioni: per questo è nell'uso ed è ammesso anche dagli scrittori.

Uso di tanto... quanto, così... come, né... né, ora... ora

Anche la correlazione **tanto... quanto** è più giusta rispetto a *tanto... che*:

> *Saranno invitati* **tanto** *suo padre* **quanto** *sua madre*.

Altre correlazioni normali sono: **così... come, né... né, ora... ora**. Esempi:

> **Così** *accoglieremo cordialmente voi* **come** *fummo da voi accolti*;

> *Non vennero* **né** *i poliziotti* **né** *i carabinieri*;

> **Ora** *piangeva,* **ora** *rideva*.

I fratelli "però" e "perciò"

Esistono fratelli che, col crescere e col passar degli anni, si assomigliano sempre meno. Dipende anche dal "mestiere" cui sono adibiti: nel discorso linguistico il mestiere è la "funzione". **Però** e **perciò** derivano entrambi dal latino *per hoc*, "per questo", ma la funzione di *però* è ormai esclusivamente "avversativa":

*Però:
congiunzione
avversativa*

> È un buon uomo, **però** ha i suoi difetti...

Ai nostri giorni non si direbbe piú (come una volta si diceva): "Ha lavorato con zelo, *però* lo ricompenseremo". Invece *perciò* ha significato "conclusivo"; normale l'espressione:

*Perciò:
congiunzione
conclusiva*

> Ha lavorato con zelo, **perciò** lo ricompenseremo.

Il passaggio dal significato conclusivo a quello avversativo è avvenuto per gradi. La frase:

> Questa impresa è ardua, ma non **perciò** (= per ciò) impossibile

è diventata:

> Questa impresa è ardua, non **però** impossibile.

Nel discorso comune non sempre la congiunzione *ma* scompare, eclissata da *però*: non di rado le sopravvive accanto, con sommo sdegno di tanti arcigni censori. O solo *ma* o solo *però*, essi redarguiscono. È la stessa questione del *ma invece, mentre invece, ma tuttavia, ma nondimeno, ma pure*: forme da qualcuno rimproverate, ma non tanto aspramente censurate come il malcapitato **ma però**. Tuttavia questo accoppiamento delle due congiunzioni avversative, tanto biasimato dalle cattedre, è poi benignamente accolto nella sua non illegittima funzione di "locuzione rafforzata" anche da fior di autori, a cominciare nientemeno da Dante:

Ma però

> **ma però** di levarsi era neente (*Inf.*, XXII, 143);

fino al Manzoni, nei *Promessi sposi*:

> Io taccio subito; **ma** è **però** certo... (*cap. I*);

che, sempre nel suo capolavoro, ripete questa locuzione:

> Non era un conto che richiedesse una grande aritmetica; **ma però** c'era abbondantemente da fare una mangiatina.
> (*cap. XVII*).

E si potrebbero trovare numerosi esempi di *ma però* anche negli scrittori contemporanei. Dunque: scrivete tranquillamente *ma però*, "ma però" non abusatene a bella posta!

Il famoso "onde"

Uso della congiunzione onde

Qui si parla della parola **onde**, grammaticalmente avverbio oppure congiunzione, secondo la funzione che assume nel discorso. Il suo primo e prevalente significato è "da dove", cioè avverbio di moto da luogo; un esempio del Carducci tratto dall'ode *Alla Regina d'Italia*:

> **Onde** *venisti? quali a noi secoli*
> *sí mite e bella ti tramandarono?*

Altro significato: di causa, ma sempre con sottinteso un concetto di provenienza; ancora del Carducci, dal sonetto *Dante*:

> *Dante,* **onde** *avvien che i voti e la favella*
> *Levo adorando al tuo fier simulacro...?*

A noi qui interessa *onde* con funzione di congiunzione, quando introduce una proposizione finale: *Ti do questo avviso,* **onde** *tu possa trarne profitto*. In questo caso, *onde* in sostituzione dei normali *affinché, perché*, può essere accettato: l'avviso "dal quale" tu possa trarre profitto: c'è nella congiunzione un sottinteso logico di provenienza. Ma l'uso di *onde* è invece sconsigliabile in un periodo come il seguente: "Vi regaliamo questo televisore *onde* restiate in casa la sera".

Peggio ancora quando si unisce *onde* al verbo di modo infinito, come si usa a man salva nel linguaggio commerciale: "Inviate tramite corriere, *onde* evitare ritardi postali". Tanto piú semplice: **per** *evitare ritardi*. Può invece essere ammesso in un periodo come questo: *Sarà aperto nella parete un uscio,* **onde** *poter uscire nel giardino*, perché qui il valore di fine non contraddice quello di luogo (*un uscio* **onde**, cioè "da dove, dal quale" si possa accedere al giardino).

D'accordo con Giacomo Leopardi, il quale scrisse che a lui l'uso di *onde* nelle proposizioni finali "non pareva un peccato mortale". Ma scopo di questo nostro libro è anche di insegnare a evitare i peccati veniali.

Malgrado, sebbene...

Uso di malgrado

Sono congiunzioni concessive: **Malgrado** *mia moglie non voglia, uscirò questa sera*; oppure: **Sebbene** (o **benché**, o **quantunque**) *mia moglie non vo-*

glia, uscirò questa sera. Si potrebbe persino dire: **Nonostante** *l'opposizione di mia moglie...* Una filologa femminista polemicamente incalzerebbe: **A onta** *di sua moglie...* La moglie, anche se in questo caso eccezionalmente inascoltata nei suoi desideri proibitivi, è in grado di opporsi, di "ostare", di esprimere a voce alta o nutrire nel profondo del cuore il suo non "gradimento", e, se il marito non le obbedisce, è per lei una, sia pur piccola, "onta". Ma se diciamo: "In quella stanza si soffocava *malgrado* avessimo acceso il ventilatore"; oppure: "Mangiammo ugualmente la pastasciutta *malgrado* fosse un po' scotta"; o infine: "Me ne stavo tranquillamente in maniche di camicia *a onta* del freddo", evidentemente né il ventilatore, né la pastasciutta, né il freddo possono manifestare o serbare in sé sentimenti di gradimento o di non gradimento: perciò in questi casi, invece delle locuzioni *malgrado* e *a onta*, ci accontenteremo di scrivere o dire *sebbene, benché, quantunque, nonostante*:

> **sebbene** *avessimo acceso il ventilatore;*
>
> **quantunque** *la pastasciutta fosse scotta;*
>
> **nonostante** *il freddo.*

La logica è spesso, ve ne sarete accorti, una preziosa compagna della grammatica.

Le interiezioni

Quando parliamo, chi piú chi meno, gesticoliamo. Le **interiezioni**, dette anche **esclamazioni**, sono quelle espressioni vivaci che noi inseriamo (in latino *interícere*, "gettare in mezzo") nelle altre parti del discorso, s'intende quando proprio ci sembra necessario. Anzi, diciamo subito che, come una persona beneducata gesticola con moderazione, cosí anche alle esclamazioni si deve ricorrere con attenta parsimonia.

Se cerchiamo nelle pagine dei buoni scrittori, vedremo che le interiezioni non abbondano. Ogni tanto, sí, quando la narrazione è piú colorita o appassionata, quando si riferiscono espressioni con la viva voce dei personaggi di una narrazione, allora qualche adatta interiezione suona opportuna. **Eh!** *le schioppettate non si danno via come confetti...*, dice Perpetua nei *Promessi sposi*. **Ah** *birboni!* **ah** *furfantoni! È questo il pane che date alla povera gente?* **Ahi! Ahimè! Ohi! Ora, ora!**, sono voci del popolo durante il tumulto descritto dal Manzoni. Sempre dal romanzo del Manzoni:

> **Ohibò**, *vergogna!*
>
> **Oh**, *che imbroglio!*

Le interiezioni o esclamazioni

Ah! *no, Renzo, per amor del cielo!*

Ah! *se potessi...*

Ih! *buon per te, che ho le mani impicciate...*

Ahi! ahi! ahi!, *grida il tormentato.*

Esclamazioni per esprimere svariati stati d'animo, molteplici sensazioni, d'ira, di meraviglia, d'impazienza, di disgusto, di dubbio, di paura, di preghiera, eccetera.

Le voci onomatopeiche

Non sono interiezioni le cosiddette **voci onomatopeiche**, cioè quelle parole che vogliono riprodurre particolari suoni, come versi di animali: il **miao** del gatto, il **muu** dei bovini, il **bèee** delle pecore, il **bau bau** del cane, eccetera; o altri rumori, come il **din don** della campana, il **tic tac** dell'orologio, il **bum** di uno scoppio, eccetera. Tuttavia, per una certa affinità esteriore, spesso si considerano insieme con le interiezioni.

Interiezioni con l'acca

Avrete visto, tra le interiezioni degli esempi ora letti, che molte avevano, o nel mezzo o nel finale, la lettera *h*. Questa lettera, come abbiamo spiegato a suo tempo parlando dell'alfabeto, non ha in italiano nessun suono proprio, e a essa si fa ricorso piú che altro come segno grafico.

Specie di interiezioni

Veh: altro non sarebbe che la forma verbale *vedi*, che per troncamento diventa *ve'*, ma quando assume funzione esclamativa di minaccia, talvolta anche bonaria, allora vuole l'*h* e naturalmente si sbarazza dell'apostrofo:

Guarda, **veh**, *di esser buono.*

Toh: in origine, imperativo del verbo *togliere*: *to'*; ma con l'*h* è vivace esclamazione di meraviglia:

Toh! *codesta poi non me l'aspettavo!*

Nella forma verbale *to'* ha valore piuttosto di richiamo:

To', *prendi questo e fila via!*

Anche le altre interiezioni con l'**h** sono adattamenti a uso esclamativo di normali parti del discorso:

oh: sfumatura piú vigorosa di quel semplice *o* che si usa per rafforzare il vocativo;

beh: da *be'*, troncamento dell'avverbio *bene*;

mah: dalla congiunzione *ma*;

deh: forse dal latino *deus*, "dio".

Oppure si tratta di suoni sorti spontaneamente per la pronuncia piú marcata di una vocale isolata o in gruppo con altre lettere:

ah, eh, ih, uh, ahi, ehi, ohi, uhi, ohè, ehm, eccetera.

Poiché nelle interiezioni:

ahi, ehi, ohi, uhi, ohè, eccetera,

quell'*h* intermedia sembra inutile, qualcuno pensa che si potrebbe anche togliere; tuttavia si è preferito lasciarla per distinguere *ahi* da *ai* preposizione articolata ed *ehi* da *ei* (= egli), e quindi per "simpatia" anche nelle altre che non hanno omonimi con cui potrebbero confondersi. Quando *ahi* e *ohi* si uniscono con il pronome personale *me* in unico vocabolo, c'è chi scrive *aimè, oimè* (e anche *oibò*), eliminando l'*h*, come è normale che avvenga in *olà* (= oh+ là), dove l'*h* non potrebbe restare davanti alla consonante *l*. Ci pare tuttavia una inutile complicazione; è piú semplice attenersi alle forme:

Un'h tradizionale

ahimè, ohimè, ohibò,

che sono quelle piú diffuse e ormai tradizionalmente consolidate.

Le interiezioni sono internazionali

Esclamano allo stesso modo tanto uno spagnolo quanto un cinese: se gli schiacciano un piede in autobus, sia a Shanghai sia a Barcellona, il malcapitato viaggiatore grida parimenti *ah!* o *ahi!* Potranno esservi differenze nella trascrizione, ma la struttura fonetica originaria non sarà molto diversa. Le minacciose interiezioni di un babbo finlandese che sgrida il suo rampollo disubbidiente non varieranno molto rispetto a quelle che avrà proferito un piumato padre pellerossa, quando in America c'erano ancora i piumati pellirosse. Nelle antiche scuole romane si raccontava la storiella del fanciullo che non voleva studiare e, risoluto a non incominciare, diceva che non era capace di pronunciare la lettera *a*. Allora il maestro, come si usava in quei tempi, mise mano alla frusta; alle prime scudisciate il ragazzetto si mise a gridare *a a*, e cosí fu chiaro che poteva pronunciare benissimo la prima lettera dell'alfabeto.

C'è però un fatto che è attestato dalla letteratura e del quale siamo testimoni noi stessi nel breve volgere di una generazione: ogni tanto inusitate esclamazioni, piú o meno pittoresche, si affiancano alle vecchie, o le sostituiscono. Quella telefonista francese che diceva: *allons* ("andiamo", nella sua lingua) non sapeva di generare una interiezione che nella forma inglese *hallo*, o variando piú o meno la grafía e un pochino anche la pronuncia da un luogo all'altro, era destinata a trascorrere per gli apparecchi telefonici di tutto il mondo. Pare che siano stati dei marinai inglesi, nel secolo scorso, a importare nell'Occidente quello strano grido *hip, hip, hurrah!* che i soldati turchi levavano in onore del loro sultano; da *hurrah* venne il francese *hourra*, e noi in Italia lo trascrivemmo **urrà**. Durante la Prima guerra mondiale il poeta combattente Gabriele d'Annunzio volle sostituire il tradizionale *evviva!* con un altro di conformazione classica, da lui stesso coniato: *eia, eia, alalà!* dove *eia* è un'interiezione greco-latina che significa "suvvia" e *alalà* fu già grido di guerra nell'antica Grecia.

Interiezioni di meraviglia sono il francese *parbleu*, correzione di *par Dieu*, stretto cugino dell'italiano **perbacco** (o **perdiana**, **perdinci**, **perdindirindina**, eccetera), nati per evitare ai buoni cristiani di proferire il nome di Dio invano; e lo spagnolo *caramba!*, che a sua volta potrebbe avvicinarsi ai nostri **corbézzoli!** o **càspita!**, e allo sgarbato **accidenti!**, all'ormai antiquato **pòffare!** e ad altri simili modi di dire (per non citare certe curiose interiezioni dialettali, come il *mízzica* siciliano, il *mannaggia* meridionale, l'*ostreghéta* veneto, il *cuntàcc'* piemontese, e molte altre che non figurano di solito nei dizionari ma che pullulano nelle conversazioni degli Italiani).

Interiezioni straniere

Un' interiezione dannunziana

Interiezioni dialettali

"Ciao": uno schiavo che si prende confidenza

Osservazioni su ciao!

Tra le interiezioni metteremmo anche il comunissimo **ciao!**, in origine formula di saluto dialettale diffusa soltanto nell'Italia settentrionale; ma in questo ultimo mezzo secolo essa si è imposta, quasi vivace e solitamente gioiosa esclamazione, in tutta l'Italia e, in questi ultimi tempi, persino all'estero (dove sono relativamente poche, in confronto con le anglosassoni e le francesi, le parole italiane entrate nel gergo popolare). Oggi da noi il *ciao* è la forma di saluto piú confidenziale, assai piú del classico *salve* (= sta bene, cioè "salute"), dell'*arrivederci* e dei diffusi *buon giorno* (si scrive anche tutto unito, *buongiorno* o *bongiorno*), *buona sera, buona notte* (o *buonasera* e *bonasera*, *buonanotte* e *bonanotte*), eccetera. Eppure in origine la strana paroletta era una deferente espressione di ossequio. *Ciao* è infatti l'italianizzazione di *s'ciao*, trasformazione dialettale veneziana di "schiavo" (vocabolo venuto a sua volta da "slavo", perché i servi erano spesso reclutati tra i prigionieri di guerra slavi). Qualche secolo fa sembrava corretto porgere i propri ossequi, anche nelle comunicazioni epistolari, con l'esagerata espressione: "servo vostro, schiavo suo". Perciò dicendo *ciao*, cioè propriamente "sono vostro schiavo", si esternava con grande umiltà e deferenza il proprio ossequio. Invece oggi è diventato un saluto prettamente confidenziale.

Il tedesco "alt!" e l'inglese "stop!"

In tedesco *halt* significa: "férmati, fermàtevi" (dal verbo *halten*, "tenere, trattenere"). Saranno stati i militari, probabilmente, a diffondere la voce imperiosa e tanto efficace che per la sua brevità è diventata un'interiezione di uso internazionale. Per noi intimare l'**alt** — in questo caso l'interiezione è sostantivata — ha valore non solo nel gergo militare: può interessare la viabilità, un arresto nel lavoro, una sosta in un tragitto, eccetera.

Affine ad *alt*, ma questo di provenienza inglese, è **stop**. Anche *stop* è un verbo; nell'imperativo, *stop* significa "férmati, fermàtevi". Ecco perché nella segnaletica stradale si scrive STOP e tutti gli autoveicoli e gli altri mezzi di comunicazione si fermano o dovrebbero fermarsi. In certe macchine, in congegni usati internazionalmente, tutti sanno come regolarsi quando leggono la paroletta. In italiano hanno persino creato il verbo *stoppare* (che non ha nulla che fare con il suo omonimo dialettale e tipico della Lombardia, nel significato di "otturare", probabilmente derivato di "stoppa"); quando *stoppare* deriva da *stop* significa "arrestare, fermare", e si usa specialmente nel gergo sportivo del calcio. Poi c'è anche l'*autostop* che, come tutti sanno, non vuol dire "fermarsi da solo", ma fermare un'automobile, per farsi trasportare gratis.

Osservazioni su alt! e stop!

Storia di "okay"

I nostri nonni, che amavano scimmiottare i Francesi, per esprimere il loro compiacimento quando qualche cosa riusciva bene, andava a gonfie vele, esclamavano *très bien!* I nostri padri, mutati i tempi, preferirono scimmiottare gli Inglesi, e dicevano *all right!*, dalla pronuncia approssimativa "olràit". Noi finalmente, scimmiottatori sempre (pare sia una specialità italiana), abbiamo scelto con entusiasmo l'interiezione **okay**, che si pronuncia pressappoco "ochéi", importata dai soldati nordamericani quando vennero qui per la guerra, tra il 1943 e il 1945.

L'americana okay

Questa fortunata paroletta pare sia nata negli Stati Uniti d'America durante la campagna presidenziale del 1840: i sostenitori del candidato Martin Van Buren, il quale era nato in un paese denominato Kinderhook nello Stato di New York, condussero la battaglia elettorale sotto l'insegna di una sigla, come già allora si usava in America: *O.K. Club*, cioè "Old Kinderhook Club", che significa "Club della vecchia Kinderhook", perché con il nome del suo paese nativo era divenuto popolare quell'uomo politico, detto anche "il mago di Kinderhook". Le due lettere iniziali *O.K.* si pronunciano in inglese *o - kay*, e di qui nacque il vocabolo *okay*, che incontrò un grande successo, fino a entrare con valore di interiezione nella conversazione comune, e persino, come tutti sappiamo, varcare l'oceano e trovare posto nel nostro vocabolario (e anche in quelli di altri Paesi) in sostituzione di "bene!", "benissimo", "a posto", "perfetto" e cosí via.

Capitolo XVII

IMPARIAMO A COSTRUIRE IL DISCORSO

Periodi sgangherati, armoniosi, lunghi, corti...

C'è molta gente che conosce alla perfezione tutte le regole della grammatica, che non fa mai un errore di ortografia, che sa tutte le parole, anche le piú difficili... eppure scrive male. A tutti noi è capitato di leggere, non solo in lettere private, o in relazioni ufficiali, ma perfino sulla carta stampata periodi cosí mal combinati, cosí privi di proporzione e di armonia, talvolta perfino cosí maldestramente costruiti, da parere addirittura sconclusionati. È chiaro che non è possibile "insegnare" a scrivere artisticamente, perché artisti si nasce e, tutt'al piú, col tempo e con lo studio ci si raffina; tuttavia è sempre possibile imparare a coordinare o a subordinare bene le varie proposizioni in un periodo, a disporre con buon gusto i periodi nel discorso, a non affaticare né infastidire o frastornare con periodi mal calibrati il nostro lettore, che può essere colui che riceve una nostra lettera, o che legge un nostro rapporto, anche d'ufficio. Noi qui non ci rivolgiamo ovviamente agli scrittori o agli oratori di professione, ma piú genericamente a tutti quelli che per necessità pratiche debbano "scrivere" o "parlare" ad altre persone, in un'infinità di circostanze nella vita di ogni giorno.

Periodi lunghi o periodi brevi?

Si comincia col solito dilemma: periodi lunghi o periodi brevi? Se lunghi, quanto lunghi? Cioè quanti verbi? quante proposizioni, tra principale e dipendenti, prima di arrivare al sospirato "punto fermo"? Se brevi, sino a che limite? Domande oziose, evidentemente, alle quali non si può rispondere. O meglio, potremmo, ai fini pratici, sbrigarcela cosí: periodi né troppo lunghi, tali da togliere il fiato al malcapitato lettore, né troppo brevi, che finirebbero con l'irritare, a causa di quelle continue interruzioni che rompono bruscamente il normale ritmo del discorso. Ricorriamo, a proposito del dilemma, alla risposta assennata che diede lo scrittore e linguista Alfredo Panzini: "Il periodo deve essere lungo o breve? Non v'è legge: scrivete come vi detta dentro. Però non dimenticate che il periodo lungo e ben fatto è molto difficile e domanda molta forza di pensiero. Dunque sono consigliabili i periodi brevi. Già sin dall'antichità un grande filosofo, Aristotele, avvertiva che *il periodo deve essere di tale grandezza da abbracciarlo con un'occhiata*. Furono specialmente gli scrittori latini a dare l'esempio di lunghi e maestosi periodi: e questo essi potevano facilmente fare, perché la loro lingua cosí permetteva. Non dovete però credere che i Latini ed i classici italiani scrivessero sempre con lunghi periodi. Certo amavano una certa ampiezza, che oggi non è piú cosa comune. A questo si aggiunga che noi moderni abbiamo fretta in tutte le cose, anche nel leggere; e i periodi lunghi domandano attenzione e tempo. Se voi infine mi domandaste: è piú bello un libro con i periodi classici o un libro a periodini moderni e brevi?, io vi risponderei che si tratta di diversa bellezza; come paragonare un edificio antico, grave e severo, con un'agile costruzione moderna. Tutto in arte è bello se è fatto bene".

Potreste sfogliare qualsiasi libro di buon prosatore e avreste conferma che si può scrivere bene tanto con periodi brevi quanto con periodi lunghi. Prendete i soliti *Promessi sposi*: il periodo che dà inizio al romanzo del Manzoni, che si apre con il famoso "Quel ramo del lago di Como...", è formato di quindici proposizioni, con altrettanti verbi e, se fosse trascritto con i caratteri tipografici del nostro libro, che state leggendo in quest'istante, occuperebbe più di dieci righe. Ma del medesimo Manzoni, in altri luoghi, quanti periodi sono invece rapidi, scattanti, di una sola proposizione o due o poco più. Se invece cercate in libri più antichi, dal Boccaccio stesso, pur tanto vivace, al Machiavelli, al Galilei, agli scrittori del Settecento e dello stesso Ottocento, il periodo lungo è norma, il breve è eccezione. Al contrario, negli scrittori a noi cronologicamente più vicini, cioè del nostro Novecento, forse anche per influsso a noi venuto dalla vicina Francia o dalla lontana America e per la sempre maggiore importanza dei giornali, e poi dei moderni strumenti d'informazione — radio, televisione, registrazione, eccetera —, predomina la tendenza al periodo piuttosto corto; ma anche qui (come nella moda del vestire!) semplificare, snellire, e in particolare accorciare, va bene, ma il buon gusto suggerisce di non esagerare. Vi offriamo un esempio di prosa con periodi volutamente spezzati; ma quella che è qui un'esigenza "artistica" dello scrittore, il quale vuole ottenere particolari effetti, non potrebbe essere regola per una normale prosa:

Periodi classici e periodi moderni

> *Singhiozzava. Al centro. Sulle ginocchia. Un pappagallino le è saltato sulla testa e si è messo a ballare contento... Mia moglie si è alzata. I suoi capelli rossi si sono alzati a massa insieme a lei. Il silenzio tra noi aumentava. Benché nel vento lei aprisse e chiudesse la bocca. Volendo dirmi qualcosa.*

Il brano è tolto da un'opera di uno scrittore contemporaneo, Alberto Bevilacqua.

Ecco ora, invece, un modello di periodare breve, ma non convulso, da un romanzo di un altro contemporaneo, Ercole Patti:

> *Ormai quelli erano gli ultimi giorni di villeggiatura. Nella vecchia casa dello zio Alfio non c'erano rimasti che Cettina, il marito, Nino, sua madre e lo zio con le sue due vecchie cameriere. Era giovedí 14 novembre. La partenza di Cettina e del marito era fissata per la domenica prossima. Nino e la madre sarebbero partiti il lunedí mattina.*

Ed ecco infine un altro brano di autore anch'esso contemporaneo, Carlo Cassola, dove i periodi sono brevi ma con moderazione, quali appunto sembrano propri del tempo nostro:

Nelle ore calde il paese mutava aspetto. Negli orti non c'era nessuno: solo l'asino bendato continuava a girare intorno al bindolo. Anche per la strada era difficile fare incontri. Si aveva addirittura l'impressione che il paese fosse stato abbandonato dai suoi abitanti: specie in piazza, dove le persiane erano chiuse, un cane vagava lungo il muro e non si udiva altro rumore all'infuori del monotono sgocciolío della fontanella.

La concordanza dei tempi nel periodo

Fatta cosí questa breve premessa, entriamo nel vivo del congegno linguistico, cosí come ce lo insegna la sintassi.

La proposizione principale e le proposizioni dipendenti

L'analisi logica insegna che in un periodo ci sono una proposizione **principale** e una o piú proposizioni **dipendenti** (dette anche **subordinate** o **secondarie**). Una dipendente può anche "dipendere" da un'altra dipendente, che in tal caso, rispetto a essa, ha la funzione di reggente. Dai rapporti di "tempo" che intercorrono tra una proposizione reggente (che può essere, ma non è necessariamente, una principale) e una dipendente deriva anche la concordanza dei tempi verbali.

Consideriamo questo breve periodo, formato di due sole proposizioni:

So *che tuo figlio* **cerca** *un impiego*;

proposizione reggente   : **So**;

proposizione dipendente : *che tuo figlio* **cerca** *un impiego*.

I tempi nelle frasi dipendenti

In questo esempio il tempo del verbo reggente è presente: *So*, cioè adesso; l'azione espressa nella dipendente è contemporanea alla reggente: **cerca** *un impiego*, sempre adesso. Perciò tempo presente nella reggente, tempo presente nella dipendente. Cambiamo il tempo della reggente:

Sapevo (o **seppi** o **ho saputo** o **avevo saputo** o **ebbi saputo**) *che tuo figlio* **cercava** *un impiego*.

L'azione è sempre contemporanea: riferita a un tempo passato sia nella reggente sia nella dipendente. Come avete visto nell'esempio, si ricorre nella proposizione dipendente all'imperfetto, per esprimere quel concetto di simultaneità: *Sapevo*, allora; *cercava un impiego*, sempre allora. Se il tempo della reggente fosse un futuro, per esprimere la contemporaneità si userebbe il futuro semplice anche per il verbo della dipendente:

Saprò *che tuo figlio* **cercherà** *un impiego*.

Vogliamo invece esprimere nella dipendente un tempo anteriore, cioè un'azione avvenuta prima, rispetto alla reggente:

> **So** *che tuo figlio* **cercava** (**cercò**, **ha cercato**, **aveva cercato**) *un impiego*.

Dunque, se il verbo reggente è un tempo presente, il dipendente sarà imperfetto o passato o, in certi casi, anche trapassato prossimo. Ma se il verbo è un imperfetto o un passato o un trapassato, allora il dipendente dovrà essere necessariamente un trapassato prossimo:

> **Sapevo** (o **seppi** o **ho saputo** o **avevo saputo** o **ebbi saputo**) *che tuo figlio* **aveva cercato** *un impiego*.

Se poi il verbo reggente fosse un futuro, quello dipendente potrebbe essere, oltre che imperfetto o passato o trapassato:

> **Saprò** *che tuo figlio* **cercava** (**cercò**, **ha cercato**, **aveva cercato**) *un impiego*,

anche futuro anteriore:

> **Saprò** *che tuo figlio* **avrà cercato** *un impiego*.

L'azione della dipendente può essere posteriore rispetto alla reggente:

> **So** *che tuo figlio* **cercherà** *un impiego*.

Dunque, se nella reggente c'è il tempo presente — potrebbe anche essere un futuro: *Saprò che cercherà* — nella dipendente ci vorrà il futuro. Se poi il verbo della reggente è un imperfetto o un passato o un trapassato, per il verbo della dipendente si deve ricorrere addirittura al modo condizionale, tempo passato:

> **Sapevo** (o **seppi** o **ho saputo** o **avevo saputo** o **ebbi saputo**) *che tuo figlio* **avrebbe cercato** *un impiego*.

È insomma una gamma assai vasta, dove per fortuna tutti ci destreggiamo grazie alla pratica quotidiana del discorso.

Il congiuntivo in disgrazia

Gli sbagli piú frequenti avvengono non tanto nell'uso dei tempi quanto nei modi. C'è, per esempio, il modo congiuntivo, che dovrebbe essere usato

Uso del congiuntivo

nella proposizione dipendente quando nella reggente si esprime un dubbio, un'opinione, una possibilità:

Credo *che tuo figlio* **cerchi** *(e non "cerca") un impiego.*

È un'opinione, non una certezza: si deve usare il congiuntivo, non l'indicativo. E sempre lo stesso congiuntivo dovremmo usare se dicessimo:

Spero *che tuo figlio* **trovi** *l'impiego;*

oppure:

È probabile *(o* **è difficile** *o* **è impossibile***) che tuo figlio* **trovi** *l'impiego.*

Insistiamo sull'uso, in tali casi, del modo congiuntivo perché oggidí, anche tra i buoni scrittori, c'è la mala tendenza a escludere il congiuntivo a tutto vantaggio dell'indicativo. Talvolta si tratta di sfumature di significato. In questa espressione:

Tendenza errata

Sono lieto *che* **sei** *venuto*

non c'è propriamente errore: non è un desiderio, non è un dubbio, non è una possibilità: è un dato di fatto: tu sei venuto, io ne sono lieto. Tuttavia, se chi parla si prospetta mentalmente il concetto espresso nella proposizione dipendente come un'ipotesi, in tal caso meglio sarebbe il congiuntivo:

Sono lieto *che tu* **sia** *venuto.*

Chi invece dice, come molti dicono: "Mi pare che il tuo amico non *è venuto*", sbaglia. Si tratta inequivocabilmente di un'ipotesi: forse è venuto, forse no, mi pare; perciò la forma corretta è soltanto quella con il congiuntivo:

Mi pare *che il tuo amico non* **sia venuto***.*

Il "se sarei" giusto e il "se sarei" sbagliato

L'errore è grossolano, d'accordo, e non può interessare i lettori di questo libro: "*Se sarei* promosso...", scrisse quel tale scolaretto; e allora il maestro spezzò addirittura la punta blu del lapis, perforò letteralmente, in preda all'indignazione, il foglio del quaderno del malcapitato fanciullo. Ma poi successe che quel ragazzo, dovendo dire: "Non so *se sarei* capace di fare questo compito", per timore di buscarsi un altro zero disse: "Non so *se...*

fossi capace...", e lo zero se lo buscò ugualmente; perché questa volta avrebbe dovuto dire *sarei* e non *fossi*.

Infatti la prima volta si trattava di un **periodo ipotetico**, cioè di un periodo che contiene una "ipotesi", quale appunto è espressa in quella proposizione *se fossi promosso*, che, secondo la definizione dell'analisi logica, si chiama **proposizione condizionale**, perché esprime una "condizione"; a condizione che io sia promosso, qualora, nel caso, nell'eventualità che io sia promosso, eccetera. Ma il verbo nella proposizione condizionale non va nel modo condizionale, che invece trova posto nella reggente:

Il periodo ipotetico

La proposizione condizionale

Andrei *in villeggiatura* (prop. reggente), **se fossi** *promosso*.

Dunque, nei periodi ipotetici, se nella proposizione condizionale, cioè quella dipendente, che i grammatici definiscono **pròtasi**, c'è il modo congiuntivo, nella proposizione principale, detta **apòdosi**, il verbo va nel modo condizionale:

La pròtasi e l'apòdosi

Se il tempo **fosse** (e non "sarebbe") *bello,* **si farebbe** *una gita;*

Qualora io **dormissi, dovresti** *sonare il campanello;*

Ti **accompagnerei** *a teatro, se ti* **piacessero** *le commedie;*

Sarebbe venuto, *se l'***avessimo invitato.**

Avrete notato, negli esempi, che al congiuntivo imperfetto — *fosse, dormissi, piacessero* — o trapassato — *avessimo invitato* — corrisponde il condizionale presente — *farebbe, dovresti, accompagnerei* — o passato — *sarebbe venuto* —. Ciò avviene però soltanto in quel tipo di periodo ipotetico che indica una "possibilità", anzi una "eventualità", mentre in quello che indica non già una "eventualità", ma una "realtà", c'è il modo indicativo tanto nella pròtasi quanto nell'apòdosi:

Se **lavori,** *sarai retribuito;*

Uscirò, *se ne* **avrò** *licenza;*

Vi **stancherete** *se non* **riposerete.**

E ora ritorniamo all'incriminato, ma innocente "se sarei". Innocente quando, come in quella frase: *Non so* **se sarei** *capace...* che preoccupò il troppo prudente scolaretto, non ha nulla che fare con l'ipotesi (dunque, non è parte di un periodo ipotetico). Si trattava, in quella frase, di una proposizione "interrogativa". Interrogativa, anche se non c'era punto interrogativo. I grammatici la definiscono **interrogativa indiretta**.

Naturalmente, non sempre un'interrogativa indiretta è introdotta dalla

La proposizione interrogativa indiretta

congiunzione *se*. Quando io domando:

>   *Chi è venuto?*

rivolgo al mio interlocutore un'interrogazione "diretta"; ma se costruisco un periodo cosí:

>   *Voglio sapere* **chi è venuto**;

oppure:

>   *Ditemi* **chi è venuto**;
>
>   *Non so* **chi sia venuto**;
>
>   *Chiedo, domando, m'informo, m'interessa sapere* **chi è venuto**,

Il se dubitativo

allora l'interrogazione è "indiretta". Consideriamo ora attentamente un altro tipo di interrogativa indiretta:

>   *Non so* **se verrà**;

come si può notare, qui la frase indiretta è introdotta dal **se** dubitativo e il verbo è di modo indicativo, come sarebbe anche nella domanda diretta, se fosse espressa: "Verrà?". Invece nella domanda:

>   *Ti piacerebbe quello spettacolo?*

già c'è il modo condizionale nella forma diretta; se diventa indiretta, cioè:

>   *Non so* **se** *ti* **piacerebbe** *quello spettacolo*,

è giusto che il verbo rimanga nel modo condizionale. Ecco perché quello scolaretto avrebbe dovuto dire:

>   *Non so* **se sarei** *capace...*

Dunque non è sbagliato dire:

>   *Non sappiamo* **se** *il nostro amico* **verrebbe** *volentieri*;
>
>   *Non so* **se** *voi* **avreste mangiato** *quella roba*;
>
>   *È poi da vedere* **se** *codesto consiglio* **sarebbe stato** *efficace*;
>
>   **Se converrebbe** *o no, resta da decidere.*

Licenze e divieti della sintassi

La **sintassi**, con quel suo solenne nome di origine greca (significa "coordinamento", perché è suo compito occuparsi del coordinamento, del collegamento delle proposizioni nel periodo), è un'austera e severa padrona, che non concede molte licenze, se non quelle che i prepotenti scrittori di mestiere da una parte e il popolino irrequieto e sbarazzino dall'altra si prendono talvolta senza chiederle il permesso.

Non si può avviare un periodo con una proposizione nella quale i soggetti siano piú di uno, e conseguentemente il verbo di numero plurale, e poi continuare in una proposizione successiva con i medesimi soggetti sottintesi ma con il verbo singolare. Non si può neppure incominciare con un tempo verbale (per es.: un presente) e improvvisamente cambiare il tempo (per es.: un passato). Quando uno scrittore non segue certe norme è perché ha le sue buone ragioni (artistiche) per non seguirle.

Due proposizioni, tra loro *coordinate* (cioè l'una indipendente dall'altra), possono trovarsi in posizione di "correlazione" (già abbiamo accennato a pag. 402). In tal caso, mentre è ammessa, perché ovvia e logica, la correlazione:

> **Alcuni** *studiavano,* **altri** *giocavano;*

come è pure lecita la correlazione:

> **Alcuni** *studiavano,* **alcuni** *giocavano,*

è invece da evitare una correlazione "zoppa" come sarebbe, per esempio: "*Chi* studiava, *altri* giocava"; il periodo dovrà essere costruito in perfetta simmetria, nel modo seguente:

> **Chi** *studiava,* **chi** *giocava.*

Il famoso gerundio in testa al periodo

Taluni stilisti, invero troppo esigenti, proclamano che non si deve incominciare un periodo con un modo gerundio, perché il gerundio per sua natura esprime l'azione come riferita a un'altra azione, e perciò non dovrebbe essere introdotto se non preceduto da una parte almeno della proposizione che esprime quell'altra azione. In realtà, tale sottigliezza non ha fondamento di sorta. Nessuno può dimostrare che sia errato un periodo come il seguente tratto dal *Trionfo della morte* di D'Annunzio:

> **Contemplandosi** *nell'atto di far partire il colpo, provò in tutti i suoi nervi una tensione angosciosa e repulsiva.*

La costruzione infinitiva

Tipiche della lingua latina, ma ammesse anche nella nostra, certe costruzioni come l'**infinitiva**: quando cioè, invece di dire:

> *Ho appreso dalla radio che la guerra è finita e che i plenipotenziari hanno già firmato gli accordi,*

ci si esprime, forse un po' troppo solennemente, con la cosiddetta "forma implicita", cioè con il modo infinito:

> *Ho appreso dalla radio* **la guerra essere finita e i plenipotenziari avere già firmato** *gli accordi.*

Altre costruzioni di tipo latino, queste invece agili e sbrigative, sono il "participio assoluto" e il "gerundio assoluto", ispirate al modello del latino "ablativo assoluto":

> participio assoluto:
> **Regnante Augusto**, *nacque Gesú Cristo*;
>
> gerundio assoluto:
> **Tempo permettendo**, *ceneremo sulla terrazza.*

La proposizione incidentale

Propria di tutte le lingue, antiche e moderne, è la **proposizione incidentale**, quando cioè interrompiamo il naturale svolgimento del periodo per aggiungere, anzi per intercalare, una nostra osservazione, sintatticamente del tutto distinta dal periodo nel quale essa è interposta. Esempio:

> *Sarà forse vero,* **ma c'è chi dice che sono bubbole,** *che le anime dei morti si manifestano nei sogni.*

Occorre un certo buon gusto nell'inserire le proposizioni incidentali, per evitare pasticci mal combinati come il seguente: "Quando io, *e sí che faceva freddo,* entrai nella cucina, il fuoco era spento".

La costruzione inversa

È consentita ai poeti, ma non la consigliamo ai nostri lettori per la loro prosa comune, che deve essere soprattutto chiara e di facile intelligenza, la cosiddetta **costruzione inversa**, la quale consiste nel collocare accortamente, anche se spesso artificiosamente, i vocaboli fuori del loro posto logico nella proposizione, e le proposizioni stesse in uno studiato e ovviamente armonioso disordine, per conseguirne particolari effetti e suggestioni. Cosí in questa famosa strofa del Carducci:

> *Te redimito di fior purpurei*
> *april te vide su' colle emergere*
> *dal solco di Romolo, torva*
> *riguardante su i selvaggi piani.*

Ma, ripetiamo e concludiamo, la faccenda non interessa la vostra, anzi la nostra, prosa quotidiana. Perché, invece di dire: *Verrò volentieri a casa tua, anche per vedere i tuoi figlioli*, dovremmo contorcere la frase cosí: "I tuoi figlioli, anche per vederli, a casa tua volentieri verrò"?

46.
QUIZ SUL PERIODO

Qual è il periodo migliore: *a* o *b*?

a) *Mi dissero che eri stato malato.*
b) *Mi dissero che sei stato malato.*

a) *Quando ebbi letto, mi stupii.*
b) *Quando ho letto, mi stupii.*

a) *Speravo che veniva.*
b) *Speravo che sarebbe venuto.*

a) *Non mi par vero che tu sei tornato.*
b) *Non mi par vero che tu sia tornato.*

a) *Credevo che ti piacesse.*
b) *Credevo che ti piaceva.*

a) *Se saremo compatti, vinceremo.*
b) *Se saremmo compatti, vinceremmo.*

a) *Se saremmo meglio armati, vinceremmo.*
b) *Se fossimo meglio armati, vinceremmo.*

a) *Se crederebbe a ciò, sarebbe un ingenuo.*
b) *Se credesse a ciò, sarebbe un ingenuo.*

a) *Ci riuscirò, se avessi uno strumento adatto.*
b) *Ci riuscirei, se avessi uno strumento adatto.*

a) *È incerto se sarebbe utile accettare l'aiuto.*
b) *È incerto se fosse stato utile accettare l'aiuto.*

a) *Chissà se basterebbe il combustibile.*
b) *Chissà se bastasse il combustibile.*

Soluzione a pag. 451

Capitolo XVIII

IMPARIAMO A PRONUNCIARE LE PAROLE

Polemica con uno straniero

Quando uno straniero — un Inglese, per esempio — accusa la nostra lingua di essere troppo difficile, con tutte quelle irregolarità, nella formazione del plurale, del femminile, nelle discusse faccende dell'elisione e del troncamento, nei verbi soprattutto, dei quali si può quasi affermare il paradosso che gl'irregolari sono la regola e i regolari l'eccezione, noi ci rifacciamo obiettando: "La pronuncia, però..." Quel "però" prelude a tutto un discorso in difesa di questo nostro italiano, un discorso che incomincerebbe cosí: noi la *a* la pronunciamo sempre *a*, la *e* sempre *e*, la *i* sempre *i*..., e anche le consonanti, fatta eccezione per quelle *c* e *g*, dove tuttavia non si può sbagliare perché se subito dopo vengono *a, o, u*, il suono è gutturale, se seguono *e, i* è palatale (e per farlo diventare gutturale, basta aggiungerci una *h*); noi dunque non facciamo come voi Inglesi, che, per esempio, la *a* ora la pronunciate *a*, ora *e* (o quasi), ora con un altro suono che non si capisce se è *a* o *e*, o che cos'è, e certe volte diventa anche *o*; e non parliamo delle altre vocali, ciascuna delle quali ha tre, quattro, cinque suoni differenti...

Dopo che avremo terminato il nostro discorso in difesa della pronuncia italiana, dovremo però risolvere alcune questioncelle tra di noi, in casa nostra. Ecco, a voler essere proprio sinceri, non è nemmeno vero che le cinque vocali abbiano un suono solo per ciascuna. In realtà, come abbiamo già detto sul principio di questo libro (*v.* a pag. 26), la vocale *e* ha due suoni: uno aperto come nel vocabolo *pelle*, l'altro chiuso come nel vocabolo *pera*. Anche la *o*: suono aperto come nel vocabolo *oca*, suono chiuso come nel vocabolo *leone*.

Ripetiamo qui quello che abbiamo già detto allora: per distinguere questi due suoni si è convenuto di ricorrere al segno dell'accento grave (`) per il suono aperto; dell'accento acuto (´) per il suono chiuso: *pèlle, òca; péra, leóne*.

Consonanti con due suoni

Esiste anche una differenza di suono che riguarda le consonanti *s* e *z*:

suono aspro (o sordo) ⟶	**s**ogno, **z**appa, eccetera
suono dolce (o sonoro) ⟶	pae**s**e, **z**ero, eccetera.

Anche qui (ma soltanto nei vocabolari) si ricorre talvolta a un distintivo: si scrive cioè una *s* allungata (ʃ) per indicare il suono dolce (o sonoro): *paeʃe, roʃa, aʃilo*; una *z* parimenti allungata (ʒ) per segnalare il suono dolce (o sonoro): *ʒero, ʒaino, laʒʒaretto*.

L'anarchia nella pronuncia

Nell'Italia settentrionale vocaboli assai comuni nel discorso, come gli avverbi *bene* e *insieme*, come i sostantivi *piede* e *tranviere*, *problema* e *bandiera*, come le forme verbali *leggendo* e *fuggente*, sono pronunciati con la *e* chiusa; nell'Italia centrale e in alcune zone dell'Italia meridionale i medesimi vocaboli hanno, anche in bocca del popolino, il suono di quelle *e* chiaramente aperto: *bène*, *insième*, *piède*, *tranvière*, *problèma*, eccetera. Viceversa, sentirete dire nel Nord: *giovinètto*, *biciclètta*, *bellèzza*, *stèlla*, *manèsco*, *trè*, *perchè*, eccetera, con la *e* aperta, laddove non soltanto nella Toscana, ma anche in altre regioni centrali e (ma non tutte) meridionali gli stessi vocaboli sono pronunciati con la *e* stretta: *giovinétto*, *biciclétta*, *bellézza*, *stélla*, *manésco*, *tré*, *perché*. Un meridionale ti parla magari tranquillamente del *morto* e della *morte*, del *terremoto*, dell'*orco*, del *fuoco*, dell'*olio* e del *petrolio* pronunciando tutte quelle *o* con suono chiuso. Di modo che a un settentrionale, e in questi casi anche a un centrale nonché a un meridionale di altre zone, paiono addirittura vocaboli di una lingua straniera.

Differenze di pronuncia

Sarebbe una gran bella cosa se ci fossero delle regole precise, sarebbe se non altro comodo poter appellarsi alla indiscutibilmente migliore pronuncia delle persone istruite di Firenze, o della Toscana in genere; ma, purtroppo, le regole fondate sull'etimologia hanno un valore relativo perché sono spesso smentite dalla realtà; l'uso toscano, poi, non basta a far norma: intanto già nella stessa Toscana la pronuncia varia da un luogo all'altro, e la differenza si avverte piú sensibile se mettiamo a confronto talune parole secondo la pronuncia di Firenze con quella di Roma, città che, per la sua posizione geografica centrale e per le minori contaminazioni straniere sofferte nel passato, oltre che per la sua condizione di capitale, ha pure buon diritto d'esser tenuta presente nella ricerca della migliore pronuncia.

Il problema di una relativa uniformità nella pronuncia è nell'epoca nostra piú sentito che nel passato, sia per il fatto politico dell'unità nazionale (ormai in atto da piú di un secolo) sia soprattutto come conseguenza della diffusione del cinematografo, della radio, della televisione e delle incisioni su nastro e disco. È un problema che interessa anche le scuole, dove la differenza di pronuncia si manifesta tra gli stessi alunni, provenienti spesso, a causa della migrazione interna, da regioni diverse, nonché tra alunni e insegnanti e da un insegnante all'altro. Per ovviare agli inconvenienti non sono mancate, in questi ultimi tempi, iniziative, sia nelle scuole sia negli enti radiotelevisivi; ma sinora i risultati sono stati piuttosto scarsi. Perciò ci sembra doveroso dedicare alla questione qualche pagina di questo libro, che è una *Guida pratica al* **parlare** *e scrivere correttamente*.

I due suoni delle vocali "e" e "o"

Per i vocaboli derivati dal latino, che costituiscono, come tutti sanno, la stragrande maggioranza del nostro lessico, c'è una norma generale utile per indirizzarci nella via giusta quando si debba scegliere tra il suono chiuso e il suono aperto delle vocali *e, o*.

In latino le vocali hanno, per natura, suono "lungo" oppure "breve". I lessici di quella lingua indicano la differenza con un segno posto sopra la vocale: ¯ indica suono lungo; ˘ indica suono breve.

La lettera e   Qui ci occupiamo della lettera **e**.

La
e chiusa
● Quando in un vocabolo italiano la vocale *e* deriva da una *e* latina lunga [ē] oppure da una *i* latina breve [ĭ] (due suoni che già dall'epoca romana del tardo Impero si erano confusi nell'unico suono *é*), allora il suono della *e* italiana è normalmente quello *chiuso*. Perciò:

séme (dal latino *sēmen*), *téla* (lat. *tēla*), *tétto* (lat. *tēctum*), *avére* (lat. *habēre*), *tre* (lat. *trēs*), eccetera,

hanno la *e* chiusa, essendovi *e* lunga nei corrispondenti vocaboli latini.

Hanno pure il suono chiuso della *e* parole italiane come:

séte (lat. *sĭtis*), *méno* (lat. *mĭnus*), *vétro* (lat. *vĭtrum*), *capéllo* (lat. *capĭllus*), *doménica* (lat. *domĭnica*), eccetera,

che derivano da voci latine dove la *i* è breve. Quando in latino la *i* è lunga [ī], rimane il suono *i* anche in italiano:

ira (lat. *īra*), *vino* (lat. *vīnum*), *fine* (lat. *fīnis*).

La
e aperta
● Quando invece la vocale *e* italiana deriva da una *e* latina breve [ĕ] oppure dal dittongo latino *ae* (che nell'epoca imperiale già era pronunciato *è*), il suono della *e* in italiano è normalmente *aperto*: *bène* (e non "béne") si deve pronunciare, e cosí pure:

dièci (dal latino *dĕcem*), *bèllo* (lat. *bĕllus*), *fèrro* (lat. *fĕrrum*), *sètte* (lat. *sĕptem*), *piètra* (lat. *pĕtra*), eccetera.

Pure con la *e* aperta:

tèdio, cièlo, sièpe, sècolo, cièco, mèsto, eccetera,

perché derivati da vocaboli latini con dittongo *ae*: *taedium, caelum, saepes, saeculum, caecus, maestus*.

Questa norma generale ha naturalmente le sue eccezioni, che sono giustificate non tanto dall'uso scorretto regionale quanto da ragioni storiche: ci sono voci dotte, ecclesiastiche, tecniche, eccetera, che hanno conservato nel tempo particolari suoni o accentazioni. Inoltre sono sempre in aumento i vocaboli di importazione forestiera, per i quali il suono delle vocali (ciò che qui diciamo per la *e* vale anche per la *o*) è determinato dalla loro medesima origine:

narghilè, caffè, sovièt, aziènda, zèbra, zèro, eccetera;

come anche:

chiòsco, pagòda, piròga, gòlf, spòrt, eccetera.

Praticamente, chi non sia un latinista (e oggi i latinisti tendono addirittura a scomparire!) o un competente filologo non può evidentemente decidere là per là, durante una conversazione, se debba pronunciare chiusa o aperta una vocale che gl'interessa: di qui la necessità di abituarsi gradatamente alla retta pronuncia, consultando, quando si è in dubbio, un buon vocabolario, dove le indicazioni per la retta pronuncia sono generalmente segnate; o anche ascoltando attentamente i buoni attori di teatro o di cinematografo, gli annunciatori ufficiali (non i giornalisti, però) della radio e della televisione di Stato. Ma vogliamo darvi anche noi una mano e perciò raccogliamo qui di seguito alcune norme pratiche, limitate alle piú comuni terminazioni, con l'aggiunta di taluni tra i vocaboli di piú frequente uso nella nostra conversazione quotidiana e di meno uniforme pronuncia.

I DUE SUONI DELLA VOCALE **e**

Hanno il suono *chiuso* della e (*é*):   *Quando la* e *è chiusa*

a) gli infiniti dei verbi in -*ére* (cioè con la *e* accentata): *av**é**re, b**é**re, ved**é**re*;

b) la desinenza -*éte* dei presenti indicativo e imperativo: *prend**é**te, legg**é**te, ten**é**te*;

c) le desinenze -*évo*, -*évi*, -*éva*, -*évano* dell'imperfetto indicativo: *mett**é**vo, god**é**vi, cad**é**va, togli**é**vano*;

d) le desinenze -*éi*, -*ésti*, -*é*, -*émmo*, -*éste*, -*érono* del passato remoto indicativo: *cred**é**i, legg**é**sti, tem**é**, possed**é**mmo, corr**é**ste, abbatt**é**rono* (invece le desinenze -*ètti*, eccetera, hanno suono aperto);

e) le desinenze -*rémo*, -*réte* del futuro indicativo: *sar**é**mo, amer**é**mo, avr**é**te, legger**é**te*;

f) le desinenze -*éssi*, -*ésse*, -*éssimo*, -*éste*, -*éssero* dell'imperfetto congiuntivo: *nasc**é**ssi, sorg**é**sse, giung**é**ssimo, st**é**ste, tac**é**ssero*;

423

g) le desinenze *-résti, -rémmo, -réste* del condizionale presente: *sarésti, avrémmo, dormiréste;*

h) gli avverbi con finale *-ménte: finalménte, certaménte, cordialménte, rapidaménte, perfettaménte;*

i) i sostantivi con finale *-ménto: moménto, framménto, monuménto, firmaménto, struménto;*

l) i monosillabi: **e, me, te, le, ce, ve, ne, né, che, ché, se, sé, re, tre**, eccetera. Sono però esclusi: **è**, voce del verbo *essere*, sempre aperta; i monosillabi di origine straniera: **tè** (bevanda), **èst**; i troncamenti di vocaboli che hanno già la *e* aperta (p. es.: *pie'* da *piède, tie'* da *tièni*, eccetera);

m) i vocaboli con *é* finale accentata (tronchi), derivati dall'unione di un prefisso, o di un altro vocabolo comunque premesso, con un monosillabo: *perché, poiché, giacché, finché, affinché, allorché, imperocché, trentatré, viceré,* eccetera. Ha invece suono aperto la *e* finale nei vocaboli di origine straniera come *caffè, canapè, narghilè, karatè*, eccetera, e nei nomi propri *Mosè, Giosuè, Salomè* e in pochi altri (e, s'intende, anche in *cioè*, essendo la seconda componente la voce *è* del verbo *essere*);

n) i vocaboli in *-éccio: libéccio, mangeréccio;*
      in *-éfice: artéfice, oréfice;*
      in *-éggio: aggéggio, gréggio;*
      in *-ésco: Francésco, manésco;*
      in *-ése: arnése, francése;*
      in *-ésimo: cristianésimo, feudalésimo, medésimo, umanésimo;* non però gli aggettivi numerali ordinali: *ventèsimo, trigèsimo, milionèsimo,* eccetera;
      in *-éssa: méssa, contéssa, leonéssa, ostéssa;*
      in *-éto* (quando è suffisso di un sostantivo): *arancéto, castagnéto;*
      lo stesso vale anche per il suffisso *-éta: pinéta, cipresséta;* non però *poèta, anacorèta, atlèta,* eccetera, dove *-eta* non è suffisso;
      in *-étto* e il femminile *-étta* (quando è suffisso di diminutivo): *giovinétto, pezzétto, donzellétta, barzellétta;* non dunque: *inètto, ètto, pètto, rètta, incètta* e molti altri che hanno suono aperto;
      in *-évole: amichévole, lodévole;*
      in *-ézza: bellézza, giovinézza.*

Diamo nella tabella della pagina accanto un elenco di altri vocaboli di frequente uso e di pronuncia non uniforme, per i quali è tuttavia piú legittimo il suono chiuso della *e:*

allégro	*érmo*	*méscere*
altaléna	*érpice*	*méstolo*
berrétto	*érta*	*obéso*
béstia	*fedéle*	*péntola*
bistécca	*frégio*	*prezzémolo*
Bréscia	*fréno*	*réni*
capéstro	*Gaéta*	*sérqua*
cémbalo	*grégge*	*Stéfano*
cércine	*grézzo*	*stérpo*
cétra	*infedéle*	*strégua*
cilécca	*intéro*	*strénna*
crésta	*lésina*	*téma* (timore)
discépolo	*lésso*	*trégua*
édera	*Maddaléna*	*Trénto*
Élba	*maéstro*	*trésca*
Élsa	*mélma*	*zénzero*

La *e* ha il suono *aperto* (è):

a) nel dittongo *iè*: *ièri, bandièra, forestièro, pièdе, mièle, mìètere*; non però quando *ie* si unisce con quelle finali in *-ése* e in *-étto, -étta* che abbiamo posto alla lettera *n* nella nostra elencazione dei vocaboli con *e* chiusa, come sarebbero: *ateniése, maschiétto, macchiétta*, eccetera; Quando la *e*
è aperta

b) nei dittonghi *-èa, -èi, -èo, -èu*: *marèa, Pirenèi, europèo, fèudo*; esclusa la desinenza *-éi* del passato remoto, come specificato alla lettera *d* del precedente elenco; escluse anche quelle varianti antiquate o poetiche dell'imperfetto indicativo, come *credéa* al posto di *credéva*, e simili;

c) nei nomi tronchi di origine straniera e propri, come abbiamo già detto alla lettera *m* del precedente elenco;

d) nei nomi che finiscono con consonante, come *referèndum, vademècum, Nègus*; esclusi però i troncamenti di nomi che abbiano una *e* chiusa, come *védon, pésan, crédon*, e simili;

e) quando dopo la *e* c'è una sola consonante seguíta subito dopo da due vocali: *assèdio, sèrio, critèrio, camèlia, misèria, spècie, facèzia*;

f) quando la parte finale di un vocabolo è costituita da un suffisso àtono (cioè senza accento) o da un elemento àtono di parola composta: *telèfono, telègrafo, numèrico, famèlico, omèrico, archètipo*; ciò non significa che tutti i vocaboli sdruccioli rientrino in questa categoria: abbiamo già incontrato nel precedente elenco quelli che hanno la *e* chiusa;

g) nella desinenza *-èndo* del gerundio: *ved**èndo**, legg**èndo**, dorm**èndo**, corr**èndo**, gem**èndo**, prend**èndo***, eccetera;

h) nella desinenza *-ènte* del participio presente e analoghi sostantivi o aggettivi derivati da participio: *av**ènte**, pres**ènte**, fac**ènte**, suffici**ènte**, incid**ènte**, stud**ènte**, torr**ènte***;

i) nelle desinenze *-ètti, -ètte, -èttero* del passato remoto: *vend**ètti**, succed**ètte**, st**èttero***;

l) nelle desinenze *-rèi, -rèbbe, -rèbbero* del condizionale presente: *ame**rèi**, mange**rèbbe**, compre**rèbbero***; nelle altre tre forme del condizionale presente, come già detto alla lettera g del precedente elenco, il suono della *e* nelle desinenze è invece chiuso: *ame**résti**, mange**rémmo**, compre**réste***;

m) nei vocaboli in *-èdine*: *pingu**èdine**, sals**èdine**, acr**èdine***;

in *-èllo* (e femminile *-èlla*), in particolare quando è suffisso di diminutivo: *capp**èllo*** (diminutivo di *cappa*), *occhi**èllo**, pover**èllo**, campan**èllo**, campan**èlla**, piastr**èlla**, finestr**èlla**, Donat**èllo**, Raffa**èllo**, Gabri**èlla***;

non però in certi altri casi, come già accennato: *déllo, néllo, quéllo, capéllo*;

in *-ènne*: *undic**ènne**, sessant**ènne**, sol**ènne**, ind**ènne**, per**ènne***;

in *-ènnio*: *bi**ènnio**, trent**ènnio**, quarant**ènnio***;

in *-èno* quando è suffisso di nome o aggettivo che indica appartenenza a città, paese, nazione, stirpe, eccetera: *madril**èno**, nazar**èno**, sarac**èno***;

in *-ènse*: *for**ènse**, amanu**ènse**, est**ènse**, com**ènse***;

in *-ènto*: *viol**ènto**, l**ènto**, c**ènto**, spav**ènto***;

non però i sostantivi in *-ménto*, come già detto alla lettera *i* del precedente elenco;

in *-ènza*: *presid**ènza**, prud**ènza**, part**ènza**, l**ènza**, riconosc**ènza**, s**ènza**, Fa**ènza**, Ard**ènza***;

in *-èrrimo*, suffisso di alcuni superlativi alla latina: *mis**èrrimo**, salub**èrrimo**, integ**èrrimo**, asp**èrrimo***;

in *-èsi* allorché si tratta di vocabolo dotto di derivazione greca: *t**èsi**, catech**èsi**, mim**èsi***;

in *-èsimo*, suffisso dei numerali ordinali: *vent**èsimo**, trent**èsimo**, cent**èsimo**, enn**èsimo***;

in *-èstre*: *trim**èstre**, terr**èstre**, ped**èstre***.

Nella pagina che segue diamo ancora un elenco di vocaboli di pronuncia non uniforme dove la *e* aperta è da preferirsi:

adèguo	*Elisabètta*	*schèletro*
Agnèse	*èrica*	*sède*
annèttere	*esèmpio*	*sèggio*
arèna (anfiteatro)	*falèna*	*sènape*
bènda	*fèccia*	*Sèrchio*
bipènne	*grèmbo*	*sghèrro*
blèso	*mèmbro*	*stènto*
cèffo	*nèsso*	*tèma* (argomento)
cèntro	*rèdine*	*tèmpera*
cèspite	*rèmo*	*tèmpio*
chèto	*rène*	*trèno*
collètta	*rènna*	*vègeto*
Èlda	*rèsina*	*vèglio* (vecchio)
elènco	*scèttro*	*vèltro*

Ricordiamo ancora il verbo *essere* con tutte le voci della sua coniugazione che incominciano con *e*.

I DUE SUONI DELLA VOCALE O

Il richiamo al latino, al quale abbiamo fatto ricorso a proposito della vocale *e*, ci soccorre anche per la scelta del suono chiuso o aperto della vocale o.

La lettera o

● Quando la *o* italiana deriva da una *o* latina lunga [ō] o da una *u* latina breve [ŭ] (che fin dall'epoca imperiale romana si erano fuse nell'unico suono *o*), essa ha in italiano, di regola, il suono *chiuso*:

dóno (lat. *dōnum*), *nón* (lat. *nōn*), *nóme* (lat. *nōmen*), *fórma* (lat. *fōrma*), *conósco* (lat. *cognōsco*), *tórre* (lat. *tŭrris*), *mósca* (lat. *mŭsca*), *fósco* (lat. *fŭscus*), *nóce* (lat. *nŭcem*), eccetera.

● Quando la *o* italiana deriva da una *o* latina breve [ŏ] o dal dittongo latino *au* il suono della *o* italiana è normalmente *aperto*:

fuòco (lat. *fŏcus*), *uòmo* (lat. *hŏmo*), *luògo* (lat. *lŏcus*), *nuòvo* (lat. *nŏvus*), *pòlo* (lat. *pŏlus*), *tòro* (lat. *tàurus*), *òro* (lat. *àurum*), *allòdola* (lat. *alàuda*), eccetera.

Anche per la *o* raccogliamo alcune indicazioni empiriche e necessariamente incomplete, con l'aggiunta di qualche vocabolo di piú frequente uso e di pronuncia spesso difforme.

Hanno il suono *chiuso* della o (ó):

Quando la o è chiusa

a) i pronomi *nói, vói, lóro*;

b) le desinenze dei passati remoti con finale *-ósi* e dei participi passati con finale *-óso* oppure *-ósto* quando si tratti di verbi che hanno nella desinenza dell'infinito la *o* chiusa, come: *rispósi, rispósto* da *rispóndere* (e quindi anche: *rispóse, rispósero*), *depósi* e *depósto, corrósi* e *corróso* rispettivamente da *depórre* e *corródere*, eccetera (invece da *esplòdere* deriveranno *esplòsi* ed *esplòso*);

c) i vocaboli in *-ógno, -ógna*: *bisógno, sógno, fógna, vergógna*;
    in *-ógnolo*, suffisso usato per le alterazioni di alcuni aggettivi: *verdógnolo, amarógnolo*;
    in *-óio, -óia*, quando ha funzione di suffisso: *corridóio, levatóio, mattatóio, mangiatóia, passatóia, scorciatóia*;
    non in altri vocaboli indipendenti come *cuòio, muòio, bòia, nòia, sòia*, eccetera;
    in *-óndo, -ónda*: *móndo, moribóndo, ónda, baraónda, spónda*;
    in *-óne, -óna*: *balcóne, carbóne, Ancóna, persóna*; fanno eccezione *tèstimòne, zòna*, e qualche altro;
    in *-ónte*: *mónte, frónte, cónte, Acherónte*;
    in *-ónzolo*, specialmente come suffisso per alterazioni spregiative di sostantivi: *pretónzolo, medicónzolo, rapónzolo*;
    in *-óre*: *amóre, direttóre, candóre, agricoltóre*;
    in *-óso*: quando è suffisso di aggettivi: *amoróso, affettuóso, noióso, luminóso* (naturalmente anche nel femminile: *amorósa, affettuósa*, eccetera);
    invece *ò* aperta in altri nomi dove non è suffisso come *spòso, ripòso, còsa, ròsa*, eccetera.

Alcuni vocaboli frequenti nell'uso, da pronunciare con la *o* chiusa:

affógo	*gónna*	*sfógo*
atróce	*manigóldo*	*sógno*
bisógno	*nascósto*	*sónno*
carógna	*orgóglio*	*sóno* (verbo)
colónna	*ótre*	*spilórcio*
dóga	*ricóvero*	*tócco*
dópo	*rintócco*	*tórta*
fólla	*scólta*	*vergógna*

Il suono della *o* è *aperto* (ò):

a) nel dittongo *uò*: **uò**vo, *cu***ò**re, **uò**mo, *su***ò**i (anche quando sia caduta la *u*, come in *figli***ò**lo, *spagn***ò**lo, *gi***ò**co, eccetera, invece di *figliu***ò**lo, *spagnu***ò**lo, *giu***ò**co, eccetera). Si avrà invece suono chiuso quando la *o* faccia parte di un suffisso che abbia tale suono, come: *langu*óre, *liqu*óre, ecc.; *Quando la o è aperta*

b) quando la *o* è lettera finale di un vocabolo (monosillabo o tronco): *h***ò**, *d***ò**, *f***ò**, *n***ò**, *s***ò**, *st***ò**, *P***ò**, *Bernab***ò**, *p***ò**', *t***ò**h, *per***ò**, *ohib***ò**, *fal***ò**, *arriv***ò**, *grid***ò**, *chiamer***ò**, *manger***ò** (dunque anche quando è desinenza di verbo, sia terza persona singolare di passato remoto sia prima singolare di futuro semplice;

c) quando dopo la *o* c'è una sola consonante seguita subito dopo da due vocali: *òlio*, *glòria*, *memòria*, *ròseo*, *òboe*, *òzio*, *negòzio*, *custòdia*, *petròlio*, *stòria*, *sòcio*, *mògio*; con qualche eccezione però, come *incrócio*, *vócio* (da *vociare*), eccetera;

d) quando la parte finale di un vocabolo è costituita da un suffisso àtono (cioè senza accento): *Cristòforo*, *termòmetro*, *melòdico*, *pittòrico*, *pedagògico*, *attònito*, *ecònomo*, *silòfono*; non rientrano in questa categoria i normali vocaboli sdruccioli, come: *bómbola*, *òbolo*, *pòvero*, *sòlito*, *tómbola*, *vòlgere*, eccetera;

e) nei numeri cardinali *òtto*, *nòve* e loro derivati: *diciòtto*, *ventinòve*, *centonòve*, eccetera;

f) nei vocaboli in -*òccio*: *fantòccio*, *cartòccio*, *bellòccio*; analogamente, nel femminile in -*òccia*: *saccòccia*, *bisbòccia*, *grassòccia*;
    in -*òide*: *mattòide*, *tiròide*;
    in -*òldo*: *sòldo*, *Bertòldo*;
    in -*òlo*, -*òla*, quando è suffisso di aggettivo o sostantivo: *barcaiòlo*, *querciòlo*, *mazzuòlo*, *museruòla*, *aiòla*, *gattaiòla* (o anche *aiuòla* e *gattaiuòla*);
    in -*òsi*, suffisso di termini medici come: *scleròsi*, *cifòsi*, *artròsi*, *tubercolòsi*;
    in -*òtto*, quando è suffisso alterativo di nomi o aggettivi: *piccolòtto*, *bambinòtto*, *sempliciòtto*, (s'intende anche nel femminile: *ragazzòtta*, *servòtta*, eccetera);
    anche nelle ulteriori alterazioni in -*òttolo*, -*òttola*: *naneròttolo*, *pianeròttolo*, *collòttola*, *viòttola*;
    in -*òzzo*, -*òzza*, quando è suffisso di sostantivi: *maritòzzo*, *bacheròzzo*, *tinòzza*, *barbòzza*, *tavolòzza*.

Aggiungiamo il solito elenco limitato ad alcuni vocaboli isolati, per i quali la pronuncia corretta è con la vocale *o* aperta:

Apòllo	esòso	nòrma
auròra	esplòso	òrco
Bertòldo	fòrmula	pòrgere
còmplice	fòro (piazza)	Giòrgio
coòrte	gròtta	scòrgere
còppa	intònso	scròfola
dimòra	lòto	sgòmino
dittòngo	velòce	sòrdido
dòtto	nònno	spòso

Secondo il suono cambia il significato

Ci sono vocaboli che si scrivono nello stesso modo, pur avendo significato differente — sono cioè, come abbiamo già detto a suo tempo, *omònimi* — ma che si distinguono per il diverso suono della *e* oppure della *o*. Esempio: *pésca* con la *e* chiusa è l'attività di chi va a pescare (collegato con *pésce*, che anche ha la *e* chiusa, derivando dal latino *pĭscis*); *pèsca* con la *e* aperta è il frutto (nome trasformato da *pērsica*, perché quel frutto era stato importato dalla Persia).

Omonimi con significati diversi

Ecco i principali omonimi con diverso suono delle vocali *e* oppure *o*:

CON é CHIUSA		CON è APERTA	
accétta,	scure	**accètta,**	voce del verbo *accettare*
affétto,	voce del verbo *affettare* (= tagliare a fette)	**affètto,**	sentimento (da *affettare* = ostentare)
aréna,	sabbia	**arèna,**	luogo di spettacolo
colléga,	voce del verbo *collegare*	**collèga,**	compagno di lavoro
corrésse,	voce del verbo *córrere*	**corrèsse,**	dal verbo *corrèggere*
détte,	voce del verbo *dire*	**dètte,**	voce del verbo *dare*
ésca,	cibo	**èsca,**	voce del verbo *uscire*
ésse,	pronome	**èsse,**	lettera dell'alfabeto
légge,	norma	**lègge,**	voce del verbo *lèggere*

IMPARIAMO A PRONUNCIARE LE PAROLE

ménte,	facoltà intellettive	**mènte,**	voce del verbo *mentire*
ménto,	parte del viso	**mènto,**	voce del verbo *mentire*
mésse,	funzioni religiose	**mèsse,**	mietitura
méta,	mucchio di letame	**mèta,**	traguardo
péra,	frutto	**pèra,**	voce del verbo *perire*
pésca,	collegato col verbo *pescare*	**pèsca,**	frutto
péste,	tracce	**pèste**	pestilenza
té,	pronome	**tè,**	bevanda
téma,	timore e voce del verbo *temere*	**tèma,**	argomento
véglio,	voce del verbo *vegliare*	**vèglio,**	poetico per *vècchio*
vénti,	numero	**vènti,**	plurale del nome *vènto*

CON **ó** CHIUSA		CON **ò** APERTA	
bótte,	recipiente	**bòtte,**	percosse
cólto,	istruito	**còlto,**	voce del verbo *cògliere*
córso,	via importante e voce del verbo *córrere*	**còrso,**	della Còrsica
fóro,	buco	**fòro,**	piazza
fósse,	voce del verbo *essere*	**fòsse,**	plurale del nome *fòssa*
indótto,	voce del verbo *indurre*	**indòtto,**	privo d'istruzione
mózzo,	garzone e voce del verbo *mozzare*	**mòzzo,**	perno della ruota
póse,	voce del verbo *pórre*	**pòse,**	plurale del nome *pòsa*
pósta,	voce del verbo *pórre*	**pòsta,**	luogo di sosta, ufficio postale
rócca,	arnese per filare	**ròcca,**	fortezza

→

rósa,	voce del verbo *ródere*	**ròsa,**	fiore
scópo,	voce del verbo *scopare*	**scòpo,**	fine
scórsi,	voce del verbo *scórrere*	**scòrsi,**	voce del verbo *scòrgere*
sórta,	voce del verbo *sórgere*	**sòrta,**	specie
tócco,	collegato con il verbo *toccare*	**tòcco,**	pezzo, berretto di magistrato
tórre,	edificio alto, campanile	**tòrre,**	poetico per *tògliere*
tórta,	dolce	**tòrta,**	collegato con il verbo *tòrcere*
tósco,	toscano	**tòsco,**	veleno
vólgo,	popolino	**vòlgo,**	voce del verbo *vòlgere*
vólto,	viso	**vòlto,**	voce dei verbi *vòlgere* e *voltare*
vóto,	promessa, votazione	**vòto,**	vuoto

I due suoni delle consonanti "s" e "z"

Le lettere s e z

A tutti sarà capitato di notare che un medesimo vocabolo, per esempio *cosa*, da un settentrionale è pronunciato con la *s dolce* (o *sonora*), da un centro-meridionale con la *s aspra* (o *sorda*). Non diversamente per il suono della *z*, per esempio nella parola *zucchero*: un settentrionale pronuncia quella *z* con un suono che assomiglia piuttosto a *ds* (cioè suono *dolce* o *sonoro*), un centro-meridionale con un suono che si avvicina a *ts* (*aspro* o *sordo*). Nemmeno, poi, è esatto raggruppare da una parte i settentrionali e dall'altra i centro-meridionali, ché anche tra un settentrionale o meridionale di una o di un'altra zona esistono differenze (confrontate la parlata veneta con la piemontese, o la pugliese con la siciliana), e nell'Italia centrale, nella stessa Toscana, ci sono state infiltrazioni, quali da nord, quali da sud, per cui è arduo fissare delle norme precise.

Non mancano, come già abbiamo visto per la pronuncia delle vocali *e*, *o*, ragioni storiche, cioè etimologiche, ma troppo spesso sono smentite dalla realtà perché si possa raccomandarne la pratica applicazione. Il miglior consiglio che possiamo offrire ai nostri lettori è dunque di far ricorso, nei casi dubbi, al vocabolario, e soprattutto di abituarsi, quando il dubbio è stato risolto, ad applicare nella pratica quotidiana della conversazione la corretta pronuncia.

Un compendio, assai conciso ed empirico, può essere cosí formulato:

I DUE SUONI DELLA CONSONANTE S

La s si pronuncia *aspra*: *La s aspra*

a) quando è iniziale seguita da vocale: *sapone, sera, sia, sotto, sulla*; o anche quando è iniziale del secondo componente di un vocabolo composto: *affittasi, girasole, controsenso, ventisei*; e anche in vocaboli come: *preside, desumere, risorgere*, eccetera, dove gli elementi componenti non sono ormai evidenti come erano in origine;

b) quando è doppia: *assassino, massimo, sasso, esso, fisso, fossa, influsso*;

c) quando è seguita da una delle seguenti consonanti: *c, f, p, q, t: disco, sfoglia, vespa, rospo, squalo, storia, distante*;

d) quando è preceduta da un'altra consonante: *insetto, elsa, rivalsa, arsura, sepsi, orso, immenso*;

e) nelle finali *-oso, -osa* (e relativi plurali), quali suffissi di aggettivi o sostantivi: *amoroso, sontuoso, curioso, cellulosa, cimosa, ventosa, nuvoloso*. A questo proposito, tuttavia, si deve osservare una crescente diffusione dell'addolcimento della *s*.

Hanno spesso il suono aspro della *s* i vocaboli terminanti con *-esa, -ese, -esi, -eso, -esero; -osa, -ose, -osi, -oso*, quando tali terminazioni hanno funzione di suffisso o di desinenza verbale (e nei vocaboli derivati).

Citiamo tra i vocaboli di piú frequente uso, ma di meno uniforme pronuncia, i seguenti, per i quali è corretta la pronuncia aspra della *s*:

asino	*cosí*	*offesa*
casa	*difesa*	*preso*
chiuso	*mese*	*riso*
cosa	*naso*	*sorriso*

La *s* si pronuncia *dolce* (e si simbolizza graficamente col segno ʃ): *La s dolce*

a) quando è seguita dalle consonanti: *b, d, g, l, m, n, r, v: ʃbaglio, ʃdentato, Pelaʃgi, ʃlabbrato, aʃma, maʃnada, ʃragionare, ʃvelare*;

b) quando è finale di prefissi come *bis-, cis-, dis-, trans-, tras-, tris-*, seguiti da vocale: *biʃavolo, ciʃalpino, diʃadatto, tranʃatlantico*.

Hanno di norma il suono dolce nella lettera *s* i vocaboli terminanti con *-asi, -ase, -aso, -àsero; -èsimo; -isi, -iso, -ísero; -usi, -use, -uso, -úsero*, con funzione di suffisso o desinenza verbale.

Tra i vocaboli di frequente uso citiamo alcuni che hanno il suono dolce della *s*:

biſogno	fuſo (da fondere)	oſare
caſo	Geſú	paeſe
chieſa	ginnaſio	poeſia
fantaſia	iſola	quaſi
filoſofo	muſica	uſo
fraſe	oaſi	viſo

Ricordiamo che *fuso* con *s aspra* è arnese per filare.

I DUE SUONI DELLA CONSONANTE z

La z *aspra*   La *z* si pronuncia *aspra* (ma con qualche eccezione):

a) quando è iniziale di parola, ma solamente se la sillaba successiva incomincia con *c, f, p, t*: *zinco, zucca, zuffa, zappa, zampillo, zitto*;

b) quando è preceduta da *l*: *alzare, milza, calza, balza*;

c) nei gruppi *-zia, -zie, -zii, -zio*: *grazia, sevizie, zii, ozio, fazioso, pronunzia*.

Hanno normalmente il suono aspro della *z* i vocaboli con le seguenti finali: *-anza, -enza, -ezza, -onzolo, -ozza, -ozzo, -uzza, -uzzo*, tutti con funzione di suffisso di sostantivi. Anche le finali *-azzare, -ozzare* dei verbi hanno di regola il suono aspro in quella doppia *z* (mentre i verbi in *-izzare* e in *-ezzare* preferiscono alcuni il suono dolce come: *organiʒʒare, analiʒʒare, oleʒʒare*; altri il suono aspro come: *indirizzare, spezzare, tappezzare*).

Ecco alcuni vocaboli, scelti fra i piú frequenti, per i quali c'è disparità di pronuncia; per questo primo gruppo si consiglia il suono aspro della *z*:

azienda	lazzo	sfarzo
forza	rubizzo	sforzo
gozzo	scorza	sozzo

Gli omonimi *mózzo* e *mòzzo*, che già abbiamo distinto (*v.* a pag. 431) per il diverso suono della vocale *o*, si differenziano anche per la *z*: aspra in *mózzo* (garzone, nonché verbo e aggettivo collegato con *mozzare*), dolce in *mòʒʒo* (perno di ruota). Anche *mézzo* ha suono aspro quando significa "fradicio", suono dolce (*mèʒʒo*) nel significato di "metà".

La *z* si pronuncia *dolce* (e si simbolizza graficamente col segno ʒ): *La z dolce*

a) quando è iniziale seguita da due vocali (delle quali la prima non sia *i*): *ʒaino, ʒuavo, ʒoo*;

b) quando è iniziale di una parola in cui la seconda sillaba incominci con una delle seguenti consonanti: *b, d, g, l, m, n, r, v, z*: *ʒabaione, ʒodiaco, ʒigomo, ʒulú, ʒimarra, ʒona, ʒavorra, ʒanʒara*;

c) quando è posta in mezzo a due vocali: *aʒalea, oʒono, Aʒeglio, naʒareno*; quando però la *z* tra due vocali è doppia il suono è di solito aspro, come in *mazzo, pazzo, pozzo, puzzo, tazza, terrazzo, piazza*, e altri moltissimi; la doppia *z* è invece dolce in *aʒʒurro*, in certe finali di verbi, come abbiamo visto nella conclusione del precedente elenco, e in qualche altro vocabolo, non però uniformemente pronunciato nelle varie regioni.

A proposito di questa disparità di pronuncia, che rende del tutto impossibile la definizione di precise norme, elenchiamo qualche vocabolo, tra quelli piú controversi, particolarmente per la differenza che intercorre tra la pronuncia fiorentina e quella romana, proponendo quelle soluzioni che i filologi considerano migliori, sia per una certa maggior legittimità che essi riconoscono alla parlata fiorentina, sia per il rispetto dello svolgimento storico del suono *z*.

aguʒʒino	*friʒʒo*	*pettegoleʒʒo*
amaʒʒone	*ghiribiʒʒo*	*pranʒo*
biʒʒa	*leʒʒo*	*ribreʒʒo*
breʒʒa	*oleʒʒo*	*romanʒo*

I gruppi "gl" e "sc"

Quando pronunciamo le parole *glabro, gleba, globo, glucòsio*, i due suoni *g* e *l* sono chiaramente distinti: cioè ciascuna delle due consonanti conserva il suo suono primitivo: *g* come *gatto*, *l* come *ladro*. Quando invece diciamo *famiglia, figlio, moglie, egli, glielo, maglia, foglia, guglia*, eccetera, quel gruppo **gli** assume un suono unico (che i linguisti definiscono "*l* palatizzata"); è un suono che esiste anche in altre lingue (in francese e in spagnolo si rappresenta graficamente con *ll*, in portoghese con *lh*). *Il gruppo gli*

Questo è un fatto linguistico troppo noto perché si debba insistervi; ci interessa qui soltanto un'anomalia: *gli*, in alcuni vocaboli derivati prevalentemente dal greco, qualcuno (come *negligente*) anche dal latino, ma comunque considerati termini "dotti", cioè di origine piú libresca che popolare, conserva il suono separato delle due consonanti. Ecco i vocaboli che costituiscono questo gruppo:

> *anglicano, gànglio, glicemía, glicerina, glícine, glíttica, negligente, negligenza.*

A eccezione di *gànglio*, la sillaba *gli*, in questi vocaboli, è sempre seguita da consonante.

Il gruppo sc

Il gruppo **sc** presenta anch'esso una duplicità di pronuncia: quando diciamo *scala, scolaro, scudo, schifo,* sono ben distinti i due suoni *s* e *c*; invece dicendo *scena, pesce, sciocco, scimmia,* le consonanti *sc* si fondono insieme in un unico suono. Tutto dipende dalla *c*: quando essa ha il suono gutturale (come abbiamo a suo tempo spiegato: *v.* a pag. 37), e ciò avviene davanti alle vocali *a, o, u,* oppure davanti alla lettera *h*, aggiunta apposta per ottenere il suono gutturale della *c* (e della *g*), allora il gruppo *sc* si pronuncia con i due suoni distinti; invece davanti a *e, i,* dove *c* ha suono palatale, il gruppo *sc* ha suono unico.

Anche questa volta abbiamo introdotto il discorso non già per insistere su un fatto fonetico che tutti conoscono, ma per un caso particolare. Se vogliamo dire che uno è "senza cervello", ricorriamo alla cosiddetta "*s* privativa" e creiamo l'aggettivo *scervellato* (cosí come diremmo "sdentato" per chi non ha denti, "sbarbato" per chi non ha barba). Nelle parlate settentrionali quella *s* iniziale viene nettamente staccata dalla *c* nella pronuncia: *s-cervellato*; ma in italiano il suono *sc* davanti a *e, i* non ha che una sola pronuncia, come in *scena* e *scemo,* e questa legge fonica dovremo perciò rispettarla anche per *scervellato* e per il verbo *scervellarsi* come la rispetteremo anche per eventuali applicazioni della "*s* privativa" ad altri vocaboli incomincianti con *ce-* o *ci-*: il verbo *scentrare* e relativo aggettivo *scentrato*, che già sono nel linguaggio specialmente degli automobilisti e dei meccanici, devono perciò assumere anch'essi quel normale suono *sce*, invece della pronuncia separata delle due consonanti ("*s-centrare*", "*s-centrato*") che è assai comune alle parlate del Settentrione.

Il problema piú difficile: non sbagliare l'accento

Molto difficile questo problema, a quel che pare, visto che tanti sbagliano, anche quelli che avrebbero il dovere di non sbagliare: i professori in cattedra, per esempio, gli annunciatori della radio-televisione, i presentatori degli spettacoli, gli attori di teatro, gli avvocati in tribunale, non parliamo dei deputati al Parlamento.

Gli errori piú frequenti sono provocati dall'incertezza se posare l'accento tonico (quello che di solito non si scrive) sulla penultima oppure sulla terzultima sillaba di una parola, che poi equivale a decidere se un vocabolo è *piano* (accento tonico sulla penultima) o *sdrucciolo* (accento tonico sulla terzultima). Sinché si tratta di vocabolo *tronco*, è difficile sbagliare, perché nei vocaboli tronchi di due o piú sillabe l'accento si segna: *città, virtú, viceré*; oppure la parola termina con una consonante, come *saran, avrem, fuggir, allor, amor, cappel, general, occasion, alcun, Martin, Salvator, Bastian* (i dubbi avvengono per le parole straniere, come *festival, hangar, cognac, record, Madrid, Iran, Beirut, Istanbul,* eccetera).

Anche in questa faccenda della posizione dell'accento, come in tutte le questioni di pronuncia che abbiamo finora affrontato, non ci sono norme precise e assolute. Ci aiuta, al solito, il latino (e basterebbe questo per non dare al latino quella patente di inutilità che molti sconsideratamente gli danno). Una norma che giova per risolvere molti dubbi è la seguente:

● quando in latino nella penultima sillaba la vocale è *lunga* (che noi consideriamo come accentata), in italiano la parola è *piana*, cioè accentata sulla penultima sillaba;

● quando invece è *breve*, la parola italiana è *sdrucciola*, cioè accentata sulla terzultima sillaba.

Come risolvere alcuni dubbi di pronuncia

Ecco perché sbaglia chi pronuncia "èdile" invece di *edíle*: in latino *aedīlis* ha la *i* lunga. Sbaglia chi pronuncia "sàlubre" invece di *salúbre* (latino: *salūber*); "Bènaco" invece di *Benàco* (latino: *Benācus*); "rúbrica" invece di *rubríca* (latino: *rubrīca*).

Al contrario: mentre il nome *viòla* (fiore) è piano come in latino *viōla*, le voci del verbo *violare* sono: *víolo, víoli, víola*, eccetera, perché in latino *viŏlo*, verbo, ha la *o* breve. E cosí pure: *àureo* (latino: *aurĕus*), *ímprobo* (latino: *imprŏbus*), *díruto* (latino: *dirŭtus*), ma anche *dirúto*; *míssile* (latino: *missĭlis*), *pàlpebra* (latino: *palpĕbra*), *quadrúmane* e *bípede* perché *mănus* e *pĕdis* (genitivo di *pes*) hanno le vocali in penultima sillaba brevi.

Mèdico è sdrucciolo perché deriva dal latino *medĭcus*; invece *mendíco* è piano, dal latino *mendīcus*.

Non tutti i vocaboli italiani vengono dal latino. Per quelli che vengono dal greco, talvolta c'è contrasto tra l'accentazione greca e quella latina, essendo quei vocaboli pervenuti all'italiano attraverso il latino; per taluni vocaboli ci si attiene alla collocazione dell'accento quale era nel greco:

filosofía, filatelía, grafía, sinfonía, diàgnosi, còccige;

per altri ci si regola sull'accentazione latina, cioè piana se nella penultima sillaba la vocale è lunga, sdrucciola se è breve:

anatèma, asfodèlo, cianòsi, problèma, dèspota, efèbo.

Parole di origine greca

Qualche parola di origine greca, solitamente interessante la medicina, c'è chi la pronuncia secondo l'uno, chi secondo l'altro dei due criteri: ecco perché alcuni medici dicono *arteriosclèrosi* alla greca, altri *arterioscleròsi* alla latina e anche quelle che sono le *ecchimòsi* per taluni, per i piú (e piú grecamente) *ecchímosi*; chi usa il *catètere* e chi (una minoranza) il *catetère*; chi (la maggioranza) diagnostica un *èdema* e chi un *edèma*, eccetera.

Ci sono poi vocaboli che non provengono né dal latino né dal greco, ma quali dal germanico quali dal francese, dallo spagnolo, dall'arabo, dal turco o da altre lingue antiche o moderne, o magari dai dialetti o da parole di gergo o da nomi propri di luogo o di persona: per questi bisogna conoscere l'ètimo e regolarsi in conseguenza. Per altri infine la consuetudine ha imposto accentazioni che etimologicamente non sarebbero legittime: è il caso di *gratúito* e *fortúito* che, per l'affinità con *intúito* e *circúito*, hanno fatto passare tra gli "spropositi di pronuncia" le forme "gratuíto" e "fortuíto", che, secondo la norma della vocale lunga nella penultima sillaba, dovrebbero invece essere considerate corrette.

Altre accentazioni non confortate dall'etimologia, ma ormai stabilmente consolidate nell'uso: *pèrmuta* invece di "permúta"; *récluta* invece di "reclúta" (come il vocabolo suona nella lingua spagnola, dalla quale è pervenuto attraverso il francese *recrue*); *càlibro* invece di "calíbro" (voce di origine araba ma a noi giunta dalla Francia: *calibre*); nonché parecchie voci verbali come *èduco* (verbo educare), che ha estromesso "edúco"; *elàboro*, *evàporo*, *pèroro*, che coesistono con *elabóro*, *evapóro*, *peròro*, forme etimologicamente piú corrette, che pertanto consigliamo.

Errano quelli che dicono "ímmolo" invece di *immòlo*, "còrrugo" invece di *corrúgo*, "ístigo" invece di *istígo*, "vàluto" invece di *valúto*, "centèllino" invece di *centellíno*, "còmpilo" invece di *compílo*: queste forme sdrucciole incontrano tuttavia una certa fortuna nella parlata attuale. C'è insomma una tendenza a preferire l'accentazione sdrucciola anche quando è legittima quella piana. Il contrario è avvenuto con i verbi *separare, comparare, intimare, elevare*: si sente dire piú spesso "separò" che non *sèparo*, "comparò" invece di *còmparo*, "intimò" anziché *íntimo*, "elevò" al posto di *èlevo*; per questi verbi la pronuncia sdrucciola è considerata piú "dotta" e appare perciò piú ricercata, ma, poiché è etimologicamente corretta, non si capisce perché dovrebbe essere proscritta.

Sono pure da preferirsi le pronunce sdrucciole nelle voci verbali *lítigo* (e non "litígo"), *còlloco, ímplico, fòrnico*, oltre al già menzionato *víolo*, e qualche altro ancora.

Conclusione pratica: ricorrere nei casi dubbi al vocabolario, ma soprattutto cercare di rendersi conto della ragione per la quale l'accento tonico deve posare su una anziché su un'altra sillaba.

Non è compito di questo libro sostituirsi al vocabolario; ci sembra però opportuno raccogliere, con funzione di modello, un limitato numero di vocaboli, scelti fra quelli che piú frequentemente sono pronunciati in modo errato, e spiegare con brevissima nota le ragioni della corretta pronuncia. Escludiamo, naturalmente, tutti quei vocaboli che già abbiamo menzionato.

Come si pronunciano

aíre
È l'unione, con valore di locuzione, della preposizione *a* con il verbo latino *ire*, che significa "andare".

àlacre
È il latino *alăcer, alăcris*, con la seconda *a* breve. Dunque, la pronuncia corretta è sdrucciola e non piana "alàcre" come molti dicono.

alcalíno
Questo non è naturalmente un aggettivo di origine classica; ma è stato formato sul sostantivo *àlcali* a cui è stato aggiunto il suffisso *-ino*, che in italiano è normalmente accentato sulla *i* (*assassíno, cittadíno*, e simili). Perciò la pronuncia "alcàlino" è sbagliata.

alchímia
Proprio cosí: la pronuncia corretta è *alchímia*, non "alchimía", che pure è la piú comune. La parola deriva dall'arabo *al-kímiya*, propriamente "(arte della) pietra filosofale". Già in Dante la parola è pronunciata sdrucciola (rima con *scímia*, "scimmia"), e sdrucciola è anche in D'Annunzio, che pone l'accento sulla prima *i*.

alíce
E non "àlice", per l'etimologia latina (vocale lunga nella penultima sillaba: *ālex, alēcis*).

àlluce
Nessuna affinità etimologica né con il nome proprio *Pollúce* né con *luce*. Pronuncia sdrucciola perché nel vocabolo latino da cui è derivata la *u* è breve.

anòdino
Su questo aggettivo che interessa i medici (anzi, i pazienti; infatti significa: "blandamente antidolorifico") l'accento sta bene sulla terzultima sillaba, giacché in tale posizione si trova sia nel vocabolo originario greco sia nella trascrizione latina.

appendíce
L'accento tonico posa sulla *i* perché in latino quella *i* è lunga. E invece c'è chi, con doppio sproposito, chiama "appèndice" persino la malattia (*appendicite*): "Mi sono ammalato di *appèndice*", o addirittura l'operazione chirurgica: "Mi sono fatta l'*appèndice*"!

asfissía
Il suffisso *-ía* determina la posizione dell'accento, come in *malattía, infermería, droghería, salumería*, eccetera, dove nessuno sbaglia, ma anche in *bonomía, eutanasía, leccornía*, dove invece molti sbagliano!

avaría
Non "avària": si tratta del normale suffisso *-ía* aggiunto al termine arabo *awar*, "danno".

badía
Come *abbazía*, di cui è sinonimo.

baúle
Specialmente nell'Italia meridionale c'è chi pronuncia "bàule", ma è errato, perché la parola deriva dallo spagnolo *baúl*.

bisbíglio e bisbiglío
Bisbíglio è il sommesso rumore di chi parla a bassa voce; invece *bisbiglío* lo stesso rumore ma continuato. La stessa differenza che passa tra *gorgóglio* e *gorgoglío*, *rumore* e *rumorío*, *voce* e *vocío*, eccetera.

cadúco
Accento sulla *u*, come nel latino *cadūcus*.

callífugo
Con l'accento sulla *i* (come *vermífugo, centrífugo*) perché quella *u* in latino è breve. Del resto, si dice *pròfugo* e non "profúgo".

Cecoslovàcchia
I nomi delle Nazioni e delle città che terminano in *-ia* dovrebbero avere la *i* non accentata: *Germània* (terra dei Germani), *Itàlia* (degli Itali), *Aràbia* (degli Arabi), eccetera. Però si dice *Albanía, Algería, Tunisía, Romanía, Unghería*... Ciò perché questi nomi noi li abbiamo ripetuti dal francese (e i Francesi dicono anche *Italie*, pronuncia "Italí"). Ma per il termine *Cecoslovàcchia*, uno Stato sorto dopo la Prima guerra mondiale, non occorre passare attraverso il francese. Quella regione si chiama *Slovàcchia*: unita alla *Boèmia* forma politicamente la *Cecoslovàcchia*.

còncavo
Sdrucciolo, perché in latino *căvus* con *a* breve.

cosmopolíta
Vocabolo di formazione greca, ne rispetta l'accentazione sulla *i* (*polítes*, "cittadino").

crèmisi
Non "cremísi", e ciò per il suono originarìo del vocabolo arabo da cui è derivato (anche *chèrmisi*).

cucúlo
Anche in latino l'accento è sulla seconda *u*. Chi dice "cúculo" lo fa per ingentilire la parola, ma sacrifica la ragione etimologica.

cúpido
L'aggettivo ha l'accento sulla terzultima, come in latino. Il nome proprio *Cupído*, il dio dell'amore, ha invece l'accento sulla *i*.

diatríba
La pronuncia *diatríba* può essere giustificata dal fatto che il vocabolo di origine greca (il suo primitivo significato era "passatempo, perdita di tempo", poi significò "discussione, dissertazione, disputa") è a noi giunto attraverso il francese *diatribe* (che i Francesi pronunciano "diatríb"). Ma etimologicamente è piú corretto *diàtriba*, essendo quella *i* breve.

elzevíro
Poiché deriva dal cognome olandese *Elzevier* (famiglia di stampatori), l'accento va sulla *i*.

èsodo
Come in *ànodo*, *càtodo*, *elèttrodo* e altri termini di formazione greca in *-odo*, la pronuncia è sdrucciola, essendo la *o* della penultima sillaba breve. Diverso invece *epòdo* dove quella *o* è lunga.

Friúli
È la forma italianizzata del dialetto *Friúl*, che deriva dal latino *Forum Iúlii*, "Foro di Giulio", antica piazzaforte romana dove sorge la moderna Cividale. Perciò la pronuncia "Fríuli" è sbagliata.

gladíolo
Dal latino *gladiŏlus*, "piccola spada", anche se altri diminutivi in *-olo* hanno acquisito in italiano la pronuncia piana (lo stesso *giaggiòlo*, per esempio, che altro non è se non una variante del nome *gladíolo*).

guaína
Ecco una parola dove molti sbagliano, dicendo "guàina". Invece l'accento deve stare sulla *i* perché il vocabolo deriva dal latino *vagīna*. Conseguentemente dal verbo *sguainare*: io *sguaíno*, tu *sguaíni*, eccetera.

incàvo
Non "íncavo" come troppi dicono. È vero che esso deriva dal tardo verbo latino *incavare*, "scavare", che si coniuga *íncavo*, *íncavas*, ecc.; ma ha influito sulla pronuncia dell'italiano la parola *càvo*, accentata sulla *a*; e perciò come diciamo io *incàvo*, tu *incàvi*, ecc., cosí dobbiamo dire *incàvo* anche nel sostantivo.

ippòdromo
Pronuncia sdrucciola, come naturalmente anche *autòdromo*, *cinòdromo*, *velòdromo*, *motòdromo*, *pròdromo*, eccetera, perché la *o* della penultima sillaba nel vocabolo greco *dromos*, "corsa" è breve.

lúbrico
Anche questo aggettivo, che significa "scivoloso", derivando dal latino *lubrĭcus*, con la *i* breve, deve essere pronunciato sdrucciolo, cioè con l'accento sulla prima *u*. Niente "lubríco" dunque, come spesso si sente dire.

mícrobo e micròbio
Dal greco *mikrós*, "piccolo" + *bíos*, "essere vivente", la forma legittima è *micròbio* (plurale *micròbi*), ma è piú comune l'altra forma *mícrobo*, con pronuncia sdrucciola.

mollíca
Nell'Italia settentrionale quasi tutti dicono "mòllica", ma sbagliano perché in latino *mollīca* ha la *i* lunga.

monòlito
Vocabolo dotto, come suol dirsi. In greco *mónos*, "solo", *líthos*, "pietra"; perciò: *monólithos*, "di una sola pietra, di un sol blocco". Essendo la *i* breve, è corretta la pronuncia sdrucciola.

motoscàfo
Se si dice *piròscafo*, ragionano alcuni, si dovrebbe anche dire "motòscafo". In realtà tra *piròscafo* e *motoscàfo* c'è questa differenza: il primo fa parte di una serie di vocaboli composti col prefisso greco *pyr*, *pyros*, "fuoco", tutti sdruccioli, come *piròmane*, *piròfilo*, *pirògeno*, eccetera, e vale propriamente "scafo o imbar-

cazione a fuoco" (cioè a vapore); invece *motoscàfo* è nato dall'accostamento di due vocaboli paralleli, *moto* (abbreviazione di *motore*) e *scafo*, come se fosse un vocabolo doppio che potrebbe scriversi cosí: *moto-scafo* (come *motonave, motocicletta, motocarrozzella*); cioè "scafo o imbarcazione a motore". È quindi giustificata la pronuncia corrente *motoscàfo* con l'accento sulla *a*.

nòcciolo e nocciòlo

Per il nucleo legnoso che sta nell'interno di certi frutti ha prevalso la terminazione diminutiva *-olo* non accentata; per l'albero, *-òlo* accentata. È quello che abbiamo già notato a proposito di *gladíolo* e *giaggiòlo*. Anche il femminile *nocciòla* (frutto) ha pronuncia piana.

Núoro

Guai se i Sardi sentono dir "Nuòro". La loro città si pronuncia con l'accento contratto sulla *u*, perché è la forma semplificata dialettale dell'antico nome medievale della città: *Núgoro*.

òrafo

Da *aurĭfex*, "orefice", con pronuncia sdrucciola perché la penultima vocale è breve.

pànfilo

Essendo breve la *i* latina derivata dalla *y* del vocabolo greco *pámfylon*, la pronuncia deve essere sdrucciola. Esiste però anche una forma *panfílio*, con accento sulla *i*, che può essere accolta per il fatto che originariamente la definizione era "nave panfília", cioè della Panfília (regione dell'Asia Minore).

pèriplo

Mai "períplo", che sarebbe erroraccio. La parola aveva anche in latino la pronuncia sdrucciola, *perĭplus*, avendo la *i* breve nella seconda sillaba.

protòtipo

Poiché *týpos* in greco e *typus* in latino hanno *y* breve, i composti italiani con questo nome in seconda posizione sono sdruccioli (*dagherròtipo*, eccetera).

pudíco

Come abbiamo detto di *mendíco*, la finale latina *-īcus* determina la posizione dell'accento sulla *i*.

regíme

Meglio che *règime* (tuttavia non errato), pur essendo nel latino *regĭmen* la *i* breve, perché si considera il nome italiano formato sui casi obliqui (genitivo: *regíminis*), cioè attraverso *regímine*.

sàrtia

Non "sartía" perché deriva da un vocabolo greco (*ek*)*sártia*, plurale di *exártion*, "attrezzatura della nave".

scandinàvo

La pronuncia piana è piú giustificata della sdrucciola, che tuttavia sembra prevalente, per la posizione dell'accento nell'aggettivo svedese *skandinàvisk*.

seròtino

Questa è la sola pronuncia corretta, ma molti dicono invece "serotíno". È il latino *serotĭnus*, con la solita *i* breve; e perciò l'accento cade sulla *o*.

tafàno

Sia il classico *tabānus* sia il termine piú popolare *tafānus*, da cui direttamente deriva il vocabolo, hanno la seconda *a* lunga.

tèrmite e termíte

La *tèrmite*, insetto simile a formica, già era chiamata nel latino tardo *termes*, genitivo *termĭtis*, con la *i* breve. Invece si pronuncia *termíte* (con l'accento sulla *i*) la definizione di quella miscela di alluminio e ossido di ferro, usata per ottenere temperature elevate (in greco *thermós* significa "caldo"), essendo vocabolo a noi giunto, dal tedesco, attraverso il francese *thermite*. Sempre a proposito di formiche e di realizzazioni chimiche d'importanza industriale: l'insetto *formíca*, con accento sulla *i*, non potrà essere confuso con la resina sintetica detta "fòrmica" perché una delle sue componenti è l'aldèide fòrmica.

tralíce

In latino *trilix* (che significa "a filo triplo"), genitivo *trilīcis* con la *i* lunga; donde la nostra locuzione *guardare in* **tralíce**.

utènsile e utensíle

L'aggettivo è senz'altro *utènsile* ("macchina utènsile") come nel latino *utènsilis*. Per il sostantivo prevale la pronuncia piana *utensíle*, forma singolare fatta sul plurale originale *utensíli*, derivato dal plurale neutro latino *utensília*, che significa propriamente "cose da usare", "cose dell'uso", "oggetti di bottega".

QUIZ SUGLI ACCENTI TONICI

Ecco un gruppetto di parole di uso più o meno comune, scelte tra quelle che non sono entrate nella nostra sommaria trattazione. Provate a segnare su queste parole l'accento tonico dove vi sembra giusto. Le parole sono in tutto 40: se avrete dato tutte le risposte esatte, potrete vantarvi di avere un'*ottima* conoscenza della pronuncia italiana; se le risposte esatte saranno almeno 35, la vostra conoscenza sarà *buona*; se appena 30, *mediocre*; un numero inferiore di risposte esatte indicherà... *insufficienza*.

aerostato	*catalisi*	*fomite*	*oviparo*
albagia	*ciclope*	*fumogeno*	*persuadere*
amaca	*codardia*	*gomena*	*pleiade*
apnea	*correo*	*illune*	*presbiopia*
balaustra	*duttile*	*inclito*	*prosapia*
bifora	*elettrolisi*	*infido*	*retore*
bolscevico	*emottisi*	*macabro*	*satrapo*
borea	*emulo*	*metamorfosi*	*scorbuto*
caduceo	*enologo*	*metropolita*	*troglodita*
canide	*fedifrago*	*omelia*	*vindice*

Soluzione a pag. 451

SOLUZIONI DEI QUIZ

1. **QUIZ SULL'ALFABETO**
v. pag. 17
Parole disposte in stretto ordine alfabetico: agghiacciare, aggiornare, alluvione; bravo, bricconcello, briccone; caracollare, carenza, cengia, cereale, cèreo; drupa; esegèta, eseguire; grappa, grassatore, gratitudine, grattacielo; iniziare, innalzare, istruttore; Jack; Kurdistan; lungo, luogo; milionesimo, millanteria, millenario; rusticità; sensibile, senso, sensorio, strumento; vulcanizzare, vulcanologo; whisky; yacht; zoticaggine, zoticone.

2. **QUIZ SULLE MAIUSCOLE**
v. pag. 25
1) *I* milanesi *(corretto:* **Milanesi***) godono meritata fama di essere un popolo laborioso.* 2) *Alla televisione, dopo il gran successo ottenuto con la trasmissione dell'* odissea *(corretto:* **Odissea***), presentarono anche l'*eneide *(corretto:* **Eneide***).* 3) *Tutte le domeniche il* papa *(corretto:* **Papa***) benedice la folla dalla sua abitazione nel* vaticano *(corretto:* **Vaticano***).* 6) *Nella religione dei* romani *(corretto:* **Romani***), il dio della guerra era* marte *(corretto:* **Marte***).* 7) *Nei tribunali la* giustizia *(corretto:* **Giustizia***) è raffigurata come una donna in trono con una bilancia.* 8) *La parola di* dio *(corretto:* **Dio***) presso gli* ebrei *(corretto:* **Ebrei***) era rivelata nella* bibbia *(corretto:* **Bibbia***), cioè nell'*antico testamento *(corretto:* **Antico Testamento***).* 9) *Domenica prossima sarà la festa della* madonna *(corretto:* **Madonna***).* 11) *Il 23 settembre il* sole *(corretto:* **Sole***) entra nel segno zodiacale della* bilancia *(corretto:* **Bilancia***).*

3. **QUIZ SUI DITTONGHI E SUGLI IATI**
v. pag. 30
Vocaboli con dittongo: studio, piano, mortòrio, auròra, fuòco, règia, cieco, Mauro, fiume, aiuto, olio, petrolio, inchiostro, flauto, applauso, piuma, sauro.
Vocaboli con iato: leone, veemente, mormorio, regía, Menelao, aíta, sfrigolío, poeta, piroetta, magía.

4. **QUIZ SUL DITTONGO MOBILE**
v. pag. 36
Parole giuste: muoiono, morente, scolaretto, figliuolo, figlioletto, sonante, suonano, muovono, mossero, movimento, ruotano, fuoco, solatura, novità, nocete, nocerò, cieco, coceva, cuocere, giuoco, giocava, percuotere, percoteva, sedevano, seduto, sièditi, tuono, tonasse.
Parole sbagliate (fra parentesi la forma corretta): diecina (**decina**), scuoletta (**scoletta**), risuonava (**risonava**), rimuoverò (**rimoverò**), rimuovevano (**rimovevano**), ruotella (**rotella**), fuocherello (**focherello**), infuocato (**infocato**), suoletta (**soletta**), risuolare (**risolare**), nuovamente (**novamente**), nuocevano (**nocevano**), acciecare (**accecare**), cuocerò (**cocerò**), giuocattolo (**giocattolo**), giuocò (**giocò**), percuoterò (**percoterò**), arruolamento (**arrolamento**), arruolò (**arrolò**), arruolato (**arrolato**), siederò (**sederò**), tuonò (**tonò**), tuonava (**tonava**).

5. **QUIZ SULLE CONSONANTI**
v. pag. 41
Parole sbagliate (tra parentesi la forma corretta): enpietà (**empietà**), enblema (**emblema**), anbizione (**ambizione**), tacquino (**taccuino**), acquila (**aquila**), accuistare (**acquistare**), scuarciare (**squarciare**), inbottitura (**imbottitura**), socquadro (**soqquadro**), tranbusto (**trambusto**), tramquillo (**tranquillo**).

6. QUIZ SULLE SILLABE

v. pag. 46

Cor-po, gam-ba, co-scia, fa-scia, sci-a-re, pie-de, dor-so, ven-tre, spal-la, ò-me-ro, ul-na, a-vam-brac-cio, An-co-na, Ber-li-no, Lon-dra, Cal-ta-gi-ro-ne, Cà-or-le, Sor-ren-to, as-set-to, as-ses-so-re, a-stro-nau-ti-ca, di-sfat-to, di-stor-sio-ne, su-per-sti-zio-ne, tran-spo-la-re, cir-cum-na-vi-ga-re, su-per-mer-ca-to, ca-ta-stro-fe, tec-ni-ci-smo, rit-mi-ca-men-te, ac-qua-pla-no, mar-xi-sta, op-ta-re, col-tri-ce, cul-tu-ra, am-ne-si-a, em-ble-ma-ti-co, ba-ú-le, bau-xi-te, ec-to-mi-a, ac-me, e-nig-ma-ti-co, tem-piet-to, tran-sa-tlan-ti-co, ma-laf-fa-re, be-nar-ri-va-to, gen-ti-luo-mo, Tra-ste-ve-re.

7. QUIZ SULLA PUNTEGGIATURA

v. pag. 59

I Promessi sposi, dal cap. II:
Lorenzo o, come dicevan tutti, Renzo non si fece molto aspettare. Appena gli parve ora di poter, senza indiscrezione, presentarsi al curato, v'andò, con la lieta furia di un uomo di vent'anni, che deve in quel giorno sposare quella che ama. Era, fin dall'adolescenza, rimasto privo de' parenti, ed esercitava la professione di filatore di seta, ereditaria, per dir cosí, nella sua famiglia; professione, negli anni indietro, assai lucrosa; allora già in decadenza, ma non però a segno che un abile operaio non potesse cavarne di che vivere onestamente. Il lavoro andava di giorno in giorno scemando; ma l'emigrazione continua de' lavoranti, attirati negli stati vicini da promesse, da privilegi e da grosse paghe, faceva sí che non ne mancasse ancora a quelli che rimanevano in paese.
Novelle per un anno, da *La Madonnina*:
Finita la messa, fece segno alla vecchia di condurre il bimbo in sagrestia; e lí se lo prese in braccio, lo baciò in fronte e sui capelli, gli mostrò a uno a uno tutti gli arredi e i paramenti sacri, le pianete coi ricami e le brusche d'oro e i càmici e le stole, le mitrie, i manipoli, tutti odorosi d'incenso e di cera; lo persuase poi dolcemente a confessare alla mamma d'esser venuto in chiesa, quella mattina, per il richiamo della sua campana santa, e a pregarla che gli concedesse di ritornarci. Infine lo invitò — sempre col permesso della mamma — alla canonica, a vedere i fiori del giardinetto, le vignette colorate dei libri e i santini, e a sentire qualche suo raccontino.

8. QUIZ SULLE PAROLE ACCENTATE

v. pag. 65

Parole piane: stupíto, cinquànta, cappòtto, infèrno, suòno, castígo, funeràle.
Parole sdrucciole: attònito, stúpido, quíndici, impermeàbile, diabòlico, música, màrtire, biàsimo, battésimo, automòbile.
Parole tronche: ventitré, paltò, amór, eternità, virtú, ahimè, tràm.
Parole bisdrucciole: godétevela, intèrrogano, lúcidano.

9. QUIZ SUGLI ACCENTI

v. pag. 67

1) *Quando esce da casa, non* **dà** *retta a nessuno.* 2) *Non posso restar qui tutto il* **dí**, *anzi* **dovrò** *presto tornare a casa.* 3) *Certe disgrazie* **càpitano** *quando nessuno se le aspetta.* 4) *Ciascuno di voi pensi solo a* **sé** *stesso e se la sbrighi come* **può**. 5) *Nessuno sa* **ciò** *che il capitano ha comandato di fare.* 6) *Tu vai* **là**, *io resto qua.* 7) **Né** *tu* **né** *altri vi siete ricordati di me:* **perché** *mai?* 8) *Se* **sí**, *tanto meglio, se no, tanto peggio per te.* 9) *Venite quest'oggi da me a prendere il* **tè**. 10) *Io non do retta a nessuno, tu invece* **dài** *retta a tutti.* 11) *Se la vedi, ricordati di dirle che non venga stasera,* **ché** *sono stanco morto e* **andrò** *a letto alle* **ventitré**. 12) *Morto il re, il potere fu assunto da un* **viceré**. 13) *La maglia di quella squadra di calcio è* **gialloblú**. 14) *Come un bel* **dí** *di maggio.*

SOLUZIONI DEI QUIZ

10. QUIZ SULL'ELISIONE E SUL TRONCAMENTO

v. pag. 73

Possono troncarsi i seguenti vocaboli: albergatore, padrone, mobile, guanciale. mangiare, mangiamo, insieme, nobile, uomo, messere, anziano, giovane, vecchierello, parlare, tale, quale, piovere, nessuno, avere, hanno, gentile, bastione, professore.

11. QUIZ SULL'APOSTROFO (I)

v. pag. 78

Vogliono l'apostrofo: buon'indole, buon'arrampicata, buon'usanza, buon'età, buon' escursione, buon'audizione, buon'idea.

12. QUIZ SULL'APOSTROFO (II)

v. pag. 80

Forme giuste: quell'omaggio, un'astensione, fior alpino, qual errore, grand'albergo, buon'osteria, vanno avanti, cuor ardito, sant'Empedocle, sant'Anna, bell'alma, un olocausto, gl'Indiani, gli Americani, le erbe, le antenne, dell'arrivo, sull'onda, sulle onde, quest'estate, quell'inverno, altr'anno, trent'anni, ottantun anni.

13. QUIZ SULL'APOSTROFO (III)

v. pag. 83

Forme giuste: (b) quell'uomo; (a) qual era; (b) grand'affare; (b) un po' stanco; (b) bello scoglio; (b) a mo' d'esempio; (a) pur ieri; (b) vien avanti; (a) fier aspetto; (a) buon'ora.

14. QUIZ SUI NOMI ALTERATI

v. pag. 101

Piccolo vento: (c) venticello (*ventino* indica popolarmente la moneta da venti lire); *piccola città*: (a) cittadina (*cittadella* è piuttosto la parte fortificata della città); *piccolo albero*: (c) alberello; *piccolo maschio*: (c) maschietto; *piccolo ladro*: (c) ladruncolo; *piccola mucca*: (a) mucchina; *piccola panca*: (a) panchina (anche *panchetta* nel parlar familiare: "Mi son seduto su la panchetta..." [Pascoli]; *panchetto* è piuttosto uno sgabello; *pancarella* è da taluni usato invece del piú corretto *bancarella* per il banco dei venditori ambulanti o nei mercati); *piccolo sasso*: (c) sassolino; *piccolo ramo*: (c) ramoscello (il gioco a carte *ramino* vien dall'inglese *rummy*; inoltre si dice *ramino* un piccolo vaso di rame); *piccola femmina*: (b) femminuccia (il termine *femminetta* si attribuisce piuttosto a maschio effeminato); *piccolo toro*: (b) torello; *grossa calza*: (c) calzettone (infatti *calzone* ha ormai un significato proprio e prevale nella forma plurale *calzoni*; *calzettone* è l'accrescitivo del diminutivo *calzetta*); *piccolo porto*: (c) porticciolo; *piccolo uscio*: (b) usciolo; *piccola foglia*: (b) fogliolina; *piccolo piede*: (a) piedino (*peduncolo* è un gambo che sostiene un fiore o una formazione allungata che unisce tra loro due organi di un corpo animale; *pedicello* significa "pidocchio"); *piccolo porco*: (b) porcello (*porcino* è aggettivo: spesso usato per una varietà di funghi ma anche per definire ciò che si riferisce al porco: "carne porcina", "aspetto porcino", eccetera); *grande torre*: (a) torrione (*torrone* è il dolce).

15. QUIZ BOTANICO-GRAMMATICALE

v. pag. 113

Malva (F), ontano (M), trifoglio (M), bietola (F), abete (M), nontiscordardimé (M), girasole (M), miosotide (F), fico (M), noce (MF), nocciolo (M), elce (MF).

QUIZ ZOOLOGICO-GRAMMATICALE

Lince (F), istrice (M), mustèla (F), serpe (MF), otaria (F), gru (F), antilope (F), volpe (F), aspide (M), puma (M), scòrpena (F), tigre (MF), zebú (M), iguana (F), caribú (M).

ITALIANO 10 E LODE

QUIZ GEOGRAFICO-GRAMMATICALE
Anagni (F), Gargano (M), Misano (F), Secchia (F), Toce (MF), Giura (M), Lignano (F), Grado (F), Sempione (M), Zeda (M), Livenza (F), Monaco (F), Empoli (F), Fortóre (M), Sieve (F), Oporto (F), Aniene (M), Maiella (F), Amiata (M), Tresa (MF), Monviso (M), Stromboli (M), Pozzuoli (F), Zambia (F).

16. QUIZ SUL GENERE
v. pag. 114

1) *Il sacerdote indossava* un pianeta rosso (*corretto:* **una pianeta rossa**). 2) *Penso che abbiate* un eccessivo tèma (*corretto:* **un'eccessiva téma**) *di fare brutti incontri.* 3) *Fu troppo improvviso* quel fine (*corretto:* **quella fine**) *e noi non ce l'aspettavamo.* 4) *Il vescovo si presentò sul pulpito con* il mitra (*corretto:* **la mitra**).

17. QUIZ SUI PLURALI (I)
v. pag. 123

a *Nomi invariabili:* èstasi, età, lunedí, zoo, canizie, diàgnosi, paltò, crisi, tubercolosi, re, parèntesi, caffè, gru, tabú, òboe (è ammesso anche il plurale òboi).
b 1) *Nei* **tempi** *antichi era chiamato prònao lo spazio tra la cella e le colonne antistanti.* 2) *Il toro si difese con* **le corna** *ma non poté resistere contro* **le armi** *degli uomini che l'incalzavano.* 3) *Se ci foste stati anche voi, avreste subito voltato* **le terga** *e battuto* **le calcagna**. 4) *Il mendico aveva le calze rotte in ambo* **i calcagni**. 5) *I naufraghi alzavano* **le braccia** *e facevano grandi* **gesti** *per richiamare l'attenzione.* 6) *Con codesta tintura ti sei impiastricciato* **ciglia** *e* **sopracciglia**. 7) *Tu hai* **buon orecchio**, *giacché ti sei subito accorto della stonatura.* 8) *Se volete sentire da che parte soffia la brezza, umettate e poi alzate* **i diti indici**. 9) *Ci tremavan* **le labbra** *e un brivido ci percorse* **le membra**; *il freddo acuto ci penetrava in tutte* **le ossa**.

18. QUIZ SUI PLURALI (II)
v. pag. 126

Plurali esatti: (b) acacie; (a) piogge; (a) pance; (a) tracce; (b) socie; (b) bambagie; (b) bigie; (a) once; (b) efficacie; (a) querce; (a) spiagge; (a) bolge; (a) logge; (a) bisacce; (b) pervicacie; (a) salsicce; (a) torce; (a) frecce; (a) mance; (b) tenacie.

19. QUIZ SUI PLURALI IN -CI, -CHI; -GI, -GHI
v. pag. 130

Plurali esatti: (a) equivoci; (a) monaci; (b) monologhi; (a) identici; (a) astrologi; (a) comici; (a) radiologi; (a) intrinseci; (a) fanatici; (a) neurologi; (b) centrifughi; (b) caduchi; (a) urologi; (a) tragici.

20. QUIZ SUL PLURALE DEI NOMI IN -IO
v. pag. 133

1) *Un noto calciatore fu squalificato perché aveva accusato gli* **arbitri** (*meglio* **àrbitri**) *di intollerabili* **arbitrii**. 2) *In occasione dei* **palii** *che si disputano annualmente nella piazza, sono stati piantati dei* **pali** *per segnare i limiti della pista.* 3) *Persino i pessimi* **principi** (*meglio* **príncipi**) *proclamano ottimi* **principii**. 4) *Per impedire gli* **omicidii** *non basta condannare gli* **omicidi**. 5) *Dopo i* **benefici** (*meglio* **benèfici**) *risultati non potete negare i* **beneficii** *di questa cura.* 6) *I* **martiri** (*meglio* **màrtiri**) *cristiani affrontarono i piú crudeli* **martirii**. 7) *Il vescovo scelse ottimi* **oratori** *per tutti gli* **oratorii** *della diocesi.* 8) *Molte chiese cristiane furono, in* **tempi** *remoti,* **tempii** (*o* **templi**) *pagani.*

21. QUIZ SUL PLURALE DEI NOMI COMPOSTI
v. pag. 147

Contrattempo: (a) contrattempi; *portacenere:* (b) portacenere; *gattopardo:* (b) gattopardi; *pastasciutta:* (b) pastasciutte; *girasole:* (a) girasoli; *saltimbocca:* (a) saltimbocca; *girotondo:* (b) girotondi; *poltrona-letto:* (a) poltrone-letto; *uomo-scim-*

mia: (a) uomini-scimmia; *guardiamarina*: (a) guardiamarina; *violacciocca*: (b) violacciocche; *facciatosta*: (b) faccetoste; *sanguisuga*: (b) sanguisughe; *dormiveglia*: (b) dormiveglia; *portabandiera* (m.): (a) portabandiera; *chiudilettera*: (b) chiudilettera; *caposcalo*: (b) capiscalo; *posapiano*: (a) posapiano.

22. QUIZ SULLA COSTRUZIONE A SENSO DEI NOMI COLLETTIVI
v. pag. 155

Un gran numero di uccelli... (ab); *Un'infinità di disgrazie...* (ab); *Una mandra di bovini...* (ab); *La schiera dei soldati...* (b); *Una quarantina di ostaggi...* (ab); *Piú della metà degli spettatori...* (ab); *Un centinaio di difensori...* (ab); *La maggior parte degli scolari...* (ab).

23. QUIZ SUGLI ARTICOLI (I)
v. pag. 159

LA CARTOLINA ROSA. Mi ricordai del giorno in cui avevo ricevuto **la** cartolina rosa. **La** sera stessa ero andato a salutare **una** famiglia di amici. Stavamo al buio, in **una** grande stanza, vicino al caminetto e si guardavano **le** fiamme. Il padrone di casa di tanto in tanto attizzava **il** fuoco. Mi compiangevano. Non era **una** disgrazia che **un** giovane dovesse interrompere **degli** studi brillanti per andare in guerra?
L'indomani andammo a fare **una** passeggiata in marina. **Il** giorno precedente aveva nevicato, ma ora l'aria era tiepida, **la** neve si scioglieva nei campi e sui margini della strada; pedalavo in fretta sentendo **le** ruote che scorrevano facilmente, e **gli** altri, piacevolmente sorpresi della mia vivacità, premevano anch'essi sui pedali per raggiungermi.

24. QUIZ SUGLI ARTICOLI (II)
v. pag. 165

(a) Il sibilo; (b) lo gnaulío; (b) gli pseudonimi; (b) lo Yemen; (a) il sintomo; (a) il siero; (a) il sughero; (a) il crocchio; (a) i iugeri; (b) lo pneuma; (b) lo zufolo; (b) gli xenofobi; (a) il silofono; (b) lo scibile; (b) gli Scipioni; (a) il sionista; (a) il sifone; (b) gli zigomi; (b) gli schiavi; (b) gli scudi; (b) gli sconti

25. QUIZ SUGLI ARTICOLI (III)
v. pag. 168

a Un'inverno (*corretto:* **un inverno**); un'uscio (*corretto:* **un uscio**); un'insetto (*corretto:* **un insetto**); un'anno (*corretto:* **un anno**); un'otto (*corretto:* **un otto**).
b L'arnie (*corretto:* **le arnie**); un'indice (*corretto:* **un indice**); lostello (*corretto:* **l'ostello**); gl'armenti (*corretto:* **gli armenti**); gl'esami (*corretto:* **gli esami**); un asta (*corretto:* **un'asta**); il struzzo (*corretto:* **lo struzzo**); l'ignoti (*corretto:* **gli ignoti** o **gl'ignoti**).

26. QUIZ SUGLI ARTICOLI (IV)
v. pag. 175

I cinque articoli di troppo: *il* Cristoforo; *l'*Antonio; *la* Greta Garbo; *il* Giorgio; un vecchio con *delle* mani risecchite.

27. QUIZ SUGLI ARTICOLI (V)
v. pag. 181

a Un'armoire, **il** charleston, **lo** charme, **il** chewing-gum, **il** chico, l'haute, l'hostess, **il** Kursaal, **lo** scooter.
b L'Apollinaire, **il** Chaco, **il** Churchill, **il** Kant, l'Watson.

28. QUIZ SULLE CONCORDANZE
v. pag. 192

1) *Con i polsi e le mani* **stretti** (*anche* **strette**) *fra i legacci, non poteva fare il minimo gesto.* 2) *I temporali, le grandinate, le bufere sono sempre* **molesti** *in tutte*

le stagioni, ma in questa ancor piú perché **insoliti** *e* **inaspettati**. 3) *Il corso e le vie della città erano molto* **affollati**. 4) *Con quel capo e quelle ossa cosí* **minuti** (*anche* **minute**) *somiglia piú a un uccellino che a un fanciullo*. 5) *Come si può giocare al calcio se disponiamo soltanto di un pallone e di due o tre palle di gomma* **vecchi** *e* **sgonfiati** (*anche* **vecchie** *e* **sgonfiate**). 6) *Dovresti procurarti un ombrello e una valigia* **nuovi** *per il viaggio*. 7) *Un telegramma, un espresso e due lettere raccomandate furono* **necessari** *per indurti a rispondere*. 8) *Le chiese, le scuole, i teatri, i cinematografi,* **tutti** *erano* **colmi** *di vecchi, fanciulli e donne* **profughi** *in conseguenza del terremoto*. 9) *A capo e gambe* **scoperti** (*anche* **scoperte**) *c'è il rischio di buscarsi un raffreddore*. 10) *La fidanzata del ragioniere ha chiome e sopraccigli* **bruni**. 11) *Il trasloco sarà effettuato con un autocarro e con la mia automobile,* **adatti** *sia* **quello** *sia* **questa** *per trasportare gli armadi e le scrivanie dell'ufficio, per quanto* **massicci** *e* **voluminosi**.

29. QUIZ SULL'AGGETTIVO

v. pag. 197

a Imberbe, sdentato, calvo, snello, nudo, monco, taciturno, conciso, prolisso, puntuale, moroso, autoritario, abulico, ermetico, pauroso, terribile, instancabile, bipede.

b Incidente increscioso, fronte spaziosa, seta grezza, aureola luminosa, percossa violenta, ginocchia ossute, arbitro imparziale, calzoni lunghi.

30. QUIZ SUI COLORI

v. pag. 199

Veli: candidi, ciliegia, avorio; *mantelli*: porpora, caffè, smeraldo; *carrozzerie*: penicillina, panna, argento; *vestaglie*: viola, ciclamino, blu notte; *pareti*: arancio, limone, zafferano; *abiti*: ottano, fumo di Londra, champagne; *sfondi*: lattiginosi, mattone, cenere; *riflessi*: rubino, madreperlacei, opale; *borse*: nere, marrone, gialle.

31. QUIZ SUGLI AGGETTIVI DIMOSTRATIVI

v. pag. 204

a 1) *Ti scrivo di nuovo da* **questo** *paese inospitale*. 2) *Togliti* **codeste** *scarpe, sono infangate*. 3) *Se* **codesta** *valigia ti pesa, la porto io*. 4) *Vedi* **quella** *cravatta in fondo alla vetrina? Ne ho una identica a casa*. 5) *Che hai in* **codesta** *mano?* 6) *Passami* **codesto** *binocolo, vorrei vedere quei contadini che mietono laggiú*. 7) *Già che ci siamo, direi di fermarci ancora un po' in* **questo** *ristorante*. 8) *Cambia argomento,* **codesto** *tuo discorso non mi piace*.

b 1) *Bada, Santuzza, schiavo non sono di* **codesta** (*e non* questa) *vana tua gelosia...* 4) *Prendi* **questo** (*e non* codesto) *rosario...* 7) *Se* **questo** (*e non* codesto) *mio braccio fosse ancor valido, com'era in quei tempi felici nei quali fioriva la giovinezza in questo mio volto...* 8) *Non è* **codesta** (*e non* questa) *vostra violenza che ci farà cambiare idea...*

32. QUIZ SUI NUMERALI (I)

v. pag. 220

Trentatré, settantatré, ottantotto, novantuno, novantatré, centotré, centotto, centodiciassette, centodiciannove, centoventisette, centottantotto, duecentottantatré, trecentuno, ottocentodiciassette, millediciannove, milleottanta, quindicimilaseicentuno, settantottomilasettecentosettantasette, novantamilanovantanove, centomilaottanta, duecentotrentamilasei, un milione cinquecentomilatrecentotrentatré, nove milioni ottocentoseimilasettecentottantotto, tre miliardi centodue milioni seicentosettantottomilaottocentoventotto.

33. QUIZ SUI NUMERALI (II)

1) *Gli occhiali caddero: delle* **due** (*e non* 2) *lenti* **una** (*e non* 1) *sola si ruppe*. 2)

SOLUZIONI DEI QUIZ

v. pag. 223   Con questa carretta a **quattro** (e non 4) ruote, impropriamente definita automobile, non posso fare piú di 50 chilometri l'ora. 6). Quel negoziante aveva promesso di farmi uno sconto del **dieci** (e non 10) per cento: ho comperato non ricordo piú se **cinque** (e non 5) o **sei** (e non 6) camicie, **una** (e non 1) dozzina di paia di calze e **una** (e non 1) coperta per il letto, ma lo sconto me l'ha concesso soltanto su **un** (e non 1) prodotto. 8) Il mio ragazzo a scuola ha preso un 4 in matematica: gli ho dato **due** (e non 2) ceffoni, sebbene io sia persuaso che la matematica non si impara con i ceffoni...

34. QUIZ SUI GRADI DELL'AGGETTIVO (I)

v. pag. 243   (b) Meglio; (a) integerrimo; (a) assai arduo; (a) assai proficuo; (b) amplissimo; (b) magnificentissimo; (b) clima pessimo; (a) il maggiore dei tre fratelli; (a) un ragazzo molto piccolo; (b) questo chiavistello è migliore; (a) il gradino piú basso; (b) la soluzione peggiore del quiz; (b) il dono piú bello che ricevetti; (b) non conosco cosa migliore di codesta.

35. QUIZ SUI GRADI DELL'AGGETTIVO (II)

v. pag. 244   1) *La* piú grande (S) *soddisfazione della mia vita.* 2) *Il* piú vecchio (S) *dei miei fratelli.* 3) *Le* maggiori (S) *imprese di Alessandro Magno.* 4) *Ottenni il risultato con il* minimo (S) *sforzo.* 5) *Il monte* piú alto (S) *dell'Asia.* 6) *L'atleta ritentò con uno sforzo* piú rabbioso (C). 7) *Aveva un baffo* piú lungo (C) *dell'altro.* 8) *Se userai modi* piú urbani (C), *otterrai lo scopo.* 9) *Sei il* meno abile (S) *dei miei operai.* 10) *Il diamante è il minerale* piú duro (S). 11) *Dovresti usare espressioni* meno avventate (C). 12) *La ruota* piú malandata (S) *è quella anteriore di destra.* 13) *Codesta, tra le molte strade che conducono in città, è la* piú spedita (S). 14) *L'ozio è il* peggiore (S) *dei vizi.* 15) *La vittoria è toccata ai* migliori (S). 16) *L'Adriatico è uno dei mari* meno profondi (S). 17) *Daremo un premio al* piú meritevole (S).

36. QUIZ SUGLI ABITANTI DELLE CITTÀ

v. pag. 253   *Loreto*: Loretani o Lauretani; *Bordighera*: Bordigotti; *Potenza*: Potentini; *Camerino*: Camerti o Camertini; *Rovigo*: Rodigini; *Assisi*: Assisiati; *Caltanissetta*: Nisseni; *Buenos Aires*: Bonaerensi; *Liegi*: Leodiesi; *Tivoli*: Tiburtini.

37. QUIZ SUL "LEI" MASCHILE

v. pag. 271   a (b) *Non le facciamo colpa per il fatto che lei, sempre cosí* **premuroso** *e* **puntuale**, **sia arrivato** *in ritardo.* (b) *Credendola* **ammalato**, *non l'abbiamo* **disturbato**. (a) *Lei è troppo* **impetuoso**: *cerchi di essere piú* **pacato**. (b) *Mi stupisco che lei, cosí* **severo** *con tutti, sia stato invece tanto* **benevolo** *nei miei riguardi.* (a) *Lei non sarà* **noioso**, *però è alquanto* **prolisso**.
b 1) *Non* **le** (**vi**) *ho mandato l'invito* **credendola** (**credendovi**) *troppo* **occupata** (**occupati**) *per le incombenze del* **suo** (**vostro**) *ufficio.* 2) **Invitandoti** (**invitandovi**) *a casa mia, non sono io che faccio un piacere a* **te** (**voi**), *ma* **sei tu** (**siete voi**) *che lo* **fai** (**fate**) *a me.* 3) **Stai** (**stia**) *attento, giacché* **sei stato citato** (**è stato citato**) *come teste, alle domande che i giudici* **ti** (**le**) *rivolgeranno e non* **dir** (**dica**) *nulla di* **tua** (**sua**) *iniziativa se non* **sarai stato interrogato** (**sarà stato interrogato**). 4) *Se* **lei** (**voi**) **mi lasciasse** (**lasciaste**) *consultare un vocabolario di quelli che sono cosí numerosi a casa* **sua** (**vostra**), *forse potrei* **aiutarla** (**aiutarvi**) *a interpretare il significato di codesto articolo che* **ha** (**avete**) *ritagliato dal giornale.* 5) **Tu** (**voi**), *che* **hai** (**avete**) *studiato il latino,* **insegnami** (**insegnatemi**) *il significato del motto che è inciso nello stemma della* **tua** (**vostra**) *famiglia.*

449

38. QUIZ SUI PRONOMI

v. pag. 278

1) *Molti avrebbero diritto di entrare, ma tutti non possono e* **qualcuno** (*e non* qualcuni) *dovremo lasciarlo fuori*. 2) *Ecco i due proiettili del delitto: quello era uscito dalla scapola destra,* **questo** (*e non* questi) *invece si era incastrato nell'addome*. 3) *Qualcosa di quel che avevo visto mi era* **sembrato tremendo** (*e non* sembrata tremenda)*: qualcosa di tenebroso contro* **il quale** (*o* **cui**, *e non* la quale) *non avremmo potuto resistere*. 4) **Quello** (*e non* codesto) *è un pazzo o un incosciente: guarda come si agita laggiú*. 5) **Codesta** (*e non* questa) *è grossa! Ma poiché sei tu che la riferisci, devo prestarti fede*. 6) *Chiunque* **chieda** (*e non* chiedano) *di essere* **introdotto** (*e non* introdotti), *specialmente donne e bambini, non lasciatelo* (*e non* lasciateli) *entrare*. 7) *Ci fu un grande scompiglio nel branco: due animali furono colpiti, uno cadde nel burrone, l'*altro (*e non* altri) *tentò di fuggire nel bosco*.

39. QUIZ SUI PRONOMI "CHE" E "CUI"

v. pag. 284

a 1) *Nell'ora* **che** (bene usato) *immediatamente precede la notte, si diffonde una gran pace nella campagna*. 2) *La grande città,* **a che** (fuori d'uso, sta per: **alla quale, a cui**) *voi mirate con tante speranze, vi ripagherà con amare disillusioni*. 3) *Nel paese* **che** (fuori d'uso, sta per: **in cui, dove**) *nacque Rodolfo Valentino, è stato eretto un monumento al famoso attore*. 4) *È ora* **che** (bene usato) *vi mettiate al lavoro*. 5) *Tempo verrà* **che** (bene usato) *anche di questi superbi monumenti non rimarrà pietra su pietra*.

b 1) *Quale è il lutto, per* **cui** (uso corretto) *tanto piangi e ti disperi?* 2) *La tua forza fisica, di* **cui** (uso corretto) *tanto ti compiaci, altro non è se non una dote materiale che anche un animale potrebbe possedere*. 3) *Questo fanciullo,* **cui** (uso scorretto; esatto: **che**) *tolsi dal brefotrofio, è cresciuto insieme con i miei figlioli*. 4) *La donna* **cui** (uso corretto) *era stato rubato il portafogli, accusò un giovane che le stava seduto accanto*. 5) **Cui** (uso scorretto; esatto: **a chi** o **a che cosa**) *provvederete voi, con i vostri mezzi?*

40. QUIZ SUL PASSATO PROSSIMO E REMOTO

v. pag. 298

1) *Ieri mattina mio padre* **incontrò** *il suo vecchio maestro*. 2) *Mio padre è* **nato** *con questo carattere impetuoso*. 3) *Il sole* **si è alzato***: alziamoci anche noi*. 4) *Chi* **ha mentito***, pagherà il fio*. 5) *La guerra è* **finita***: esponiamo le bandiere*. 6) *Perché* **avete abbattuto** *quest'albero?* 7) *Adesso che mi* **hai mostrato** *la via, accompagnami*. 8) *Di quante città che* **sono scomparse** *rimane soltanto il ricordo*. 9) *Quello spettacolo* **fu** *indimenticabile*.

41. QUIZ SULLE CONCORDANZE NEI VERBI COMPOSTI

v. pag. 311

1) *Gli affetti che ho* **cercato** (*o* **cercati**) *e* **desiderato** (*o* **desiderati**), *finalmente li ho trovati in questa casa*. 2) *Vi ho* **chiamate** *piú volte care ragazze, ma voi la mia voce non l'avete* **sentita**. 3) *Tante buone norme vi hanno* **impartito** (*o* **impartite**)*: voi le avete* **dimenticate** *e* **considerate** *inutili*. 4) *Una notte come quella che abbiamo* **passato** (*o* **passata**) *all'addiaccio, l'ho* **considerata** *come una meravigliosa esperienza*.

42. QUIZ SULLE FORME VERBALI

v. pag. 344

1) *Affinché tu* **studi** *meglio*. 2) *Purché non* **varii** *troppo*. 3) *Bada che le macchine non* **deviino**. 4) *Noi* **insegniamo** *la verità*. 5) *A meno che voi* **sogniate**. 6) *Non* **disfarò** *ciò che voi avete fatto*. 7) *Quella soluzione non mi* **soddisfaceva**. 8) *Se* **stesse** *piú attento*. 9) **Sta** *ora attento*. 10) *Mi farò sentire dai sordi e dagli* **udenti**.

11) **Si noleggiano** *barche e zattere.* 12) *Quand'***avemmo** *capito, tacemmo.* 13) **Giacciamo** *in terra.* 14) *Quest'anno le lezioni* **si inizieranno** *regolarmente.* 15) *Non* **tacciamo***, né taceremo.* 16) *Si è* **riflesso** *un raggio di sole.* 17) *Nessuno provvederà, o qualcuno ha già* **provveduto***?* 18) *Nulla esigiamo da voi, come nulla abbiamo sinora* **esatto***.* 19) *Il vescovo* **benediceva** *la folla.*

43. QUIZ SUGLI AVVERBI

v. pag. 381

2) *Se non ti piace abitare* **qui** *(e non* costí*), puoi andartene e ci rimarrò io solo.* 3) *D'inverno, piú o meno, fa freddo* **dappertutto** *(e non* dovunque*).* 7) *È* **pressappoco** *(e non* pressapoco*) corrispondente al vero quel che tu hai detto.* 8) *Talvolta fummo ingannati,* **talora** *(e non* tal'ora*) delusi, ma piú spesso restarono soddisfatti.* 9) *Almeno i ragazzi lasciateli entrare* **gratis** *(e non* a gratis*).* 10) **Non** *vado* **mai** *(e non* Vado mai*) a teatro nei giorni festivi.* 14) *Simili errori* **non** *li ripeterei* **piú** *(e non* mica piú*).* 17) *Questa macchina sgangherata* **non è affatto idonea** *(e non* affatto idonea*) per un viaggio lungo.* 18) **Non sei stato punto attento** *(e non* Sei stato punto attento*) alla mia spiegazione e perciò non l'hai capita.* 20) *Alla fine della merenda, restarono nella dispensa* **soltanto** *(e non* solo piú*) alcuni pasticcini.*

44. QUIZ SULLE PREPOSIZIONI

v. pag. 393

Forme corrette: (b) prego di tacere; (a) a poco a poco; (a) a mano a mano; (a) a due a due; (a) con lo studio; (b) con la colla; (a) per le amiche; (a) ferro da cavallo; (b) sala da tè; (b) di là dal muro; (b) da affittare; (b) entrerà in vigore dal 1990; (a) in nome della legge; (a) un domestico di nome Carlo; (b) sposa di Giuseppe; (b) piacevole da leggere; (a) macchina per scrivere; (b) un uomo vestito di grigio; (b) studente di medicina; (a) tavolino di mogano; (a) eseguito per ordinazione; (a) nato a Iesi; (a) tra Frascati e Tivoli; (a) fra tram e autobus.

45. QUIZ SUI RADDOPPIAMENTI

v. pag. 399

Forme corrette: (a) soprammobile; (a) difilato; (a) disossare; (b) annaspare; (b) allunaggio; (a) daffare; (a) contrabbando; (b) sopravveste; (b) annaffiare; (b) assecondare; (b) dabbasso; (a) tramezzo; (b) succitato; (b) contraccambiare; (b) sopralluogo; (a) soprattutto; (b) soprattassa; (a) soprannome; (b) innalzare; (b) addivenire; (a) intravedere; (b) contravvenzione; (b) sovrapproduzione; (a) sottoporre; (b) soprannaturale; (a) sottomesso; (a) contrabbasso; (a) contraccolpo; (a) assommare; (b) oltretutto.

46. QUIZ SUL PERIODO

v. pag. 419

Frasi esatte: (a) Mi dissero che eri stato malato. (a) Quando ebbi letto, mi stupii. (b) Speravo che sarebbe venuto. (b) Non mi par vero che tu sia tornato. (a) Credevo che ti piacesse. (a) Se saremo compatti, vinceremo. (b) Se fossimo meglio armati, vinceremmo. (b) Se credesse a ciò, sarebbe un ingenuo. (b) Ci riuscirei, se avessi uno strumento adatto. (a) È incerto se sarebbe utile accettare l'aiuto. (a) Chissà se basterebbe il combustibile.

47. QUIZ SUGLI ACCENTI TONICI

v. pag. 442

Accentazione esatta: aeròstato, albagía, amàca, apnèa, balaústra, bífora, bolscevíco, bòrea, cadúceo (ma anche caducèo), cànide, catàlisi, ciclòpe, codardía, còrreo (ma anche corrèo), dúttile, elettròlisi, emottísi, èmulo, enòlogo, fedífrago, fòmite, fumògeno, gómena, illúne, ínclito, infído, màcabro, metamòrfosi, metropolíta, omelía, ovíparo, persuadére, plèiade, presbiopía, prosàpia, rètore, sàtrapo, scorbúto, troglodíta, víndice.

INDICE ANALITICO

a

a (prep.), 383
– davanti a parole che cominciano con vocale, 390-391
– unita ad altre parti del discorso (*aggiornare*, *abbuono*, ecc.), 397
– uso della, 387-389
a (vocale), 26
-a nomi maschili in *-a* invariati nel plurale (*gorilla*, ecc.), 115, 116
– plurale dei nomi maschili in, 115
Abano (abitanti di), 249
abbreviazioni, 53
abbrunare, 313
abbrunire, 313
abitanti (di città, paesi, ecc.)
– aggettivi che designano gli, 247-253
– iniziale dei nomi che designano gli, 19
accadére, *v.* cadére
accento
– acuto, grave, circonflesso, 66
– non sbagliare l', 436-438
– sugli omonimi con diverso suono delle vocali *e*, *o* (*téma - tèma*, *vólto - vòlto*, ecc.), 430-432
– sui monosillabi, 63-64
– sui vocaboli che creano ambiguità (*àncora*, *ancóra*, ecc.), 65
accórrere, *v.* córrere
accostati (nomi e aggettivi)
– plurali degli aggettivi (*rosso-crociato*, *teorico-pratico*, ecc.), 147-149
– plurale dei nomi (*porta-finestra*, *bambino-prodigio*, ecc.), 144-146
accréscere, *v.* créscere
accrescitivi
– aggettivi, 199-200
– falsi accrescitivi dei nomi, 99-100
– nomi, 98
acerrimo, 240-241
acquistare, 40
acre (sup. di), 240-241
acuto (accento), 66
addurre, *v.* condurre
adémpiere o **adempíre**, *v.* cómpiere
affatto, 379
aggettivi
– alterati e non alterabili, 199-200
– avverbi derivati da, 372
– che designano gli abitanti di città, paesi, ecc., 247-253
– classi e declinazione degli, 186-189
– con nomi di genere diverso, 189-191
– derivati da comparativi latini (*interiore*, *posteriore*, ecc.), 236-237
– derivati dai composti con *fare* (*soddisfacente*, *confacente*, ecc.), 245-246
– derivati dal participio presente dei verbi (*interessante*, *ubbidiente*, ecc.), 245
– derivati dal verbo latino *facio* (*efficiente*, *sufficiente*, *insufficiente*, ecc.), 245-246
– derivati da superlativi latini (*ultimo*, *intimo*, ecc.), 236-237
– dimostrativi o indicativi, *v.*
– dittongo mobile negli, 30-35
– funzione degli, 185-186
– gradi degli, *v.* comparitivi; *v.* superlativi
– indefiniti, *v.*
– numerali, *v.*
– plurale degli, *v.* plurale
– plurale degli agg. accostati (*rosso-crociato*, ecc.), 147-149
– plurale dei nomi composti con, *v.* composti
– posizione degli, 193-194
– possessivi, *v.*
– qualificativi, *v.*
– quantitativi, 211
– sostantivati, 246-247
– sostantivi che sembrano (*marrone*, ecc.), 198
– uso degli, 195-196
aggiúngere, *v.* giúngere
ahimè, 407
aíre, 439
ala (plurali di), 117
àlacre, 439
alcalíno, 439
alchímia, 439
alfabeto
– lettere dell', 13
– lettere maiuscole e minuscole, 18-24
– ordine alfabetico, 46-47
alíce, 439
allietare, 31
àlluce, 439
allunare, 347-348
alt!, 409
alterati (aggettivi)
– accrescitivi, diminutivi, dispregiativi o peggiorativi, 199-200
alterati (nomi)
– accrescitivi, diminutivi, dispregiativi o peggiorativi, 98
– falsi alterati, 99-100
alto (compar. e sup. di), 235
altri (pron. indef. sing.), 206, 277
altro
– aggettivo dimostrativo, 206
– aggettivo indefinito, 206, 211
amâr (= amarono), 66
ambasciatore (-trice), 102
ambedue, 230-231
ambo, 230-231
andare
– anomalie di, 327-328
– coniugazione di, 348
– imperativo di, 329-330
– *vo* per *vado*, 326
animali (nomi di)
– articolo davanti ai nomi propri di, 173
– genere dei, 109-110
– iniziale dei nomi propri di, 18
anòdino, 439
antepórre, *v.* pórre
apòdosi, 415
apostrofo
– con *che* (pron. e cong.), 71
– con gli aggettivi dimostrativi, 69
– con gli articoli, 68-70
– con le particelle pronominali, 69
– con le preposizioni articolate, 68-69
– con le preposizioni *di* e *da*, 69
– in fine di riga, 83-85
– nelle date ('*43* = 1943), 83
– nel troncamento "a rovescio" ('*sto* = questo), 83
– quando si segna l', 68
– troncamento con l' (*be'*, *po'*, ecc.), 81-82
apparíre (coniug.), 348
appendíce, 439
applaudire (coniug.), 349
apprèndere, *v.* prèndere
aprire (coniug.), 349
architetto (-a), 106
-are (coniug. regolare dei verbi in), 314-316
arma (plurali di), 117
arrolare, 34
arrossare, 313
arrossire, 313
arteriosclèrosi (o arterioscleròsi), 438
articolate (preposizioni), 384
articolo
– davanti ai cognomi, 173-175
– davanti ai nomi di parentela preceduti dall'aggettivo possessivo, 182-184
– davanti ai nomi propri di animali e di cose (navi, automobili, ecc.), 173
– davanti ai nomi propri di persona, 170-172
– davanti ai nomi propri geografici, 176-177
– davanti ai nomi stranieri, 178-180
– davanti ai soprannomi, 172
– davanti ai superlativi relativi, 241-242
– davanti ai titoli di opere letterarie, di dipinti, ecc., 172-173

- determinativo e indeterminativo, 158
- partitivo, 158, 168-170
- quando è parte integrante del nome proprio geografico (*la Spezia, il Cairo,* ecc.), 177-178
- quando può essere omesso, 157
- uso dell'apostrofo con l', 68-69

ascéndere, *v.* scéndere
asfissia, 439
aspro (sup. di), 240-241
assalire, *v.* salire
asse (significati di), 114
assistere (coniug.), 349
assòlvere (coniug.), 349
assordare, 313
assordire, 313
asterisco, 62
astri (nomi degli)
- iniziale dei, 21

àtone (sillabe), 63
atterrare, 347
attrarre, *v.* trarre
ausiliari (verbi)
- coi verbi impersonali indicanti fenomeni atmosferici (*piove, nevica,* ecc.), 307
- coi verbi servili (*dovere, volere, potere*), 308
- coniugazione di *avere*, 304-306
- coniugazione di *essere*, 301-303
- nei tempi composti, 299
- verbi intransitivi con entrambi gli, 299-300

avanti, 394
avaria, 439
avere
- *avemmo* meglio di "èbbimo", 330
- coi verbi impersonali indicanti fenomeni atmosferici (*piove, nevica,* ecc.), 307
- coi verbi intransitivi, 299-300
- coi verbi servili (*dovere, volere, potere*), 308-309
- coniugazione di, 304-306
- lettera *h* davanti ad alcune forme di, 39-40
- nei tempi composti, 299

avverbi
- comparativi e superlativi degli, 374-375
- composti, 376
- derivati da aggettivi, 372
- di luogo, 373-374
- di tempo (troncamento con gli), 73
- locuzioni avverbiali, 372
- plurale dei nomi composti con gli, 138-139; 143-144
- specie degli, 371
- uniti ad altre parti del discorso (*contrabbandare, sopravanzare, sovraccaricare,* ecc.), 376
- uso di *gratis*, 377
- uso di *mai, giammai*, 377-378
- uso di *mica, punto, affatto*, 378-379
- uso di *solo, soltanto, solamente*, 379-380

avversative (congiunzioni), 400
avvocato (-a), 104

b

badia, 439
barbagliata (n. com. derivato da cognome), 96
basso (compar. e sup. di), 235

baúle, 439
be' (= bene), 81
becco (significati di), 89
beh!, 407
bello
- davanti a parole che cominciano con *gn*, 79
- davanti a parole che cominciano con *pn*, 79
- davanti a parole che cominciano con *ps*, 79
- davanti a parole che cominciano con *s* impura, 79
- davanti a parole che cominciano con *z*, 79
- elisione e troncamento di, 79

Benàco, 437
benèdico (sup. di), 239
benedire, 335
benèfico (sup. di), 239
benèvolo
- plurale femminile di, 189
- superlativo di, 239

bére (coniug.), 349-350
bisbiglio (*o* bisbiglìo), 439
bisdruccioli (vocaboli), 62
bisillabi (vocaboli), 42
blu
- accento sugli aggettivi composti con (*rossoblú,* ecc.), 63

boa (significati di), 114
boicottaggio (n. com. derivato da cognome), 96
braccio (plurali di), 118
Bressanone (abitanti di), 249
budello (plurali di), 118
buono
- comparativo e superlativo di, 235
- davanti a parole che cominciano con *gn*, 79
- davanti a parole che cominciano con *pn*, 79
- davanti a parole che cominciano con *ps*, 79
- davanti a parole che cominciano con *s* impura, 79
- davanti a parole che cominciano con *z*, 79
- dittongo mobile nei derivati di (*bontà, bonificare,* ecc.), 30
- dittongo mobile nel superlativo di (*bonissimo*), 31-32
- dittongo nei composti con (*buongiorno, buonuscita,* ecc.), 34
- elisione e troncamento di, 122

c

c raddoppiata nella coniugazione di *giacere, piacere, tacere*, 331-332
- seguita dalle vocali, 37

-ca (pl. degli aggettivi in), 187-188
cadére (coniug.), 350
Càdice (abitanti di), 249
caduco, 439
calcagno (plurali di), 119
calcio (significati di), 89
callìfugo, 439
Caltanissetta (abitanti di), 249
camerata (significati di), 114
capitale (significati di), 114

capo- (pl. dei nomi composti con), 133-134
cardinali (numeri), 213-214
- accento sui composti con *tre*, 63, 216
- apostrofo iniziale nelle date, 83, 216-217
- *cento* e suoi multipli uniti a *uno* e *otto* (*centuno, centotto,* ecc.), 218-219
- concordanza tra i composti con *-uno* e il nome che li accompagna, 217-218
- in lettere o in cifre, 221-222
- *mila* e i suoi derivati, 219-220
- nomi derivati da numeri (*quattrino, ottava,* ecc.), 214, 224-226
- numeri che designano automobili, 224
- numeri romani e cifre arabe, 220-221
- seguiti da *mezzo* (*cinque e mezzo,* ecc.), 228-229
- *uno*: quando è articolo e quando numero, 215

catètere (*o* catetère), 438
cattivo (compar. e sup. di), 235
Cecoslovàcchia, 439
cèdere (coniug.), 350
celebre (sup. di), 240-241
ce lo, ce ne, 262
centellino, 217
cento (numeri composti con), 218-219
certo
- aggettivo dimostrativo, 206
- aggettivo qualificativo, 206

cervello (plurali di), 119
Ceylon (abitanti di), 250
che (cong.), 400
- differenza tra *che* e *ché*, 64
- uso dell'apostrofo con, 71

che (pron.)
- con funzione di agg. nelle espressioni esclamative, 287
- differenza tra *che* e *ché*, 64
- interrogativo, 286
- relativo, 279-281
- uso dell'apostrofo con, 71

ché (= perché), 64
che cosa?, 286-287
chi (pron.), 285-286
chièdere (coniug.), 350
ci (pron.), 255
- combinazioni tra particelle pronominali (*ce lo, ce ne,* ecc.), 262
- con funzione di pronome dimostrativo, 275
- nella forma riflessiva dei verbi, 339-340
- uso dell'apostrofo con, 69, 266

-cia
- plurale degli aggettivi in, 188
- plurale dei nomi in, 124-125

ciao!, 408
ciglio (plurali di), 119
circondare, *v.* dare
circonflesso (accento), 65-67
Città di Castello (abitanti di), 250

-co
- come applicare il suffisso *-issimo* agli aggettivi in, 238
- plurale degli aggettivi in, 187
- plurale dei nomi in, 127

còccige, 437
codesto
- aggettivo, 201
- pronome, 273
- rafforzato (*codesto, costí*), 201
- uso dell'apostrofo con, 69, 201
- uso di, 201-203

INDICE ANALITICO

còglier e (coniug.), 350
cognomi
– articolo davanti ai, 173-175
– doppi, 94
– iniziale dei, 18
– nomi comuni derivati da (*ghigliottina*, ecc.), 96-97
– origine dei, 93-94
– plurale dei, 151
– sempre il nome prima del cognome, 91-93
colà, 373
collettivi (aggettivi numerali), 214
– declinazione di *ambo* e *ambedue*, 230-231
– *entrambi* aggettivo e pronome, 230
– *l'uno e l'altro* con valore di *ambo*, 230-231
– *tutti e due*, 231
collettivi (nomi)
– *centinaio*, *migliaio*, *paio* e *dozzina*, 219
– concordanze verbali coi, 153-154
– con funzione di numero (*milione*, *miliardo*, *bilione*, *biliardo*, ecc.), 219-220
– seguiti dal "genitivo partitivo", 219
collo (significati di), 89
còlloco (voce del verbo *collocare*), 438
comparativi
– aggettivi derivati da comparitivi latini (*interiore*, *posteriore*, ecc.), 236-237
– declinazione dei, 236
– degli avverbi, 374-375
– derivati dal latino (*migliore*, *maggiore*, *peggiore*, ecc.), 234-235
– differenza tra le forme normali e quelle di derivazione latina, 236
– di maggioranza, 232
– di minoranza, 232
– di uguaglianza, 232
– uso corretto di *deteriore*, 237
comparazione (gradi dell'agg. qualificativo), 232
comparire, *v.* apparire
còmparo (voce del verbo *comparare*), 438
compiacére, *v.* piacére
cómpiere (coniug.), 351
compìlo (voce del verbo *compilare*), 438
compíre, *v.* cómpiere
complemento (o secondo termine) di paragone, 231
compórre, *v.* porre
compósti (plurale dei nomi)
– con *capo-*, 133-135
– con due aggettivi (*sordomuto*, ecc.), 141
– con due forme verbali (*lasciapassare*, *fuggifuggi*, ecc.), 144
– con *para-*, 135-136
– considerati ormai come un nome solo (*caporione*, *ficcanaso*, ecc.), 134-135
– con una forma verbale (*aspirapolvere*, *passatempo*, ecc.), 139, 142-143
– con un aggettivo (*cassaforte*, *gambalunga*, ecc.), 137, 140-141
– con un altro nome (*cassapanca*, ecc.), 138, 141-142
– con una preposizione o con un avverbio (*doposcuola*, *retrobottega*, ecc.), 138-139, 143-144
comprèndere, *v.* prèndere
comuni (nomi)
– derivati da cognomi (*ghigliottina*, ecc.), 95-97

– nomi di località diventati (*groviera*, *malaga*, ecc.), 96
– nomi propri di persona diventati (*cicerone*, *mecenate*, ecc.), 94-95
– personificati, 22
con (prep.), 383
– unita ad altre parti del discorso (*comproduzione*, *consegretario*, ecc.), 397-398
– úso della, 390
còncavo, 439
concessive (congiunzioni), 404-405
concordanze verbali
– coi nomi collettivi, 153-154
– coi nomi *sentinella*, *guardia*, *guida*, *spia*, 106-107
– con gli aggettivi indefiniti *qualche*, *ogni*, *qualunque*, *qualsiasi*, *qualsivoglia*, 212
– del particio passato nella forma riflessiva, 341
– modi e tempi verbali nella costruzione del periodo, 412-416
condizionale (modo), 290, 414-415
condizionali (proposizioni), 415
condurre (coniug.), 351
confóndere, *v.* fóndere
congiúngere, *v.* giúngere
congiuntivo (modo), 290, 413-414
congiunzioni
– avversative, 400
– concessive, 404-405
– copulative, 400
– correlative, 402
– disgiuntive, 400
– uso della virgola prima delle, 52, 401-402
– uso di *malgrado*, 404-405
– uso di *onde*, 404
– uso di *però* e *perciò*, 403-404
coniugazione, 87-88
– dei verbi in *-are*, 314-316
– dei verbi in *-ere*, 317-319
– dei verbi in *-ire*, 320-322
– dei verbi irregolari piú usati, 348-371
– della forma passiva, 338-339
– di *avere*, 304-306
– di *essere*, 301-303
conóscere (coniug.), 351
consonanti
– articolo davanti a parole che cominciano con le, 160-163
– dentali, 37
– gutturali, 37
– labiali, 37
– lettera *h* e sue funzioni, 38-39
– liquide, 37
– nasali, 37
– palatali, 37
– pronuncia della *s*, 433-434
– pronuncia della *z*, 434-435
– quando la *c* e quando la *q*, 40
– quando la *m* diventa *n*, 41
– quando la *n* diventa *m*, 41
– sibilanti, 37
– straniere: *j*, *k*, *w*, *x*, *y*, 13
cònstato (voce del verbo *constatare*), 438
contrarre, *v.* trarre
contrastare, *v.* stare
contro, 394
convenire
– con *essere* e con *avere*, 299
coordinate (proposizioni), 417

copulative (congiunzioni), 400
Corfú (abitanti di), 250
corno (plurali di), 119
còrre (= cogliere), 66
correlative (congiunzioni), 402
correlativi (pronomi), 206
córrere
– con gli ausiliari *essere* e *avere*, 299
– coniugazione di, 352
corrompere, *v.* rómpere
corrúgo (voce del verbo *corrugare*), 438
cosa?, 286-287
cosmopolíta, 439
còsta, 373
còsti, 373-374
costruzione "a senso"
– concordanze verbali coi nomi collettivi, 153-154
– concordanze verbali con gli aggettivi indefiniti *qualche*, *ogni*, *qualunque*, *qualsiasi*, *qualsivoglia*, 212
crèmisi, 437
créscere (coniug.), 352
cu- (seguita da vocale), 40
cucire (coniug.), 352
cucúlo, 437
cui (pron.), 281-283
cuòcere
– coniugazione di, 352-353
– dittongo mobile nella coniugazione di, 34
cuore
– dittongo mobile nei derivati di (*coricino*, *rincorare*, ecc.), 34
cúpido, 437

d

d (eufonica), 390-391, 400-401
da (prep.), 383
– differenza tra *da* e *dà*, 63
– evitare l'elisione con, 69
– unita ad altre parte del discorso (*dappoco*, *daccapo*, ecc.), 393
– uso della preposizione, 385-386
dà (voce del verbo *dare*), 63
dà, da', dai (voce del verbo *dare*), 81, 329
daltonismo (n. com. derivato da cognome), 99
dare
– coniugazione di, 353
– *dessi* e non "dassi", 327
– imperativo di, 329
davanti, 394, 395
decídere (coniug.), 353
decina (dittongo mobile in), 32
declinazione, 87-88
decréscere, *v.* créscere
dedurre, *v.* condurre
deficiente, 245
deh!, 407
dentali (consonanti), 37
dentro, 394-395
depórre, *v.* pórre
deputato (-a), 104
desinenza, 88
dessi (voce del verbo *dare*), 327
deteriore, 237
determinativo (articolo)
– uso dell'apostrofo con, 68-69, 166
– uso di *lo* e di *il*, 159-164

455

detrarre, v. trarre
di (prep.), 383
– differenza tra *di* e *dí*, 63
– unita ad altre parti del discorso (*digià*, *dirimpetto*, ecc.), 397
– uso della, 385-386
– uso dell'apostrofo con, 69, 386-387
dí (= giorno), 63
di' (voce del verbo *dire*), 81, 330
diatríba, 440
dièresi, 61-62
dietro, 394-395
difettivi
– nomi, 122
– verbi, 328
diffóndere, v. fóndere
diminutivi
– aggettivi, 199-200
– falsi diminutivi dei nomi, 99-100
– nomi, 98
dimostrativi o **indicativi** (aggettivi), 201
– *altro*, 206
– *certo*, 206
– correlativi (*tale...quale*), 206
– *cosiffatto, cotale, siffatto*, 207
– differenza tra *questo, codesto, quello*, 201
– differenza tra *stesso* e *medesimo*, 205
– *questo qui, quello lí, codesto, costí*, 201
– *'sto*, troncamento di *questo*, 83
– *tal, qual*, troncamenti di *tale* e *quale*, 75
– uso dell'apostrofo con gli, 69, 201
dimostrativi (pronomi)
– differenza tra aggettivi e, 273
– differenza tra *questo, codesto, quello*, 273-274
– particelle pronominali con funzioni di, 275
– *questi* e *quegli*, 274
– *stesso* e *medesimo*, 273
– uso di *colui, colei, coloro*, 274-275
– uso di *costui, costei, costoro*, 275
dinanzi, 394
Dio (plurali di), 118, 160
dipendenti (proposizioni)
– concordanza dei modi e dei tempi verbali nelle, 412-413
– condizionali, 415
– interrogative indirette, 415-416
dire
– coniugazione dei composti di, 335
– coniugazione di, 353-354
– imperativo di, 330
díruto, 437
discéndere, v. scéndere
discórrere, v. córrere
discorso (parti del), 85-87
disfare (coniug.), 325-326
disgiuntive (congiunzioni), 400
dispiacére, v. piacére
dispórre, v. pórre
dispregiativi o **peggiorativi**
– aggettivi, 199-200
– nomi, 98
dito (plurali di), 119
dittongo
– come si distingue dallo iato, 29
– dittongo mobile, 30-35
– divisione sillabica del, 44-45
– parole esenti dal dittongo mobile, 35
– quando due vocali formano, 27-28

divisione dei vocaboli in sillabe, 43-46
do (voce del verbo *dare*), 64
dolére, v. dolérsi
dolérsi (coniug.), 354
Domodossola (abitanti di), 250
dopo, 394
dovere
– coniugazione di, 354-355
– uso degli ausiliari con, 308-309
dovunque, 374
dozzina, 219
due punti, 55-56

e

e (cong.), 400
– davanti a parole che cominciano con vocale, 401
– differenza tra *e* ed *è*, 64
– uso della virgola prima della, 25, 401
e (vocale), 26
– con suono aperto, 422, 425-427
– con suono chiuso, 422, 423-425
– omonimi con diverso suono della (*accétta, accètta*, ecc.), 430-431
è (voce del verbo *essere*), 64
eccèllere (coniug.), 355
ecchímosi (*o* ecchimòsi), 438
èdema (*o* edèma), 438
efèbo, 437
efficiente, 245-246
egli (pron.), 255, 257
elèggere, v. lèggere
èlevo (voce del verbo *elevare*), 438
elisione
– come si distingue dal troncamento, 71-72
– con gli aggettivi dimostrativi, 69
– con gli articoli, 68-69
– con l'articolo *una*, 74
– con le particelle pronominali, 69-70
– con le preposizioni articolate, 68-70
– con le preposizioni *di* e *da*, 69
– di *bello*, 78-79
– di *buono*, 74
– di *grande*, 77-78
– di *povero*, 75-76
– di *santo*, 76-77
ella (pron.), 255, 258
– allocutivo o di cortesia, 266-267
elzevíro, 440
emèrgere (coniug.), 355
émpiere, v. empíre
empíre (coniug.), 355
entrambi, 230
-eo (sup. degli aggettivi in), 238
-ere (coniug. regolare dei verbi in), 317-319
eroína (significati di), 90
esatto (pp. di *esígere*), 334-335
esclamativo (punto), 56, 57
esclamazioni, v. interiezioni
esígere
– pp. di, 334-335
èsodo, 440
espàndere, v. spàndere
espèllere (coniug.), 355
essa (pron.), 255, 258
esse (pron.), 255, 258
essere
– coi verbi impersonali indicanti fenomeni atmosferici (*piove, nevica*, ecc.), 307
– coi verbi intransitivi, 299-300
– coi verbi servili (*dovere, volere, potere*), 308-309
– coniugazione di, 301-303
– nei tempi composti, 299
– sostituito da *venire* nella forma passiva dei verbi, 337
essi (pron.), 255, 358
esso (pron.), 255, 257
ex, 15
extra- (parole composte con), 15

f

fa (voce del verbo *fare*), 64
fa, fa', fai (voce del verbo *fare*), 81, 329-330
-fago (plurale dei nomi in), 128-129
fallare, 313
fallire, 313
fare
– aggettivi derivati dal verbo latino *facio* (*efficiente, sufficiente, insufficiente, deficiente*), 245-246
– aggettivi e participi derivati dai composti di (*soddisfacente, confacente*, ecc.), 245-246
– coniugazione dei composti di, 326-327
– coniugazione di, 356
– *fo* per *faccio*, 326
– imperativo di, 329-330
fattore (-a), 108
fe', fé (= fede), 81
femminile
– concordanze verb. al femm. coi nomi *sentinella, guardia, guida, spia*, 106-107
– dei nomi di animali, 109-110
– dei nomi di frutti e di piante, 109
– dei nomi geografici, 110-112
– dei nomi indicanti arti, professioni, mestieri (*ambasciatrice, notaia, sindachessa, soprano*, ecc.), 102-108
– dei nomi masch. in *-tore* (*fattora, pastora, tintora*, ecc.), 108
ficcanaso (pl. di), 135
filo (plurale di), 119
fine (significati di), 114
fiori (nomi di)
– genere dei, 109
fondamento (plurali di), 119
fóndere (coniug.), 356
forma passiva
– coniugazione della, 338-339
– costruita col *si* passivante, 341-342
– uso di *venire* invece di *essere* nella, 337
forma riflessiva
– apparente, pronominale, riflessiva vera e propria, reciproca, 339-340
– concordanza del participio passato nella, 341
– particelle pronominali nella, 340-341
fòrnico (voce del verbo *fornicare*), 438
fortúito, 438
fra (prep.), 383
– unita ad altre parti del discorso (*frapporre, frammisto*, ecc.), 397
– uso della, 392
fra (= frate), 82-83
frazionari (numeri), 214
Friúli, 440

INDICE ANALITICO

frutto (plurali di), 120
fuoco
– dittongo mobile nei derivati di (*focoso, infocare*, ecc.), 34
fuori
– dittongo mobile nei derivati di (*forese, forestiero*, ecc.), 34
– dittongo nei composti con (*fuoruscito, fuoribordo*, ecc.), 34
– uso della preposizione impropria, 394
fùro (= furono), 66
fuso (plurali di), 120

g

g (seguita dalle vocali), 37
-ga (pl. degli aggettivi in), 187-188
gelosia (significati di), 90
genere (dei nomi), 87-88
– di animali, 109-110
– di piante e fiori, 109
– geografici, 110-112
– nomi che cambiano di significato secondo il, 114
– nomi di genere comune, 105
geografici (nomi)
– articolo davanti ai, 176-178
– diventati nomi comuni (*groviera, malaga*, ecc.), 96
– genere dei, 110-112
– iniziale dei, 23
– plurale dei, 149-150
gerundio, 291-292
– all'inizio del periodo, 417
– costruzione del "gerundio assoluto", 418
Gerusalemme (abitanti di), 250
gesto (plurali di), 120
ghigliottina (n. com. derivato da cognome), 97
-gia
– plurale degli aggettivi in, 188
– plurale dei nomi in, 124-125
giacére
– coniugazione di, 356-357
– raddoppiamento della *c* nella coniugazione di, 331-332
giacque (voce del verbo *giacére*), 40
ginocchio (plurali di), 121
giorni (nomi dei)
– iniziale dei, 22
giúngere (coniug.), 357
giuoco
– dittongo mobile nei derivati di (*giocoliere, giocare*, ecc.), 31
gl (pronuncia di), 435-436
gladìolo, 440
gli (art.), 158
– uso dell'apostrofo con, 70, 166
– uso di, 160-162
gli (pron.), 255
– al posto di *loro*, 259-261
– combinazioni tra particelle pronominali (*glie lo, glie ne*, ecc.), 261-262
– uso dell'apostrofo con, 70, 264-266
– **glie lo, glie ne**, 262
gn-
– *bello, buono, grande* davanti a parole che cominciano con, 79
– uso dell'articolo davanti a parole che cominciano con, 160-262

-gnare (verbi in), 324-325
-gnere (verbi in), 324-325
-gnire (verbi in), 324-325
-go
– come applicare il suffisso *-issimo* agli aggettivi in, 238
– plurale degli aggettivi in, 187
– plurale dei nomi in, 126-128
gomito (plurale di), 121
grado comparativo, *v.* comparativi
grado superlativo, *v.* superlativi
granata (significati di), 90
grande
– comparativo e superlativo di, 235
– davanti a parole che cominciano con *gn*, 79
– davanti a parole che cominciano con *pn*, 79
– davanti a parole che cominciano con *ps*, 79
– davanti a parole che cominciano con *s impura*, 79
– davanti a parole che cominciano con *z*, 79
– elisione e troncamento di, 77-78
grandemente (compar. e sup. di), 374
gratis, 377
gratùito, 438
grave (accento), 66
grido (plurali di), 122
guaína, 440
gutturali (consonanti), 37

h

h davanti alle forme del verbo *avere*, 39-40
– nelle interiezioni, 38-39, 405-406
– per rendere gutturale il suono della *c* e della *g*, 38
– uso dell'articolo davanti a parole straniere che cominciano con, 179

i

i (vocale), 26, 422
– quando può sostituire la *j*, 13-14
-iare (verbi in), 323-324
iato
– come si distingue dal dittongo, 29
– divisione sillabica dello, 44-45
– quando due vocali formano, 28, 29
-ie (pl. dei nomi femm. in), 116, 117
-iè- (osservazioni sul dittongo), 30-31
-iere (verbi in), 323
immòlo (voce del verbo *immolare*), 438
imperativi monosillabici, 329-330
imperativo (modo), 291
imperfetto (uso dell'), 296-297
impersonali (verbi)
– uso degli ausiliari coi verbi impersonali indicanti fenomeni atmosferici (*piove, nevica*, ecc.), 307
ímplico (voce del verbo *implicare*), 438
ímprobo, 437
in (prep.), 383
– davanti a parole che cominciano con *s impura*, 391-392
– uso della, 389
incàvo, 440
incidentali (proposizioni), 418

indefiniti (aggettivi)
– *altro*, 206, 211
– concordanze verbali con *ogni, qualche, qualunque, qualsivoglia*, 212-213
– differenza tra *ogni* e *tutto*, 213
– elisione e troncamento degli aggettivi indefiniti composti con *-uno*, 74
– indeclinabili, 212
– *qualunque* e *qualsiasi* prima e dopo il nome, 213
– quantitativi (*molti, parecchi, pochi, troppi*, ecc.), 211
indefiniti (pronomi)
– uso di *altri* (sing.), 277
– uso di *certuno* e *taluno*, 277
– uso di *checché* e *alcunché*, 277
– uso di *chi*, 285-286
– uso di *chiunque* e *chicchessia*, 277
– uso di *molti, pochi*, ecc., 277
– uso di *qualcosa*, 277
– uso di *tale*, 278
– uso di *uno, qualcuno, qualcheduno, ognuno, ciascuno, nessuno*, 276
indeterminativo (articolo)
– elisione di *una*, 74
– troncamento di *uno*, 74
– uso dell'apostrofo con l', 69, 167
– uso di *uno*, 166-162
indicativo (modo), 290
indùlgere (coniug.), 357
infóndere, *v.* fóndere
ingegnere (-a), 106
iniquo, 40
iniziare, 343
innanzi, 394
insórgere, *v.* sórgere
insufficiente, 245
íntegro (sup. di), 240
intepidire, 34
interiezioni o **esclamazioni**
– con la lettera *h*, 405-406
– dialettali, 408
– linguaggio internazionale delle, 407-408
– origine di *ciao!*, 408
– significato di *alt!* e *stop!*, 409
– significato di *okay*, 409
– straniere, 408
interpunzione, *v.* segni di
interrogative (proposizioni), 415-416
interrogativi (pronomi)
– uso di *chi?, che?, che cosa?*, 285-286, 287
interrogativo (punto), 56, 57
interrómpere, *v.* rómpere
íntimo (voce del verbo *intimare*), 438
intransitivi (verbi)
– usati ora con l'ausiliare *essere* ora con l'ausiliare *avere*, 299-300
intraprèndere, *v.* prèndere
intravedére, *v.* vedére
-io
– come applicare il suffisso *-issimo* agli aggettivi in, 238
– plurale dei nomi in, 130, 131-132
ipèrbato, 194
ipotetico (periodo), 415
ippòdromo, 440
-ire (coniug. regolare dei verbi in), 320-322
irrómpere, *v.* rómpere
istígo (voce del verbo *istigare*), 438
Ivrea (abitanti di), 251

j

j quando può essere sostituita con *i* (*iuta*, ecc.), 13-14
– uso dell'articolo davanti a parole che cominciano con, 163-164

k

k quando può essere sostituita con *c* (*cherosene*, *cachi*, ecc.), 14

l

la (art.), 158
– differenza tra *la* e *là*, 64
– uso dell'apostrofo con, 68-69, 166
là (avv.), 64, 373
labbro (plurali di), 120
labiali (consonanti), 37
latini (nomi)
– plurale dei, 152
le (art.), 158
– uso dell'apostrofo con, 70, 166-167
le (pron.), 255
– con funzione di pronome dimostrativo, 275
– evitare l'elisione con, 70, 265
lèggere (coniug.), 357
legno (plurali di), 120
lei (pron.), 255
– allocutivo o di cortesia, 266-269
– come complemento di paragone, 257
– con funzione di soggetto, 256, 258
– *la di lei*, 270
– nelle esclamazioni, 257
lenzuolo (plurali di), 120
lettera maiuscola, *v.* maiuscola
lettera minuscola, *v.* minuscola
lettere dell'alfabeto, *v.* alfabeto
levitare, 35
li (art.), 64, 158, 160
li (pron.), 64, 255
lì (avv.), 64, 373-374
lieve
– dittongo mobile nei derivati di (*levità*, *alleviare*, ecc.), 34
lievitare, 35
linciaggio (n. com. derivato da cognome), 97
lineetta, 60
liquide (consonanti), 37
lìtigo (voce del verbo *litigare*), 438
lo (art.), 158
– uso dell'apostrofo con, 68-69, 166
– uso di, 160-162, 163-164
lo (pron.), 255
– combinazioni tra particelle pronominali (*ce lo*, *glie lo*, ecc.), 261-262
– con funzione di pronome dimostrativo, 275
– usato come predicato in unione col verbo *essere* o con un verbo passivo, 263-264
– uso dell'apostrofo con, 264-265
locuzioni avverbiali, 372
locuzioni prepositive, 383
-logo (pl. dei nomi in), 128-129
loro (agg. poss.), 208
loro (pron.), 255

– allocutivo o di cortesia, 269
– come complemento di paragone, 257
– con funzione di soggetto, 256, 258
– nelle esclamazioni, 257
lùbrico, 440
lui (pron.), 255
– come complemento di paragone, 257
– con funzione di soggetto, 256, 258
– nelle esclamazioni, 257
luogo (avverbi di)
– differenza tra gli avverbi in *-i* (*qui*) e quelli in *-a* (*qua*), 373-374
– differenza tra *qui*, *costí*, *lí*, 373
– uso di *ovunque*, *dovunque*, *dappertutto*, 374
– uso di *quivi*, 374

m

Madagascàr (abitanti di), 251
magnifico (sup. di), 239
mah!, 407
mai, 377-378
maiuscola (lettera)
– facoltativa, 18-20, 22-24
– obbligatoria, 20-21
male (compar. e sup. di), 374-375
malèdico (sup. di), 223
maledire, 335
malèfico (sup. di), 239
malèvolo
– plurale femminile di, 189
– superlativo di, 239
malgrado (cong.), 404-405
mandarino (significati di), 90
mansarda (n. com. derivato da cognome), 97
marconista (n. com. derivato da cognome), 97
marsina (n. com. derivato da cognome), 97
maschile
– dei nomi di animali, 109-110
– dei nomi di piante, 109
– dei nomi geografici, 110-112
maschio (significati di), 90
me (pron.), 255
– come complemento di paragone, 257
– nelle esclamazioni, 257
medesimo, 205
meglio (invece di *migliore*), 242-243
me lo, **me ne**, 262
membro (plurali di), 121
mendíco, 437
merlo (significati di), 90
mesi (nomi dei)
– iniziale dei, 22
mettere (coniug.), 357
mezzo (agg., sost., avv.), 228-229
mi (pron.), 255
– combinazioni tra particelle pronominali (*me lo*, *me ne*, ecc.), 262
– nella forma riflessiva dei verbi, 340-341
– uso dell'apostrofo con, 69, 265
mica (avv.), 378
mícrobo (o micròbio), 440
migliaio, 219-220
mila (derivati di), 220
miliardo, 219-220
milione, 219-220
mille, 219

ministro (-a), 105-106
minuscola (lettera), 20-22
misconóscere, *v.* conóscere
misero (sup. di), 240, 241
mitra (significati di), 114
mo' (= modo), 82
modi (dei verbi)
– costruzione del "gerundio assoluto", 418
– costruzione del "participio assoluto", 418
– finiti, 289-291
– gerundio all'inizio del periodo, 417
– imperativi monosillabici, 329-330
– indefiniti o infiniti, 291-292
– uso dei modi nelle proposizioni, 413-414
mollíca, 440
moltiplicativi (aggettivi numerali), 214
molto (compar. e sup. di), 374-375
Mondoví (abitanti di), 251
monòlito, 440
monosillabi (vocaboli), 42
– accento sui, 63-65
Montepulciano (abitanti di), 251
mòrdere (coniug.), 358
morire
– coniugazione di, 358
– dittongo mobile nella coniug. di, 31
– participio presente di, 336
motoscàfo, 440
munífico (sup. di), 239
muòvere
– coniugazione di, 358
– dittongo mobile nella coniugazione di, 34
muro (plurali di), 121

n

n (seguita dalle consonanti *b* e *p*), 41
nacque (voce del verbo *nascere*), 40
nasali (consonanti), 37
nascere (coniug.), 358
ne (pron.)
– combinazioni tra particelle pronominali (*ce ne*, *glie ne*, ecc.), 261-262
– con funzione di pronome dimostrativo, 275
– differenza tra *ne* e *né*, 63-65
– uso dell'apostrofo con, 69
né (cong.), 64, 400
nicotina (n. com. derivato da cognome), 97
nòcciolo e **nocciòlo**, 440
nocque (voce del verbo *nuòcere*), 40
nomi o **sostantivi**
– accostati o accoppiati (plurale dei), 144-146
– aggettivi sostantivati, 214, 246-247
– al grado superlativo (*campionissimo*, *generalissimo*, ecc.), 239-240
– alterati e falsi alterati, 98-100
– articolo davanti ai, *v.* articolo
– che cambiano di significato secondo il genere, 114
– che sembrano aggettivi (*marrone*, ecc.), 198
– collettivi (concordanze verbali coi), 153-154
– composti (pl. dei), 133-144
– comuni, *v.*

INDICE ANALITICO

- comuni derivati da cognomi, 95-97
- comuni personificati (iniziale dei), 22
- degli astri (iniziale dei), 21-22
- dei mesi, delle stagioni, dei giorni (iniziale dei), 22
- derivati da numeri, 214, 224-226
- di animali, *v.* animali
- difettivi, 122
- di località diventati comuni (*groviera, malaga, emmenthal*, ecc.), 96
- di parentela preceduti dall'aggettivo possessivo (uso dell'articolo coi), 182-184
- di piante e fiori (genere dei), 109
- dittongo mobile nei, 30-35
- femminile dei, *v.* femminile
- genere dei, *v.* genere
- geografici, *v.*
- indicanti arti, professioni e mestieri (femm. dei), 102-104, 105-108
- indicanti dignità o cariche: *Papa, Re, Presidente*, ecc. (iniziale dei), 19
- indicanti solennità religiose o civili ed epoche storiche: *il Natale, il Quattro Novembre*, ecc. (iniziale dei), 20
- iniziale maiuscola o minuscola, 18-24
- latini (p. dei), 152
- maschile dei, *v.* maschile
- numero dei, 87
- omonimi, *v.*
- plurale dei, *v.* plurale
- propri di persona, *v.*
- sinonimi, 89
- sovrabbondanti, 118-122
- stranieri, *v.*
- topografici (iniziale dei), 23
- verbi sostantivati (*parere, dovere, piacere*, ecc.), 345

notaio (-a), 103
notare, 35
numerali (aggettivi)
- cardinali, 214, 215-219
- collettivi, 214, 230-231
- frazionari, 214
- moltiplicativi, 214
- ordinali, 214, 226-228

numeri, *v.* cardinali; *v.* ordinali; *v.* romani
numero (dei nomi), 87
nuòcere
- coniugazione di, 358-359
- dittongo mobile nella coniugazione di, 34

Núoro, 440
nuotare, 35
nuovo
- dittongo mobile nei derivati di (*novità, rinnovare*, ecc.), 31
- dittongo mobile nel superlativo di (*novissimo*), 31

o

o (cong.), 400
- davanti a parole che cominciano con vocale, 401
- uso della virgola prima della, 401-402

o (vocale), 26
- con suono aperto, 427, 429-430
- con suono chiuso, 427-428
- omonimi con diverso suono della (*bótte, bòtte*, ecc.), 431-432

Oderzo (abitanti di), 251
offrire (coniug.), 359
oh!, 407
ohibò, 407
ohimè, 407
okay (O.K.), 409
oltre, 395
omonimi
- con significati diversi (*gelosia*, ecc.), 89-90
- con significati diversi secondo il suono della vocale *e* (*accètta, accètta*, ecc.), 430-431
- con significati diversi secondo il suono della vocale *o* (*bótte, bòtte*, ecc.), 431-432

onde (cong.), 404
onomatopeiche (voci), 406
Oporto (abitanti di), 251
oppórre, *v.* pórre
òrafo, 440
ordinali (numeri), 214
- formazione e uso dei, 226, 227
- numeri romani per indicare i, 221
- osservazioni sul suffisso, *-èsimo*, 227-228

ordine alfabetico, 16-17
orecchio (plurali di), 122
ossequente, 246
osso (plurali di), 121
otto (composti con), 218-219
ovunque, 374

p

paio, 219-220
palatali (consonanti), 37
palma (significati di), 90
pànfilo, 440
Pantellería (abitanti di), 252
para- (pl. dei nomi composti con), 135-136
paragone (compl. di, o secondo termine di), 231
parentela (nomi di)
- preceduti dall'aggettivo possessivo, 182-184

parèntesi, 61
parére (coniug.), 359
particelle pronominali
- accostamenti sgradevoli, 263
- col participio passato nei tempi composti, 310
- combinazioni tra le (*me lo, te lo, me ne, te ne*, ecc.), 261-262
- con funzione di pronomi dimostrativi, 275
- nella forma riflessiva dei verbi, 340-341
- uso dell'apostrofo con le, 69, 264-266

participio passato
- concordanza del pp. nei tempi composti, 309-310
- concordanza del pp. nella forma riflessiva, 341
- dei verbi *esigere, redigere, transigere*, 334-335
- differenza tra *provveduto* e *provvisto*, 334
- differenza tra *riflettuto* e *riflesso*, 334
- differenza tra *succeduto* e *successo*, 334
- in *-uto*, 333
- sostantivi derivati dal, 346

participio presente
- aggettivi derivati dal, 245-246
- costruzione del "participio assoluto", 418
- dei verbi composti con *fare*, 245
- sostantivi derivati dal, 345
- uso delle desinenze *-ente* (*venente*) e *-iente* (*veniente*) nei verbi della terza coniug., 336

parti del discorso
- aggettivo, 184
- articolo, 156
- avverbio, 371
- congiunzione, 400
- interiezione, 405
- nome, 89
- preposizione, 382
- pronome, 254
- variabili e invariabili, 87
- verbo, 288

partitivo (art.), 158, 168-170
passato prossimo (uso del), 297-298
passato remoto (uso del), 297-298
passivi (verbi), *v.* forma passiva
pastore (-a), 108
pastrano (n. comune derivato da cognome), 97
pedona, 109
pedone, 35, 108
peggio (invece di *peggiore*), 242-243
peggiorativi o **dispregiativi**
- aggettivi, 199-200
- nomi, 98

pellerossa (pl. di), 137
per (prep.), 383
- davanti a parole che cominciano con *s* impura, 391-392
- uso della, 390

perciò, 403
percórrere, *v.* córrere
percuòtere
- dittongo mobile nella coniugazione di, 34

pèrdere (coniug.), 360
periodo
- concordanza dei modi e dei tempi verbali nel, 412-414
- costruzione del "gerundio assoluto", 418
- costruzione del "participio assoluto", 418
- costruzione infinitiva, 418
- costruzione inversa, 418-419
- gerundio all'inizio del, 417
- ipotetico, 415
- osservazioni sul, 410-412
- proposizioni principali e dipendenti, 412

pèriplo, 440
però (cong.), 400, 403-404
personali (pronomi)
- allocutivi o di cortesia, 266-270
- come complementi di paragone, 257
- *gli* al posto di *loro*, 259-261
- *io e tu* e non "io e te", 256
- *lo* usato come predicato in unione col verbo *essere* o con un verbo passivo, 263-264
- *lui, lei, loro* con funzione di soggetto, 258
- nelle esclamazioni, 257
- particelle pronominali, *v.*

459

- tabella riassuntiva dei, 255
- uso dell'apostrofo coi, 264-266
- uso di *egli* ed *esso*, 257
- uso di *ella* ed *essa*, 258
- uso di *essi* ed *esse*, 258

piacére
- coniugazione di, 360
- raddoppiamento della *c* nella coniugazione di, 331-332

piacque (voce del verbo *piacére*), 40
pianeta (significati di), 114
piàngere (coniug.), 364
piani (vocaboli), 62
pianta (significati di), 90
piante (nomi di)
- genere dei, 109

piccolo (compar. e sup. di), 235-236
pie', piè (= piede), 81
piede —
- dittongo mobile nei derivati di (*pedestre*, *pedale*, ecc.), 31

piedone, 35
plurale
- degli aggettivi della prima classe, 186-187
- degli aggettivi della seconda classe, 189
- degli aggettivi in *-ca* e *-ga*, 187-188
- degli aggettivi in *-cia* e *-gia*, 188
- degli aggettivi in *-co* e *-go*, 187
- degli aggettivi in *-i*, 189
- dei cognomi, 151
- dei nomi abbreviati (*auto*, *radio*, ecc.), 116
- dei nomi che terminano con vocale accentata, 117
- dei nomi composti, *v.* composti
- dei nomi di città, 149
- dei nomi e degli aggettivi accostati, *v.* accostati
- dei nomi femminili in *-ie*, 116, 117
- dei nomi geografici, 150
- dei nomi in *-cia* e *-gia*, 124-126
- dei nomi in *-co* e *-go*, 127-128
- dei nomi in *-fago* e *-logo*, 128-129
- dei nomi in *-io*, 130, 131-132
- dei nomi latini, 152
- dei nomi maschili in *-a*, 115-116
- dei nomi propri di persona, 150-151
- dei nomi stranieri, 151-152
- nomi con due plurali (*braccio*, *budello*, ecc.), 118-122
- nomi con il plurale irregolare (*arma*, *tempio*, *uomo*, ecc.), 117-118
- nomi usati soltanto al (*nozze*, *viveri*, *ferie*, ecc.), 122

plurale di maestà, 272
pn-
- *bello*, *buono*, *grande* davanti a parole che cominciano con, 79
- uso dell'articolo davanti a parole che cominciano con, 160-162

po' (= poco), 81
poco (compar. e sup. di), 374-375
polisillabi (vocaboli), 43
pomodoro (pl. di), 135
pompa (significati di), 90
pòrgere (coniug.), 360
pórre (coniug.), 361
possessivi (aggettivi), 207
- *altrui*, 209
- coi nomi di parentela, 182-184
- collocazione degli, 210

- plurale di *mio*, *tuo*, *suo*, 207-208
- *suo*, *di lui*, *proprio*, 208-209
- uso di *loro*, 208

potere
- coniugazione di, 361
- uso degli ausiliari con, 308-309

pover (tronc. di *povero*), 75-76
prefissi
- divisione sillabica delle parole composte coi, 45-46
- plurale delle parole composte con *capo*, 133-135
- plurale delle parole composte con *para*, 135-136
- usati per formare il superlativo assoluto, 233

prèndere (coniug.), 361
preposizioni
- articolate, 384-385
- davanti ai titoli di libri, di opere d'arte, ecc., 395-396
- improprie, 383, 394
- locuzioni prepositive, 383, 386
- plurale dei nomi composti con le, 138-139, 143-144
- semplici o proprie, 383
- unite ad altre parti del discorso, 396-398
- uso dell'apostrofo con le, 68-69, 386-387
- uso delle, 382-383
- uso delle preposizioni *di* e *da*, 385-386
- uso di *a*, 387-389
- uso di *avanti*, *prima*, *dopo*, 394
- uso di *con*, 390
- uso di *davanti*, *dinanzi*, *innanzi*, *dietro*, 394
- uso di *fuori*, 394
- uso di *in*, 389
- uso di *oltre*, 395
- uso di *per*, 390
- uso di *sopra*, *sotto*, *su*, *dentro*, *contro*, *senza*, 394
- uso di *tra* e *fra*, 392

presente storico, 296
presièdere, 31
prevedére, *v.* vedére
prima, 394
principali (proposizioni)
- concordanza dei modi e dei tempi verbali nelle, 412-414
- coordinate, 417
- incidentali, 418

produrre, *v.* condurre
proficuo, 40
pronomi
- dimostrativi, 273-275
- indefiniti, 276-278
- interrogativi, 285-287
- personali, 254-270
- relativi, 279-283

pronuncia
- dei gruppi *gl* e *sc*, 435-436
- della conson. *s*, 433-434
- della conson. *z*, 434-435
- della vocale *e*, 422, 423-427
- della vocale *o*, 427-430
- parole pronunciate in modo errato, 436-441

propórre, *v.* pórre
proposizioni
- concordanza dei modi e dei tempi verbali, 412-414

- condizionali, 415
- coordinate, 417
- dipendenti, 412
- incidentali, 418
- interrogative, 415-416
- principali, 412

propri di persona (nomi)
- articolo davanti ai, 170-172
- diventati nomi comuni (*cicerone*, *mecenate*, ecc.), 94-95
- iniziale dei, 18, 24
- origine dei, 93
- plurale dei, 150-151

pròtasi, 415
protòtipo, 440
protrarre, *v.* trarre
provvedére
- coniugazione di, *v.* vedére
- differenza tra i pp. *provveduto* e *provvisto*, 334

provveduto (pp. di *provvedére*), 334
provvisto (pp. di *provvedére*), 334
ps-
- *bello*, *buono*, *grande*, *santo* davanti a parole che cominciano con, 77, 79
- uso dell'articolo davanti a parole che cominciano con, 160-162

pudico, 440
punteggiatura, 47-56, 57-58
puntini, 57-58
punti sospensivi (*o* di reticenza *o* puntini), 57-58
punto (avv.), 379
punto esclamativo, 56, 57
punto e virgola, 53-54
punto fermo (*o* punto), 52-53
punto interrogativo, 56, 57

q

q, 40
qua, 64, 373
qual (tronc. di *quale*), 75
qualificativi (aggettivi), 200
- alterati e non alterabili, 199-200
- collocazione degli (*uomo grande*, *grande uomo*, ecc.), 194
- concordanza coi nomi di genere diverso, 189-191
- elisione e troncamento di *bello*, *buono*, *grande*, *povero*, *santo*, 75-79
- gradi degli, *v.* comparativi; *v.* superlativi
- specie degli, 198

quantitativi (aggettivi), 211
quegli (pron. dimostr. sing.), 274
quello
- aggettivo, 201
- elisione e troncamento di, 69, 201
- pronome, 273
- rafforzato (*quello lí*), 201
- uso di, 202-203

questi (pron. dimostr. sing.), 274
questo
- aggettivo, 201
- pronome, 273
- rafforzato (*questo qui*), 201
- uso dell'apostrofo con, 69, 201
- uso di, 202

qui, 64, 373
quivi, 374

INDICE ANALITICO

r

radice (di una parola), 88
radio (significati di), 114
raggiúngere, *v.* giúngere
ratto (significati di), 90
redatto (pp. di *redígere*), 335
redígere
– coniugazione di, 362
– participio passato di, 335
regíme, 440, 441
relativi (pronomi), 279
– uso dell'apostrofo con *che*, 71
– uso di *che*, 279-282
– uso di *chi*, 285
– uso di *cui*, 282-283
restare, *v.* stare
retrocèdere (coniug.), 362
riconóscere, *v.* conóscere
ricórrere, *v.* córrere
riempire, *v.* empire
rifare (coniug.), 326
riflessivi (verbi), *v.* forma riflessiva
riflèsso (pp. di *riflèttere*), 334
riflèttere
– coniugazione di, 362
– differenza tra i pp. *riflettuto* e *riflesso*, 334
riflettuto (pp. di *riflèttere*), 334
rilèggere, *v.* lèggere
rimanére (coniug.), 362
rincréscere, *v.* créscere
Rio de Janeiro (abitanti di), 252
riprèndere, *v.* prèndere
risalire, *v.* salire
riscuòtere
– dittongo mobile nella coniugazione di, 34
risièdere, 31
riso (plurali di), 121
risórgere, *v.* sórgere
riuscire, *v.* uscire
robínia (n. com. derivato da cognome), 97
romani (numeri), 221
rómpere (coniug.), 363
rotare
– dittongo mobile nella coniugazione di, 34
rubríca, 437
ruota
– dittongo mobile nei derivati di (*rotella*, *rotare*, ecc.), 35

s

s *bello*, *buono*, *grande*, *santo* davanti a parole che cominciano con *s* impura, 76, 79
– con suono aspro, 433
– con suono dolce, 433-434
– *in* e *per* davanti a parole che cominciano con *s* impura, 391-392
– *s* privativa, 436
– uso dell'articolo davanti a parole che cominciano con *s* impura, 160-161
– uso dell'articolo davanti a parole che cominciano con *s* seguita da vocale, 163
salire (coniug.), 363
saltare
– con *essere* e con *avere*, 299
salúbre, 240, 241, 437
santa (elisione di), 77

santo
– davanti a nomi che cominciano con *ps*, 77
– davanti a nomi che cominciano con *s* impura, 76
– davanti a nomi che cominciano con *z*, 77
– elisione e troncamento di, 76-77
sapére
– coniugazione di, 363
– *sapemmo* meglio di "sèppimo", 330-331
sàrtia, 441
sbagliare (sbagliarsi), 343
sc (pronuncia di), 436
scandinàvo, 441
scégliere (coniug.), 364
scéndere (coniug.), 364
sceriffo (significati di), 90
sciògliere (coniug.), 364
sciovinismo (n. com. derivato da cognome), 97
scolorare, 313
scolorire, 313
scomparire, *v.* apparire
scrívere (coniug.), 364
scuola
– dittongo mobile nei derivati di (*scoletta*, *scolaro*, ecc.), 35
scuòtere
– dittongo mobile nella coniugazione di, 34
sdruccioli (vocaboli), 62
se (cong.), 64, 290
sé (pron.), 64, 255
secondarie (proposizioni), *v.* dipendenti
sedére
– dittongo mobile nella coniugazione di, 31
– dittongo nei verbi composti con (*risièdere*, *presièdere*, ecc.), 31
segni di interpunzione
– due punti, 55-56
– punti sospensivi o punti di reticenza o puntini, 57-58
– punto esclamativo, 56, 57
– punto e virgola, 53-54
– punto fermo o punto, 52-53
– punto interrogativo, 56, 57
– virgola, 48-52
segni grafici convenzionali
– asterisco, 62
– dièresi, 61-62
– lineetta, 60
– parèntesi, 61
– trattino, 60
– virgolette, 60-61
se lo, se ne, 262
sé medesimo, 64-65
sentinella (n. di genere comune), 106-107
senza, 394
sèparo (voce del verbo *separare*), 438
seròtino, 441
servili (verbi)
– uso degli ausiliari coi, 308-309
sé stesso, 64-65
sfiorare, 313
sfiorire, 313
si (pron.), 255
– combinazioni tra particelle pronominali (*se lo*, *se ne*, ecc.), 261-262
– differenza tra *si* e *sí*, 64
– nella forma riflessiva dei verbi, 340-341

– uso dell'apostrofo con, 69, 265
– uso del *si* passivante, 342
sí (avv.), 64
sia...che, 402
sia...o, 402
sia...sia, 402
sibilanti (consonanti), 37
sillabe
– àtone e tòniche, 63
– divisione dei vocaboli in, 43-46
– vocaboli formati da una, due, tre o piú, 42-43
siluetta (n. com. derivato da cognome), 97
sindaco (-chessa), 106
sinonimi, 89
sintassi, 417
soccórrere, *v.* córrere
soddisfare (coniug.), 326
soffiare
– con *essere* e con *avere*, 299
soffrire (coniug.), 365
soggiúngere, *v.* giúngere
soldato (-a), 104
solo (avv.), 379-380
sonare
– con *essere* e con *avere*, 299-300
– dittongo mobile nella coniug. di, 34
soppprímere (coniug.), 365
sopra
– comparativo e superlativo dell'avverbio, 374-375
– uso della preposizione impropria, 394
sopracciglio (plurali di), 121
soprannomi
– articolo davanti ai, 172
– iniziale dei, 18
soprano, 106
soqquadro, 40
sórgere (coniug.), 365
sorprèndere, *v.* prèndere
sostantivi, *v.* nomi
sotto
– comparativo e superlativo dell'avverbio, 374-375
– uso della prep. impr., 394
sovrabbondanti
– nomi, 122
– verbi, 312-313
spàndere (coniug.), 365
sparire, *v.* apparire
spègnere (coniug.), 366
spèngere, *v.* spègnere
sta, sta', stai (voce del verbo *stare*), 81, 329
stagioni (nomi delle)
– iniziale dei, 22
stare
– coniugazione di, 366
– imperativo di, 329
– *stessi* e non "stassi", 327
stessi (voce del verbo *stare*), 327
stesso, 205
stile telegrafico, 156
'sto (= questo), 83
stop!, 409
stranieri (nomi)
– articolo davanti ai, 178, 179-180
– plurale dei, 151-152
strido (plurali di), 122
su (prep.), 383
– davanti a parole che cominciano con *u*, 391

461

- senza accento, 65
- unita ad altre parti del discorso (*suddetto*, *surriscaldamento*, ecc.), 397
- uso della, 394
subordinate (proposizioni), *v.* dipendenti
succèdere
- coniugazione di, 366
- differenza tra i pp. *succeduto* e *successo*, 334

succeduto (pp. di *succedere*), 334
successo (pp. di *succèdere*), 334
sufficiente, 245
suffissi
- come applicare *-issimo* agli agg. qualificativi, 237-239
- *-èrrimo* invece di *-issimo* per formare il superlativo, 240-241
- osservazioni su *-èsimo* negli aggettivi numerali (*ventitreesimo*, *trentaseiesimo*, ecc.), 227-228

suicidarsi, 343
suola
- dittongo mobile nei derivati di (*soletta*, *risolare*, ecc.), 35

suono aperto o **largo**
- della vocale *e*, 422, 425-427
- della vocale *o*, 427, 429-430

suono aspro o **sordo**
- della conson. *s*, 433
- della conson. *z*, 434-435

suono chiuso o **stretto**
- della vocale *e*, 422-425
- della vocale *o*, 427-428

suono dolce o **sonoro**
- della conson. *s*, 433-434
- della conson. *z*, 435

superlativi
- aggettivi derivati da superlativi latini (*ultimo*, *intimo*, ecc.), 236-237
- assoluti, 233
- come applicare il suffisso *-issimo* agli aggettivi in *-co* e *-go*, 238
- come applicare il suffisso *-issimo* agli aggettivi in *-io*, 238
- declinazione dei, 236
- degli aggettivi in *-eo*, 238-239
- degli aggettivi in *-uo*, 239
- degli avverbi, 374-375
- dei seguenti aggettivi: *benèfico*, *malèfico*, *magnifico*, *munifico*, *benèdico*, *malèdico*, *benèvolo*, *malèvolo*, 239
- derivati dal latino (*ottimo*, *massimo*, *pessimo*), 235
- differenza tra le forme normali e quelle di derivazione latina, 236
- *meglio* e *peggio* invece di *migliore* e *peggiore*, 242-243
- relativi, 233, 241-242
- sostantivi al grado superlativo (*campionissimo*, *generalissimo*, ecc.), 239-240
- suffisso *-èrrimo* invece di *-issimo*, 240, 241
- usare i superlativi quando sono necessari, 234

suppórre, *v.* pórre

t

taccuino, 40
tacére
- coniugazione di, 367

- raddoppiamento della *c* nella coniugazione di, 331-332

tacque (voce del verbo *tacere*), 40
tafàno, 441
tal (tronc. di *tale*), 75
te (pron.), 255
- come complemento di paragone, 257
- differenza tra *te* e *tè*, 64
- nelle esclamazioni, 257

tè (bevanda), 64
te lo, te ne, 262
tèma, téma (significati di), 114
tempi (dei verbi)
- concordanza dei tempi nelle proposizioni, 412-414
- concordanza del participio passato nei tempi composti, 309-310
- semplici e composti, 292-295
- uso degli ausiliari per formare i tempi composti, 299-300, 307-309
- uso dell'imperfetto, 296-297
- uso del passato prossimo, 297-298
- uso del passato remoto, 296-298
- uso del presente storico, 296

tempio (plurali di), 118
tempo (avverbi di)
- troncamento con *gli*, 73

tergo (plurali di), 121
tèrmite (o *termìte*), 441
ti (pron.), 255
- combinazioni tra particelle pronominali (*te lo, te ne*, ecc.), 261-262
- nella forma riflessiva dei verbi, 340
- uso dell'apostrofo con, 69, 265

titoli (di opere letterarie, di dipinti, ecc.)
- articolo davanti ai, 172-173
- iniziale dei, 19, 20
- preposizioni davanti ai, 395-396

tògliere (coniug.), 367
toh!, 406
Tokio (abitanti di), 252
tonare, 34
tòniche (sillabe), 63
topografici (nomi)
- iniziale dei, 23

-tore (nomi in)
- femminile dei (*fattora, pastora, tintora*, ecc.), 108

tòrre (= togliere), 66
tra (prep.), 383
- unita ad altre parti del discorso (*traballare, trapasso*, ecc.), 397
- uso della, 392

tralice, 441
tram (derivati di), 41
transatto (pp. di *transigere*), 335
transìgere
- participio passato di, 335

transitivi (verbi)
- forma passiva dei, 336-337
- uso dell'ausiliare coi, 299

trarre (coniug.), 367
trasalire, *v.* salire
trattino, 60
trattore (significati di), 90
tre
- accento sui numeri composti con (*ventitré*, ecc.), 63, 216
- osservazioni sui numeri ordinali composti con (*ventitreesimo*, ecc.), 227

trisillabi (vocaboli), 42
trittongo, 29

troncamento
- "a rovescio" (*'sto* = questo), 83
- come si distingue dall'elisione, 71-72
- con l'apostrofo, ma di uso dialettale (*ca'* = casa, *mo'* = adesso), 82
- con l'apostrofo, ma di uso poetico (*a'* = ai, *que'* = quei, ecc.), 82
- degli avverbi di tempo, 73
- di *bello*, 78-79
- di *buono*, 78
- di *grande*, 77
- di *povero*, 75-76
- di *santo*, 76-77
- di *tale* e *quale*, 75
- di *uno*, 74
- vocaboli ribelli al, 72

tronchi (vocaboli), 62
- accento sui, 63

tu (pron.), 255
- *io e tu* e non "io e te", 256

u

u (vocale), 26-27
udire
- coniugazione di, 368
- participio presente di, 336

una (art.), 158
- elisione di, 74
- uso dell'apostrofo con, 69, 167

uno (art.), 158
- troncamento di, 74
- uso di, 160-162, 163

uno (numeri composti con), 217-219
-uo (sup. degli aggettivi in), 239
-uò- (osservazioni sul dittongo), 30-35
uomo (pl. di), 118
urlo (plurali di), 122
usare (usarsi), 343-344
uscire (coniug.), 368
utènsile (o *utensìle*), 441
-uto (pp. in), 333-334

v

va, va', vai (voce del verbo *andare*), 81, 329-330
valére (coniug.), 369
valúto (voce del verbo *valutare*), 438
vedére (coniug.), 369
veh!, 406
ve lo, ve ne, 262
venire
- coniugazione dei composti di, 335
- coniugazione di, 369-370
- invece di *essere* nella forma passiva dei verbi, 337
- participio presente di, 336

verbi
- ausiliari e loro coniugazione, 299, 301-306
- coniugazione dei verbi irregolari piú usati, 348-371
- coniugazione dei verbi regolari, 314-316, 317-322
- difettivi, 323
- dittongo mobile nei, 30-34
- forma passiva dei, 336-337
- forma riflessiva dei, 339-341
- impersonali indicanti fenomeni atmo-

INDICE ANALITICO

sferici e loro ausiliari, 307
- in *-gnare, -gnere, -gnire*, 324-325
- in *-iare* e *-iere*, 323-324
- intransitivi con entrambi gli ausiliari, 299-300
- modi dei, *v.* modi
- servili (uso degli ausiliari coi), 308-309
- sostantivati, 345
- sovrabbondanti, 312-313
- tempi dei, *v.* tempi
- transitivi, 299

vestigio (plurali di), 121
- vestimento (plurali di), 121

vi (pron.), 255
- combinazione tra particelle pronominali (*ve lo, ve ne*, ecc.), 261-262
- con funzione di pronome dimostrativo, 275
- nella forma riflessiva dei verbi, 340
- uso dell'apostrofo con, 69, 265

vigile urbano (vigile urbana), 105
vincere (coniug.), 370
víolo (voce del verbo *violare*), 437
virgola
- facoltativa, 50-51
- obbligatoria, 51
- prima di una congiunzione, 52, 401-402

virgolette, 60-61
vivere
- con *essere* e con *avere*, 300
- coniugazione di, 370

vocaboli
- accento sui vocaboli che creano ambiguità (*àncora, ancóra*, ecc.), 65
- con significati diversi secondo il suono della *e* (*accétta, accètta*, ecc.), 430-431
- con significati diversi secondo il suono della *o* (*bótte, bòtte*, ecc.), 431-432
- divisione sillabica dei, 43-46
- monosillabi, bisillabi, trisillabi, polisillabi, 42-43
- tronchi, piani, sdruccioli, bisdruccioli, 62

vocali
- aperte o larghe, chiuse o strette, 26-27
- articolo davanti a parole che cominciano con le, 160
- dittongo, 28
- dure o forti, molli o deboli, 27
- iato, 28
- osservazioni sulla *i*, 422
- *ö* tedesca, 27
- pronuncia della *e*, 421-427
- pronuncia della *o*, 427-430
- trittongo, 29
- *u* francese, 27

voci onomatopeiche, 406
voi (pron.), 255
- allocutivo o di cortesia, 266-267, 269

volare
- con *essere* e con *avere*, 299

volére
- coniugazione di, 370
- osservazioni su, 391-392
- uso degli ausiliari con, 396-397

vòlgere (coniug.), 371
voltaggio (n. com. derivato da cognome), 97
votare, 35
vuotare, 35

W

w osservazioni sulla, 17
- uso dell'articolo davanti a parole straniere che cominciano con, 180

X

x quando può essere sostituita con *s* oppure *ss* (*senofobia, estraparlamentare, tassi*, ecc.), 15-16
- uso dell'articolo davanti a parole che cominciano con, 160

Y

y quando può essere sostituita con *i* (*iarda, ioga, iogurt*, ecc.), 15
- uso dell'articolo davanti a parole che cominciano con, 164

Z

z *bello, buono, grande, santo* davanti a parole che cominciano con, 77, 79
- con suono aspro, 434-435
- con suono dolce, 435
- uso dell'articolo davanti a parole che cominciano con, 160-163

zampillare
- con *essere* e con *avere*, 299

zecca (significati di), 90

13428

(VR) Gabrielli
ITALIANO 10 E LODE
1a Ed. SELEZIONE DAL
READER'S DIGEST - MI